THE KING'S CITY 国王的城市

查理二世与改变历史的伦敦

（英）唐·乔丹——著　杨巍——译

London under Charles **II**

A City that Transformed a Nation and
Created Modern Britain

U0367404

化学工业出版社
·北京·

The King's City

Copyright © 2017 by Don Jordan

First published in the English language in Great Britain in 2017 by Little, Brown, an imprint of Little, Brown Book Group.

This Chinese language edition is published by arrangement with Little, Brown Book Group, London.

本书中文简体字版由 Little, Brown Book Group Limited 授权化学工业出版社独家出版发行。

本版本仅限在中国内地（大陆）销售，不得销往中国香港、澳门和台湾地区。未经许可，不得以任何方式复制或抄袭本书的任何部分，违者必究。

北京市版权局著作权合同登记号：01-2022-1659

图书在版编目（CIP）数据

国王的城市：查理二世与改变历史的伦敦 /（英）唐·乔丹（Don Jordan）著；杨巍译 .—北京：化学工业出版社，2022.4

书名原文：The King's City

ISBN 978-7-122-40606-4

Ⅰ . ①国… Ⅱ . ①唐… ②杨… Ⅲ . ①英国—历史—1630-1685 Ⅳ . ① K561.09

中国版本图书馆 CIP 数据核字（2022）第 012275 号

责任编辑：王冬军　张　盼　　　　　　装帧设计：水玉银文化

责任校对：宋　玮　　　　　　　　　　版权引进：金美英

出版发行：化学工业出版社（北京市东城区青年湖南街 13 号　邮政编码 100011）

印　　装：凯德印刷（天津）有限公司

710mm×1000mm　　1/16　　印张 24　　字数 363 千字

2022 年 5 月北京第 1 版第 1 次印刷

购书咨询：010-64518888　　售后服务：010-64518899

网　　址：http://www.cip.com.cn

凡购买本书，如有缺损质量问题，本社销售中心负责调换。

定　　价：98.00 元　　　　　　　　　　版权所有　违者必究

献给恩雅

目　录

第二部分
灾难岁月（1664~1667）

THE
KING'S   ◆ 引 言 ◆
CITY

　　1660 年 5 月 29 日，在 30 岁生日这天，英格兰、苏格兰和爱尔兰的国王查理二世骑着马穿过伦敦桥，得意洋洋地进入一座他不怎么了解且近 20 年不曾造访的城市。本书正是讲述这位国王与这座城市之间的关系后来会如何发展，以及他在位期间那些使伦敦成为欧洲卓越城市的风流人物的故事。

　　虽然不敢断言，但伦敦在当时很可能已经是欧洲最大的城市。它不仅是王国首都，而且其长久的经济活力导致其大得不成比例。当时的资料显示，大约有十分之一的英格兰人住在这里，因此英格兰显得"头大身子小"。由于伦敦规模庞大，再加上泰晤士河谷沿线布满了卫星城，1660 年的英格兰已经开始像一块"垄断大亨"[①] 图版，它倾斜着让所有硬币都落到了右下角[②]。因此，在整个王国里，伦敦对于回归的国王来说至关重要。

　　而且伦敦还是分散在西半球的少数几个"世界性城市"之一。富裕的伦敦人不仅拿中国瓷杯喝中国茶以及阿拉伯咖啡，喜饮西班牙和加那利群岛的萨克干白葡萄酒，在饮料和奶油葡萄酒中加入西印度群岛的蔗糖，抽弗吉尼亚烟叶，穿土

①　"垄断大亨"是一款图版游戏，玩法与"大富翁"类似。——编者注
②　关于这个生动的比喻，我得感谢最杰出的英国城市规划师兼城市理论家——已故的斯图亚特·霍尔（Stuart Hall）教授，他在与我的交谈中用过它。

耳其和印度产的绸衣，还习惯用桑给巴尔岛（Zanzibar）和印度尼西亚的香料给食物调味。到了冬天，他们则用北美海狸皮制成的帽子保暖头部。所有这些奢侈品都通过英格兰商船进口；给船体做防水处理用的是波罗的海沥青，而迎风鼓起的帆——用俄罗斯麻制成的绳索吊得老高——则挂在以瑞典松木制成的桅杆及横杆上。流亡归来后，查理立即参与到城里的商业生活，特别体现在对奴隶贸易的投入和鼓励方面——本书将深入探讨这个问题。

世界性城市——除伦敦之外，在某个时期还包括威尼斯、里斯本、安特卫普和阿姆斯特丹，其规模和声誉可归功于在全球范围内确立已久的远程贸易联系。这种贸易带来了财富，而财富又带来了权力。因此，这些城市往往成了一切国内政策的焦点，成为商品和原材料的国内市场中心，以及国家政治权力中心。有些城市，比如威尼斯，因影响力非常强，甚至可以不依附国家或政治腹地而存在；其他城市则需要跨越广阔的地域才能汲取力量。就伦敦而言，在查理二世首次骑着马穿过街道时，它早已成为英格兰的经济中心，控制着远至康沃尔郡（Cornwall）和苏格兰边境，甚至还包括爱尔兰的商品市场。让这一切成为可能的（其实不可避免），则是伦敦与非洲、美洲、亚洲的贸易往来。

正如同时代的观察家所看到的那样，城市致富速度与其人口增长速度不成比例。换句话说，大城市在创造财富方面要比人口较少的地区更高效。伦敦便是如此：它像一块吸引财富的磁石。到了 17 世纪，英格兰的经济已经依赖于首都。1660 年，在伦敦生活和工作的每千人所创造的财富，远多于分散在乡下的近似人数所创造的财富。

很自然地，人们对于伦敦在王国中的重要地位、伦敦的权利和自由，都带有强烈的历史观。查理是不幸的，因为他要统治一群自己几乎不了解的国民（国民对他同样一无所知）；伦敦人也是不幸的，因为他们摊上了一位在异国长大的国王。

在查理二世流亡欧洲期间，英格兰国内的"魔仆"已经从瓶子里逃脱①：从政治家到最普通的民众，许多人都开始觉得即使没有国王——至少没有一位信

---

① 出自阿拉伯和波斯神话故事，尤指产生不良影响的事件发生。——译者注

赖（斯图亚特王朝多半如此）专制统治、认为议会不需要代表至少部分民众的国王，他们同样也能处理好自己的事情。查理的父亲查理一世（1625~1649 年在位）被处决后，伴随着旷日持久的权力斗争，英格兰已有 11 年不在君主统治之下：先是共和国，后来则是一种军事独裁政权。眼看独裁政权在相互指责和进一步的权力斗争中倒台，被处死的国王之子又被请回来"拨乱反正"。从保皇派的角度来看，"魔仆"似乎已经被收回瓶中。然而事实并非如此。在伦敦的政治及民间圈子内，有不少人都想看看一位毫无治国经验的国王会如何应对他们的需求和愿望。

1630 年 5 月 29 日，查理二世出生在伦敦的圣詹姆斯宫（St James's Palace）。该宫殿由亨利八世（1509~1547 年在位）修建，坐落于伦敦城西，那里原来是一家麻风病医院。查理二世自婴儿时期起，便由多塞特郡伯爵夫人（Countess of Dorset）——第四代多塞特郡伯爵的妻子——照顾，而伯爵则是查理之母亨丽埃塔·玛丽亚（Henrietta Maria）王后的宫务大臣。查理在里士满宫①长大，那里地处泰晤士河上游，距离他父母的白厅宫有 9 英里，距离路德门（Ludgate，包围着中世纪伦敦心脏的罗马城墙的最西门）则整整 10 英里。

在王子大概 11 岁时，伦敦城里流言四起，说他在母亲的萨默塞特宫（Somerset House）私人礼拜堂里参加了天主教弥撒。就此，还有人在议会提出疑问。第二年，查理一世与议会之间就君主特权、议会权威和征税权展开了权力争斗，终于导致内战爆发。整个国家分裂为忠于国王和忠于议会两派势力。于是国王开始在各郡县之间奔走，以寻求支持。后来在返回伦敦的途中，因在特南格林（Turnham Green）受阻于议会武装力量，查理一世只好把大本营设在了牛津。这意味着从 12 岁左右开始，查理王子就在一座与议会及全国半数人口交战的宫廷里长大，并且无法返回首都的主宫。不到 3 年，随着战况越来越不利于查理一世，他只好把儿子派去西南部，担任有名无实的总指挥。按照朝臣爱德华·海德

① 里士满宫（Richmond Palace）建在现今里士满桥的上游，坐落于泰晤士河与里士满绿地之间，17 世纪中期被拆除。

（Edward Hyde）的说法，王子对商议战事毫无兴趣，更喜欢与前保姆调情。

到了 1645 年，眼看局势已严重恶化，国王又命查理王子前往法国。在漫长的拖延后，王子于 1646 年 3 月从英格兰起航，前往母亲的住所——当时他的母亲蒙法国王室亲戚的好意而被安置在巴黎附近的一座宫殿内。没过 3 年，也就是 1649 年 1 月，查理一世受审并被判叛国罪。他又回到离开了 7 年的宫殿，然后被处决。惊闻噩耗时，查理王子正住在海牙——当然这还多亏了他的妹妹玛丽（Mary Henrietta Stuart，1631~1660，嫁给了奥兰治的威廉二世王子）的优待。两年后，查理被加冕为苏格兰国王，并率领一支苏格兰长老会军队攻入英格兰。然而，奥利弗·克伦威尔（Oliver Cromwell）凭借兵力优势在伍斯特（Worcester）将入侵军击溃。查理不得不像丧家之犬一样逃亡、躲藏，直至乔装改扮坐船去往法国。这一次，他在英格兰一共才待了 5 个星期。

入侵行动既已彻底失败，查理重返王位似乎不太可能。大多数欧洲强国，包括法国在内，都承认共和国[①]是英格兰事实上的统治势力。而连王国都没有的国王查理，则成为被孤立的人。意识到前途渺茫后，他开始沉溺于悠闲且放荡的生活。不想情势再次发生了改变。1658 年，随着克伦威尔去世，其子理查德·克伦威尔（Richard Cromwell）接替他的位置，被任命为护国主（公）。只可惜理查德毫无统治干劲及人格魅力，很快便被一群军队要员废黜。许多人都不知道这个国家接下来的方向在哪儿。一群精英政治家、贵族和主教——算得上是权力集团，为了国家利益只好又把查理给请回来。在此期间，曾在克伦威尔手下的前将军乔治·蒙克（George Monck）率领军队确保了伦敦城里的稳定，因为他代表国王将该市纳入了军事管制。后来，查理受邀回国，并开启了长达 25 年的令人振奋、风起云涌的统治——本书讲述的便是这段时期。

看当时的情形，伦敦将发展成全世界最大的城市之一（即便无法成为第一大城市）。虽说欧洲的社会结构仍是中世纪的，但在人们心目中，现代世界正在悄然形成。在很大程度上，伦敦这座大型贸易城市是靠清教主义发展起来的，如今

---

① 1649 年，克伦威尔领导的议会军打败了王军后，于 1649 年 1 月处死了国王查理一世，建立了英吉利共和国（又名英格兰共和国）。1653 年，克伦威尔宣布就任"护国主"，实际上就是军事独裁专制，共和国名存实亡。1660 年，流亡法国的查理二世复辟，共和国结束。——编者注

受益于王权之力，它又将进入一个全新的时代。

在回归国王治下，整个伦敦都期盼着局势稳定。在艺术和科学方面，伦敦还吸引了一些英国历史上的杰出人物。建筑艺术蓬勃发展，约翰·韦布（John Webb）等人从炎热的地中海中汲取了清冷的北方美学，其中最著名的当属克里斯托弗·雷恩（Christopher Wren）：他既是英格兰巴洛克艺术之父，也是存世至今的圣保罗大教堂的设计师。伦敦城里那些长期关闭的剧院又重新开放，因俏皮的活力和新奇的制作而变得更令人着迷——当然还多亏了威廉·达文南特爵士（Sir William Davenant）这样的经理人，他自称有莎士比亚血统，因此很乐于改写莎士比亚的剧本。虽然处在 17 世纪男权社会的制约下，女性也发挥着自己的作用：包括阿芙拉·贝恩（Aphra Behn）在内的女剧作家纷纷涌现，同时出现的还有那个年代的重要艺术创新——女演员；此外，伟大的舞台艺术家如伊丽莎白·巴里（Elizabeth Barry），以及像内尔·格温（Nell Gwyn）一样因其他原因而声名不佳之人也接连涌现。随着皇家学会的成立，科学发展蒸蒸日上；罗伯特·波义耳（Robert Boyle）和罗伯特·胡克（Robert Hooke）等会员为人类和宇宙的运行方式提出了新的见解。新的音乐伴随着皇家盛大庆典和假面剧问世，甚至连死气沉沉的英格兰艺术生活也开始复兴。人们从全国各地不断涌入，而城里的船只和商人也扩大了国际贸易，靠奴隶制大发横财，并由此创造出一种新的商品贸易形式，令全世界羡慕不已。威廉·佩蒂（William Petty）和约翰·洛克（John Locke）等人还阐释了商业及财富创造的新理论，促进了现代经济学和资本主义的形成。

当然这并非一帆风顺。在查理二世的统治下，这座城市经历了一些大灾难。随着荷兰贸易的扩张，它那些包括英格兰在内的竞争对手都受到了损害。因此，到了 1660 年，伦敦仍在摆脱始于 17 世纪 50 年代初的萧条期。1665~1666 年，该市遭受了一场叫作黑死病的瘟疫——当时通用的医疗措施经过检验，发现多有欠缺。瘟疫之后，这座历史名城的中心又在一场严重的市内火灾中被烧毁。面对诸如此类的考验，查理二世的品性暴露无遗。事实证明，他是一个自相矛盾的人，比如，他既勇敢无私，又太过自私。

伦敦的财富以国际商业资本主义为基础，或者说"欧洲居民都沉迷于贸易"。为使这一事业成功运作，国家就必须密切参与其中；就伦敦而言，指的便是查理二世。

统治者的角色是管理、确定税收或对外贸实施关税，并且在必要时通过发动贸易战来帮助商人增加他们在全世界的买卖，从而达到增加伦敦盈利的目的。因此，位居这一"事业"最顶端的人极其重要。可惜在 17 世纪 60 年代初，这个人却不见了。这活像托马斯·霍布斯（Thomas Hobbes）笔下的利维坦（Leviathan）的肩膀上没有起引导作用的头颅。[①] 所以很容易理解，尽管大多数伦敦人在 1642 年曾站在议会一边反对国王，如今却又希望国王能再次发挥领导作用。接受这个角色时，查理分派到的任务对任何君主来说都算是非常棘手。

想要在一本书里阐述某个时代所有的事业及创新，或是囊括一切有趣或重要的名人，都不大可能——能做的唯有尽力而为。例如，在本书中，艾萨克·牛顿也只是个较次要的人物。其原因在于，他的开创性研究是在剑桥而非伦敦完成的。再说，要想充分体现他与阿尔伯特·爱因斯坦在现代物理学中共同占据的中心地位，仅他一个人就不是一本书能够讲述完成的。本书亦不可能对政治或教会生活中的波折做完全深入的探究。本书旨在揭示英国——尤其是一切都被（或者看起来被）放大了的伦敦——早期现代生活的活力。因此，如果暗示塑造现代英国的许多东西初次形成于查理二世在位期间，这并不稀奇。

① 托马斯·霍布斯于 1651 年出版的《利维坦》第一版卷首页上，有一幅以巨人象征国家的素描。巨人的身躯由成百上千个小人构成，每个人都恭恭敬敬地仰望着巨人的脸。巨人一手握着一柄代表武装力量的利剑，一手握着代表教会的主教权杖，而头顶则戴着国王的王冠。这个设计是霍布斯本人想出来的。很难想象有比这更令人不安的权力全貌的形象。

THE

1663   1660

KING'S

第一部分
乐观岁月
（1660~1663）

CITY

第1章
企望之城

———◆———

流言四起

1660 年春，伦敦完全被笼罩在有害烟气之中。说实话，这里的空气向来都不怎么样，尽管风向对其质量好坏产生了重要影响：刮西风时，它会带着白厅宫庭院的石灰窑（距离城墙不足 1 英里①）里冒出的刺鼻浓烟掠过全城；当风向突然偏南，它又从河对岸工业贫民区的那些皮革厂、窑炉和制造厂里卷起一阵阵废气。

即便是完全无风的日子，中世纪城墙内各行各业的手艺人——包括铁匠、餐具制造工、皮革工、面包师、酿酒师、煮皂工、玻璃吹制工、银匠、金匠等任何需要用火之人——的火炉里也会排放出大量的化学污染物；它们就这么悬浮于静止的空气中，然后如同一块裹尸布般飘落在大街小巷。到了星期天，工业烟尘逐渐消散，只剩下成千上万个喷出硫磺味气体的烟囱，而这些气体来自居民们为屋子供暖和做饭所用的海煤（Sea Coal）。

伦敦人脚下的地面也跟他们呼吸的空气一样有害健康。其卫生设施很简陋，并且是现成的。每栋房子背后都带有一间旱厕；那里面的粪便不断堆积，直到清洁工来将其清除，然后装上板车运出城外。即便如此，粪便的收集也可能不及

---

① 1 英里 ≈ 1.61 千米。——编者注

时。在一篇令人不适的日记中，塞缪尔·佩皮斯（Samuel Pepys）讲述了邻居家那堆粪便如何渗过毗连的地窖墙，最后弄得自家窖内污秽不堪的状况。城墙外，收集站的恶心程度同样令人难以想象；人的排泄物和马粪胡乱混杂在一起，以便给为城里种植食材的田地施肥。如此这般，伦敦倒是增加了食物来源——但同时可能会导致疾病再生。这也是瘟疫泛滥的时代，自1382年暴发黑死病以来，这种可怕的疾病便周期性席卷欧洲，仅在英格兰就暴发了三十多次，其中数次波及伦敦，最近一次发生在1637年。

城里的露天阴沟沿着街道两侧流淌，有时还直接从街道中间穿过，成了伦敦人倒夜壶之处。污物经常溅得鹅卵石上到处都是，猪粪、马粪混合着烂蔬菜、动物内脏和人的排泄物，形成了一层不堪入目的残留物。唯有下雨才能令情况得以改善，雨水不仅暂时净化了空气，还可洗去肮脏的烂泥，一路将其冲入壅塞的河道以及街道下直通泰晤士河的涵洞中。

然而在1660年春，任何东西都无法冲走城内挥之不去的持久流言——其顽固程度简直与弥漫的臭味不相上下：据说，国王马上就要结束流亡归来了。自大部分伦敦人纷纷出动，在已故国王查理一世那间豪华的国宴厅（占据白厅从查令十字街一直到河边1英里的距离）外目睹他在断头台上被斩首，时间已经过去了整整11年。在那之后，伦敦居民不得不接受清教政权；在这个政权之下，赚钱是好事，但轻浮万万不可。于是，河岸街的宏伟五月柱被推倒，剧院纷纷关闭，就连圣诞节庆祝活动也引发了不悦。

当然情况也并非糟糕透顶，比如音乐不仅没有被禁止，反而还受到鼓励。毕竟伦敦市民需要用优美的曲调来振奋自己的情绪——自1642年内战爆发以来，他们经历了太多的苦难。杰出的德国艺术家、雕刻家温斯劳斯·荷勒（Wenceslaus Hollar）曾对传记作家朋友约翰·奥布里（John Aubrey）说过：1636年当他第一次造访英格兰时，英格兰正处于和平时期，所有人不管有没有钱，看起来都兴高采烈的；可内战后他再次到来，却发现"人们的神色全变样了，流露出的尽是忧郁、恨意，仿佛中了邪一般"。[1]

无论是否真的"中了邪"，总之到了1660年初，没有国王的清教统治实验已经陷入混乱。1658 年奥利弗·克伦威尔去世后，为争夺最高权力，军队和议会之间展开了一场长期决斗。在此期间，克伦威尔的儿子理查德被任命为护国主，只可惜连仗都没打起来，就被军队里一群重量级人物粗暴地赶跑了。接着军队又加强了对伦敦的控制。约翰·巴克斯特德爵士（Sir John Barkstead）本是伦敦一名土生土长的金匠，在克伦威尔手下担任看守伦敦塔的中尉，其手段残忍腐败。1659 年冬，伦敦市民呈上请愿书，旨在控诉军队的武力镇压行为。没想到，这支军队竟反过来向示威群众开枪，造成数人死亡，结果闹得群情激愤。整个伦敦城里都在说：眼下急需做出改变，需要有新的统治者来掌控不断恶化的局势。

　　至于年轻的国王查理二世即将从流亡中归来，这根本还是没影儿的事。他自打 16 岁就离开了英格兰，毫无施政经验。有人说，应当再给理查德·克伦威尔一次机会；也有人说，乔治·蒙克——这位原克伦威尔治下的将军——如今正牢牢掌控着伦敦，其军队也在全城范围内临时驻扎，怀有成为另一个克伦威尔的企图。虽然蒙克公开宣称自己诚心效忠于议会，但恐怕只有他本人清楚其忠诚并不在此。他下令拆除旧城里的防御工事，于是军队前往八处入口，将以钢铁加固的巨大木门——从铰链上取了下来。他们又费了不少工夫，将吊闸从门楼上卸掉，然后砸得粉碎。作为一座城墙环绕的城市，伦敦在内战期间得以将国王拒之门外，如今却不再具备任何防御能力；这对曾被形容为"英格兰耶路撒冷"的城市里的居民来说，倒也并非是无法接受之事。[2]

人口普查

　　由于没做过官方普查，自然不存在关于伦敦人口的记录。但有个名叫约翰·格朗特（John Graunt）的居民，他是一名服装商，很想知道城里究竟住了多少人，因此决定弄个明白。在城墙环绕的旧城中心地段，格朗特的家族生意——一间男士服装店——经营得十分成功。他喜欢刨根问底——尽管我们找不到相关记载，但他似乎受过良好教育。要想准确估算人口，除了全面展开人口普查，挨家挨户做记录以外，似乎没有别的办法。于是，格朗特开始研发一种新途径，以得出人口估算结果。他将查询教区里的出生和死亡记录作为起点，然后又估算了每个家庭的平均人口数。由此，格朗特估算出伦敦城里人口数为384000。17世纪中叶，英格兰总人口最多有500万，也许低至400万，也就是说，当时英格兰有十三分之一至十分之一的人都居住在伦敦。[3]

为了理解伦敦的巨大规模，我们要知道：当时英格兰第二大城市诺里奇（Norwich）的人口仅为25000。[①] 与有着许多行业和工业类别的伦敦不同，像诺里奇这种城市的经济往往基于某一重点产业。就诺里奇而言，那便是纺织品贸易，主要是精纺羊毛布料。诺里奇的人口中包括了大量外国移民，他们被这里充满活力的布业所吸引。

在英格兰北部，约克（York）乃最大的城镇之一。虽然它曾是主要的教会中心，但随着修道院的解散，其重要性已经有所下降。17世纪，这里的人口超过10000——以基于羊毛生产、皮革制造和一般贸易的经济为支撑；它作为贸易中心的重要地位，就在于它地处大北路（Great North Road）和乌兹河（向东流入亨伯河口）之上，从而可将布料输出到欧洲大陆。最终，即便这种贸易也将在很大程度上被赫尔（Hull）取代，因为后者就位于沿海河口。而纽卡斯尔（Newcastle）的人口可能比约克还要多，是重要的工业中心和煤炭港口。

直到17世纪中期，东海岸的城镇依旧往往比西部城镇更大、分量更重，只因它们都邻近欧洲大陆，而历史上英格兰和苏格兰均与这片大陆有过贸易往来。到17世纪中叶，利物浦作为一座渔镇，人口可能仅为2000。而与英格兰在大西洋彼岸新殖民地的贸易增长，则意味着因利物浦成为制糖中心（糖原料来自西印度群岛）——17世纪70年代该城出现了第一家所谓的糖厂，人口将会增加。糖之后是棉花进口，而这促进了兰开夏郡（Lancashire）的工业革命。通过类似的方式，布里斯托尔（Bristol）海港也参与了蔗糖和烟草的进口业务。而且跟利物浦一样，直到下个世纪它才取得显著发展，凭借具有产业规模的奴隶贸易变得富裕起来。

---

① 如今，伦敦有890.8万人口（2018年），是英国第二大城市伯明翰人口的8倍，伯明翰仅有110万人口。

　　除了伦敦之外，英格兰的任何一座城镇都没有苏格兰首府爱丁堡那么大。17世纪中叶，它是一座被城墙包围的城市，沿一条东西向轴线铺展开来；中心大街两侧，林立的气派房舍和公共建筑一直延伸到西端的皇家城堡。这条大道又岔出几百条狭窄的街巷，犹如脊柱上的肋骨。爱丁堡的居民总数在 30000 到 40000之间。

　　从规模上讲，约翰·格朗特居住的城市显然完全区别于王国任何其他地方。即使放眼整个欧洲，也只有那不勒斯和巴黎能在大小上与之相较。前者的人口约为 300000，而后者的人口，据不同估计，应该在 180000（1600 年）到 500000（1700 年）之间——由于曾遭受被称为"投石党运动"的内战蹂躏，后面的数字可能过于乐观。

　　北欧还有其他大城市。作为荷兰的首要海港，阿姆斯特丹的人口约为200000。而许多英格兰人前往学医的荷兰城市莱顿（Leiden），人口也超过了100000。凭借自身的规模，这些早期的大城市形成了有别于大多数地方的环境。在这些城市，过日子以及体验人生的方式迥然不同。不仅如此，早在 17 世纪之前，伦敦已发展成为英格兰的政治权力中心，并由此实现其经济生活的引导或控制。

　　如果说某座城市曾痴迷于另一座城市，那么令伦敦痴迷的就是阿姆斯特丹了。除去规模以外，按任何标准衡量，阿姆斯特丹都是欧洲最成功的城市。贸易、金融、文化、绘画、工艺和医疗全都在这个荷兰黄金时代里蓬勃发展。由于同德国接壤，地处莱茵河口，且临近波罗的海，荷兰人建立了自己的商业优势地位。然后他们又向外拓展，参与东方的香料贸易，因此变得富有起来。其社会发展远超英格兰，各种制度也远比伦敦完善。任何时候，阿姆斯特丹的 200000 人口中都包含大量英格兰及其他欧洲各国商人。这些身处阿姆斯特丹的英格兰商人得以对荷兰社会进行第一手的考察，并欣赏到其加尔文主义的有序性和致力于贸易的精神。他们对荷兰人的商业以及技术、财富都羡慕不已。随后几年里，这种关注对两国都将产生重大影响。

精英圈子

在男士服装生意闲暇之余，约翰·格朗特继续致力于他的数学谜团。求知若渴的格朗特已经凭一己之力发现了统计分析的技巧。他的研究——一种原始流行病学——后来直接令他跻身于科学精英圈。

格朗特是城市商业生活英才制度内一个颇具影响力的人物，在训练有素的民兵队（伦敦的兼职民兵）中担任队长，同时也是一位市政官——从市议会成员中推选出来的统治精英。伦敦的建设基于该城市的古老社会结构——以市政当局为核心。这起源于中世纪，在形式上分了等级，且极为独立。市政当局是个由当选代表组成的金字塔结构：从议员开始，再上一层是市政官，接着是两位治安官，最后是市长。只有伦敦城里的自由民才能投票或参选，而成为自由民就意味着要加入一个内部店铺：它以中世纪行会或同业公会体系为基础，每个行会或同业公会代表着某种行业。行会根据社会地位按层级排列——从底层卑微的轮匠和锡工到顶层的大布商（国际布商）和杂货商（国际香料商），行使权力并发挥着影响。加入某个行会通常需要经历一段漫长且费用高昂的学徒期，而给杂货商或布商当学徒相当于如今大学水平的经济与商科教育，外加三明治课程[①] 的实践经验。因此，伦敦由一个自我延续的小团体统治着；这个团体又通过市政当局和众行会这两个强大实体来管理整座城市。该体系很好地满足了伦敦的需要。[②]

格朗特有个能与他讨论数学问题的朋友。此人便是威廉·佩蒂——一名真正的多才多艺者，他的身份包括：殖民地官员、数学家、测量师、音乐家，以及贸易与国家金融研究（最后将发展成经济学）领域的主要代表人物。佩蒂在爱尔兰发迹——他为奥利弗·克伦威尔测量该岛，准备向英格兰移民出售最好的耕地。有人说（可能有充分的理由），佩蒂曾利用职务之便中饱私囊。他每年的地租收入据说可达 1.8 万英镑，这也让他在当时的富豪榜上名列前茅。

佩蒂的父母与格朗特的父母一样，也干过服装业；并且他与格朗特一样，早

---

① 三明治课程（Sandwich Courses），一种"理论－实践－理论"的人才培育模式。——编者注
② 伦敦市政当局继续掌管着伦敦城，在为自身特权游说的同时，还监督着其规划申请和财务状况。至于这在现代国家中的表现如何，尚值得商榷。

年基本上算是自学成才。所不同的是，佩蒂的起点较低（曾是船舱服务生），但后来却爬得较高；他先是在荷兰接受学术教育，成为数学家、哲学家托马斯·霍布斯的私人秘书，后来又进入牛津大学修读医学。

由于受过严谨的教育，佩蒂在数学上比格朗特更有造诣。然而，格朗特凭借其市政官的身份，却能帮到佩蒂（因为财富和受教育水平的缘故，当时佩蒂的社会地位更高），推荐他在当时伦敦唯一的高等院校格雷沙姆学院（Gresham College）担任音乐教授。该学院创办于 17 世纪初，立志于传播最新且最先进的知识；而当时恰逢商人慈善家托马斯·格雷沙姆爵士（Sir Thomas Gresham）将他的宅邸遗留给了这座城市。格雷沙姆在若干业务领域都赚了钱，其中包括在康希尔街西端建立的皇家交易所——伦敦的股票交易就在此地进行。

1660 年春，佩蒂因为一个更世俗的问题而心事重重：他已被赶出格雷沙姆学院的校舍。军队凭借武力镇压，强占了学院充作营房。学院建筑倒是非常适合这一用途：一栋带有庭院的大楼，而且就位于城墙内。佩蒂和他的朋友兼同事克里斯托弗·雷恩教授一道辞职，以示对此征用行径的抗议。房间既已没有了，佩蒂便想着要与朋友格朗特一家同住。

在抵达位于伯钦巷内的格朗特家之前，佩蒂的马车得沿着主教门一路向南，然后爬上康希尔街的小斜坡。在这里，佩蒂发现自己置身于三座山中间的顶端，而中世纪的伦敦就建于此。它的西边是路德门山，山顶上耸立着圣保罗大教堂；这座古老的教堂摇摇欲坠，对于伦敦人来说，其重大意义在于历史悠久而非建筑特色。它的东边则是塔丘（Tower Hill），得名于它与泰晤士河之间那座充当过诺曼要塞的大灰塔。

这时候，人流、马车和板车不断涌入左侧的利德贺街（城里最大的街道），于是他只好费劲地从中挤过去。作为曾经的罗马式广场所在地，如今利德贺街成了伦敦的国际橱窗，销售来自英格兰和世界各地最令人兴奋的商品。造型优雅的叠层式木料灰泥建筑有六层楼那么高，沿着马路一字排列。其尖尖的三角墙直朝街道，使屋顶轮廓线颇具动感变化。外国游客对于利德贺街的奢华和活力赞叹不已。

离开利德贺街上的欢愉场景后，佩蒂将顺着康希尔街（城里最拥堵的地区之一）向西行驶。一阵人潮从他的马车旁急速涌过，其中有购物的、闲逛的、推着手推车送货的，还有驾着运货马车的车夫、扒手、穷人、勤劳的人和富人等。街道本来就很狭窄，此刻更是被有执照和无执照的成群街贩塞成了小径；他们在那里卖家禽、蔬菜、黄油、奶酪、啤酒、餐具和羊毛织物。佩蒂的马车往南驶出康希尔街，才终于将那些为季节性差价争论不休的商人和磨坊主抛在了背后；接着他又下行至伯钦巷，并抵达了目的地——街道西面一处大规模的房产。这便是格朗特的住房和店铺，而他出生的那栋房子就位于街道对面。

格朗特生于 1620 年 4 月 24 日，从内战一直到共和—护国主时期他都在伦敦民兵队里服役。因此，同大多数伦敦中产阶级和无产阶级一样，他原本将成为议会议员的。鉴于他的朋友佩蒂曾经在爱尔兰直接为克伦威尔政权效命，我们暂且假设两人持相同政见。虽然政见究竟有多么统一谁也说不准，但很快两人都甘愿接受国王授予的特权。

伦敦商人

伦敦是一座以钟声报时的城市。几乎每座教区教堂都有一个钟，会在整点敲响，有时也在半个钟头和一刻钟的时间点敲响。它们并不会齐声响起，所以只要伦敦人经过附近一带的钟，便可从各个教区知道时间。这座城市把计时看得很重要。

就在佩蒂为住宿而烦恼的当儿，身为海员兼商人的威廉·赖德（William Rider）船长正等待着皇家交易所塔楼每日响起的钟声，好召集所有商人进行交易。皇家交易所是这座城市的商业中心，仿照安特卫普的大型交易中心"博尔思"（Burse）而建；后者是欧洲第一家证券交易所，在 16 世纪的鼎盛时期曾吸引了全欧洲的银行家。[4] 伦敦皇家交易所虽然没有达到此等国际规模，但也是伦敦做交易的地方。它坐落在六条街道的交会处，构成了城市东部的天然焦点，正如圣保罗大教堂在西端的位置一般。每日两次——分别是中午 12 点和下午 6 点，交易所大楼的钟声就会响起。在其意大利风格的广场上，证券交易热火朝天，人们或是买入或是抛出，互相交换小道消息。

赖德使商业性的伦敦变得人格化。历代以来，这里的商人都享有崇高地位；他们的声望记录在古老的城市同业公会厅，而后者也正是市贸易行会的发源地。彩色玻璃窗、大量银质镀金盘碟、仪式和习俗使他们的成员看上去丝毫不亚于商业英雄。

这里，我们应该界定一下 17 世纪伦敦商人的定义。商人即批发商，几乎都会在国际市场上进行商品交易。那些仅在国内市场销售商品或提供服务的人从未被当作商人；他们的身份仅仅以自己的买卖为前缀，如男装店主、船匠、葡萄酒商和裁缝之类。而商人的地位要远高于普通买卖人。据说，有些商人甚至富比王公。

赖德并非什么商业巨子，却也在朝那个方向攀升。凭借在任何环境下总能兴旺发达的本领，他在君主和共和时期都赚到了钱。查理一世执政期间，作为一名在"海峡"（Straights，地中海的常用名，因地处大西洋狭窄的入口而得名）从事贸易活动的船主，赖德为自己的财富打下了基础。数百年来，地中海一直是伦敦对外贸易的主要依靠。就连莎士比亚也在几部剧目中对此重要线路表示肯定，分别是：《维洛那二绅士》《罗密欧与朱丽叶》（布景为维洛那）、《威尼斯商人》和《奥赛罗》（其全名为《奥赛罗，威尼斯的摩尔人》）。自都铎时代（始于 1485 年）开始，伦敦与意大利、奥斯曼土耳其和黎凡特之间的贸易已颇具规模，运来的香料、布匹和奢侈品要么在大都市的高档商店中出售，要么转售给其他西欧国家。至于伦敦人对奥斯曼帝国的了解，一是靠去过那里的人（水手、商人及其代理人）传言，二是靠从那里发出的商品。伊丽莎白女王（1558~1603 年在位）早就加强了这个庞大帝国与她在欧洲沿海小领地之间的贸易联系。

通过在地中海的贸易活动，赖德赚到了足够的钱，并成为东印度公司（East India Company，简称 EIC）的主要投资者之一。这个大型投机公司控制着伦敦的大部分东方外贸，而这些贸易主要与中国和印度的皇帝、地方长官和统治者进行。那些管理东印度公司的人认为，任何外国船只都不得在被东印度公司认定为私有的航线或外国港口内进行贸易。贸易航程可能需要耗费两年甚至更久，但潜在利润是巨大的。当然风险亦是如此。东印度公司允许像赖德这样的商人分担航行中的风险。每年，该公司都会聚集一支前往东方的船队。无论遇上什么风险，利润或亏损都由持公司股票的豪商和贵族分摊。后来又修改了规则，允许商人自行选择注入各艘船的部分投资额。这样，每个商人不再承担公司的所有风险，而只需对自己投资的航程负责。

尽管经手事务很多，可赖德根本算不上异乎寻常。不少批发商都有多元利润。就赖德而言，让他富起来的生意便是为海军提供补给这种乏味的日常事务。共和时期，他通过波罗的海进口木材、焦油和沥青（主要来自瑞典），让自己在政府面前变得举足轻重。

赖德这类人所希望的，无非是任何新政府——尤其是新的君主制——依然会觉得离不开他们。但与此同时，政府的更迭无常又不利于做生意：既没人订货，也没人付款。对于赖德来说，不论政治解决方案的性质如何，最重要的是能尽快达成。有像他这样的商人提供经济动力源，才造就了当时的伦敦——一座靠贸易致富的城市；各社会阶层都在中世纪迷宫般的街道上密切地生活在一起，而企业家的下一笔交易也从来不用等太久。对于赖德这样的人而言，政府更迭不过是必经之事，无须恐慌。

城墙之内

在伦敦，各社会阶层之间的近距离来往反映了这座城市的历史。任何城市只要被城墙环绕，城市的建筑界限从最初便已决定。有钱有势的人被禁锢在里面与卑微贫穷的人一同生活。一旦外敌入侵的威胁不再，城市得以向墙外扩展，新郊区往往满足了日益增长的劳动力——而非有钱人——的需要。直到 17 世纪早期，当伦敦朝西部扩展到威斯敏斯特时，才有一片专门为贵族阶层而形成的区域。商人——其中许多富得流油，甚至出身商业世家——则更倾向于留在旧城：

离自己的业务不远，同时又紧挨着竞争对手。总的来说，这意味着他们每天都会接触穷人和普通人。一切都在充满城市活力的氛围中共享，其普及程度在别处闻所未闻。紧迫感、乐趣、即时性、机遇以及不利于健康的恶臭都造就了伦敦当时的样貌。在英格兰，再也找不出第二个类似的地方。

因此，零售商约翰·格朗特和财阀威廉·赖德都住在拥挤的街道上也就不足为奇了。在曾经是罗马风格的城市中心地带，商人们沿着伦巴第街及其附近建起了砖石结构的住宅，于木材和石膏筑成的中世纪城市景观中格外显眼。宏伟的房屋通常位于庭院之后，使居民们得以远离街上的噪声和喧闹。

对于大多数有购买能力的人来说，这还不够；学着贵族的样，他们还另需一栋乡间别墅。而赖德就属于买得起别墅的人。只要驾着马车穿过主教门，往东北行驶一英里，抵达那栋伊丽莎白时代的乡间别墅——卡比城堡 [Kirby Gastle，位于贝思纳尔格林（Bethnal Green）宜人的农业小村庄]，他就能躲避旧城区的臭气和污物。

像赖德这样的人，每个星期大部分时间都在城区住宅里度过；从那里，乘坐马车或轿子的话几分钟就能到达皇家交易所，或者到达一间商人同行聚集着闲聊、交易的小酒馆，再或者是去海滨——那里是城市的核心商业中心，位于仓库和航运之间。从交易所出发，赖德取道水巷前往自己的库房，而领港公会① 总部就坐落于水巷边。这是一家监督海上安全的机构，主要负责建造灯塔、标示航道以及在泰晤士河提供引航服务。1660 年春，赖德成为领港公会受托人之一；这个荣誉也让他朝着权势的方向迈出了虽小但却至关重要的一步。

离开领港公会后，赖德只需拐个弯便可进入泰晤士街，直朝向河面。如果说利德贺街是该城零售业的主动脉，那么泰晤士街就是它跳动的心脏。因泰晤士河对于伦敦太过重要，连市长大人都成了从"东部的格雷夫森德（Gravesend）到萨里郡（Surrey）一个名叫科尔姆沟（Colme Ditch）的地方"[也可能是科隆河（River Colone）在斯泰恩斯（Staines）汇入泰晤士河的位置]⁵ 长达 60 英里河道的"保护者"。旧城的南部边缘，码头、坞边沿着河一字排开。这便是"伦敦池"（the

① 1514 年，依据亨利八世颁发的皇家特许状，领港公会成立。

Pool of London），从伦敦桥一直延伸至伦敦塔的深水锚地。伫立于码头上，赖德眼前的景象不断变换：轮船来来往往，驳船进进出出，渡船纵横穿梭；桅杆、风帆和翼梁在空中动个不停。

在泰晤士街的向陆侧，一堵坚固的建筑外墙连绵不断，墙上开着不少装有栅栏的小窗户——这正是那些仓库。轮船和平底驳船被拴在码头，卸下来自爪哇岛的胡椒、来自伊斯坦布尔或马来亚的肉桂、来自巴巴多斯和牙买加的蔗糖、来自弗吉尼亚的烟草和靛蓝、来自约克郡的羊毛、来自纽卡斯尔的煤、来自瑞典的焦油和原木，以及来自孟加拉湾的棉花、丝绸和硝石。这里可看到的财富比伦敦其他任何区域都要多——也许只有午后圣保罗大教堂阴影下齐普赛街的金匠店里那些保险柜是个例外。

威廉·佩蒂一边观瞧，一边想着支撑该市经济活动的经济法。凭借分析性思维，他阐述了有关贸易性质和当前经济力量的理论。而这些理论后来对 18 世纪的亚当·斯密、20 世纪的约翰·梅纳德·凯恩斯等人均产生了一定影响。在 17 世纪 60 年代，伦敦商人更担心的是眼下之事：国王对他们的生意会有何影响？可能征收哪些赋税？以及伦敦能否想办法与强大的对手荷兰一较高下？阿姆斯特丹比伦敦的贸易更发达，其商人更富裕，全球影响力更深远、更稳定，航运业更先进，就连海军也更强大。就在伦敦人等着迎来自己的国王时，阿姆斯特丹已成了心腹大患。

那些仓库一次次被装满、清空、再装满，都需要大批的工人，且各自都以某种方式跟其他人建立了关联：蜡烛商、水手、货运代理、仓库管理员、海关官员、车夫、造船工、缆索工、制帆工、酒馆老板、侍者、食品供应商、厨师，等等。他们的生计不仅取决于自己的努力，还取决于世界各地不曾谋面者的努力。伦敦在当时是全球经济的中心之一，同时连接着中国、印度、爪哇、婆罗洲、桑给巴尔、西非、美洲、西印度群岛、瑞典、土耳其、黎凡特和俄罗斯。伦敦已不单单是座城市，更是一台巨大的贸易引擎。

在伦敦有一种贸易，其核心商品不必进城出城就能赚钱。这便是非洲奴隶贸易。它的"操作流程"是：先拿东印度群岛的纺织品和别的商品去交换东非奴隶，然后在西印度群岛和美洲的奴隶市场上将他们出售。这些奴隶经由所谓的"中央航路"（the Middle Passage）穿越大西洋，被运往英属殖民地。返航途中，轮船装满了烟草、蔗糖、靛蓝和其他产品，在英格兰港口卸下之后，它们就会回到非洲，如此一趟三角形的旅程才算完成。整个交易过程既漫长又随意。为使它成为一股有组织的经济力量，需要一名傀儡——某个可以赋予这种交易新的动力和关注度之人。然而在 1660 年春，这样的人尚未出现。

眼看春日渐长，各种谣言和猜测似乎无可避免。流言蜚语四处传播，先后越过路德门的城墙，跨过舰队河，再钻进破烂的城市贫民区［被称为阿尔塞西区（Alsatia）］里那些无法无天的小巷子。阿尔塞西区横跨一座修道院旧园而建，眼下竟成了英格兰某些最邪恶之人的大本营。夹缝中的街道好似迷宫一般，东边是布莱德维尔监狱（Bridewell Prison）的都铎式城墙，西边则是律师们那被茂盛草木包围的圣殿学院；欠债人、敲诈犯、杀人犯和小偷都在这里自生自灭，无人过问他们的不良企图。由于该地区太过臭名昭著，它甚至为后来的一部戏剧提供了素材，即托马斯·沙德韦尔（Thomas Shadwell）的《阿尔塞西乡绅》（*The Squire of Alsatia*）。

再往西就到了河岸街。投机倒把行为在富有的贵族和士绅之间广为流传，这些人住的要么是时尚的现代豪宅，要么是建于都铎时代的老屋。对于贵族而言，国王回归至关重要，因为若是没有国王，所谓的贵族阶级就毫无意义。毕竟贵族制度是致力于君主政体而传下来的恩惠。一旦国王回归，恩惠又会再次泛滥；贵族的地位和权力都将恢复——而他们在克伦威尔时代曾被认为不如"中间人类"（the middle sort of men，出自克伦威尔的著名宣言）那么有价值。

名声不大好的科芬园地区（Covent Garden）则位于河岸街以北。仅仅截止到若干年前，它还一直很时尚。早在 17 世纪 30 年代，为取代让查理一世觉得碍眼的那片棚户区，第四代拉塞尔伯爵弗朗西斯·拉塞尔（Francis Russell）委托依尼哥·琼斯[①]建造了一个带有教堂和梯田状漂亮连房的广场。然而，随着酒馆和妓

---

① 依尼哥·琼斯（Inigo Jones，1573~1652），英国建筑师的鼻祖。——编者注

院在琼斯创新设计的意大利风格广场（仿照里窝那的广场）南端附近纷纷开业，该地区的社会地位再次下滑。广场居民中有一位便是艺术家彼得·莱利（Peter Lely）。国王归返对于莱利来说预示着一次巨大的商机，因为他长期以给富商和议会大人物画肖像为生，而复原后的宫廷也可能成为他主要的委托新来源。

这座城里居住着大量各种各样的外国人，包括德国商人、犹太商贩、各国外交官、个别文人，以及来自许多国家的商务代办和商船海员，莱利便是其中之一。他是来英格兰谋生的一小群外国（主要是荷兰）艺术家中的一员。他出生于德国，父母都是荷兰人，真正的姓氏为范·德·费斯（van der Faes）。莱利这个名字则来源于他父亲在海牙的出身之所房门上雕刻的百合花。

17世纪40年代初，莱利来到英格兰时才21岁，这对于一名雄心勃勃的年轻艺术家来说似乎是段美好时光。当时艺术正在英格兰蓬勃发展。查理一世是画家们的重要资助人，曾委托欧洲许多优秀的艺术家完成作品。英格兰本土几乎没有著名画家：与罗马决裂和新教兴起已经反映出这一点。仅有伟大的威廉·多布森（William Dobson）从无数平庸之辈中脱颖而出。随着安东尼·凡·戴克（Antony van Dyck）于1641年去世，而多布森也在5年后驾鹤西归，首席宫廷画家的位置便空了出来。

莱利原指望自己的时代已到，可他抵达英格兰后还不满一年就爆发了内战。从那以后，他的生活一直处于贫困之中，甚至沦落到去教授绘画课。他的学生当中，有个聪明的男孩名叫罗伯特·胡克（Robert Hooke），是怀特岛上一名助理牧师兼教师之子，在经济上非常困难，但确实颇具绘画天赋。也许随着国王的归来，莱利便可放弃教学，重新回到自己渴望创作的大型风景画上。

在德鲁里巷旁的一条小巷内——紧挨着莱利在科芬园广场的房子，海伦娜·格温（Helena Gwyn）太太艰难地抚养着两个女儿罗丝和埃莉诺［Eleanor，又叫内尔（Nell）或内莉（Nellie）］。格温太太出生于菲尔兹圣马丁教区，几乎一辈子都住在那里。据说，她的丈夫曾经是威尔士陆军上尉，后来抛弃了家庭，留下母女三人自谋生路。于是格温太太开始酗酒，又在煤场巷（Coal Yard Alley）内开了家妓院。然而，在清教徒的镇子里，这种生意可不好做。女儿们逐渐长大，明白唯有自力更生，而不能指望他人的帮助。像格温这样的家庭，相较于国王是否有可能归返，她们更担心别的事。

再往西，在白厅宫周围规划良好的街道旁会客厅内，政治闲聊和社交性的絮叨此起彼伏。与宫廷关系最为密切的贵族的住宅就坐落于此。1660 年，留在住所里的少数"前朝臣子"与曾在奥利弗·克伦威尔治下管理国家的议会议员、将士和政治革命派共享着威斯敏斯特相对干净的街道和空气。其中包括那些审判过已故国王并让他的脑袋滚落在国宴厅外断头台之人。这些人都有特别充分的理由去琢磨：一旦死去君主的儿子重掌王位，他将会如何处置自己。

普通贵族同样有理由保持警惕；随着政治风向倒退和改变，出现一个对贵族不友好的更为严酷的政权绝非毫无可能。许多人都待在城外，为找到回避的借口而沾沾自喜。

拉内勒夫女子爵（Viscountess Ranelagh）凯瑟琳·琼斯（Katherine Jones）因家事回到了爱尔兰，因此她可确保远离任何不良的事态发展。她是伦敦王政复辟时期最重要的人物之一。皇家学会的前身——所谓的"无形学院"（invisible college）可能曾在她家里会集。伦敦是她天生的地盘；在那里，她融入了当代天才的圈子。她的兄弟罗伯特·波义耳也在爱尔兰，彼时尚未开展令其享有持久声誉的科学研究，却觉得依靠家业的生活越来越没有成就感。恢复稳定的解决方案将吸引那些有钱有势的人返回伦敦。

暗涌、期待与焦虑

秘密无论多么重要，都难以保守。关于国王的议论，从那些会客厅、酒馆和熙熙攘攘的街道里快速传到泰晤士河，被成百上千艘划向河对岸的渡船所接收，然后带到萨瑟克区的工业贫民窟——不管是有技术还是没技术的人，都在这里一同工作和生活。流言顺流而下抵达造船厂；在那里，横渡大西洋、印度洋以及更远处的轮船完成建造、维修，并且在航行间隙来此停泊。每天都有一群船主、船长、投资人和商人沿着河上上下下，查看其新船的运转情况，而他们的桨手则在数百艘交叉往返的其他渡船之间闪避前行。

下游，在德特福德（Deptford）那些造船厂的更远处，因地势低洼而形成许多沼泽池；这里大量繁殖引发疟疾（又叫沼地热或马传染性贫血）的蚊子。不过，这里的空气比市内的更干净。这里还另有几家伦敦的造船厂，有的是军用，有的则是商用。在东印度公司造船厂旁的 200 英亩① 土地上，约翰·伊夫林（John Evelyn）和妻子玛丽创建了自己的伊甸园——汇集了独一无二的乔灌木，其中许多还是来自海外的珍稀品种。伊夫林是一位颇有教养的遗产继承人。借由在欧洲游历，他和妻子避开了内战的惨状以及关乎其保皇党身份的后续问题。伊夫林相当热情，对于他觉得有价值的人而言，也是一位极为可靠的朋友。他对任何放荡行为都持一种严格刻板的态度，对国家也怀有充分的责任感——可对待借方却是个势利眼，跟任何依靠制造火药发家的富家子弟一样令人讨厌。

在没琢磨园艺及其心爱的园子时，伊夫林就会想到伦敦，包括它巨大的生财能力和当前的危险事态。他还编制了一批有关实用行业、制造过程以及业务开展类型的清单。他原本希望展示出百科全书式的伦敦商贸简况，可单单是材料的多样性和复杂性就将他难倒了，于是只好放弃。而这也让他的好奇心转向不稳定的政治局势。1659 年秋，伊夫林匿名出版了一本标题为《向皇室成员致歉》（*An Apology for the Royal Party*）的小册子，里面提到政权的空位期并未带来任何好处，而只有受军事力量支撑的未兑现的诺言。他说，只有恢复君主制才能带来秩序和稳定——正如他在自己整个园子里所看到的那样。

在霍尔本简朴的家中，约翰·弥尔顿② 命人将伊夫林的宣传册读给他听。这位诗人当时已完全失明，但仍可以清楚地"看出"政治风向如何。他以口述的方式猛烈抨击了伊夫林，并主张恢复共和主义平等原则。[6] 但弥尔顿就像是有了污迹的货物，在某些人看来，他早在成为克伦威尔军事摄政时期的官员后便已背叛。资产雄厚且敢于大胆发言的共和党人——或者所谓共和政权的人——几乎一个不剩。他们要么辞世，要么退休，要么被毁于各种事件。作为最后一员，约

---

① 1 英亩 ≈ 0.004 平方千米。——编者注

② 约翰·弥尔顿（John Milton，1608~1674），英国诗人、政治家，代表作品有长诗《失乐园》（*Paradise Lost*）等。——编者注

翰·兰伯特（John Lambert）将军原指望率领军队对抗蒙克，不想竟在前一年秋天遭到他们的无耻背弃，还被关入伦敦塔中。这名老将还残留着一丝英雄气概：3 月 3 日，兰伯特逃脱羁囚后，又试图集结军队去推翻蒙克——最后却连一枪没开就投降了。

尽管严重受损、支离破碎的共和事业已无可救药，可弥尔顿仍觉得自己必须重申它的价值，同时还告诫不要重建君主制，即"最近被一些（狡猾的）骗子灌输的那种回归旧日束缚、不健康的恶性情绪"。[7] 有些人倒是大声说出了内心所想，却缺乏影响力，比如劳工罗伯特·洛克（Robert Locker）就曾当着米德尔塞克斯（Middlesex）法官们的面出庭，为之前"反对国王陛下的言论"受审。而其他男男女女在那些不中听的话被听见后，也被带到了法官跟前。要知道，仅仅一两个月前，他们的平等主义精神还受到欢呼。随着事态以惊人的速度发展，那些牵涉较多且有可能损失较大的人都低头不语。

其中就包括克伦威尔的秘书兼情报首脑约翰·瑟罗（John Thurloe）。在不断加剧的动荡期间，瑟罗竟有办法一直留在政府中，而且令所有人吃惊的是，直到 1660 年春，他依然还占据着职位。瑟罗掌握的资料对于回归的君主来说非常有价值。然而，可以充分利用它来达成协议吗？瑟罗又是否有可能甘愿舍弃它？即使提供了宝贵的情报，瑟罗作为共和及摄政时期的主要人物，有没有办法确保自己在复辟王朝之下免于一死？

在伦敦，保皇派政客悄悄做出摸索性的尝试，想要同居住于荷兰的流放国王达成协议。在这些微妙谈判的中心，指挥着使者来来回回的是蒙克将军；他证明了自己虽是大块头，但其实很灵活。内战初期，蒙克曾为国王而战，然后又为议会而战，并且成为克伦威尔摄政政体的顶梁柱。蒙克似乎期望在国王回归后采用君主立宪制——它包括一个拥有足够权力的议会，以及一种持任何政治立场和信条的人皆可谋其所求的自由氛围，并确保和平长久。跟许多老兵一样，蒙克在政治上比他想象的更为天真。

议会选举得以进行。通过投票，国民罢免了大量的旧共和派成员和克伦威尔旧部，同时也吸纳了许多保皇派和长老派成员（他们都赞同与国王达成协议）。

当选者包括托马斯·布拉德沃思（Thomas Bloodworth），他野心勃勃，来自伦敦一个非常富裕的商人家庭——其财富源于丝绸和铅的买卖、房地产投资以及东印度公司会员身份。他的父亲约翰曾掌管着酒商公会，而母亲安妮则是东印度公司簿记员安德鲁·艾拉姆（Andrew Ellam）之女。这个家庭是坚定的保皇派，十分支持国王归来。托马斯对金钱和权势满怀渴望，作为五位商人之一，他签署了一份信用凭证，承诺为帮助国王归返而提供25000英镑。在几年后，托马斯·布拉德沃思将成为伦敦市长。

随着春天慢慢过去，尽管伦敦街头有商业活动，但整座城市寂静无声。这是一种思想的沉寂，也是满怀期待和焦虑的沉寂。军队无处不在，可军官中的共和派成员明显遭到剔除，取而代之的是保皇派和机会主义者。并且，正如春天的第一群麻雀，某种长期被驱逐出伦敦的人开始现身街头。尽管明显没什么钱，但这群衣衫褴褛的人表现得很自信——以曾经同样自信且对自我价值颇有把握之人自居；部分人的表情里还透出一股泰然自若的傲慢，像极了那些曾经能让他人听命于自己并扭转群众倾向之人。

他们都是搞戏剧的，更是存在于战前剧院里的坚定分子。1642年，当清教徒为减少公众放纵行为——即"斋戒和祈祷往往非常有效"——而关闭剧院时，他们便失去了生计。[8]

随着国王回归的流言传开，戏剧界人士纷纷露面，并察觉到有可能重拾老本行。其中一人身材高大、气度不凡，可惜堂堂仪表却因奇怪的朝天鼻而没了光彩，这便是戏剧制作人兼作家威廉·达文南特爵士。54岁时，达文南特成为连通过去的枢纽，连通了文艺复兴时期的英格兰戏剧。他的父母曾与威廉·莎士比亚交好。有那么几年，达文南特一直靠着在家里举办半秘密的戏剧夜场表演勉强度日。就这样，他冒着危险避开禁令。

由于感觉保皇党势头渐盛，达文南特便渴望开办一家新的公共剧院。他深知别的剧院老板也急于重新开业。因此，意识到自己必须打败竞争对手后，他前去视察了葡萄牙街尽头一块废弃的网球场①，以确定它可否被改造成一座剧院。

---

① 在温斯劳斯·荷勒绘制的1650年中西部伦敦透视图中，该网球场位于林肯因河广场（Lincoln's Inn Fields）西侧，还凸出到了公共空间。

在这样的网球场内建造一座剧院原是法国人想出的点子。事实证明，网球场是个非常理想的选择，其内部又长又高，适合搭建舞台和深处的观众席。达文南特既已签订租约，便开始四处物色设计师与建筑工，好将那片地变成自己想要的剧院。

有传言说，狡猾的经理人兼诗人正在回归，还打算开一家公共剧院。戏剧界人士感觉自己的时代将重新来临。所以，在查理国王尚未恢复王权的情况下，戏剧生活又开始逐渐渗入城内，以由下及上的方式冒了出来。没有人大张旗鼓，而只是悄声说娱乐活动将再次兴起。

与此同时，在肯特海岸边，英格兰海军驻扎于唐斯湾 [①]，等待着上面的指示。

---

① 唐斯湾（The Downs）是英吉利海峡以北的避风水域，延伸于多佛和迪尔之间。在这里，舰队可以保持随时待命状态，同时又不缺补给。

第 2 章
国王归来

———— ◆ ————

《布雷达宣言》

在位于斧头场（Axe Yard）的家中（离约翰·瑟罗的官邸不远），一名年轻人正忙着为陪同自己的雇主出航而做准备。他便是塞缪尔·佩皮斯，27 岁，出生于舰队街（Fleet Street）旁的索尔兹伯里公寓，父母都是裁缝；他上过大学，作为财政部的出纳员，如今也算有几年政府工作经验。佩皮斯关了家门，而他那 19 岁的法国娇妻伊丽莎白·德·圣米歇尔（Elizabeth de St Michel）已被送往乡下跟朋友同住。在日记（他从 1660 年 1 月份开始记录）中，他于 1660 年 3 月 6 日写到，他觉得国王可能很快就会归来。我们有把握认为，他的这种推测是以雇主提供的信息作为依据的。

爱德华·蒙塔古（Edward Montagu）是伯爵之子，又担任着海军大臣一职（不久前由国务会议授予）。尽管两人社会地位悬殊，但佩皮斯和蒙塔古却是亲戚：蒙塔古的母亲是佩皮斯的婶祖母。佩皮斯担任了蒙塔古的私人秘书，且两人都有爱好分析和务实的癖性。蒙塔古出生于一栋由奥利弗·克伦威尔祖父建造的房子里，曾当过议会军的将军。在 1659 年末至 1660 年初那段冲动且无常的日子里，他不断地改变自己的立场。目睹了自克伦威尔去世以来所发生的政治混乱后，蒙塔古并非唯一一个认为无王之治的日子已经走到尽头的人。

他和蒙克将军、少数贵族成员及圣公会主教一起保守了一个秘密：他与流放的国王一直保持着联络。按照当时的说法，蒙塔古正是筹划"国王即将归来"的人物之一。在希兴里（Seething Lane）海军办事处的书桌上，他专门列了一份顽固不化的克伦威尔手下军官名单，以便强迫他们从军中退役。他认为，如今是像自己这样识时务、懂得见风使舵之人主持大局的时代。而上了黑名单的，则是那些他不相信肯接受变革、死抱着共和理想或摄政统治不放之人。

3 月 23 日，蒙塔古离开办公桌，坐了条船顺泰晤士河而下，前去跟驻扎在多佛的舰队会合。佩皮斯一路陪同。蒙塔古刚登上他的旗舰，便开始大力清除那些支持共和制或有嫌疑的军官。

在荷兰的布雷达镇（Breda），流放的国王正忙着起草自己的意向声明——一封陈述其归返目标的书函。在流亡的大部分时间里，查理都栖身于布雷达，这多亏了妹妹玛丽的帮助。她嫁给了威廉二世——奥兰治亲王兼荷兰联省共和国元首。威廉去世后，该国共和党领袖、奥兰治王室的政敌约翰·德·维特（Johan de Witt）像前任那样，继续对斯图亚特家族的人以礼相待。由于跟奥兰治家族之间颇有历史渊源，布雷达也曾是一座重要城市，以前许多贵族世家都住在那里。然而，它的辉煌岁月已经一去不复返了。查理栖身的小镇位置荒僻，且大部分都被战争摧毁，只剩下几栋房屋完好。

就是在这里，查理草拟完成了造访王国的名帖。他的贴身顾问包括其内战参赞爱德华·海德、爱尔兰保皇党人詹姆斯·巴特勒［James Butler，第一代奥蒙德公爵（Duck of Ormonde），也是国王的密友］，以及查理一世的前国务大臣爱德华·尼古拉斯爵士（Sir Edward Nicholas）。他们出示的书函不仅承诺给所有未曾设法推翻王权之人以宗教自由，承诺将土地和头衔归还给被剥夺了财产的贵族，还承诺大赦所有曾站在议会一方对抗查理一世之人。而那些直接参与筹划处决国王的人则不在大赦范围之内。议会还将为此起草一项指令，决定谁将被排除掉。查理的公文似乎牵涉到每个人，包括处死一干弑君者——只可惜它并非完全像表面呈现的那样。

事后想来，人们才意识到：该公文既包含一个明确的意图，也包含了一种不那么明显的排斥态度。其明确意图，就是要确保像蒙克这种曾跟随克伦威尔作战的军人，将来绝不会因为参与过反对查理一世的战争以及后来共和—护国主时期的行政管理而面临法律诉讼。至于后来被视为遗漏了的重要部分，则是有关议会在该国未来政府中实际作用的任何保证。查理借机提出"国王的"建议，在该声明中提及"自由议会"，却并未清楚说明议会与王室之间的实际关系，例如：在税收或宣战等要事上，究竟哪一个地位更高？在秘密谈判中，蒙克过于渴望保住个人职位，对于整个国家的地位却少有顾及。某项协定对国王非常有利，而对斯图亚特王朝的那些旧敌（下议院当选成员）则非常不利，想必查理及其顾问们一定会倍感惊讶吧。

5月1日，秘密会谈被公之于众。议会两院（如今几乎全是保皇党）并未设法弄清晦涩的文件，而只是为了赢得"投票支持国王回归"这一荣誉而相互竞争。最终上议院以微弱的优势胜出。距离克伦威尔手下的将军亨利·艾尔顿（Henry Ireton）和约翰·兰伯特起草那部确保王室和议会共治的宪法，时间已经过去了13年。查理一世将它拒之门外，然后便走向死亡。眼下，他的儿子即将返回的依据乃是一纸公文——针对国家该如何管理的宪政安排，它并未讲清楚。在议会历史甚至国家历史上，这都是最为重大的疏忽之一。[1]

5月9日，《布雷达宣言》（Declaration of Breda）以"一般赦免、赔偿和遗忘法案"（Bill of General Pardon, Indemnity and Oblivion）的形式被递交给了议会。辩论十分激烈，不少人呼吁大面积的报复，以表达自己对君主制的新热情。意识到在人间的日子恐怕已屈指可数，许多签署过查理一世死刑执行令的人开始悄然出国，要么前往北欧的加尔文主义国家，要么前往清教思想盛行的新英格兰。而针对不曾离开之人，逮捕范围从约克郡一直延伸到了爱尔兰。连政治保护也在迅速发生变化，尽管国王几个星期后才会踏上英格兰的国土。

国王的一封公函被送到了伦敦市长、治安官、市政官和普通议员面前，公函不仅承诺延长城市宪章的有效期，还允许市政当局保留其特权。上层阶级的共和政治家们都把想法藏在心里，但伦敦工人阶级出身的共和派却以强硬的措辞表达了自己的观点。许多人现身地方法院，被指控为谋反。5 月 11 日，来自沃平（Wapping）的玻璃工爱德华·迈德波恩（Edward Medburne）受到了米德尔塞克斯法官的传讯，被指控在当地酒馆内大放厥词。据目击者称，迈德波恩说过，如果遇上国王，他要"一刀捅死他"——当然国王自己肯上吊的话他也不介意。他还说，如果国王和蒙克将军被一同绞死，他就会"花 5 先令去找一整天乐子"；要知道，5 先令对于一名工人来说可不是小数目。[2] 鞋匠的妻子多萝西·菲利普斯（Dorothy Philips）也被带到法官面前，只因她辱骂国王。迈德波恩和菲利普斯太太会有何后果还不得而知，但眼下绝非宽大处理的时候。

迎 归

事态发展很快。5 月 12 日，蒙塔古的舰队起航，两天后便抵达荷兰的斯赫弗宁根港（Scheveningen）。一个由议会两院成员和伦敦商人阶层各种大人物组成的大型随从团队前往海牙迎接国王。国王已经从布雷达迁往海岸附近，正准备返回英格兰。商人们始终清楚自己的饭碗要依靠谁。从情感上讲，许多（甚至是绝大多数）人可能仍然对斯图亚特王朝持敌对态度，并且对教会的主教派统治（以君主为傀儡）也满怀仇恨；但从理智上讲，他们都知道权力转移的方向何在。精明人都懂，如果想让伦敦城里的生意正常运作，不受政府更迭的阻碍，那么最好采取主动。托马斯·布拉德沃思是城市商人代表的 18 名"委员"之一。假如查理在荷兰境内见到他们后倍感震惊，他便会装得若无其事。所有人因付出千辛万苦而会被授予爵位。

5 月 23 日，查理在弟弟詹姆斯（即詹姆斯二世，1685~1688 年在位）的陪伴下登上了蒙塔古的旗舰。同一天，伦敦城里的爱德华·琼斯（Edward Jones）和爱丽丝·琼斯（Alice Jones）夫妇双双出庭，因说过"如今到了国王统治的时候，但还得忍耐一阵子"这种话而被指控为谋逆。接下来几个星期里，经常又有伦敦人出庭，因类似罪名而受到指控。其他人则兴高采烈，纷纷举着保皇党的旗子在街上游行。

眼看王室随行人员已从荷兰起航，伦敦的商界精英都忙着去除共和的标志。市政厅内的共和国国徽被摘下，黄蓝相间的斯图亚特王朝纹章取而代之。在新宫院内、齐普赛街上，以及旧交易所中，常见有人肆意烧毁议会《庄严同盟与盟约》（Solemn League and Covenant）的副本。聚集于白厅宫里的侍臣们也不甘示弱，他们找到一尊克伦威尔半身像，拴住它的脖子在窗口晃来晃去。

5月25日，国王在多佛登陆。蒙克等在那里迎接。国王一并授予蒙塔古和蒙克嘉德骑士勋章①。蒙塔古当上了伯爵，而蒙克凭借着爱德华四世（1461~1470，1471~1483年在位）私生子的后人的身份（值得怀疑），竟成为王室公爵。由于在航程中扮演的角色，佩皮斯也得到了一笔钱——他一直极为看重之物。

查理对于眼前热烈的欢迎场面感到十分震惊。回想1646年3月14日，他为躲避奥利弗·克伦威尔的铁甲军追捕而逃到国外时，对他脑袋的悬赏价码高达1000英镑。如今，克伦威尔的前旗舰"纳斯比"号（Naseby）已更名为"皇家查理"号（Royal Charles），载着他"凯旋归来"。在多佛上岸后，迎接他的更是喇叭巨响，礼炮齐鸣。蜂拥而至的人群聚集在悬崖底下，眼看国王（大多数人都从未见过）敏捷地跳上岸，齐声发出欢呼。

一大批侍臣及显要人物争先恐后地亲吻国王那略显破旧的长袍下摆，以最谦卑的方式宣告着自己的忠诚和热爱。绝大多数人都被回报以微笑和点头。唯一例外是国王儿时的朋友、第二代白金汉公爵乔治·维利尔斯（George Villiers）。三年前，白金汉公爵与奥利弗·克伦威尔讲和，并且从流亡中返回英格兰。查理觉得难以原谅这种行为，所以当白金汉公爵跪拜时，他故意冷落了对方。

随后，多佛市长及其他要人也纷纷发表了致敬之词，然后大队人马才悠闲地朝着伦敦方向行进——查理打算于1660年5月29日，他30岁生日这天抵达伦敦，因此他在途中停留了很长时间。仅仅6天前，由于查理亲自督促，他的亡父在坎特伯雷被追封为圣公会烈士。回到英格兰，查理的第一要务便是向父

① 嘉德勋章起源于中世纪，是英国历史最悠久的骑士勋章，在英国荣誉制度中属最高的一级。——编者注

亲致敬。他在大教堂城①暂住三晚，其间还收到市长献上的"一大杯厚重的黄金"。也是在这中途停留的日子里，乔治·蒙克和另外三人——南安普顿伯爵、威廉·莫里斯（William Morrice）和安东尼·阿什利·柯柏爵士（Sir Anthony Ashley Cooper）——都成为枢密院顾问。

对于能将其成员或骑士同伴与君主紧密绑定到一起的秩序，斯图亚特王朝特别重视。而查理一世尤其如此，就连死在断头台上也要戴着徽章。听闻父亲的死讯后，19 岁的查理二世请温斯劳斯·荷勒为父亲雕刻了一尊半身塑像。查理一世的塑像披着一件斗篷，斗篷上面别着一枚代表所在阶级的星形大徽章，十分引人注目。而这也使得这座雕像具有不凡的象征意义，暗示它是为了政治宣传而创作的。

接着，一行人继续朝着首都前行。如今国王穿了件银色的紧身上衣，外面罩着一件镶金饰边的斗篷，由骑行在身后左右侧的两个弟弟陪同。他们一个是正儿八经的威尔士亲王詹姆斯，一袭白衣；另一个是欢闹的格洛斯特公爵亨利，穿着绿色绸衫，才 20 岁，却被爱德华·海德形容为"前途无量的王子"。②海德后来回忆说："从多佛到那儿的路上到处挤满了人……感觉好像整个王国的人都出动了一般。"³而塞缪尔·佩皮斯则写道："所有人的呐喊和喜悦实在超乎想象。"⁴

回到英格兰的第二天，在给 16 岁的妹妹亨利埃塔·安妮（Henrietta Anne，1644~1670）的书信中，查理也记录了自己的反应："人群欢呼和许多事情（我不确定能否讲清楚）简直搞得我晕头转向。"他还开玩笑说，鉴于在英格兰遇到的每个人都盼着他回来，离开这么久显然是他一个人的错。⁵

与此同时，军队、民兵和欣喜的保皇党人纷纷从南部和东部地区朝布莱克西斯（Blackheath）赶去。这一大片紧靠着伦敦南边的、欧石南丛生的荒野高地一直是历史性集会现场，其中就包括 14 世纪的农民起义、杰克·凯德起义（Jack Cade's Rebellion）以及 15 世纪的康沃尔郡叛乱等。眼下它则成了查理视察军队的集结地。该军队截止到数日前还是共和国军队——至少在名义上如此。这也将

① 即坎特伯雷。——编者注
② 亨利于三个月后死于天花，年仅 20 岁。

是迄今为止英格兰最大规模的示忠场面。

蒙克将军用了 5 个月的时间来清除由共和党及其他"危险"分子组成的军队，开除了数百名宗教和政治激进者，并以保皇党人取而代之。与此同时，解散所有克伦威尔军团的微妙行动也已经开始；毕竟，其持续存在对于君主制而言永远是个威胁。国王刚一回国，便立刻让他面对成千上万久经沙场的圆颅党人，这未免太过冒险了。

在前往欧石南荒野的途中，查理的随行队伍逐渐延长。但并非所有人都是纯粹在庆祝。麦考莱①的《英格兰史》[History of England，全称《自詹姆斯二世即位以来的英格兰史》(The History of England from the Accession of James the Second incomplete)] 让我们对迎接国王的另一面有了十分清楚的了解：

> 到处旗帜飘扬，钟声、音乐声不断，祝福他健康的葡萄酒和麦芽酒汇流成河，只因他的回归也等同于和平、法治和自由的回归。然而，在普遍的欢乐之中，某一处却呈现出阴暗又危险的一面。在布莱克西斯，军队被调集起来欢迎君主。他面带微笑，频频鞠躬，亲切地伸出手来让一众上校和少校亲吻。可惜所有的殷勤都是徒劳。将士们的面容悲戚而又消沉；如果他们感情用事的话，这次喜庆的盛典（他们很不情愿参加）只怕会有个悲恸和血腥的结局。[6]

麦考莱的华丽辞藻乍一看挺古怪，但在某种程度上却是基于目击者——国王的忠诚参赞爱德华·海德——的描述。由于一直留意着政治风向，海德在队列中察觉到了敌意。他以一种比麦考莱更为平淡的文风记录：那天将士们脸上的表情清楚反映出"他们参与了一场自己并不情愿参与的仪式"。[7]

"回来的星辰"

5 月 29 日生日那天，查理骑着一匹白色的千里马行至伦敦桥。泰晤士河在

---

① 托马斯·巴宾顿·麦考莱（Thomas Babington Macaulay，1800~1859），英国维多利亚时代早期辉格派历史学家、政治家。——编者注

他眼前流淌；伦敦诞于此河，并赖以生息。河对岸，沿着城里的斜坡向上便可直达大教堂，而市政厅和公会其他大厦的屋顶在拥挤不堪的街道里格外显眼，也标志着数百年来的财富及商业技能。突出在这些屋顶上方的是教区教堂的尖塔，总共有97座，还不包括若干较小的在内。城墙外另有33座教堂，无不证实了17世纪英格兰社会的宗教内核。许多钟楼里响起了钟声，到处是飘扬的横幅。

在伦敦桥南侧，伦敦市长托马斯·艾伦（Thomas Allen）向国王献上了自己的职权剑。作为回报，国王授予艾伦爵位，还把剑归还于他。市长问候国王的行为并非只是做做样子，它依据的是某种古老仪式，为换取伦敦作为自治城市的自由。市长每年都会前往威斯敏斯特一趟，宣誓效忠于国王。这趟年度旅程不久被称为"伦敦市长就职游行"，并且一直执行至今。

市长骑行在国王前面穿过大桥，等着接受众人的欢呼。街道两旁的人群中就有约翰·伊夫林。由于总是渴望成为众人关注的焦点，伊夫林早已从德特福德的自家庄园沿河而上，好目睹国王归来。他相当明智，并未选择看着国王穿过拥挤的中世纪城区，而是挑中了那条宽阔的现代化河岸街。街道顺着河道一路延伸，而国王在白厅的目的地就位于东边。在河岸街，当查理一行人经过时，伊夫林感觉到大道沿线的民众周身都洋溢着喜庆的气氛：

> 这一天，经历了长达17年的悲惨流亡（国王和教会都遭受着灾难性的痛苦）后，查理二世陛下终于来到伦敦。这天也正是他的生日，更是超过20000名骑兵和步兵的胜利；他们挥舞着刀剑，大声呼喊，喜悦的心情难以言表。路上撒满鲜花，铃声阵阵作响，街道旁挂着织锦，喷泉里流淌着葡萄酒。市长、市政官和所有同伴都身穿制服，挂着金链，举着横幅，而领主和贵族们则穿着由金、银和天鹅绒织成的衣物。窗口和阳台上都挤满了女性。喇叭声、音乐声不断，从罗彻斯特（Rochester）远道而来的无数人蜂拥而至，以至于穿城而过都耗费了七个小时——从下午两点直到晚上九点。

> 我站在河岸街上目睹这一盛况，心里感谢着上天。而且，所有这一切都是在没流一滴血的情况下，恰好由那支背叛过他的军队完成：这种

复辟在任何古代或现代史中都不曾被提及；在这个国家，从未见过哪一天如此欢快、如此光明。[8]

伊夫林是对的——这确实非比寻常、出人意料。这座欢迎查理二世的城市饱受蹂躏——由于查理的亡父与议会主要成员之间的战争所造成的分裂。以前伦敦是清教徒反对君主制的基石，如今却踊跃庆祝流亡国王的回归。事件发生20年之后，海德在文中回忆：从那时起，复辟看起来已是必然，"在上议院、下议院和市内，乃至整个王国范围内，都充满这样的竞争——谁有可能最生动地表达他们的责任和欢乐？"[9] 他从保皇党人的视角，无意间确切地说出了某个有趣现象。仿佛一夜之间，这座城市表面上从支持议会和共和党转为拥护国王。蒙克清除军队高层的任务已经完成，而伦敦城里支持议会的受训群体也都无法对抗他的军事控制。

拉丁学者露西·哈钦森（Lucy Hutchinson，她的丈夫是一名圆颅党军官）写到，查理询问："所有的敌人去哪儿了？"也难怪她会如此解释："因为他只能看到为讨国君欢心而表达出的扭曲爱意"。"的确，"她又补充一句，"那天看到某些人性情不定，某些人做派虚伪，所有人卑躬屈节地献媚，真算得上一大奇观。"[10]

这位政治家兼军官的妻子显然暗指过去20年里英格兰普遍存在的大分裂。该国已经分裂成彼此对立的宗教和政治派系。在此条件下，一个人来自哪里，以及父母有什么宗教信仰，都变得事关重大。每个人的教养都决定了他在选择支持对象（导致1642年内战）过程中的站队情况，以及之后的立场。如今，随着国王归来，许多人开始意识到要么改变立场，要么闭嘴噤声，才符合自己的利益。

一座在克伦威尔时期坚决不信奉国教和长老会的城市，因何会为一名憎恶的斯图亚特王朝回归成员举办如此壮观的游行？关键就在于其古老的结构。伦敦自治的皇家特许状的起源已经消失在岁月里，但它最初可能是由征服者威廉（即威廉一世，1066~1087年在位）授权的。后来，该城市的权利于1215年被写入《大宪章》（Megna Carta）。同业公会，即调节个人交易的古老行会，其权力也可追溯至皇家特许状——理查二世（1377~1399年在位）于1394年授予布商的那个最为古老。查理二世及其顾问都懂得这一点，并且知道伦敦的支持对于他的成功回归至关重要。因此，国王从布雷达给伦敦市长、治安官和市政官写了一封信，宣称市政当局拥有该市古老的自治权，并且恢复其皇家特许状。同业公会成员认为，王室的接纳对于他们维护个人利益的能力来说至关重要。那些身处伦敦企业及商业生活前沿的人几乎不支持斯图亚特王朝，但他们心里都清楚：要想保持伦敦古老的独立治理及贸易自由体系，他们需要国王的批准。所以大规模游行不过是确保赢得归来国王青睐的一种方式。

这样，迎接查理的城市塑造于动态过往——与英格兰君主的过往密切相关。其古老起源为公元 47 年罗马人的定居地，而城墙则建于君士坦丁大帝（即君士坦丁一世，272~337）时期。随后，它先是遭到布狄卡女王（Queen Boudicca）洗劫，由罗马人重建后又被抛弃，再后来到 9 世纪又有阿尔弗雷德大帝（Alfred the Great，849~899）重新定居。所有这一切，都解释了为何这座城市是由罗马城墙包围着中世纪杂乱不堪的街道。到了 17 世纪，它那受限且扭曲的中世纪中心已远非创造现代世界的理想摇篮。然而伦敦还不止于此；尽管城墙内是其核心，但皇家中枢却在西边，且"西区"也在查理一世统治期间发展了起来。幸亏有沿泰晤士河南岸往造船厂蜿蜒向前以及沿出城主路蜿蜒向前的带状发展，伦敦已经开始了将自身转变为我们今天所看到的多中心大都市这一过程。

当地的居民都很年轻；由于被工作或财富的机会所吸引，人们从全国各地纷纷涌入。在劳动阶级中，结婚时间相对较晚（通常会延迟到将近 30 岁），因此大部分劳动力还是单身，充满了青春活力。这群人随时会摆脱清教徒的枷锁，开始找乐子。而酒馆老板和街头艺人都准备提供他们所需的娱乐活动。由于夜晚街上没有路灯，市民不得不提防劫匪。在没有佩戴刀剑的情况下，任何有地位的绅士都不会冒险出门，他们更愿意结伴而行。

几乎所有英格兰制造的产品都会在伦敦完工或出售。17 世纪，该市的主要产业是布料加工：将羊毛布清洗、漂白、染色后制成销往国内外市场的成品——这活儿又脏又臭。与此同时，发展起来的还有制作家什和奢侈品并销往国内外的生意，以及泰晤士河沿岸的造船生意。这种产业高度集中的状况不仅需要从诺森伯兰郡（Northumberland）海运过来大量煤炭，还需要以金匠银行家为基础的银行系统为这一切提供资金。

迎接国王回归的城市是个奢华与肮脏的混合体。约翰·格朗特觉得它拥挤不堪。他写道："旧街道已无法满足目前来来往往的马车。"格朗特认为，人口过多是导致伦敦人健康欠佳的原因。结核病很常见，每年有 10000 人因此丧命，相当可怖。瘟疫也以惊人的规律不断暴发。由于贫民的屋子里都住着许多人，本适合一个家庭居住的空间内，经常挤着几家人，导致传染病会更加迅速蔓延。而他们共用的厕所，甚至连原先预计的目标人数都满足不了。对于贫民来说，基本卫生很难保证，因为他们用不起自来水，只好依靠公用街喉和水泵。在这样的家庭中，用煤炭烧水洗澡简直是一种奢侈行为。

然而，晚春的 5 月 29 日这天，伦敦平日里肮脏的街道被打扫得一尘不染，整条皇家路线上都撒满鲜花，各栋房屋之间拉着旗帜和横幅，许多阳台上也悬挂着昂贵的织锦。国王不断地停下马，不仅亲吻了美丽的酒馆老板娘和她刚出生的婴儿，还观看了市政府在圣乔治广场举行的盛大庆典。深夜，大篝火熊熊燃烧，大约有两三层楼那么高。人们唱着保皇党歌曲，据说连喷泉流淌的都是葡萄酒。接下来的几个星期，由于贵族、侍臣和城中显贵争相款待国王及其兄弟，这一盛况丝毫没有减弱。为了欢迎国王，城里各同业公会都在自家古老的会馆中举办盛宴，就比谁更铺张浪费。诗人约翰·德莱顿（John Dryden）曾与同行安德鲁·马维尔（Andrew Marvell）和约翰·弥尔顿一起加入过克伦威尔葬礼的随行人群，如今他给国王写了一篇很长的颂词，标题是《回来的星辰》（*Astraea Redux*）[①]：

> 哦，幸福的年代！哦，像过往的唯一时期
>
> 命定要为伟大的奥古斯都保留王位！

德莱顿所庆祝的，是他认为的正义和秩序的回归。最重要的一点在于，诗人所寻求的是政治稳定。他并非是唯一这样想的人。

君主制在消失了 11 年之后，其回归让那些有反思癖性之人想知道究竟将发生什么。在某种意义上讲，查理二世是个未知数，是一组投射出重大事物的密码。但是，一位未经考验的国王是否具备带领民众并治愈破碎王国的人品与性格

---

① 阿斯特来亚（Astraea）是希腊正义女神，因此这篇颂词又名《正义归来》（*Justice Returned*）。

呢？在伦敦市民和那些筹划他归来的人的心目中，未经证实且在很大程度上不为人知的查理都是传统国王的完美典范。大多数人都不知道——他们怎么可能知道？——他只是个纨绔子弟，对于治国方略几乎一窍不通。[①]

尽管沉迷于享乐，但这位靠不住的统治者却将成为让伦敦做出积极反应的催化剂。许多居民的生活将发生巨变——包括蒙塔古及其秘书、威廉·赖德及其他商人、自然哲学这一新领域的实验者、格温太太（妓院老板）的至少一个女儿、约翰·格朗特和约翰·伊夫林，等等，还有好多好多人。在查理二世的统治下，伦敦即将进入一个转变的时代。

---

① 据查理儿时的朋友、第二代白金汉公爵所言，查理完全不懂什么治国之道。

第 3 章
剧场开幕

❖

半秘密剧院

为国王归来而举行的盛大欢迎仪式，标志着伦敦又将重现迎合大众口味的景象。在清教主义的严密控制期间，所有大型公开表演都遭到禁止。随着君主制的回归，露天表演和剧场也将卷土重来。在那些急于恢复伦敦剧院的人当中，前剧院经理威廉·达文南特爵士表现得十分突出。作为英格兰舞台界的中坚力量，达文南特曾在自己位于艾德门街（Aldersgate）拉特兰府（Rutland House）的租住屋（离史密斯菲尔德牲畜市场不远）的后厅内经营着一间半秘密剧院。眼看克伦威尔时期的禁令已取消，他非常渴望能恢复生意。

凭借前卫的舞台表演理念，达文南特将会在英格兰戏剧史上起到决定性作用，并将改变作品风格和戏剧形式。他在伦敦剧院复兴中所扮演的重要角色源于其在复辟前丰富多彩的职业。正如许多想在伦敦复辟时期扬名立万的人一样（博学家克里斯托弗·雷恩就是个很好的例子：由于父亲曾担任温莎城堡教长，年轻的克里斯托弗有部分童年是在城堡内度过的，因此必定在那里遇见过国王），达文南特也成为连接王政复辟与亲保皇派战前时期的重要纽带。

他出生的 1606 年，恰好是本·琼森（Ben Jonson）的《福尔蓬奈》（*Volpone*）

首演以及威廉·莎士比亚的《李尔王》（King Lear）在詹姆斯一世（1603~1625年在位）面前上演的年份。其父亲曾是一名葡萄酒商，后来成功爬到了牛津市长的高位。而莎士比亚作为达文南特家族的朋友，经常和他们一起住在皇冠酒馆①里。据说这位剧作家对小威廉颇有好感，而后者在日后生活中也喜欢认为自己可能就是伟人的儿子。[1]虽然这一点没有证据可证明，但男孩的生活却呈现出了莎士比亚式悲喜剧的样子：在达成心愿之前，主人公确实遭受过许多不幸和灾难。达文南特渴望拥有属于自己的剧场和演员剧团。十七八岁他便结婚了，然后很快又成为人父。他不顾父亲要自己给一位伦敦商人当学徒的意愿，跑去贵族人家当仆役，一边追求文学理想，一边学习上层阶级的礼仪。24 岁时，他已成为一名有出版作品的诗人和剧作家。

在通往成功的道路上，年轻的达文南特遇到了令人羡慕的主顾恩底弥翁·波特（Endymion Porter）——那个时代的主要朝臣，由此不仅成为讨王后欢心之人，更成为她那活跃的宫廷社交及文化场景的一分子。亨丽埃塔·玛丽亚很喜欢观看并参演宫廷假面剧。当时，这些娱乐活动的首席设计师和作家分别是依尼哥·琼斯和本·琼森。随着琼森厌倦宫廷创作，达文南特已准备好接替他的位置，并创作了某些专为王后而写的剧本。

22 岁那年，达文南特被任命为王后的副宫廷大臣。国王剧团表演了他的喜剧《众才子》（The Wits），结果很成功。一切进展顺利，小伙子迅速"往上爬"，直到他跟威斯敏斯特斧头场"一个漂亮的黑丫头"同床共枕，并经由她把自己患有梅毒的事告诉了约翰·奥布里。[2]于是，达文南特只好接受王后的御医托马斯·卡德曼爵士（Sir Thomas Cademan）的诊治，甚至动用了昂贵的"恶魔汞"。[3]

虽然汞或许有助于防止这种疾病的初始攻击，但可能同时也导致他在未来两年内遭受严重的健康问题。随后他便退出上流社会的圈子。鉴于有传言说他已经死了，他又不得不写信确告朋友自己没事。[4]等他再次回到人们的视野时，其外貌已发生巨大的变化：奇怪的鼻子平塌且上翻，露出一副不幸的滑稽表情。梅毒细菌吞噬了支撑鼻梁的软骨，导致它塌陷并形成所谓的鞍鼻畸形。

① 该建筑现存于牛津市玉米市场街 3 号。

不久达文南特又继续工作，并于 1638 年本·琼森去世后成为真正的桂冠诗人，创作了一批在宫廷里上演的假面剧，其中一部的演员阵容还包括国王和王后。随着内战爆发，达文南特的运势急转直下。国王剧团集体加入了保皇党军队。虽然有些演员确实参加过战斗，但该剧团本质上成了一支娱乐队伍，并前往国王的战时总部所在地牛津进行表演。[5] 达文南特不仅在战争初期同保皇党一起作战，后来还积极筹集资金购买枪支；他因这项功劳而被封为爵士，但个人资金却很快耗之一空。

清教徒关闭伦敦的剧院后，演员、提词员和服装制造商等都陷入勉强糊口的境地，"因为他们没法干活，只能靠戏剧为生"。[6] 然而，尽管面临禁令和公开鞭笞的威胁，非法表演依旧在进行。[7] 规避禁令的方法之一就是把戏剧伪装成别的东西。由于并未禁止其他形式的舞台活动，包括音乐，演员们相当巧妙地上演了所谓的"小丑戏"——一种滑稽的音乐讽刺剧。后来议会又通过了针对演员的法令，称他们为"无赖"（rogues）。

达文南特曾试图建造一间剧院，但随着计划失败，投资者的钱都打了水漂，他只好决定在家里举行戏剧活动。因此，他利用房子后边那间又长又窄的会客厅搭建了一个临时剧场。1656 年 5 月 23 日，一小群冒险的戏剧爱好者来到这里，但眼前不是任何传统形式的戏剧，而是音乐、歌曲和戏剧场景的集合。达文南特称之为"歌剧"（但更像是一组固定作品，类似于他以前的宫廷假面剧），如此不仅参考了意大利音乐剧，还撇清了个人作品与被禁止的戏剧形式之间的关系。[8] 一名政府细作花了 5 先令的入场费混进来，然后向克伦威尔的情报头子约翰·瑟罗汇报：自己并未看到或听到任何带有可恶的剧院味道的东西。

达文南特成功了。他以歌剧之名对戏剧进行伪装，偶然间让歌剧开始在英格兰发展起来。在同行苦苦挣扎之时，达文南特却能顺利开展自己的戏剧表演活动，这里还有另外一个原因：他通过设计，确保作品中多少会提及克伦威尔政府的政策。

达文南特采用的视觉框架——也叫镜框式舞台或"观景窗"舞台，在接下来的 300 年里一直掌控着剧院。凭借这一新设备，他上演了英格兰舞台史上最重要的作品之一：《围攻罗得岛》（*The Siege of Rhodes*）。此剧大致取材于 1522 年西班牙封锁该地的事件。1656 年 9 月的这出戏标志着英国歌剧的开端，它不仅贬低了英格兰的死敌西班牙，还包含了我们今天熟知的音乐及吟诵元素。更为新奇的是，此次英格兰舞台上出现了第一位本国妇女——凯瑟琳·科尔曼（Catherine Coleman）太太。[①] 建筑师约翰·韦布曾协助依尼哥·琼斯策划宫廷假面剧——包括可移动舞台布景以及其他戏剧杰作，在此过程中学得手艺。本次布景便是由他设计完成。就连傲慢的约翰·伊夫林也去观看了《围攻罗得岛》，还说他见证了一部"模仿意大利风格，且配有吟诵音乐和变换场景"的歌剧。[9]

达文南特趁热打铁，将表演从家里搬入城里一间废弃的剧院中，准备推出一部以弗朗西斯·德雷克爵士（Sir Francis Drake）为题材的歌剧。在那里，他又开始规划自己要建于莱尔（Lisle）的网球场上的剧院——融合传统和创新，旨在为伦敦公众提供一种全新的戏剧体验。达文南特想继承英格兰辞藻华丽的戏剧传统，然后创造一种基于场面的新戏剧。这就需要新的创作及表演形式，还需要效仿欧洲令人震惊的做法，开始采用女性演员。由于早先就当过查理一世的非正式桂冠诗人，在如今的 1660 年春，达文南特确信查理二世也会赐予自己类似的恩典。

戏剧性奇观

在制定变革性方案时，达文南特几乎没有意识到：一场正在谋划中的戏剧性奇观将超过他能够创造出的任何奇迹。这便是审判并处决弑君者——那些胆敢处死国王父亲查理一世之人。

查理二世刚一回国，新议会就遵照其意愿，开始着手编制据说参与过他父亲之死的人物名册。名册是根据国王在布雷达的大赦宣言条款拟定的。它明确要求：那些参与了判处他父亲死刑的人都不得赦免。有一份名册由下议院汇编，而另一份较长的则出自上议院。许多草拟名册的人要么在内战中曾站到了议会一方参战，要么曾入职共和或摄政时期的政府。如今他们准备将以前的朋友及同僚送上断头台。

---

① 法国女演员已于 17 世纪 20 年代晚期出现在伦敦舞台上。

最终，议会两院共同确定他们认作弑君者的 56 人。这些人主要来自两大群体：克伦威尔军队中的高级军官和下议院议员。另外，少数被新议会视为眼中钉的倒霉蛋，则因为仇恨也被列入名单。激进的圆颅党传教士休·彼得（Hugh Peter）便是其中之一。虽然他并不曾参与审判国王，但名字却被加了进去。有些人靠支付大笔贿赂才得以免上名册，而其他许多人逃避报复的方法则很简单：只需宣称以前的做法完全是个严重错误，如今他们已经认清自己的过失。一个特别著名的例子是理查德·英戈尔兹比（Richard Ingoldsby）：他声称奥利弗·克伦威尔曾握着自己的手并强迫自己签署了国王的死刑执行令。理查德竟然没有遭到质疑——他在文件上的签名明显很华丽。

空气中弥漫着复仇的气氛。对于那些在查理父亲被处决后便接管了国家的共和党人士，许多保皇党人都期待看到他们遭到屠杀的惨状。只有明智的人清楚，政治分歧须得到和解。绝对数字表明：许多前政府中重要的成员都必须被赦免，而且如果代价合适，也许还应当受到新政府的欢迎。形形色色的前共和党人士突然间变成了狂热的保皇派。随着政府的更迭，人们意识到自己的命运是被创造还是被破坏，这取决于他们过去的所作所为——或者说更重要的是别人对他们的印象。见风使舵者包括间谍及外交官［如乔治·唐宁（George Downing）］、政治家及律师［如布罗斯特罗德·怀勒克（Bulstrode Whitelock）］，以及像安德鲁·马维尔和约翰·德莱顿这样的著名诗人。

对于小型但举足轻重的群体来说，国王归来并不意味着获得朝廷职务、某种垄断地位或头衔的良机，而是将要为生存本身而战。曾经掌管过国家的人如今都被悬赏索命。许多人逃往欧洲大陆，却依然有保皇派间谍、绑架团伙和暗杀小组在后面追赶。他们的离开倒是为一些渴望挑捡遗弃庄园和财产的人提供了机会。

弑君者詹姆斯·哈灵顿爵士（Sir James Harrington）逃到欧洲大陆后，他的妻子别无选择，只能卖房子筹集资金。斯瓦克莱斯庄园（Swakeleys House）位于伦敦西边泰晤士河畔的特威克纳姆（Twickenham），是一座用红砖砌成且带有荷兰式山墙的巨大建筑。最终它被年轻的伦敦银行家兼金匠罗伯特·瓦伊纳（Robert Viner）买走。瓦伊纳才华横溢又雄心勃勃，他的家族在这两个行业中已经根深叶茂。瓦伊纳后来成为伦敦市长，更成为君主制的重要财务后盾。

瓦伊纳倒是受益于哈灵顿的逃遁，可对于清教徒诗人约翰·弥尔顿来说，要开溜是不可能的，因为他双眼已盲。由于曾在克伦威尔政府任职，并且写过大量反对暴政和国王统治的文章，弥尔顿知道自己不大可能逃脱新政权的可怕监视。他便去西史密斯菲尔德的一位朋友家里藏了起来。朋友们对外声称他已经离开人世，而且为使当局信服还举行了葬礼。几个星期过去，弥尔顿认为再次露面不会有什么危险，可惜他失算了，然后很快被关押进塔楼。在那里，他受到以叛国罪论处的威胁，直到拉内勒夫女子爵和安德鲁·马维尔等人出面斡旋，才总算没了事。在下层阶级中，如果继续怀着反保皇主义情绪，将招致监禁、刑枷锁身、鞭笞，有时甚至是死刑。

查令十字街

10 月份，那些可被逮捕的弑君者在老贝利街（Old Bailey）① 接受了一系列的作秀审判。选中受审的共 28 人，主要是因为他们并没有逃走，且很容易被抓获。10 月 9 日晚，卫兵在伦敦塔内将他们集合到一起，然后宣读了叛国罪起诉书——这是他们第一次听说自己遭到指控。审判于次日上午在老贝利街法庭开庭，根本不给被告聘请律师或准备辩护的机会。据一些反对斯图亚特王朝的声音预测，诉讼将受到幕后操纵，结果证明的确如此。打从一开始，他们就明显已经尽了一切努力来确保有罪判决。为更改证据规则，副检察长赫尼奇·芬奇爵士（Sir Heneage Finch）和财政大臣奥兰多·布里奇曼爵士（Sir Orlando Bridgeman）还秘密会见了其他高级律师。他们认定确凿的证词毫无必要，而为被告做任何合法辩护亦是如此。[10]11 位法官高坐在法官席上，由 34 位外行委员陪同。据同时代的人估算，这其中有不下于 15 位曾反对过查理一世——要么在议会军中作战，要么担任了议会议员，要么身为判他死刑的法官。然而，如今他们却要审判自己以前的朋友和盟友。

---

① 英格兰中央刑事法院的俗称。——译者注

审讯开始之前，查理在这个问题上表现得出奇沉默。他让自己的党派议会代劳此事，又让弟弟詹姆斯和亨利充当传话人，以确保一切按计划进行。他心里还有件私事。让他分心的主要是情妇芭芭拉·帕尔默（Barbara Palmer）。帕尔默是一位狂热的保皇党人之女，已经和他一起从流亡中归来。据一名目击者称，这段关系"确实令他心烦意乱，以至于他时常失控，且无法过问大事——而在如此关键的时期，显然需要他处理事务"。[11]

此外，查理还有一件更棘手的事需要应对。他的大顾问爱德华·海德之女安妮已与约克公爵詹姆斯珠胎暗结，且詹姆斯已偷偷娶了安妮为妻。对于斯图亚特王室来说，这可是个严重的问题，因为它意味着詹姆斯不能再与某位合适的外国公主婚配，从而建立或加强结盟。朝臣们献上各种各样的计谋，想让詹姆斯解除婚姻，但查理却公开表态：弟弟既然做了错事，就应该自食其果。

审判的场面轰动一时。伦敦市民纷纷涌去法院大楼看热闹。法院是一座奇特的建筑，法庭正好对着街道。因此，一旦那些刚刚统治过这个国家的人被处以叛国罪，群众便可以挤在周边围栏上观看。每一次，只要被告开口为自己辩护或者就某个法律问题向法院提出质疑，立刻就会被驳回。那名常见的绞刑吏就站在法庭围栏旁边，手里握着一根绞索——不仅向被告表明他们能期待什么，也向陪审团表明他们应做出何种决定。[12]

这些案件很快得到了审理，死刑判决与听证会同时进行，且预计在 10 天内完成。10 月 13 日，在查令十字街——1649 年国王父亲被处死的地点附近，死刑正式开始执行。伦敦市民成群结队，都想前去目睹新国王统治时期的第二次奇观。第一位被处死的弑君者叫托马斯·哈里森（Thomas Harrison），曾是克伦威尔麾下的一名上校，也是一名狂热的清教徒和反保皇派。如果新政府认为，即将到来的酷刑和缓慢的死亡会证明其宿敌不过是一群稻草人，那他们可就错了。哈里森的勇敢行为和挑衅性言辞简直出人意料。"在战斗的日子里，上帝多次护佑了我的脑袋。"他宣称，"因为上帝，我曾越过一堵高墙；也因为上帝，我曾攻破一支敌军。如今为了上帝，我将慷慨赴死。"[13]绞刑过后，哈里森被平放在断头台上，意识依旧清醒，然而等待他的是开膛破肚。就在刽子手走到跟前，弯下腰准备举刀行刑之际，哈里森拼尽全力跃起身来，给了他的下巴狠狠一击。这可不是查理和叛徒法院希望看到的场景。

当然，并非所有被处死之人都签署了查理一世的死刑令或参与了对自己的审判。有些人是因为其他事的牵连而被处决。例如约翰·库克（John Cooke），他是一位颇有才华的年轻律师，曾写文章指责国王向本国人民开战，此时也位列其中。在绞刑前的遗言中，他说自己是有史以来第一个因支持正义而被处死的人。他告诫那些判决自己的前共和政权人士："兄弟把兄弟卖致死。"因为有了之前处决哈里森的教训，绞刑吏几次打断库克，然后下令吊住他的脖子，在人群头顶晃悠，直至窒息而死，最后才扯下来挖出内脏。

休·彼得被逼着观看库克惨死之状，其罪行是做过克伦威尔最喜欢的牧师。听到彼得大喊："哦，今天真是个好日子。我所盼望的他终于来了，我要与他共享荣耀！"——人群里发出的嘘声和嘲笑声瞬间将他淹没。

据伊夫林说，当第一个胆敢挑战神授王权之人在查令十字街的断头台上被拷打致死时，国王也前去观看了，只不过他隐身于窗户后面而没被众人发现。因此，这些死刑都是"当着国王……他们曾设法杀死之人的面"执行的。[14]

在刽子手执行任务的过程中，因气味变得太难闻，只好将行刑地点从查令十字街转移到了泰伯恩刑场（Tyburn）——它位于城西通往牛津的路上，也是古绞刑架的所在地。总共 10 名弑君者被绞死、拖走并肢解过后，这场可怕的展览才算提前结束——因为担心伦敦暴民会转而反对这种暴力复仇的行为。据查理政府的一名官员所言，国王已经"厌倦"了杀戮。[15]无论出于何种原因，在审判秀接近尾声之前，查理还是表现出一定程度的皇室仁慈，从复仇行动中收手。与此同时，在没有大肆宣扬或公开的情况下，许多间谍都被派去追捕那些逃往国外的弑君者。有人策划将他们秘密谋杀或者带回国受审。资金经由查理的妹妹亨利埃塔·安妮［嫁给法国国王路易十四的弟弟菲利普（奥尔良公爵菲利普一世，1640~1701）为妻］调拨给间谍和绑架者。也许查理已经没了在断头台上杀人的欲望，但他还存有报复之心。

第 4 章
人人都有份

"快活王"

查理既已回来，问题是：眼下他该怎么办？他将如何统治？几乎没有任何迹象表明他对这些问题进行过仔细的考虑。所幸，其他人考虑了。那些既有从政经验又没有因参与审判并处决查理一世而在逃或入狱之人，对于应该如何治理这个国家怀着强烈的想法。而当选的平民保皇党成员和恢复后的上议院尤其在行，于是改革政府结构和任命新政府官员的计划开展得很快。

查理二世经常被描绘成"快活王"（Merry Monarch），为人随和且喜欢追求享乐，但其特点还不止于此。确实，他变成了一位"乐趣之王"，让宫廷充满着娱乐。然而从一开始，他也成为"宽容之王"，允许宗教仪式自由，以弥合过去的分裂（不过这种宽容会随着他的统治进展而反复承受压力）。他还成为"战争之王"，挑起与荷兰人的一系列冲突，企图赢得涉足海外贸易和财富的全部机会。他更成为"商业之王"，不仅执掌着国家支持的大规模奴隶制，为英格兰殖民地提供劳动力，还改变了数代以来的国内社会政治结构，而且对西非社会造成了无法弥补的伤害——尽管当时很少有人在意甚至认识到这一点。

查理在白厅宫内刚刚安顿下来，那些想从他这里捞点好处的人便在宫门口排起了长队。不过，在广施恩宠之前，查理还得先满足自己的家人。他的弟弟约克公爵被任命为海军大臣，统领海军；而海军也是英格兰最大的单个组织实体。然后，他又把注意力放到那些在流亡中一直支持自己的人，以及曾在战场上或金钱上帮助过王室事业的人身上。这些幸运儿分别得到头衔、土地和差事等嘉奖，一切依照各自等级、角色或能力而定——当然同样重要的是查理是否喜欢他们。原有的卫兵已被完全撤掉，同时一大批新面孔开始接管伦敦的权力杠杆。有些人如外交官兼间谍乔治·唐宁，转型完成得天衣无缝，瞬间便可切换自己效命的政府。跟许多人一样，唐宁也表现出了背叛旧友的天赋，就像换衬衫那般容易。深受清教主义（及其主人克伦威尔）影响的瑟罗获准隐退，其情报搜集能力被忽视，而他本人也遭到回避。

事实上，有些新面孔已经很老了：现年 51 岁的爱德华·海德继续担任大法官，这也是他与国王一同流亡期间的职位［次年成为第一代克拉伦登伯爵（Earl of Clarendon）］；而 67 岁的爱德华·尼古拉斯爵士则继续担任国务大臣，不过如今是与 58 岁的威廉·莫里斯（曾帮助安排国王回归的蒙克家的亲戚）共同担任。这些长者有着丰富的任职经验，对于查理筹备新政府来说至关重要。然而，他很快就会厌倦他们，并以更为年轻之人取而代之。

艺术、贸易和科学都在等待国王的支持。科学及哲学界的人主动找上门来，想争取一纸建立学习型兼实验型新社团的皇家特许状。商贩们要求得到国王许可（即授权令），以恢复之前清教徒关闭的业务。与东印度群岛及中国做生意的商人则希望为自家贸易公司弄到皇家特许状，以修正伊丽莎白一世授予的权利。而那些在非洲及西印度群岛做生意的人则想为自己的新公司争取皇家特许状。还有一群与国王特别贴心之人也来找他，希望获得重新开放剧院的授权令。

此外，查理个人的生活也有待整理。一些古老的王宫需复原为官邸。他的情妇芭芭拉·帕尔默也得安置在白厅宫附近的一所大宅子里。后来在国王街找到一处合适的地方，背靠着宫廷花园。议会不得不同意给国王一笔收入。这个数字定为每年略高于 100 万英镑，看似足够但实际并非如此——后来它将对国王与议会之间的关系产生深远影响。查理并未倾心于议会。正如父亲以前那样，他也怀有成为专制君主的统治野心。那么，如何获得维系统治的金钱呢？他获赠的礼物包括了来自各处庄园和各类赋税及关税的收入。可这些够吗？

淘 金 热

认为自己有办法为王室金库生财的是查理那桀骜不驯的表兄——莱茵河的鲁珀特亲王（Prince Rupet of the Rhine）。鲁珀特可算是最不幸之人，身为亲王却没有封邑。他是波希米亚国王、巴拉丁领地选侯弗雷德里克（Frederick，即腓特烈五世，1596~1632）和查理一世之妹伊丽莎白的第三子。[①]1620 年和 1622 年的战役过后，弗雷德里克发觉自己两样头衔均被剥夺，只好逃往海牙；而这里也是鲁珀特长大的地方。鲁珀特不仅在学业上表现出色，成年后还长得十分英俊，并且个子在当时特别高（18 岁时的身高已达到 6 英尺 4 英寸[②]）。在后来的肖像画中，我们看到他有一张瘦削的贵族脸，鼻子又高又直，双眼间距很宽，嘴巴又大又丰满，下巴坚定且带有纹路——活脱脱的骑士模样。

鲁珀特在作战方面受过很好的教育。英格兰内战爆发时，他不仅主动把自己的军事力量交给舅舅查理一世，而且在战场上表现得很能干——尽管不太稳定。1644 年于马斯顿荒原被议会军击溃之后，他便萎靡不振地待在欧洲。随着短暂的第二次内战爆发，他又重新回到大不列颠保皇派阵营，指挥一支小型舰队不断骚扰议会军的航运，直至转行做了海盗。可接着他又返回欧洲，并一直为维也纳的神圣罗马帝国效命。眼看表弟查理二世又奇迹般地重掌大权，鲁珀特急忙赶赴英格兰，不仅受到了热烈欢迎，还获得每年 4000 英镑的薪俸。据说他出现时，靠掳获商船所得的部分钱财仍然原封未动，只花了其中 2000 英镑来打点关系，才得以入住宫廷里的公寓。临时寄居还算舒服，收入也还过得去，可鲁珀特亲王觉得自己以 41 岁的年纪安居于国王表弟的宫中，虽然自己机敏过人，却无所事事。

---

① 因此鲁珀特亲王是国王查理二世最亲的表兄。他的妹妹索菲亚是大不列颠国王乔治一世（1714~1727 年在位）之母。

② 约为 1.93 米。——编者注

为打发日子，鲁珀特开始钻研炼金术，并且在国王大道配备了一间实验室；他以铜版雕刻法进一步完善了早期的版画复制方法，努力让自己忙个不停。但他没忘记自己在战场上的日子，以及在西非指挥小型保皇派私掠舰队的那些日子。他曾在冈比亚河上探测了 150 英里，感染了疟疾，还听说了内陆某处有座金山的传闻。他便将这个传闻加入有关自己英雄事迹的故事宝库中。

在今天的加纳、多哥和贝宁，虽然并没有金山，但确实有黄金。前寒武纪时期，大量黄金沉积在花岗岩包裹的石英脉中。到了 17 世纪，当地居民已经开始从地表矿脉中挖取金子，不过多半是从沉积于砂砾中的细粉尘里筛出，其过程十分费力。作为阿坎人（Akan）的一个部落，阿桑特人（Asante）因为用黄金制作出了非常奢华的王室徽章，便宣称自己的国家是"黄金之国"。①

很快，复仇的恶臭逐渐消散，整个白厅宫都被淘金热所笼罩。国王的弟弟，身为约克公爵的詹姆斯，觉得鲁珀特的说法特别可信，因此计划派一支探险队去寻找那座金山。塞缪尔·佩皮斯写道："我听公爵说起过一项伟大计划：他和我们彭布罗克勋爵（Lord of Pembroke）以及其他许多人准备发起前往非洲某些地方开采金矿的冒险活动。他们打算接受自愿冒险的每一个人。"[1]

寻找黄金的任务与一项更笼统的计划交织在一起，而该计划便是跟西非的各个王国建立贸易联系。这可不是件容易的事。多年来，包括荷兰人、瑞典人、丹麦人、葡萄牙人和西班牙人在内的欧洲人已经在西非从事沿海贸易。15 世纪后期，荷兰人和西班牙人就黄金、奴隶、象牙、胡椒和红木等商品的贸易权争吵不断。1479 年，为争夺该地区的财富，他们还发动了第一次欧洲殖民战争。最终荷兰人获胜，并于 1482 年在今天的加纳海岸建立了一处贸易要塞。而埃尔米纳堡（Fort Elmina）也成为欧洲人在西非的首个定居点。黄金供应（及其他财富）受阿桑特国控制，而该国恰好是有着实行奴隶制传统的王国之一。

通常，西非社会（但并非全部）以两种方式来获得奴隶：一是存在利益矛盾的国家之间开战，二是通过世袭制度。17 世纪，沿海及其毗邻的内陆地

---

① 19 世纪，英国公使曾遇到过一位阿坎首长，只见他由于戴的金手镯太重，竟需要把胳膊搁在一名小男孩的头上。英国人接连对阿桑特人的"黄金之国"发动了数次战争，终于在 1901 年宣布它归王国政府所有。如今，阿善堤（Ashanti）金矿已成为世界十大金矿之一。

区共有几十个独立国家，彼此都在为地位和权力展开争夺。例如，达荷美王国（Dahomey）的丰王朝不过出现于17世纪初。丰人（Fon）与邻近的阿桑特人一起在战斗中夺取了奴隶。第一个利用非洲奴隶制为其美洲殖民地谋利的欧洲国家是西班牙，紧随其后的是葡萄牙人，再过了很久又有荷兰人效仿，到最后才是英格兰人。

为了将美洲变为殖民地，以非洲奴隶取代那里的居民，还需要编出许多巧妙的理由。于是，有人想到借用亚里士多德的权威："一些人的处境至此：其功能就是利用自己的身体，且再无更好的东西可被期待。这些人，我想说，不过是自然的奴隶。那么对他们来说，被统治便是更好的选择。"[2] 而这也被看作是对奴役所有普通非基督徒外国人的认可。

入侵英格兰的几十年里，诺曼人为征服其他国家寻找各种理由。在12世纪，有位名叫杰拉尔德（Gerald）的威尔士教士想到了借口，准备把爱尔兰人赶出他们的土地，然后迁入盎格鲁－诺曼人。以下便是亨利二世（1154~1189年在位）的这位事务总管针对爱尔兰人想说的话——他还算客气的了："看来，凭着上帝的公正裁断，大自然偶尔也会生成这样的物体——与自身法则相悖。"[3]

到了伊丽莎白一世（1558~1603年在位）统治时期，英格兰人不仅断断续续地在爱尔兰搞种植，而且偶尔在西非进行贸易活动，将奴隶运过大西洋，卖到西印度群岛的西班牙殖民地或英格兰本土。不过，这其中绝大部分奴隶可能都是由荷兰商人输送的。一段时间过后，伊丽莎白又禁止在英格兰使用奴隶，因为他们的就业既扭曲了本土劳动力市场，又压低了东安格利亚劳动者的工资——这是商业国际化引发扭曲现象的一个有趣的早期案例。从那时起，缺乏条理的贸易行为得以延续，直至英格兰内战将其变成涓涓细流。由于这些国内战争，英格兰人无法与其他在西非贸易的国家抗衡，荷兰便成为在西非占主导地位的欧洲贸易国家。而这一卓越地位也正是查理二世、鲁珀特亲王和约克公爵所渴望推翻的。

1660年12月18日，查理颁布一部宪章，成立了"皇家探险者非洲贸易公司"。他授予该公司在西非的英格兰贸易垄断权，范围从布兰高角（Cape Blanco，冈比亚河以北的一处半岛）一路向南、向东，直至城堡角（CapeCastle，

17 世纪 50 年代由瑞典人修建于加纳的一处贸易要塞）。这种垄断理论上会持续一千年，目的是提供一个可与荷兰东印度公司展开较量的平台，因为后者无论在非洲或是其他地区都压制着其竞争对手。

该新公司很大程度上算是斯图亚特家族首创。国王答应投入 800 英镑；约克公爵作为公司赞助人，投入 3600 英镑；鲁珀特亲王也投入 800 英镑；而王太后亨丽埃塔·玛丽亚则投入了 400 英镑。正如其性格，国王仅仅支付了他所承诺 800 英镑中的 560 英镑。这项计划吸引着不少贵族投资者，包括阿尔伯马尔公爵（Duke of Albemarle）和白金汉公爵，以及巴斯伯爵（Earl of Bath）、霍利伯爵（Earl of Hawley）、奥索雷伯爵（Earl of Ossory）、彭布罗克伯爵、圣奥尔本斯伯爵（Earl of St Albans）和桑威奇伯爵（Earl of Sandwich）等。除了以上贵族投资者（或称之为"冒险家"），还有一群伦敦富商和公会高级成员加入。他们不仅贡献了资金，也贡献着自己的商业头脑。其中就包括富有的金匠银行家罗伯特·瓦伊纳、市长约翰·罗宾逊爵士以及东印度公司著名投资人菲利普·弗劳德（Philip Frowde）上校等。公司账簿将由能干的威廉·考文垂（William Coventry）处理；他是约克公爵的秘书，勃勃野心丝毫不亚于其父亲——查理一世的前国玺大臣。最终，主要投资人承诺支付的总额定格在 17400 英镑。

为巩固王室的承诺，詹姆斯以海军大臣的身份对外宣布：他将会借给新公司几艘皇家海军军舰，以护送其商船前往非洲。虽然不乏来自伦敦商人、船长和海员中经验丰富的人员参与执行任务，但这一场景只是为王室的首次商业冒险而设定。

新 王 宫

就在斯图亚特家族为其私人创收风险项目筹集资金时，某个与王室有着长期关联之人认为自己理应从国王那里谋得一份差事。他便是建筑师约翰·韦布。本来，他在享受王室优先权的道路上似乎一直顺风顺水，因为确知查理二世已在回国途中时，政府请了韦布来监督白厅宫的整修工程，好让它再次适合一位国王入住，或者说为这栋"迎接陛下的皇家府邸"做准备。[4]白厅宫曾是奥利弗·克伦威尔身为护国主时期的官邸，但在战争期间却被忽视。自 1658 年克伦威尔去世后，它便一直被闲置。接着又有人想把它卖掉，但没有下文。如今由韦布监督斥资 8000 英镑的大改造。他声称该项工作会在两周之内完成，但这么一笔巨款如何在这么短的时间里用掉，却是谁也拿不准。不管怎样，花费的大部分资金——包括韦布自己倒贴的一大笔钱——事后依然长期未曾支付，而这也确立了新王在位期间不断重复的一种模式。[5]

韦布是他那个时代具备最高素质的建筑师。1611 年，他出生于圣保罗大教堂北面狭窄小巷的拥挤地带，街名叫作"小不列颠"，而他家附近全是豪宅和书店。就小不列颠街的居民而言，它可算是老城的一个缩影。在那里，富人和不太富裕的人和平共处。17 岁时，韦布前去投奔舅舅依尼哥·琼斯，并在他的指导下学习古典建筑。[①]根据韦布的说法，查理一世本人曾要求"他的舅舅依尼哥·琼斯先生遵从已故陛下之命，将其培养成建筑学研究方面的人才"。[6]

对此，我们仅有韦布的一面之词，但不管真假，他都是首位接受意大利古典建筑教育的英格兰建筑师。而琼斯本人则是中世纪欧洲建筑大师级石匠和木匠之唯一"珍稀绝品"。这些人个个精通手艺精湛，其中有些还是天才，但几个世纪以来大多默默无闻。若非琼斯成为宫廷假面剧设计师，并且后来形成一股多变的势力，给英格兰带来了一种新的建筑风格，那么他的名字也可能不会流传至今。

凭借着与琼斯一起研习，韦布被称为首位受过专业培训的英格兰建筑师也算恰如其分。和威廉·达文南特一样，他也是连接查理一世宫廷的纽带，完全有能力引入新的戏剧建筑样式。而且他野心勃勃，并不满足于从演员兼经理和乡绅那里接到委托任务，因为这些人只想改造都铎式老屋或者再新建一栋。他想要得到更多。

对于依尼哥·琼斯在大不列颠建筑史上的重要性，无论怎么强调都不为过。他改变了英国的建筑景观，从阿尔卑斯山另一边带来了一种理性的、有条理的

---

① 至于依尼哥·琼斯与约翰·韦布之间确切的亲戚关系，即便真实存在的话，也无人知晓。我们只知道一点：韦布之妻与琼斯是亲戚。

人文主义准则。两次意大利之旅，他都格外痴迷于古人的魅力，同时也被文艺复兴时期阿尔贝蒂（Alberti）等人文主义建筑师对古人精华的提炼及后来安德烈亚·帕拉迪奥（Andrea Palladio）创作的理论作品所深深吸引。后者的作品不禁令人回想起 500 年前的罗马建筑师、作家维特鲁威（Vitruvius），他曾让米开朗基罗·博纳罗蒂和莱昂纳多·达·芬奇等未来杰出人物受益匪浅。虽然琼斯并非唯一留意这些来往函件之人，亦非唯一读过维特鲁威或帕拉迪奥作品之人，但他却第一个把这些理念带回英格兰，并下定决心将其付诸实践。更重要的是，他有能力这么做。从本质上讲，琼斯意识到：当 15 世纪的伟大建筑师和工程师菲利波·布鲁内莱斯基（Filippo Brunelleschi）在佛罗伦萨大教堂最高处安上一个八角形穹顶时，他已经坚决地摒弃了哥特式建筑。

琼斯按照意大利风格设计的第一座建筑在格林尼治，位于一座可追溯到 13 世纪的王宫及城堡遗址上。这座为安妮王后（詹姆斯一世之妻、查理一世之母）设计的革命性建筑将取名为"快乐馆"（House of Delight），也许它与之前为亨利六世之妻安茹的玛格丽特（Margaret of Anjou）而建的"欢乐宫"[Palace of Pleasaunce，又名普拉森舍（Placentia）]类似。新设计的建筑是一间紧挨着旧宫殿的小屋。然而随着安妮王后病倒，工程便停止了；直到查理一世执掌大权它才又重新开始建造，且竣工后专供亨丽埃塔·玛丽亚①居住。该新建筑后来被称为王后馆，它所展现出那种平滑的、精确的克制，在英格兰是前所未有的。

不久，另一项王室委托任务——为詹姆斯一世建造的国宴厅——也即将动工。其巨大的双锥顶接待厅，与中世纪接待大厅截然不同，不仅以大且透明的窗户和隐藏于平坦石膏吊顶之上的十字架梁取代了典型的直棱窗、花格窗和重梁顶棚，更被装饰成了庄严的意大利古典风格。除了大厅，琼斯还负责设计在此上演假面剧的许多布景、服装和特效，直至装上了由彼得·保罗·鲁本斯（Peter Paul Rubens）创作的著名天花板画——因为担心蜡烟会损坏鲁本斯笔下那"卓越"的"真命天子"詹姆斯一世之画像。

---

① 亨丽埃塔·玛丽亚（Henrietta Maira），查理一世之妻，查理二世、詹姆斯二世之母。她是法国国王亨利四世之女，1609 年出生于卢浮宫。——编者注

琼斯原本希望——詹姆斯一世亦是如此——国宴厅能成为泰晤士河畔一座辉煌的新宫殿的第一部分。然而，与斯图亚特王朝的许多建筑规划一样，它毫无可能；在这个案例中，当并非十分超凡脱俗的查理一世被人从"天意"的庇护之下带出去行刑时，它便受到了阻碍。

国王被处决三年后，琼斯也离开人世，而韦布则继承了其资助人的大量图纸和书籍，包括琼斯在意大利旅行期间搜集的部分。最重要的是，韦布还继承了琼斯的理念、技能和对意大利建筑的热爱。虽然韦布只接受了这位伟人的藏书室，但他的妻子，也就是琼斯的隔代表亲，却继承了琼斯的财富。因此，韦布完全有能力继续导师的工作，而没有财务方面的顾虑。他曾与琼斯一起合作过王室建筑，包括坐落于白厅宫下游约半英里处的萨默塞特宫，以及在白厅拟建新宫殿的计划。他还与琼斯一起合作了民居建筑，包括威尔特郡的威尔顿庄园（Wilton House），里面的双锥顶房间便是效仿的国宴厅。

可以说，韦布已处于古典建筑新时尚的前沿。他在谢伯恩圣约翰（Sherborne St John）村庄附近的维恩庄园（The Vyne）内一栋英式房屋上设计了首个古典门廊。这次哥特风格和帕拉迪奥风格的结合并不怎么令人满意，只因门廊被安置在了一幢屋顶轮廓线呈锯齿状或类似城垛状的房子里。这是一次早期的不协调，由25岁建筑师的不成熟的野心所导致。该设计可能是一团糟，但韦布也不会再犯更多的错误。

鉴于韦布从导师那里接受到的理论和实践训练，他觉得恢复君主制以后自己便会担任导师以前的职位，这并没什么不合理的。凭借着先进的思想，韦布认为自己是回归国王的测量师之首选。然而事实并非如此。

确信已清楚讲述了自己在白厅快速完成的工作后，韦布向查理呈上了一份请愿书，要求担任国王工程测量师，还说自己其实为国王的父亲执行过该项工作——在那期间，他曾忙于设计白厅的一座新王宫，而且当国王查理一世被囚禁于汉普顿宫以及后来怀特岛上的卡里斯布鲁克城堡（Carisbrooke Castle，1647~1648年查理接受审判和处决前几个月）时，他还就这事和对方商讨过。查理想建造一座新宫殿，欲以浑然一体的设计取代白厅街那杂乱无章的一堆建筑。

这种渴望可追溯到 1623 年，那时他在西班牙看到了腓力四世（1605~1665）的埃斯科里亚尔宫（Escorial）。[7]

旧的白厅宫将被拆除，而一栋新宫殿——旨在媲美凡尔赛宫——则会在圣詹姆斯花园街傍水而建。[8] 如今，从牛津大学伍斯特学院和卡文迪什家族［世袭德文郡公爵，住在查茨沃斯庄园（Chatsworth House）］收藏的图纸都可看出：那是一座巨大的新古典主义宫殿，里面包含了不少对称的庭院。这些方案最初是由琼斯起草的，但在项目因查理一世早逝而画上句号之前，韦布就已经形成了完工图。[9] 在向新国王提出申请的过程中，他谈到的也正是这些受阻的梦想。

皇家测量师

可惜，韦布的请愿被置若罔闻。他还不知道，从荷兰起航前，查理就已经定好了测量师。因此韦布只得靠边站，支持朝臣约翰·德纳姆爵士（Sir John Denham）。尽管被约翰·伊夫林形容为"比建筑师更出色的诗人"，德纳姆的优势却在于王室宠儿这一身份。1649 年，也就是查理二世的父亲被处决不久，他就曾表示过：一旦自己夺回王位，将由德纳姆担任皇家测量师。11 年后，他终于兑现了自己当初的承诺。

1614 年，德纳姆出生在爱尔兰的一个高级保皇派律师家庭。他的父亲是都柏林王座法院首席法官，母亲则是第一代德罗赫达子爵（Viscount Drogheda）加勒特·摩尔（Garret Moore）之女。德纳姆曾就读于牛津大学三一学院，后来从林肯律师学院获得律师资格，并于 1639 年坐上了律师席。父亲过世后，他继承了 10 座庄园；此外，妻子安妮·科顿（Anne Cotton）也为这个家庭带来了一座白金汉郡庄园。他们共育有两儿两女。

到那时为止一切都还算好，可德纳姆却是个赌徒。虽然那些庄园每年能带来超过 1 万英镑的收入，但据说他在一年之内就欠下了 4500 英镑的债务，甚至因为好赌而将几处庄园拱手交出。早在牛津大学读书时，他似乎就已经养成了这种不计后果的赌博恶习，并且还因为没有向该市书记官还债而受到申诉。[10]

据那些在德纳姆求学时便相识的人称：他一点都不聪明，也毫无诗才可言。然而在 1642 年内战前夕，他不仅匿名推出一部上演了的诗歌剧，还发表了一首后来颇有名气的诗。这首诗名为《库珀的小山》（Cooper's Hill），以田园式的遐想形式，通过从艾格镇（Egham）的一处著名观景台对泰晤士河进行描述，隐喻了君主制在一个历史关键时刻的优点。约翰·德莱顿宣称它是"优秀作品的确切标杆"。[11] 如今它固然显得花哨且又矫揉造作，但多年来却一直备受推崇。内战期间，德纳姆曾创作了反议会的歌谣，同时赌债也在不断积欠。

奇怪的是，尽管德汉姆一直受到债主纠缠，可事实证明，他十分擅长为王室事业筹集资金。有一次，他还从波兰给流亡于布雷达的王室带去 1 万英镑。因此，德纳姆虽然缺点挺多，但也有着实实在在的长处——尤其是其说服力。不去北欧搜刮钱财时，他便居住于流亡宫廷内。

就在权衡德纳姆和韦布谁更适合担任测量师这一职务的节骨眼上，韦布的政治声誉却出现了问题。原来，他在权力真空期并未完全献身于保皇党。他所效劳的对象既有议会军队前首领费尔法克斯勋爵（Lord Fairfax）[为约克郡努恩·阿普尔顿庄园（Nun Appleton）的费尔法克斯基地起草重建方案]，也有另一位杰出的议会支持者——位于威尔顿别墅（Wilton）的第四代彭布罗克伯爵。

当然，韦布也为王室事业做出了很大的贡献，在内战期间还曾因为情报员和间谍的卧底工作而入狱。听闻德纳姆被任命的消息，他简直难以置信，于是又写了第二份请愿书，非常鲁莽地建议国王改变主意："德纳姆先生可能像如今的大多数英格兰贵族一样，对建筑理论有一些了解，但却缺少实践经验。因此，陛下很有必要再找个人负责完成手头的差事……恳请陛下另授予一个更符合德纳姆先生能力的职位，同时恩准我的测量师之职……"[12]

查理可不想刚开始掌权，就在一介平民的劝说下改变主意。因此韦布只能满足于德纳姆的副手这一职位。德纳姆果然是一名有能力的管理者，将完成建筑设计和监督建筑工程的活全都留给韦布去做。经国王同意，德纳姆还与大法官爱德华·海德成立了一个皇家专门调查委员会，以缓解首都拥挤而又破败不堪的状况，"改造伦敦城内的建筑、道路、街巷及各种障碍，同时对出租马车进行系统管理"。[13]

约翰·伊夫林心里一直装着伦敦的福祉，因此对德纳姆为霍尔本铺街道的做法赞赏有加。[14] 德纳姆铺的新路意味着马车可以更快捷、更高效地行驶，而新的排水沟则大大改善了排水系统，并因此挽救了他人性命，此前"许多妇女及其子孙……在崎岖不平的街道上不幸丧生"。当然，韦布并未受阻于修补工程，他同时还能自由地重建萨默塞特宫，并且依照古典方法为拟建的白厅宫提出了更多新规划。在韦布的带领下，古典主义将预示着国家回归君主制以及查理·斯图亚特作为合法国王的显赫地位，并且为一个由世袭国王而非平民领导的国家奠定了基调。但所有这一切都尚未实现。

韦布作为德纳姆的助理测量师这一新角色给人带来了很多希望。他知道，长期以来，斯图亚特家族为了在威斯敏斯特建造一座新王宫付出过多种努力。他见过琼斯为詹姆斯一世准备的早期设计，以及后来 17 世纪 30 年代和 40 年代末为查理一世完成的那些，不过大都是国王在世最后几年内由他亲自起草的。查理二世又重新唤起了斯图亚特家族对新宫殿的兴趣。于是没多久，韦布便忙着准备新方案，并且对 17 世纪 40 年代的图纸进行修改。

同时，他们还渴望在格林尼治另造一座新宫殿。当查理首次造访格林尼治时，他对这神圣庄严的都铎王宫所处的破败状态感到十分惊讶。亨利八世降生的那座房子在共和时期一直闲置，后来变成了海军的饼干工厂。查理下令将其拆除——只有依尼哥·琼斯的快乐馆得以幸免。

韦布很快便开始构思新宫殿的方案。尽管白厅宫的建设计划因财务问题（它破坏了斯图亚特家族的许多建筑方案）而搁浅，可格林尼治的宫殿其实已经开始动工。韦布的设计以琼斯画的图纸为基础，但同时又舍弃了后者王后馆那朴素的正面，整座宫殿都将点缀巴洛克风格的繁华装饰。但资金很快便用完了。有个侧翼倒是已经建好，也就是如今查理国王大厦和皇家医院的一部分。仅此而已。查理从未将它用作住所。今天我们看到的这个建筑群是韦布去世后才完成的，当时人们顶着质疑，在这块基本已遭遗弃的原址上修好了一切。

当然，韦布的非凡技能还有其他用武之地。在依尼哥·琼斯的磨炼下，他凭借着戏剧设计及制作方面的学识开始崭露头角。王政复辟后不久，威廉·达文南特便找上门，请他在林肯律师学院广场那废弃的莱尔网球场内设计一间革命性的新剧院。

当时，54 岁的戏剧专业人士达文南特和 49 岁的建筑师韦布都很清楚：现在就必须出人头地，否则便永远不会再有机会。而且，他们都相信对方一定能成功。他们即将创造历史并改变大不列颠的戏剧。按照达文南特的本意，他既想给演员提供一个可在观众之间自由走动的平台，同时又想向公众展示一些以前只有皇室才能欣赏到的隐匿魔术。韦布和达文南特都知道自己好运将至。但设计和构建需要时间。

对于改造一栋原为不同目的而设计的建筑，韦布提出了巧妙的解决办法。他的想法是在原建筑内再搭起一座建筑。他设计出一个木质结构，并安置在前网球场的砌石墙内。一个木制构架支撑着升起的舞台、舞台两侧、舞台口上面的拱、装机器的吊景区和座席等一切。拱的后面，在靠近两旁也就是舞台两侧前方的位置，安装有中世纪演员可以轻松进出的那种门。而在两旁以及背面，则是观众席两侧升起的廊台。舞台口上面的拱朝向一个略深的舞台，舞台两侧的宽度足以让旁边移上移下的布景平面通过。这些平面可以在舞台上由前往后一个接一个地排列，因此撤去时会给人一种幽深的错觉。至此，我们在随后 300 年里所熟知的英式剧院终于诞生。

该剧院的资助人约克公爵对达文南特和韦布混合而成的设计非常满意，甚至不忘向访客们炫耀一番。佛罗伦萨市代表乔瓦尼·萨尔维蒂（Giovanni Salvetti）当时给国内写信说，公爵向他展示了"已经开始按照意大利风格建造这间大厅的设计，他们打算在里面利用场景和机器进行表演"。[15]

萨尔维蒂在信中指出：这些相对于伦敦大众舞台而言的创新其实模仿了意大利的惯例；因为在意大利，产生流云及灵动效果的移动布景和机械不过是歌剧爱好者最起码的指望。他可能还会补充一句：因曾与阿伦德尔伯爵（Earl of Arundel）一同在意大利旅行，依尼哥·琼斯老早就把这些想法带回了英格兰，从而用于宫廷假面剧。正如有人所指出的那样，莱尔网球场剧院可算是复辟时期舞台史上最重要的新剧院。[16]

　　就在韦布忙于许多不同项目的同时，有个人——他的名字后来甚至盖过了韦布——研究的却是与建筑无关的学科，且根本不知道未来自己会对该国首都成形起到至关重要的作用。王政复辟的时候，克里斯托弗·雷恩才 27 岁，一直于伦敦的格雷沙姆学院（担任天文学教授）和牛津万灵学院（担任院士兼财务主管）这两点之间忙碌着。作为一位名副其实的年轻大师（Virtuoso）①，雷恩对好几个经验哲学领域都颇有兴趣。他在许多方面都进行过实验和观察，包括医学，但当时最感兴趣的是数学。在此过程中，他还与数量虽少却日渐增加的自然哲学家合作；这些人认为数学对于理解可观测的世界至关重要，甚至认为它是"创世"之基础。雷恩说，数学论证是"唯一能被人铭记在心且无任何不确定性的真理"。[17]

　　关于雷恩对建筑的一时兴趣，仅有一条小线索可循：在 1660 年之前的某处论文注解中，他画过一些设计图纸，展现出了"建筑的力量、便利和美丽"。这个"三重性"揭示：跟琼斯和韦布一样，雷恩也曾读过维特鲁威的作品，且后者的"力量、效用和美丽"已成为了新古典主义革命的座右铭。当然，日后改变雷恩一生的却是他在数学方面的兴趣，因为数学不仅被视为新经验科学的核心，更被视为建筑学的基石。不到一年，就有人来求教雷恩关于修复圣保罗大教堂碎裂结构的建议。

① 在 17 世纪中叶，"virtuoso"指的是拥有"virtue"（美德，来自拉丁文"virtu"）之人，尤其指在自然哲学或科学领域颇为熟练的实验家及大师。直到后来，它才被用来专指有才华的音乐家。

第 5 章
死 对 头

———◆———

剧院特许状

想从国王那里谋求剧院建设特许状的可不只威廉·达文南特爵士一人。他还有好几位竞争对手，主要包括资深制作人兼演员迈克尔·莫恩（Michael Mohum）、书商威廉·罗兹（William Rhodes），以及朝臣兼剧作家托马斯·基利格鲁（Thomas Killigrew）等。相比达文南特，基利格鲁的优势在于与国王很亲近，既是旅伴又是心腹。查理乘坐"皇家查理"号从荷兰回国时，基利格鲁也在随行行列中。连同船的佩皮斯也形容他"极受国王敬重"。

基利格鲁几乎没受过正规教育，却凭借其天生的机智和聪慧弥补了这一不足。而且他很早就表现出良好的精神风貌和对舞台的喜爱。根据佩皮斯的说法，托马斯在孩提时期便经常光顾剧院，碰上需要一个男孩上台演"恶魔"（也就是临时演员）时，他便马上会自告奋勇。与兄弟们不同，托马斯并未上大学，而是去宫廷里当差，还成了查理一世的侍者。他去过欧洲大陆的许多地方，23岁那年，在著名的巫术审判期间还现身于法国卢丹（Loudun），负责汇报工作。[1]同年，他创作了人生中首部戏剧——一部名为《囚徒》（*The Prisoners*）的悲喜剧，由王后剧团（一支纪念其赞助人亨丽埃塔·玛丽亚王后并以她的名字命名的团队）在科芬园凤凰剧院内表演。

尽管基利格鲁一直被刻画成浪荡子，可在安东尼·范·戴克为他所绘的肖像（画中的他正在创作《囚徒》）中看起来半点也不像。那张年轻的面孔透着敏感，可能很在意别人对他的看法，绝非浪子的特征。他被佩皮斯贬低为"宫廷小丑"，专门雇来逗查理发笑的。虽然这是事实，但基利格鲁绝非如此简单。他出身于一个几代为王室效力的文雅家庭，而且博览群书。王政复辟后，他对戏剧的兴趣又扩展为后来成为经营者。这倒不足为怪；跟所有别的回国保皇党成员一样，他在经济上也很拮据。他的写作并无多少收入。流亡期间，他从自己上演的戏剧中可能拿不到任何报酬。即使在英格兰，依照惯例剧作家也只能获得每部剧第三场演出的票房收入，之后戏剧公司便是利润的所有者。除非这部剧能大获成功，剧作家才会收到更多的钱。因此，如果剧场共有 400 个座位，并且看一场戏要收 5 先令，那么剧作家的收入便为 100 英镑。这虽然不是一丁点钱，但也算不上大笔财富，约相当于一名有技能的乡下商贩一年收入的 6 倍。为了过好日子，剧作家要么得多产，要么得参与经商。在事业的初期，基利格鲁曾设法欲开一间自己的剧院，却因内战爆发而受阻。

年轻的威尔士亲王遭流放后，基利格鲁便出国效命。1650 年，他被委任驻威尼斯王室代表这一要职。他的任务是颂扬王室事业，同时筹集资金帮助查理复位——就跟德纳姆在别处所做的一样。在威尼斯，基利格鲁完成了一部名为《塞西莉亚与科罗琳达》（*Cecilia and Clorinda*）的剧本（于任职前便已开始创作），然后又完整地创作了另一作品《贝拉米拉她的梦》（*Bellamira her Dream*）。

基利格鲁的威尼斯之行并不顺利。1652 年，为了不激化与当时的英格兰共和国之间的关系，威尼斯政府以涉嫌走私为由，直接将他驱逐出境。据某位威尼斯政客所言，以非正当手段遭到驱逐令这名年轻的外交官深感不安。[2] 后来，人们还给他起了个不适的外号——"汤姆大使"（Ambassador Tom）。

身为筹款人、外交官兼临时间谍，基利格鲁为寻求资金和支持而走遍了欧洲各地。在马德里期间，他创作出个人最成功的剧本《托马索》[*Thomaso*，又名《漫游者》（*The Wanderer*）]，其故事情节基于流亡保皇党成员的海外冒险经历。

到了 1655 年，基利格鲁已旅居海牙。在那里，他邂逅了奥兰治亲王宫廷成员的女儿夏洛特·范·海塞 – 皮尔希尔（Charlotte van Hesse-Piershil），并与之成婚。眼下，基利格鲁已掌握着荷兰军队中的一个团，这对于贫穷的保皇党成员来说是经常要做的事。

在王政复辟时期，基利格鲁的效命并未立即得到回报。他申请过各种不同官职或大笔资金，包括格林尼治军械库管理员这一适合其军事背景的职位，却统统没能成功。眼看什么都实现不了，基利格鲁只好改变策略。1660 年 7 月 9 日，亦即查理抵达伦敦仅仅 5 周之后，他便去申请王室特许状，打算创办一支名为"国王演员剧团"的团队。这回查理同意了该项目。有了国王赞助这一优势，基利格鲁的剧团被视为詹姆斯一世时代国王剧团的直接接班人。这一点相当重要，因为它意味着该剧团享有演出许多老剧（包括本·琼森的全部作品）的专有权以及莎士比亚戏剧的优先权。

基利格鲁的特许状对于达文南特来说无疑是个打击。为再次给国王上演一部戏，他已经苦等了 21 年，结果却眼睁睁地看着机会溜走。对于一名自创剧本由原国王剧团演出的剧作家来说，特许状被赐予旁人肯定会让他倍感恼火，在商业方面更是气馁不已。然而，达文南特在性格上与基利格鲁大不相同，除了态度更加严谨，他在戏剧艺术方面也更加老练。同时他还非常有决心。因极度渴望挽回这一局面，他向国王提议：他和基利格鲁都应该持有特许状，然后在伦敦分别经营剧院。查理同意了。于是由国王的兄弟约克公爵赞助的"公爵剧院"由此诞生。1660 年 7 月，达文南特和基利格鲁获得了联合垄断经营许可证，旨在"建立两家戏院……从而完全压制所有其他戏院"。[3]

这些许可证世代相传，持有者可将其专利权转让给自己的亲属或指定人选。二十多年前，达文南特曾试图掌控都柏林剧院；由此便产生了一种奇特的想法：舞台上垄断权是可以继承的。[4] 如今，随着一种旨在将小型剧团挤出市场的垄断机制诞生，这种想法再次出现。更重要的是，查理既授予其垄断权，就意味着两位可靠的君主主义者对伦敦剧院拥有绝对的控制。

女 演 员

到了深秋时节，两家剧团都在准备开始演出，当然这要得益于从其他剧团招募的职员。这些人已别无选择，不加入的话就只能挨饿。达文南特选择科克皮特剧院（Cockpit Theatre）里威廉·罗兹的年轻演员来组建自己的剧团，而基利格鲁则选择了迈克尔·莫恩剧团里的老演员。起初，两家剧团都有着类似的剧目，包括莎士比亚、约翰·韦伯斯特（John Webster）、约翰·弗莱彻（John Fletcher）和托马斯·米德尔顿（Thomas Middleton）等人在文艺复兴时期创作的戏剧，以及达文南特等人的一些新作。

首先做好准备的是基利格鲁。11 月 5 日，他的新剧团在克勒肯维尔（Clerkenwell）圣约翰街那庄严的红牛剧院（Red Bull theatre）内隆重开张，并于三天后迁至林肯律师学院广场与河岸街之间一处更为中心的位置。他的首批演出作品里面就有达文南特的一部戏。至于这究竟算不算对作者无伤大雅的蔑视，并无记录可查。一周后，达文南特的剧团将在索尔兹伯里宫廷剧院内面世，而他那位于莱尔老网球场内的革命性剧院仍在建设之中。

当伦敦人走进基利格鲁的新剧院时，眼前所见与伊丽莎白时代的公共剧院并没有什么不同。离达文南特的剧院一箭之遥，基利格鲁将剧院建在了吉本斯（Gibbons）以前的网球场内；它位于维尔街，靠近克莱尔市场。那是个 16 世纪末发展起来的小市场，眼下其拥挤的街道和伊丽莎白时代的建筑里塞满了许多小吃摊和商铺。[①] 吉本斯的这个网球场非常狭窄，根本没有空间留给舞台侧面或布景（假如基利格鲁想要搭建的话），因此演员只能通过舞台后边的门上台。

虽然国王剧团的抢先开张无疑使达文南特陷入劣势，但他却寄希望于打一场持久战。他的新剧院还远远没有准备好，不过临时场地已经有了一些创新。达文南特也相信自己对演员能力的敏锐判断。他得益于一位才华横溢、极具吸引力的男主角。正如莎士比亚为他那个时代的明星理查德·勃贝奇（Richard Burbage）量身创作一样，达文南特也拥有自己这个时代的明星演员——25 岁的

---

① 如今，克莱尔市场原址大部分被伦敦经济学院的大楼所覆盖。

托马斯·贝特顿（Thomas Betterton），他因参与威廉·罗兹在科克皮特剧院内的非法表演而积累了早期经验，并受过相关训练。

由于缺少达文南特那些技术先进的设施，基利格鲁便自己设计取悦大众的新奇玩意儿。12月8日，首演才过去一个月，国王剧团就上演了莎士比亚的《奥赛罗》。演员、剧作家兼致颂词者托马斯·乔丹（Thomas Jordan）撰写的开场白向观众宣布，他们即将看到一些新鲜事物，一些能纠正存在已久的戏剧缺陷之物：

> 我们扮演的女性有缺陷，而身材更是如此，
>
> 你会把他们当作是一些乔装的守卫；
>
> 因为说实话，年龄介于40岁到50岁之间的男演员
>
> 扮演的15岁小丫头；
>
> 骨架如此粗大，神经又绷得太紧，
>
> 当你呼唤苔丝狄蒙娜时，进来的却是个巨人。

然而，开场白说到，今晚情况并非如此：

> 我来了，其余人全都不知道。
>
> 透露一则新消息；我刚看到穿戏服的女士——
>
> 今天有女性要表演；别误会我的意思，
>
> 再没有穿着礼服的爷们，也没有穿衬裙的男侍。

于是，观众看到了一个由女性扮演的女主角。扮演苔丝狄蒙娜的女演员名字不详，但有可能是安·马歇尔（Ann Marshall）或玛格丽特·休斯（Margaret Hughes）；她俩都是基利格鲁旗下新的女天才。

1660年以前，青春期的男孩或年轻男子在英格兰舞台上扮演着女性角色，但这并不意味着女性从未出现于任何舞台上。宫廷里的私人假面剧经常有女性成员参加，偶尔王后也会赏脸。正如我们所看到的，1657年，女性在达文南特的半隐秘歌剧表演中出演的情况至少出现过一次。这位女演员的演技总体上还获得了认可和称赞。王政复辟后，性别特征模糊的爱德华·金纳斯顿（Edward Kynaston）才20岁，仍然足够年轻，可扮演女性角色；他在剧中因其可爱的外表和调动观众情绪的能力而受到高度赞扬，而公爵剧院提词员约翰·道恩斯

（John Downes）更是称其为"完美的舞台佳人"。[5]

    鉴于以前到访的法国剧团女演员已经出现在伦敦舞台上，因此改变清一色男性演员的做法并不十分具有革命性。男扮女装并没有随着基利格鲁的创新而消失：像兼具两性特征的金纳斯顿这种演员在随后几年里还会继续装扮自己，扮演异性。但是从基利格鲁的《奥赛罗》开始，他们男扮女装的日子就屈指可数了。随着女演员进入主流戏剧表演，基利格鲁冒险假设：在与达文南特的较量中，谁赢得比赛谁就将赢得一切。

    对于 1660 年秋季的革新，人们给出了各种不同的原因。其中一个原因就是，在伦敦剧院被禁 18 年后，受训扮演女性角色的青春期男孩人数不足，而扮演过这类角色的年轻男主角已步入中年。而另一个原因则是，女性出现在舞台上将有助于改善剧院原本不堪的面貌。甚至在授予达文南特和基利格鲁的王室特许状中也写入了一项条款，称他们有权为此目的将女性推上舞台。不过，真正的原因似乎更为简单。查理之前在法国见过女演员，于是也想在伦敦见到。女性被推上舞台，可提供明显的情欲成分。除了欣赏女演员的专业艺术，戏剧爱好者对其私人生活也会产生了浓厚的兴趣。

剧场文化

    达文南特的那间莱尔网球场新剧院配有精心设计的舞台侧面和百叶窗，距离完工只剩下几个月。与此同时，他的演员们继续在内战前的索尔兹伯里宫廷剧院内进行演出。虽然比竞争对手晚了 8 个月，他位于林肯律师学院广场的新剧院才正式开张，但事实证明，他那提供奇观的直觉是正确的——其剧院一举成功。剧院本身是两种类型的混合体，将詹姆斯一世时期公共剧场的伸出式舞台和依尼哥·琼斯为宫廷假面剧而发明的镜框式舞台合二为一。鉴于达文南特资金很少，且踏入的又是个未经试验的领域，他如此煞费苦心地为伦敦大众提供一种新奇的多感官体验，这实属非常难得。打从一开始就很明显：年长的这位更有抱负，想方设法要推动戏剧艺术的发展。这并不奇怪，因为基利格鲁在其剧院经营过程中几乎没起什么作用，大部分业务都交给了演员和舞台管理人员打理。

随着剧院重新营业，伦敦人——或者至少是两家新剧院可满足的一小部分市内人口——终于再次找到了剧院的乐趣。当然，在欧洲大陆剧场和歌剧院的过渡期，一些上流社会美女曾有过这种经历，但对于大多数哪怕最时髦的人来说，这也是一种应该学会，或者说重新学会的乐事。

针对王政复辟之后的几年里究竟哪些社会阶层确实经常光顾剧院，人们进行了大量的讨论。一些戏剧史家认为观众基本上来自宫廷。然而，佩皮斯几次提到由学徒组成的吵闹观众。即使考虑到某个合适的群体典型，也很少有人在林肯律师学院或维尔街及其后被它们取代的戏院内观看过表演。据估计，这些早期戏院每座大概可容纳 400~600 人。[6] 市内人口为 385000，这意味着有千分之一到六百分之一的伦敦人能观看到某场演出。然而，在这个小小的基地上，达文南特和基利格鲁为最好的剧本、最新的剧院创意、最时尚的观众、最高的上座率——当然还有最丰厚的利润——而彼此展开争夺，并因此改变着英格兰舞台史。两家剧团之间的较量，在国王统治的前二十年里也为伦敦的生活增添了色彩。

在基利格鲁和达文南特双头垄断之前的某个时代，伦敦曾一度拥有九到十家剧院。维持这一剧场数量的写作天才早已退休或去世，因此他们的剧本又被拂去灰尘并改写，以适应新时代。于是弗莱彻和弗朗西斯·博蒙特（Francis Beaumont）的喜剧便成为人们的最爱。莎士比亚的作品也难逃被重写的命运；它们经常有新的结局，而且几乎无一例外地配有插曲。不久，新剧院又吸引了新一代的写作人才，但英格兰文艺复兴鼎盛时期的作品依然是常备剧目的主体。

尽管普通伦敦民众可能永远都不会踏进这两家剧院，但由于市内的花边小报，他们却知道剧院明星有哪些，并追随其整个演艺生涯。[①] 于是明星制度由此诞生。基利格鲁的剧团由资深演员查尔斯·哈特（Charles Hart）和迈克尔·莫恩担纲主演，随后又加入了一批新的女演员，包括伊丽莎白·尼普（Elizabeth

---

① 一般人也会去看戏，但看的戏多半很粗俗下流。它们通常在伦敦的各种年度展览会上表演，其中主要有 8 月份在史密斯菲尔德国际布料销售展览会前后举行的为期两周的圣巴塞洛缪展览会（St Bartholomew's Fair）和萨瑟克区展览会（Southwark Fair）。后者位于伦敦的一个主要红灯区，因灯红酒绿而臭名昭著。

Knepp）和内尔·格温。达文南特开始并不太受关注，但早期有托马斯·贝特顿跟着效力，很快就推出了玛丽·桑德森（Mary Saunderson，在这一对儿结婚后，她经常被称呼为贝特顿），以及后来颇有天赋的舞蹈家玛丽（或莫尔）·戴维斯。

王政复辟时期的剧场将成为查理王朝文化的一种表现形式，因为剧院本身就是一种公共关系平台形式，为查理鼓励宫廷内外繁荣发展的那种社团服务。查理希望自己的宫廷能反映出法国特色，尤其以格调、放荡和风趣为主。由于剧院已完全跟上流社会交织在一起，许多贵族才子——被马维尔称作"快活帮"（the Merry Gang）的人——都开始搞起了创作。很快，职业作家不得不与国王儿时的朋友白金汉公爵和桀骜不驯的浪子查理·塞德利（Charles Sedley）等人展开竞争。而即将展现于舞台上的道德沦丧也反映了宫廷自身的道德状况。剧院传递出一个明确的信号：清教主义的时代已经结束。

英荷贸易之争

就在达文南特与基利格鲁之间的较量逐渐发展成国王强加的某种特殊关系时，另一种更为激烈的竞争在他的推动下也将进入新阶段。这便是英荷两国为争夺国际贸易资源而展开的长期竞争。随着 1660 年接近尾声，皇家探险者公司（the Company of Royal Adventurers）开始为首次西非探险之旅做准备。约克公爵也兑现了皇家海军给予帮助的承诺。他借给该公司的不只是 5 艘海船，还有一位最能干的船长罗伯特·霍尔姆（Robert Holmes）。时年 38 岁的霍尔姆经验非常丰富，又因不相上下的出众才华和惹是生非而名声在外。他正是那样一种人：想率领一支军队前往非洲，旨在与荷兰人展开较量，然后解除对方有利可图的一些贸易。

霍尔姆出生于爱尔兰科克郡（Cork）西部的马洛镇（Mallow），他既是一名职业军人，也是鲁珀特亲王的亲密盟友。他曾先后在内战及欧洲大陆的战斗中与亲王并肩作战。内战期间，鲁珀特亲王掌握一支保皇派舰队之后，他转向航海活动，并展示出指挥战舰的才能。17 世纪 50 年代初，他在非洲的海盗活动中曾为鲁珀特亲王效力。霍尔姆生性粗鲁，爱争吵，但又颇有魅力和能力，简直就是保皇党军官的典范：勇敢而富有冒险精神，但又很难相处，且纪律性差。鲁珀特亲王打算陪霍尔姆一同踏上非洲之旅：这既是对老战友的最后一次欢呼，也是一位无仗可打的军人亲王的最后一次冒险。然而约克公爵坚决反对；他那能干的表弟可不能远赴非洲，因为有可能会送命。

1661 年 1 月初，霍尔姆的小舰队从泰晤士河出发了。当时，许多英格兰外交政策都与伦敦的国际贸易观密切相连。长期以来，英格兰人一直认为荷兰在世界贸易中占有的份额太大。1651 年克伦威尔曾提出：荷兰人应该享有非洲和亚洲的权利，但作为回报，他们得帮英格兰对抗西班牙并征服整个美洲。然而荷兰人的观点是：自由贸易方为最佳发展途径。这正是英格兰所不希望的。荷兰人靠自由贸易蓬勃发展起来，却损害了英格兰的利益，因此双方谈判宣告破裂。没过多久，克伦威尔宣战。最终，1652 年那场惨烈的交锋以荷兰经济的崩溃而收场，不过两国间的贸易争端仍未得到解决。从那以后，两国在贸易权利问题上就一直冲突不断。

早在查理二世接掌白厅宫大权时，由于他对荷兰新教统治精英怀有敌意，再加上对伦敦渴望贸易霸权的支持，两国关系并未得到改善。因此查理的政策是重新审视贸易僵局。虽然荷兰经济自上次战争以来已经恢复，并且海军也得以重建，但查理的目标就是要通过直接攻击荷兰贸易中的某个特定环节来展开较量。而这个环节便是荷兰人在西非（他们在那里从事商品和奴隶买卖）长期建立的贸易体系。

这并不是说英格兰没有在西非从事贸易的经验。从都铎时代开始，用于铸造英格兰硬币的黄金便来自几内亚。[①] 不过，眼下的意图可不是换取少量黄金来铸造金几尼，而是要寻找来源，以尽可能多地获得黄金。在离开伦敦之前，霍尔姆便从约克公爵的秘书威廉·考文垂那里得到转述的指令：要找寻鲁珀特亲王生动描述的那座金山，同时协助新成立的皇家探险者公司在该地区的代理人。后一条指令的意思没有讲清楚。霍尔姆理解为：他可以对冈比亚境内的荷兰人采取强硬

---

① 因此英格兰硬币被称为金几尼（golden guinea）。

手段。

船队还配备了装黄金或"最值钱的砂子"（想必是含金粉的砂粒）的桶和麻袋。事后想来，指令规定的是：如果还剩多余的货运空间，他们应该带回"你们大概可以……的黑人"。这是该公司有史以来首次提及奴隶。这也是一种预兆。

由于航速很快，霍尔姆的小舰队于 1 月底便到达了非洲海岸附近佛得角群岛中被荷兰人占据的戈雷岛（Goree）。霍尔姆似乎攻击性十足。据荷兰总督所言，英格兰指挥官毫不客气地告诉他：英格兰国王声称拥有从佛得角一直到好望角的贸易及海运专有权。因此，来这片广阔土地上经营了超过 200 年的荷兰人必须在 6 个月的时间内收拾行装走人。

随后的 4 个星期内，舰队停泊于几内亚海岸，而霍尔姆则不断骚扰并恐吓荷兰商人，不仅迫使冈比亚河上荷兰的圣安德烈亚斯堡垒（Dutch fort of St Andreas）投降，而且还从当地权势人物中为英格兰搜罗潜在的盟友。在日记里，他提到"抚抱并礼赠我们差点（因荷兰佬）而失去其友谊的本地人"。

尽管探险队付出了最大努力，但依旧没能找到黄金。气候不适合居留，因此霍尔姆根本不太可能进行采矿活动。由于没有发现（或者如某些人怀疑的，他压根就没找过）任何金子，霍尔姆只好带着他能找到的那些产品及一只巨猿返回了伦敦。（塞缪尔·佩皮斯怀疑这猿猴有可能是一只雌狒狒同一名男子所生，因此才会愿意接受指令。）据海军部的文件记录，在其中一艘返回的海船"友好"号（Amity）上，共有 38 名船员于冈比亚或返航途中死亡。其他船上的死亡率还不得而知。回到伦敦后，远征队卸下的货物包括以 1567 英镑 8 先令售出的象牙和皮革，[7] 而这次航行的费用则估计在 4000~4500 英镑之间。[8] 佩皮斯一向是个精打细算之人，他注意到霍尔姆后来的生活十分奢侈，也许带回的实际货物要比计算出来的更多。

事实证明，进一步的西非之旅不过是额外消耗了公司资产，却没有任何新收益。该公司的起步并不算太好。查理授予的特许状已做出规定：但凡发现金子，三分之二归他所有；而剩余三分之一，在扣除费用后将分配给其他股东。就霍尔姆首次探险之后的情况来看，无所谓如何去分了。

令人惊奇的是，这次航行竟让他一举成名。虽然没能赚到什么钱，但他已经证明能与荷兰人在其建立的贸易基地展开争夺。这也正是查理渴望了解的。有人将霍尔姆引荐给了国王，不久他便向佩皮斯吹嘘自己在宫廷圈子里混得有多好。佩皮斯在日记中写道："他似乎非常了解国王的想法，而且跟宫廷内所有几个派系都很熟。""这是个狡猾的家伙，（他亲自向我承认）可以装出两副不同的面孔，甚至在面对敌人时可以怀着像对朋友一样的爱。但是老天啊，这是个怎样的时代？人如果不耍无赖就活不下去。"[9]

霍尔姆的首次出航似乎引起了人们对于如何才能在西非获利的反思。而黄金已成为次要的考虑因素。通过学习荷兰商人的经验，人们断定奴隶贸易会是未来的发展方向，英格兰已经实行奴隶制好多年了，不过规模很小。如今，它将成为垄断公司的主要政策，而不再是个别船主、商贩在公司垄断之外进行非法交易的问题。

三角贸易

这一时刻让人等了很久。自从蔗糖于 1640 年左右被引进到巴巴多斯开始，人们已经认识到奴隶制是对它进行开发的手段。而栽种含糖植物的经济基础则成了引发争辩和讨论的话题。至少在 17 世纪 40 年代中期出版过一本有关巴巴多斯的书，它对于想栽种含糖植物的人来说既是游记又是自助手册，内容涉及如何购买种植园、每英亩需要多少名奴隶，以及可以获得多少利润等方方面面。[10]

食糖迅速传播到了牙买加和背风群岛（Leeward Islands）。王政复辟时，它作为来自殖民地的主要商品，在价值方面已经超过了烟草。奴隶贸易为制糖业提供着越来越多的劳动力。伦敦商人和有钱投资的绅士如今都急于支持西印度群岛的制糖业。新的种植园正在开辟中，而那些经营多年的园子也还在扩大规模。奴隶劳动力乃是前进之路，它复制了在巴西经过检验的所谓荷兰模式。对于英格兰人来说奴隶制并非新事物，但奴隶贸易却不曾以任何有序或大规模的方式进行过。

最近有人汇编了关于贩奴远航的统计数据，才让我们对其增长速度有了一定的认识。据埃默里大学（Emory University）那个宏大的跨大西洋奴隶贸易数据库显示：17 世纪中叶，从英格兰运送的奴隶数量急剧增加。该数据库记录，1646~1650 年间并无奴隶从英格兰运出。然而在此期间，为跟上食糖市场的发展，巴巴多斯及其他岛屿的奴隶拥有量开始迅速增长。很难相信，在这段快速扩张时期内抵达西印度群岛的所有奴隶，竟然都是从荷兰或葡萄牙的船只上卸下的。众所周知，许多种植者都会进口劳动力。因此，奴隶贸易数据库中的统计必定被视为不完整，至少遗漏了一些始于英格兰但在当时却未被列入主要贩奴远航的航行。

考虑到这一点，接下来 5 年（1651~1655）内的数据仍然显示出大幅度增长：从运送非洲奴隶为零到 1755 人登上从伦敦出航的商船。导致快速增长的原因是 1650 年英格兰接管了牙买加，以及随后对奴隶生产蔗糖的重视。在又一个接下来的 5 年（1656~1660）内，从伦敦运出的非洲奴隶数量跃升至 3625 人。[11]

这便是查理二世继承王位时的情况。他和周围的人都看得出来：与海外殖民地发展相关联的奴隶贸易还有增长的空间。

然而在伦敦以外，皇家探险者公司的新垄断并不受欢迎。人们做出许多努力来打破它，有些还成功了。一艘来自埃克塞特的商船在西非装载了 35 名奴隶。另有 315 人被装上一艘来自布里斯托尔的船，还有 335 人从英格兰其他港口上船。这些数字如此之低的事实表明：伦敦的垄断地位非常稳固。在此期间，荷兰的敌对态度依旧是英格兰的非洲贸易障碍。不过，随着伦敦成为可与西班牙及葡萄牙抗衡的奴隶贸易城市，这种情况很快就会发生变化。在随后 5 年（1661~1665）间，英格兰人与荷兰人经常在西非海域开战，而以伦敦为基地的船只一共运送了 10049 名非洲奴隶横渡大西洋。[12] 因此，伦敦的奴隶贸易在 15 年里一共增长了近六倍，其中三分之二是在查理统治的头五年里增长的。在向英格兰船只开放非洲奴隶贸易的下一个阶段，桀骜不驯的霍尔姆船长又将再次参与进来。

第 6 章
国王加冕

新 王 冠

霍尔姆在非洲招惹是非期间，伦敦正为大不列颠及爱尔兰国王查理二世的加冕礼做准备。仪式定于 1661 年圣乔治节那天在威斯敏斯特教堂举行。然而，在举行加冕礼之前，组织者还有个重大难题需要解决：没有加冕礼服。礼服已经由克伦威尔下令毁去；王冠和宝球连同其他许多物件都被熔化，而黄金和宝石也被卖掉了。因为克伦威尔曾说过，这些东西会让人想起"可憎的国王统治"。

对于现年 29 岁的金匠兼银行家罗伯特·瓦伊纳而言，王冠缺失是个不容错过的机会。他要抓住这一契机，确保自己的工作室能制作出替代品。如此，他的工作室将超越其他伦敦金匠，并建立起与国王持久的私人关系。瓦伊纳自费30000 英镑，才接下了这项至关重要的委托任务；他不仅要采购宝石和黄金，还得为最出色的工匠支付酬劳。新王冠复制的是被毁掉的那顶，即 11 世纪忏悔者圣爱德华（盎格鲁 - 撒克逊王朝君主，1041~1066 年在位）的王冠——已出现在 600 年间的加冕礼上。据说，征服者威廉在加冕礼上戴过，后来威廉二世、亨利一世（1100~1135 年在位）、亨利二世、理查一世和约翰王（即约翰一世，1199~1216 年在位）也曾戴过。然而这整段历史已被克伦威尔拆解，变成了金块和一堆宝石，共卖得 2647 英镑 18 先令 4 便士。

所幸，凭借对神圣的爱德华国王那古老王冠的详细记述，瓦伊纳终于制作出了一件华丽的复制品。新王冠的框架以纯金打造，共镶嵌有 444 颗宝石，包括红宝石、紫水晶和蓝宝石等。框架内侧衬有一顶蓝紫色软帽，帽底周围则镶了一圈貂皮边。

当年，罗伯特·瓦伊纳从沃里克来到伦敦，给叔叔托马斯·瓦伊纳爵士（Sir Thomas Viner）——一位声名显赫的金匠兼重要银行家——做小学徒。虽然托马斯爵士是长老会教徒，但侄子却从小信仰圣公会。罗伯特在打造贵金属、设计装饰品和珠宝——尤其是做生意——方面的非凡才华很快赢得了人们的认可。托马斯爵士又教他秘传的银行家学问，让他能够以一种利率吸收资金，同时以另一种利率放贷，从而确保有利的结余。掌握这些知识后，罗伯特便跻身伦敦最富有的特权精英之列。

所以说，伦敦顶级行会的学徒培训费用很高，根本不足为奇。那些加入金匠行会的人必须支付入会费、运营费和拜师费。费用总计会在 500~3000 英镑之间。[1] 因此，其新成员往往是身份显赫的商人、技工或工匠之子，也可能是贵族的小儿子。受训者有三分之一来自较高社会阶层，这与进入所有商业及其他行业协会的受训者所占比例几乎相同。令人惊讶的是，其中仅有一小部分（4%~6%）是伦敦金匠之子。还有三分之一的学徒来自伦敦以外的地方，这既表明英格兰各地的富裕家庭都想确保自己的儿子能在伦敦创业，也表明伦敦为满足它对额外技能的需求而吸引来了太多人。[2] 在伦敦数以百计的金匠中，有好几十人——也许多达 90 人——都是银行家。[3]

净化空气

这座城市必须在加冕礼之前美化一番，但如何做到呢？从泰晤士河对面看，其傍水的中世纪街景确实显得格外迷人，但如果旅客乘渡船过了河，再离开码头进入古老的市中心，就会因那股说不出的难闻气味而饱受折磨，且只能吸入混合着烟尘和有毒气体的空气。

市政府官员制订了春季大扫除的计划，接着还立起一些精致的装饰物。约翰·伊夫林则趁此机会出版了一本书，就如何净化城市有毒空气提出了切实可行的建议。他写的实质上是本环保主义者手册。[4]但该书又不止于此；它更是一名保皇党人发出的猛烈抨击，净化首都空气是个隐喻，暗指要清除市内污浊的共和空气，然后送来令人倍感清爽的君主制和风。[5]他写道，伦敦"那原本质量良好又有益健康的空气"与令居民肺脏"腐烂"的"一股夹杂着烟状污浊蒸汽的不洁浓雾"混合在了一起。伊夫林说，伦敦很像"埃特纳山（Mount Aetna）、伏尔甘王宫（Court of Vulcan）、斯特隆博利岛（Stromboli）或者"——他最好且最英式的发明——"地狱郊区"（the Suburbs of Hell）的面貌。[6]

伊夫林是个颇有主见之人，其钱财可以让他满足对许多事物的好奇心，包括伦敦的空气质量——他强烈认为应该做点什么才是。他拥有现在所谓的社会良知。他的解决方案包括将伦敦下风处所有以煤为燃料的大型工厂都迁往肯特郡北部，而此地幸好也安然位于德特福德镇伊夫林庄园的下风处。为了代替烧煤，他提倡再次使用木材和木炭，且供应来源是英格兰各地私人庄园里大片种植的森林。

伊夫林设想着伦敦的空气又将恢复到被克伦威尔和煤炭污染之前曾享有盛名的清洁状态；当时城市空气几乎没有受过污染，所有人都以木头和木炭作为燃料。然而，这种幸福的状态却在13世纪末发生了变化；酿酒厂和染厂等其他行业纷纷开始采用海煤，这种燃料的燃烧温度虽高于木炭，但会产生黑烟。因烧煤给伦敦造成了如此大的危害，爱德华一世（1272~1307年在位）曾不止一次（两次）禁止其使用。可惜他的公告影响甚微。[7]14世纪中叶，人们又采取其他措施来帮助缓解伦敦的污浊空气和有毒臭味。爱德华三世（1327~1377年在位）还命令市长和治安官将屠宰场从市内清除掉，在西边的骑士桥（Knightsbridge）和东边的斯特拉福德范围以内禁止宰杀活牛。[8]到了17世纪，爱德华颁布的法令已基本无效。

伊夫林费尽心机，终于有机会觐见国王，却遭到新闻界的讽刺。在17世纪40年代和50年代的政治动荡期间，伦敦是一大群讽刺作家、幽默家以及措辞尖锐刻薄的时事评论者的聚集地。任何自命见识不凡之举，如伊夫林想净化空气的计划，都会遭到嘲笑。就连在格雷沙姆学院会面的那群著名教授也被当作调侃的对象。他们为改善生活质量而提出的许多建议以及伊夫林关于伦敦的主张，基本上可概括为以下几行文字：

> 哦，有神佑的智慧才谋划得出
>
> 凭借新发现的丰富技巧，
>
> 以延长我们的生命为乐事。
>
> 教我们差点放出香水屁
>
> 既无燃油又无煤炭生火
>
> 其他一些成员定会满怀向往。[9]

伊夫林的计划不了了之；净化伦敦的空气依旧是个长期目标。[①] 目前，伦敦市政当局只是竭尽所能清理街道，并挂上装饰。不仅建造了凯旋拱门，还设计出剧院舞台造型。伦敦的那些行业协会和商业公司也不甘落后，纷纷计划做出自己的贡献。春天里，人们在利德贺街大街上来来往往，看着一幢伊丽莎白时代的高楼［名为克雷文大厦（Craven House）］正面有一栋不同寻常的木结构建筑拔地而起。其上层构造完工后，有位艺术家便开始行动，画了一幅商船小队扬帆远航的壁画。在壁画上方，是一个比真人还大的商船海员形象，他正向所有从下面走过的人敬礼。这幅绝妙而又浮夸的壁画可谓伦敦第一张巨幅广告牌。它标志着伦敦最具影响力的贸易组织——东印度公司——的总部所在地。

东印度公司

该公司起步于英格兰航海活动早期，那时便已经在印度洋及更远处建立贸易关系。1600 年，英格兰女王伊丽莎白给一群投资者和商人颁发了皇家特许状。这些人为探索长期发展贸易的可能性而派出自己组建的若干船队。然而此事风险极高。由于海盗、风暴、疾病或当地人的敌意，还有来自西班牙或荷兰东印度公

---

① 直到 1956 年颁布《清洁空气法案》，伊夫林的无烟城市之梦才得以实现。

司的激烈竞争，船舶很可能会丢失。因此，伦敦商人及其贵族赞助者纷纷效仿荷兰和其他欧洲大陆贸易集团的做法，通过成立一家股份公司来分散风险。

起初，公司做的是香料进口，但很快便扩展到英格兰布料及金属制品的出口。随着时间推移，它又开始了硝石贸易——硝石是制造火药的必需品。不过，17 世纪早期，真正让这家公司取得成功的却是胡椒进出口业务。人们就靠把胡椒转卖到欧洲市场来赚大钱。该公司似乎要一直成功下去，但随着它与别的英格兰贸易商及后来的荷兰贸易商之间展开竞争，它一度面临破产。在印度尼西亚境内，因英格兰与荷兰香料商之间的竞争，两国政府共同执行了一项协定：双方将共享商栈。就这样，英格兰东印度公司与其荷兰的竞争对手——联合东印度公司①——便开始了一种不稳定的共存状态。1623 年，荷兰人指责英格兰人在印度尼西亚暗算自己，于是这种商定随之破裂。在后来被称为"安汶岛大屠杀"（Amboina Massacre）的事件中，荷兰当局曾严刑拷打英格兰商人，要求他们透露阴谋细节，然后还处决了其中的几名。这件事在伦敦引起轰动，且反响持续了数十年。

由于荷兰人在印尼已经站稳脚跟，英格兰人只好另寻其他海外贸易中心。印度的马德拉斯（Madras）似乎很符合要求。然而，随着 1642 年斯图亚特王朝与议会之间的敌意爆发，所有与王室有关的组织都遭到怀疑。1657 年，克伦威尔重申了该公司作为国家与东方进行贸易的核心工具地位，并授予其新的特许证。次年，护国主不幸去世，又使公司陷入了不确定状态。

这种情况在查理二世加冕那年才得到缓解。通过授予新的皇家特许状，查理赋予了它惊人的权力。该公司位于克雷文大厦顶端的巨大的新檐部不仅宣告了它东山再起，更宣告了新特许状所带来的信心。虽然查理在东印度公司的经营方面没有发言权，但他能确保自己得到与帝国野心相匹配的经济利益。英格兰的资源很少：一些煤和羊毛，一些锡和铅，外加一点点金和银。可自从 1588 年西班牙无敌舰队被打败后，英格兰人就有了一个共同愿望：成为主要的海上强国，将触角伸向世界各地，然后尽可能拿走一切。[10] 在查理二世统治时期，这种野心

---

① 原名为 "Vereenigde Oost-Indische Compagnie"，简称 VOC。

前所未有地得以贯彻。寻欢作乐之王变成了冒险王。

东印度公司再次恢复活力，实际上也象征着查理的野心：他要填补议会批准的收入的不足。由于王室保证的垄断权非常有利，该公司甚至承诺给予查理70%的巨额利润（当然，他根本不可能得到过这么多）。作为回报，新的皇家特许状允许该公司享有对印度及其他领地（商栈和工厂）上所有居民的审判权，以及对任何不愿在其管辖下经营（这个问题持续存在）的无赖商人进行关押的权力。通过赋予这些权力，国王确保公司能够集中精力增加贸易。[1]

随着加冕礼筹备工作的进度加快，查理还对那些在某方面帮助过国家事业的人给予嘉奖。骑士爵位以奖励的形式颁发给商人和官员，或者暂时为他们预留。获得此等恩宠的人有好几位正是东印度公司成员。1661年3月，亦即加冕礼之前一个月，商人威廉·赖德也有幸成为其中之一。作为该公司的一位主要投资人，他在其漫长又成功的职业生涯中进口过从烟草到沙丁鱼等各种商品，并因向国王效命而获封爵士，以表彰他在为海军提供木材、焦油等许多最重要的基本需求方面所发挥的作用。

最后人们发现：赖德的手段并不高明，他不仅以相当高的价格出售产自斯堪的纳维亚半岛的廉价大麻，还编造了一个故事，说斯德哥尔摩的焦油仓库已被烧毁，以此向海军抬高要价。海军办事处的忠实拥护者塞缪尔·佩皮斯说赖德为人"虚伪"。无论是真是假，海军都需要赖德，因此他的事业依旧蒸蒸日上。

盛　典

4月22日，即加冕礼前日，国王在一支庞大队伍（以其亡父和伊丽莎白一世加冕时的原班人马为基础）的陪同下游行穿过伦敦。参与人员有号手、国王的保镖（又被称为"四十侍卫"[2]）、一众嘉德骑士、国王的弟弟约克公爵（王位继承人），以及包括贵族官员和市长在内的政要；他们从塔桥出发，一路缓行穿过

---

① 到了1665年，该公司支付给成员的收益高达40%。
② 四十侍卫（Gentleman Pensioners），于重大仪式中陪伴英王。——编者注

城市，最后抵达白厅宫。沿途不时地有葡萄酒从喷泉内涌出，更有乐队、舞蹈演员及各种吸引人的场面。这条路线经过了四座又大又壮观的凯旋拱门。第一座位于利德贺街上，它代表着君主制战胜了叛乱。"谋反"这一女性形象"骑在九头蛇身上，所穿深红色长袍已被撕破，蛇就在其骑装上爬来爬去，周围更有巨蛇包围着"。而她的同伴"骚乱"则已经呈"畸形"。[11]

东印度公司理事会也不甘示弱，在克雷文大厦附近设置了一幅生动的活人画来展示其财富和慷慨。两名印度青年被安排在门外，一个骑在骆驼上，另一个则由两名"黑皮肤的人"陪伴着。骆驼背上有两个驮篮，里面装满的丝绸、香料和珠宝纷纷被年轻人扔向观众。在康希尔街，国王曾见到过八位"仙女"于古老水池中嬉戏的景象，而在皇家交易所，他看到的则是一座拱门上面描绘着泰晤士河和自己的一艘战舰。在伍德街与齐普赛街交界处，有一座宏伟的拱门代表着和谐。到了舰队街，最后的凯旋拱门则代表着"丰饶园"（Garden of Plenty）。当国王从坦普尔栅门（Temple Bar）出城时，映入眼帘的是个装有各种野生动物的笼子。

加冕仪式于 4 月 23 日举行。伦敦从头到尾都装饰一新；时髦男子及其贵夫人们都穿着华丽的盛装。在国王的坚决要求下，街道上到处又有葡萄酒在流动。这是一种奢侈浪费的外在表现，而且其额外作用很可能是为了掩盖城内更令人厌恶的臭味。在威斯敏斯特教堂里举行的加冕典礼上，瓦伊纳复制的王冠大获成功。作为几乎与国王同时代的人（比查理小一岁），他成了王室的宠儿。他与国王的关系之亲密，丝毫不亚于任何平民。

确实，瓦伊纳和之前的其他商人一样，成为国王不可或缺的人物。他不仅身为王室金匠，而且跟叔叔和父亲一样，也是一位银行家。尽管放高利贷仍为许多人所不齿，可伦敦的银行家们还是要收取贷款利息，因此在润滑商业车轮方面起着至关重要的作用。为了在城里做生意，他们必须成为所在行会的成员，亦即行会精英团体的一部分（其他还有布商和杂货商）。这些见习商人的学徒的训练十分严格。数学能力对于掌握业务的许多方面都有必要。而且许多形式的簿记都是按照为人熟知的既定原则来教授的。运用信用及销售佣金等，都必须与准确记录交易、计算可能和实际结果的方法一起掌握。接受订单、发运货物和收到付款也都需要做记录。对于商人中的精英来说，生意是国际性的，因此必须弄懂汇率并将其考虑在内。贷款利息与风险挂钩，而如何测量风险也是有规定的。这个金钱世界为那些进入其中的人提供了一种手段，使之成为与那些有着世袭头衔及土地的贵族相分离但又平等的贵族成员。

瓦伊纳并非唯一一个认为向复辟王朝贷款跟其他商业贷款一样安全之人。随着声望和财富的增长，他借给王国政府的钱也越来越多。塞缪尔·佩皮斯就曾前往瓦伊纳的大房子——位于特威克纳姆的斯瓦克莱斯邸宅，为国王收集过贷款。由于对金钱贪得无厌，查理先是封瓦伊纳为骑士，后来又封他为从男爵。

加冕典礼对于斯图亚特王朝来说是一次巨大的宣传上的成功。全伦敦的人都前去观看，并为之欢呼。在 1661 年这个回文年 ① 之春，所有人无疑都可以回顾痛苦的过去，同时展望辉煌的未来。

---

① 回文年（Palindromic year），指的是顺读与倒读完全一样的年份。——编者注

第7章
皇家学会

———◆◆———

"无形学院"

科学是由许多学者传到伦敦的，因为这些人都对一个新兴理念感兴趣：世界的本质最好通过实验来研究。几年前，从他们的队伍里就已经形成了一个定义不严谨的集合，被称为"无形学院"或"实验哲学俱乐部"（experimental philosophical clubbe）。其中有几位学者是格雷沙姆学院的教授；该公共学习机构位于主教门，挨着伦敦的罗马城墙。学院的宏伟总部设在皇家交易所创始人托马斯·格雷沙姆爵士的故居内。1597年，格雷沙姆将自己的居所连同与交易所并排的商店的收入都遗赠给了学院，用以创办学院并支付7位教授的薪水；这些教授分别研究天文学、神学、几何学、音乐、法律、物理和修辞学。[1]

1660年11月28日晚，格雷沙姆学院27岁的天文学教授克里斯托弗·雷恩做了一场校内讲座，之后他们一群人便聚集在几何学教授劳伦斯·鲁克博士（Dr Lawrence Rooke）的宿舍里，共同商讨组建新学会的事宜。它将是个全新的团体：一个旨在促进科学——当时被称为自然哲学（natural philosophy）——的国家级机构。世界上任何其他地方尚没有与之类似的。

[1] 如今，免费公开课仍由原来七大教授之职的现任者讲授，同时还增设了商业、科技和环境的教授职位。

到场的人还包括富有的实验家罗伯特·波义耳、颇具影响力的牧师兼博学家约翰·威尔金斯（John Wilkins）、数学家布朗克尔子爵（Viscount Brouncker），以及对自然哲学感兴趣的军人兼政治家罗伯特·莫里爵士（Sir Robert Moray）——更重要的是最后一位还与查理二世交好。因此可以说，这些日后的皇家学会创始人，并不单单是一群实验主义者，还包括圣公会神职人员以及人脉颇广的保皇派和显贵。他们的组合也绝非偶然；毫无疑问，其目的是确保该学会能吸引国王并得到皇家批准。这样，组织学会从一开始就是一种高度政治性的行为。

罗伯特·莫里爵士承担着以皇家特许状的形式获得国王恩准之重任。在委员会于 12 月 5 日举行的又一次会议上，他便告知众人自己已获得国王的批准。查理虽然容易分心，但生性好奇，因此十分渴望支持一个致力于探索天文、航海、贸易、炼金术和医学等学科的学会。于是，伦敦皇家自然知识促进学会（The Royal Society of London for Improving Natural Knowledge）便诞生了，尽管一年多过后它才拿到皇家特许状，从而有资格使用其全称。

学会的名字是约翰·伊夫林提议的，他称这是"因小事而获得的莫大荣誉"。学会的格言"不随他人之言"（Nullius in Verba）也归功于伊夫林，它强调学会的宗旨是通过观察和实验来验证所有理论。该学会的形成是所谓"理性时代"（Age of Reason，亦即启蒙运动）早期发展中的关键时刻。在皇家学会的带领下，从此科学发现将公开展示、公开测试，并为公众利益而自由传播。

该学会的起源可追溯至复辟时代之前很久，至少是 1645 年。学识渊博的名家们也在别处会面，尤其是牛津。罗伯特·波义耳在信件中曾用到"我们的无形学院"一词，指代他于 1646 年结交的志同道合者所组成的一个非正式小组。似乎没有哪个团体能充当该学会的先驱；当然，不少团体倒是考虑过新的教育形式以及新思想的收集和传播。圣公会牧师、杰出数学家约翰·沃利斯（John Wallis）曾写过有关该学会起源的文章：

大约是 1645 年，当时我就住在伦敦（那时候由于内战，我们两所大学里的学术研究经常被迫中断）……我有幸结识了各种有价值的人物，并且对自然哲学以及人类学问的其他领域都充满好奇，尤其是被称为"新哲学"或"实验哲学"的内容。根据约定，我们之中有许多人，每周的某日某个时间会在伦敦会面（否则要受到一定的惩罚），同时每周还得交一笔实验费，按照内部达成一致的某些规则，来处理并讨论这类事务……

大约在 1648 年至 1649 年间，随着部分伙伴迁往牛津……我们的团体分裂了。留在伦敦的人一如既往地原地聚会（当我们有机会去那里的时候，便和他们一起），而牛津的那些伙伴……还有其他一些人，也在牛津继续着这样的集会，并让那些研究在当地风靡起来。[1]

牛津的小组领导人都具有非凡的优点，包括后来享誉世界的波义耳，以及多才多艺者的典范——沃利斯本人。从学校毕业时，沃利斯就已经掌握了拉丁语、希腊语、法语、希伯来语以及逻辑学，然后又继续前往剑桥的伊曼纽尔学院（Emmanuel College）学习解剖学、医学和数学。在艾萨克·牛顿完成决定性的研究之前，他对微积分的发展做出了巨大的贡献，并且采用符号"∞"来表示无穷大。

该小组需要一个有利于进行非正式辩论的聚会场所。1655 年左右，不知何故，其中一位名叫阿瑟·蒂里亚德（Arthur Tillyard）的药剂师在劝说之下开了一间咖啡屋，然后这群朋友经常在那里见面。他们后来被称为"牛津咖啡馆小组"（Oxford Coffee House Group）。

在伦敦会集的人可就没有如此好运能有一个固定聚会场所，正如沃利斯所解释的：

伦敦小组继续在格雷沙姆学院集会，直到 1658 年士兵占领其会议室，并且伦敦还经历了一段恐怖时期，他们因担心自己的生命安全才不得不解散。1660 年 2 月，蒙克的军队入驻伦敦并开始恢复秩序。1660 年 5 月底，查理国王返回伦敦，于是格雷沙姆学院的集会又重新开始。因此，学会的概念已经存在多年，还采取过若干形式。1659 年 9 月，虔信宗教的约翰·伊夫林给罗伯特·波义耳写信，提议建立一个修道院学会，并要求其成员宣誓保持贞洁。成员中，像伊夫林这类已婚之人都会为各自的妻子配备单间，以避免诱惑。不出所料，该想法并未赢得普遍赞同。可伊夫林却坚持着，而且三周后又给波义耳写信："有些绅士具备足够的天赋，也热切渴望做个好榜样，他们维护科学、提升自我，难道不可以组成团体吗……"[2]

1660 年 2 月 17 日，伊夫林写给牛津瓦德汉学院（Wadham College）学监约翰·威尔金斯的一封信，则进一步证明有关学术团体或学会的概念取得了很大进展。伊夫林对威尔金斯这位著名的博学家赞赏不已，称他为"格雷沙姆学院的学会主席"，同时还指出：有个小组已经在那里聚会了一段日子，其目的就是要组建一个新学会。然而，尽管威尔金斯在联合牛津和格雷沙姆这两个小组中发挥着核心作用，可他觉得在后复辟时代，自己最好不要成为众人瞩目的焦点。虽然身为圣公会牧师，但威尔金斯的政治观点却是克伦威尔式的。不仅如此，他还娶了克伦威尔的妹妹罗宾娜为妻。

多亏高级朝臣罗伯特·莫里爵士和保罗·尼尔爵士（Sir Paul Niele）的强力劝说，国王于 10 月访问格雷沙姆学院，以便亲自考察其准备情况。这场展示的主角似乎成了克里斯托弗·雷恩，他为国王调试一架望远镜来观察星星。英格兰 – 波兰情报员[①] 塞缪尔·哈特利布（Samuel Hartlib）对此次会见记录如下："陛下于不久前的某晚莅临格雷沙姆学院。在那里，有人献上望远镜，他用来观看了天空，并对此感到非常满意。"[3]

镜筒很长，足足达到了 35 英尺[②]。它是由小有名气的天文学家保罗·尼尔爵士捐赠给学院的。尼尔对雷恩的评价很高，还向国王举荐他担任"更高的官职"。[4]

几周后，事实证明，莫里应同僚之请求所承担的任务十分成功，而 1660 年12 月 5 日的会议记录也说明了这一点："国王已经了解这次会议的构思。同时他也很赞成，并且愿意给予鼓励。根据旨意，他还要求雷恩先生为下次的钟摆实验会做准备……"

---

① 在 17 世纪，"情报员"（intelligencer）专指搜集并传送情报之人。该词同样也用来指间谍或汇集学术知识的人。

② 1 英尺 ≈ 0.3 米。——编者注

提及雷恩准备演示钟摆这件事，表明该小组中最年轻的成员从一开始就有多么受重视。雷恩在许多领域都掌握了广博的知识，其中包括解剖学、数学和天文学等。除了有能力设计仪器，他对机械的理解更确保了仪器制作者能准确地遵照其指示。因此，他是创始会士中最切实际的那一位，在学会集会上也表现得非常活跃。

自1656年荷兰科学家克里斯蒂安·惠更斯（Christiaan Huygens）成功制作出一座摆钟以来，人们对钟摆的兴趣大大增加，并因此将伽利略于1641年（亦即他去世前一年）首次提出的某个想法付诸实践。[①]摆钟比以前的任何计时装置都要精确得多，将误差从每天大约15分钟减少到了15秒。如今，随着钟摆的许多迷人特点受到密切关注，对于像雷恩这样有着广泛兴趣爱好的人来说，想要向新学会展示其部分性能也是很自然的事。

雷恩对学会的贡献可不仅仅在于其广泛的实验兴趣。他的家族与斯图亚特家族的关系很亲近。他的父亲不仅担任过温莎城堡教堂的教长，而且还是英格兰最古老的骑士勋章——嘉德勋章的注册官。[5]在内战期间及战后，雷恩的父亲非常细心地收集所有的勋章注册记录，唯恐它们会在政权空位期遭到毁灭。最终，实现父亲的夙愿（他的父亲于1658年去世）并将宝贵记录呈献给回归国王这一重任就落在了克里斯托弗的肩上。从那时起，查理本人就对这位年轻大师的职业产生了兴趣。[6]

对于一个致力于自然哲学研究的学会而言，如果说雷恩是理想的会士，那么查理二世就是理想的赞助人。查理对所有新事物都很着迷，他热爱建筑和化学，尤其被炼金术实验深深地吸引（借此铅可以变成金子）。跟表亲鲁珀特亲王一样，他也设立了一间实验室，在里面从事炼金术研究。当然查理的兴趣可不仅限于秘术；他本质上是个务实之人，他对帆船运动的热爱激发了对造船和航海最新发展的兴趣，而这些进步可能有助于英格兰开辟新的贸易路线并扩大其海外影响力。

---

① 伽利略（1564~1642年）可以说是17世纪科学革命的核心人物，他不仅提供了支持哥白尼宇宙体系的证据，宣称"自然之书"是用数学符号写成，还成为第一位真正的实验主义者。他在帕多瓦（Padua）和比萨（Pisa）从事研究，其成果在有生之年便蜚声世界。

　　查理对城市贸易发展的兴趣并不完全像个慈父。因将皇家特许状授予垄断贸易公司，国王得到了部分利润作为回报。在查理看来，新的实验性学会应成为有助于贸易和航运的实用工具，而不是纯粹为了做学问而已。他毫不迟疑地要求学会将注意力转向这些方面。12 月 19 日，佩蒂和雷恩被要求"考虑一下航运哲学，并将其相关想法传达给学会"。[7]

　　由于时代性，女性还无法成为该新学会的成员。因此，第一任康威伯爵（Earl of Conway）爱德华加入该学会，而他的妻子安妮——也是当时最杰出的哲学家之一——却不行。这位康威女子爵很有主见：她管理着一个贵格会中心，尽管这个受压迫团体的成员身份令她备受质疑。她曾在柏拉图主义者亨利·莫尔（Henry More）的指导下学习哲学，如亨利·莫尔亲口所言，后来竟与他的水平相当。由于患有偏头痛，她接受了该学会创始人之一、内科医生托马斯·威利斯（Thomas Willis）的治疗。可尽管威利斯在理解大脑方面非常出众——正是他创造出"神经学"一词，却依旧没能治愈安妮。然而，他们有了婚外情倒是真的。

开创性研究

　　从最开始，会员们就讨论了建立一所有形学院的宏伟构想：一栋配有研究人员及工作人员专用房间、实验室和大讲堂的宏伟建筑。这在某种程度上是基于三十多年前弗朗西斯·培根（Francis Bacon）在其大作《新大西岛》（*New Atlantis*）中提出的高见，它描述了一所被他命名为"所罗门宫"（Solomon's House）的理想学院。[8] 由于缺乏资金，学会无法建立其大型研究机构。他们只好继续在格雷沙姆学院里集会，并且一待就是好几年。不过，尽管受到财务局限，可随着历史性科学突破的出现，该学会还是取得了良好的开端。

　　彼得·莱利以前的学生罗伯特·胡克（现为波义耳的科学助理）在一本标注为"胡克博士摘录自皇家学会日记本且仅供个人私用"（Dr Hooke's Extracts out of the Journal-Bookes of the RS for his private use）的日记中，记录了格雷沙姆学院的那些会议。第一条如下：

1661 年 4 月 3 日。波义耳先生带来了他那本有关玻璃管的书……指令每位学会成员都应该拥有波义耳先生的某一本书，以便在当天晚上进行谈论。[9]

通过简单的一条，胡克记录了这个时代的一大奇迹。上文所提及的书中全是波义耳对压强与空气体积之间关系所做的开创性研究，它最终将形成"波义耳定律"——气体特性的基本定律之一。[10]波义耳是一名贵族，出生于爱尔兰科克郡。他在多塞特郡有一处庄园，但主要住在牛津，寄宿于一位博学的药剂师家里。受助于付有薪酬的科学助理胡克，他在药剂师家的一间实验室里进行自己的实验。

波义耳并非唯一一个研究压强与体积之间关系现象的人。与他同时代的在该领域最著名的人是理查德·汤内利（Richard Towneley）。这是一名独立的经验主义爱好者，与王国里的其余人一样，他与伦敦几乎没有或根本没有关联，而是在兰开夏郡伯恩利（Burnley）附近的家中进行研究活动。汤内利是天主教徒，因此被英格兰的大学拒之门外（这些大学当时受英格兰国教控制）。幸亏有家族庄园的私人收入，他似乎在欧洲受过教育并继续开展数学和科学研究。

汤内利巧妙地设计了一个简单的实验。在实验中，他和自己的朋友、同样热衷于实验的医生哈利法克斯的亨利·鲍尔（Henry Power）带着一枚气压计登上兰开夏郡的潘德尔山（Pendle Hill）。他们一边走一边记录下水银柱的高度变化。[11]由此他们认识到空气密度与其压力之间的关系。汤内利出版的作品很少，但他与许多同时代的人物都有书信往来；波义耳必定看过鲍尔对其研究的早期描述，而且当汤内利少有地造访伦敦时，他还与之讨论过该实验。然而，在压强和体积之间数学关系的发现史上，汤内利几乎被遗忘了。

波义耳在该验领域所取得的巨大进展在于，他是首位对其所谓"汤内利先生的假设"进行一系列可控、可重复并且可测量的实验之人。在胡克的帮助下，他通过在两端导入一定量的汞来密封住"J"形管内的一些空气，并且注意到这些空气的体积会随着他增加汞的压力而逐渐变小。他推断空气中有个"弹簧"，这便是我们今天所说的弹性。波义耳坚持一切都应该靠实验来验证的观点无疑是一大突破，因为在那个时代，即便是伽利略也只习惯于描述实验，而实际上并没有执行。波义耳和胡克不仅完成了自己的实验，而且还用改进后的仪器予以重复，直到能验证"压力和膨胀程度成反比"这一假设为止。

就在波义耳谈到个人关于空气中"弹簧"的研究一周后，胡克写道，学会将针对他所谓只是自己的"小书"（little booke）——胡克就如今称为毛细管作用这一现象所做的报告——而展开辩论胡克曾找人给他制作了几根很细的玻璃管，并以此证明水位上升与管道内径的大小保持一致。从这里可以清楚地看出，由于其身份仅仅是一名雇员，胡克不得不围绕他与波义耳或旁人一起参与的实验来进行自己的实验；事实上这对他的职业生涯造成了严重影响。

5 月 15 日，波义耳又回到格雷沙姆学院，此次是为了"向学会展示自己的工程"。这便是他那著名的真空泵，设计和制造都由胡克完成。该设备既庞大又精密，不得不从波义耳位于牛津的住所运到伦敦。胡克负责所有的安排，包括"工程"的实际操作。身为贵族，波义耳亲自操作机器本来就不合适——哪怕是他自己的一项发明。

在波义耳那精心制作的真空泵核心处是一个直径 15 英寸的大玻璃球体；他和胡克原本希望它能更大些，但吹玻璃的工人无法制造出更大的碗状物（这个碗状物能保持足够的强度来承受实验者计划在里面制造真空所施加的压力）。物体可通过容器顶部 4 英寸宽的孔隙插入，而容器下方是一根垂直的金属轴，轴上面有个活塞，靠一对连接于弯曲手柄上的齿条和齿轮上下运动。当活塞被按下时，有个阀门便会打开，抽出容器中的空气然后再次关闭，而另一个阀门则会在轴的末端打开，以排出抽走的空气。波义耳意识到，由于设备所限，想要实现完全真空是不可能的；胡克则抽尽空气，直至接近一种真空的状态。

波义耳和胡克开发气泵已经有段时间了，它最早成形于 1659 年。这种泵的设计在波义耳那部开创性的著作《关于空气弹性及其物理力学的新实验》（*New Experiments Physico-Mechanicall, toching the Spring of the air*）中用 19 页的篇幅进行了详述。[12] 他之所以费如此大的力气来描述其构造，是因为他想让人们确信自己造出了这样一台机器。

他还希望别的实验者——如果他们愿意的话——能够效仿并认可其研究。在当前哲学气氛下，人们普遍认为专注于思想领域的人不应该参与机械操作。按照盛行的意识形态，这种操作很可能搅浑哲学真理的纯净之水。皇家学会的批评家们甚至不遗余力地宣称：由于重视实验的性质，该学会正逐渐从思想的优势走向一个自然哲学不应该进入的舞台。他们的推理是："上帝"并未打算把仪器用于哲学尝试，因此这么做是不正常的。人们坚定地认为机械设备妨碍了逻辑。

所有这些争论都给波义耳带来了很大压力，毕竟他是个虔诚的教徒，不过完全理解"上帝造物"本质的渴望最终还是克服了一切限制。显然，他已经在跟那些认为这种实验毫无必要的哲学理论家划清界限。还有一个更大的分歧；他的书推出了英文和拉丁文两种版本，而拉丁文是欧洲知识界的通用语言，因此可供国外的实验者阅读。

胡克和波义耳用真空泵进行过许多实验。他们根据抽出的空气量来观察气压计中水银的高度变化。他们还观察了各种易燃材料被插入球体并点燃时会发生什么；当火焰最终熄灭时，胡克记录下了他的惊讶。他认为"令人窒息的蒸汽"（与燃烧煤炭的实验有关）本应在真空中扩张得更厉害。胡克的惊讶是可以理解的，因为一百多年后约瑟夫·普利斯特里（Joseph Priestley）才发现氧气。

波义耳的真空泵能够展现空气的好几种特性。例如，声音无法在真空中传播的事实，便是通过在真空玻璃内放置一个自鸣钟来验证的。随着空气被抽走，钟声就变得听不见了。这个泵也被用来明确证实空气是生命所必需的。一只猫被放入罐子里，空气被吸出来后，它便死掉了。该实验还产生有关经验科学的两行最"有趣"、最残酷的文字：

> 空气被从玻璃中挤出后，
>
> 普什死了，甚至都没有"喵喵"叫一声。[13]

真空泵同样适用于其他可怕的实验。波义耳和胡克又放入昆虫、云雀、麻雀以及老鼠等生物，并记录了空气被抽出后它们是如何倒下并停止活动的；只有当空气再次进入时它们才会复活。当某个生物经受了第二次抽离空气，它就再也没有活过来。于是胡克得出结论：生物需要有空气才能呼吸。这些实验全是在格雷沙姆旧宅的中世纪环境下演示完成的，弯腰驼背的胡克灵巧地操纵着机器，而高大、贵族出身的波义耳则在一旁不停地发表评论。他们的描述让学会里的杰出人士倍感惊奇。

为了解释空气的弹性，波义耳形容它就像羊毛：先压缩然后释放，它就会反弹。根据别人的研究和自己的观测，他还解释说空气有重量和压力。1662 年，因一定程度上受到 1660 年公布使用真空泵做实验而招致批评的刺激，波义耳又发表了进一步的研究，其中就包含有关气体的开创性定律——波义耳定律。这项革命性研究证明了气体的压力是如何随着体积增大而减弱的。如今，波义耳定律是这样表述的："在一个密闭系统中，如果保持气体定量与恒温，那么理想气体的绝对压强与体积成反比"；它可以用公式 $PV=k$ 表示，其中 P 表示气体的压强，V 表示气体的体积，k 是常数。

在数学高手胡克的帮助下，波义耳的研究引起了巨大轰动。如果没有胡克，他不太可能指导完成泵的制造，更别说用数学公式来表述其同名定律了。

毫无疑问，该学会已经开了个好头。受到波义耳的启发，学会其他成员——也许狂热多于谅解——开始建议自己希望看到的种种实验。很明显，该学会将需要一名长期雇员来监督管理实验及演示方案。而另一点也很明显，胡克是最合适的人选——如果能说服其雇主波义耳放人的话。

根据聚集于鲁克博士房间里的 12 人同意的条款，该学会最初被称为"促进物理 - 数学实验研究的学院"。自 1661 年夏天开始，会员们一直在讨论学会的新名称以及如何获得皇家特许状。在进一步向国王提出请求后，1662 年 7 月 15 日，成立章程终于盖上了国玺；至此，伦敦皇家学会正式成立。国王赐给了新学会一根银权杖，上面刻有英格兰、爱尔兰、苏格兰和法国的徽章（因英格兰王室仍然很离奇地认为拥有法国王权）。为表明学会对于查理的潜在重要性，朝臣布朗克尔勋爵——也是英格兰 - 爱尔兰贵族兼数学家——被任命为它的第一任会长。

查理对于吸引着大多数经验主义者的神秘实验几乎没什么兴趣；他只希望学会能将自然哲学应用到商业和航海问题上，这对扩张贸易和海外领地至关重要。就在波义耳公布其著名定律的同时，有位会士也做出了一项重大改良——威廉·佩蒂爵士发明出一种双壳船（又叫双体船），并声称它将证明其与传统船只相比，在速度、稳定性和运载能力上有着巨大的优势。国王对船舶设计非常了解，因此并不认同。当他与佩蒂就新推出的双壳船进行长时间讨论时，塞缪尔·佩皮斯正好在约克公爵的公寓内。听闻国王开始拿这艘新船的新奇设计取笑自己，佩蒂便提出打赌：他的船在速度上能超过国王拿来做比较的任何一艘。查理拒绝了赌约，可还是继续取笑佩蒂。接着，他又将注意力转向皇家学会内佩蒂的同事们所开展的活动，嘲笑他们想不出比"称量空气"更有趣之事——暗指波义耳和胡克做的实验。

当年晚些时候，该学会的活动都有着坚实的经验基础。在 11 月 12 日的周例会上，学会全体一致投票让罗伯特·胡克担任实验室主管。波义耳因对胡克放手而受到感谢，同时学会又下达指示：胡克"应该来坐在他们中间"。

这一安排对胡克几乎没什么好处：他的职责太多，很快便发现自己在超负荷工作了。按照指示，他需要"带着三四个自己的实验来参加每日集会，还得照料学会提及的其他那些"。[14] 贵族名家布朗克尔勋爵和罗伯特·莫里爵士在同一天提出了一项测量不同落体速度的实验。先生们可不会亲自去做任何测量。胡克向来乐于助人，又极其热情，自然会完成这项工作。

从那以后情况便一直如此。作为其勤勉的回报，胡克每年可获得 30 英镑的津贴，并且在格雷沙姆学院内也有了个人宿舍。多亏约翰·卡特勒爵士（Sir John Cutler，他为自己赢得了皇家学会荣誉会士的头衔）的善举，他还被学院授予教授之职，每年的生活津贴为 50 英镑。不好的方面在于，卡特勒很少付钱给胡克；这位了不起的科学家只好经常为此前去恳求。然而，从好的方面来讲，胡克如今定居伦敦，作为一名 27 岁的单身汉，他有薪水（虽然很微薄），有自己的住所，脚下还有科学的世界。他开始充分利用安家的这座城市。

对于像胡克这样聪明、有实验设计天赋的年轻人来说，再没有比伦敦更好的去处了。从他的日记便可看出，他喜欢社交，经常约见朋友和同事，每天都要光顾城里的那些餐厅、酒馆和咖啡屋。在外出过程中，他还与皇家学会会士以及任何感兴趣之人闲聊，交流哲学和科学观点。胡克的生活也许和同样爱好交际的佩皮斯一样。两人每天都在城里四处走动，因此在某种程度上置身于城市活动的中心。不过，胡克和佩皮斯却有着不同的关注点。胡克过着佩皮斯不曾体验的那种知识分子生活。佩皮斯由于私生活很复杂，与职业生活完全不沾边；胡克则由于没有成家，整日与咖啡屋和皇家学会为伴。结果不到一年，他本人也当选为会士。

迎娶公主

1662 年，不仅在科学领域发生了巨变，在王室内部亦是如此。5 月，查理迎娶了葡萄牙国王之女——布拉甘萨王朝的凯瑟琳公主（Catherine of Braganza，1638~1705）。择偶一事并不容易。许多王室成员原本都赞成英格兰与北欧新教势力联姻，可最终却无法寻得良配。葡萄牙虽然信奉天主教，但毕竟是老盟友，不仅承诺了丰厚的嫁妆，而且国王的女儿尚未订婚。作为王后嫁妆的一部分，葡萄牙将临近地中海入海口处的北非丹吉尔（Tangiers）和印度西海岸的孟买都赠送给了查理。而野心勃勃的商人威廉·赖德爵士，则凭借着在地中海的贸易经验被任命为负责开发丹吉尔贸易港口的委员会成员。不过从长远来看，在扩大伦敦的海外影响力方面将会起决定性作用的，却是明显不具有战略意义的孟买。

查理与凯瑟琳在南安普敦按照天主教和英国国教两种仪式举行了婚礼，然后去汉普顿宫度蜜月。新王后很快得知自己根本不是丈夫唯一的女人。国王的情妇芭芭拉·帕尔默已经在王宫里安顿下来，并且怀孕了。冷酷无情的查理不顾新王后的感受，坚持让芭芭拉做凯瑟琳的一名侍女。

而在对待两位政敌这一点上，查理也同样表现出对他人的漠视。自王政复辟以来，之前很有影响力的两位对手哈利·文（Harry Vane）和约翰·兰伯特便一直遭到囚禁，前者在锡利群岛（Scilly Isles）中的圣玛丽岛（St Mary）上，而后者则在根西岛（Guernsey）上。两人都不曾以法官身份参与对查理一世的审判，因此都应该获得查理二世于 1660 年《布雷达宣言》中承诺的大赦。同年晚些时候，查理曾在议会表示：如果两人之中有谁后来被指控谋反，他便会予以赦免。[15]

然而，当两人于 1662 年均被指控谋反时，查理却没有遵守诺言。哈利·文是一名无畏的共和党人，被诬告"引起并想象着国王之死"——换句话说就是密谋杀害国王；而约翰·兰伯特的罪名则是在查理回归的前一年领导军队与乔治·蒙克的武装力量作战，以此反叛国王。鉴于当时查理仍在流亡中，谋反罪的指控显得很荒谬。

不过查理最终倒是履行了对兰伯特的承诺。在被判终身监禁后，兰伯特再次被流放根西岛。可是，因议会和法院急于算旧账，查理屈服并丧失了赦免哈利·文的决心。众所周知，查理曾经告诉过大法官：哈利·文"太危险了，不能让他再活下去"。最后，哈利·文幸免于叛徒的那些绞刑、拖拽和拷打等惨死方式，而是直接被砍头。哈利·文的死是查理第二次违背《布雷达宣言》中的承诺。当然，这不会是最后一次。

第8章
海外探险

————————◆————————

罪恶贸易

在伦敦开展海外贸易的过程中，奴隶制度是最邪恶的。为了从大西洋对岸的新领地上创造财富，就需要一批廉价——或者最好是免费的——劳动力。这些劳动力种植新的经济作物，如烟草、甘蔗、棉花和靛蓝等。

刚开始，伦敦的下层阶级占了其中大部分。在 17 世纪早期，风尘女连同犯罪者以及孤儿一起被运走。可这种"清洗"行动还不够。然后一种新型商人便成长起来了；他们被称为"幽灵"（Spirits），也就是那些专门绑架警觉性不高之人并拐作奴隶的男男女女。起初，奴隶们被运往巴巴多斯的甘蔗农场，后来他们又被送去其他岛屿以及美洲大陆。"幽灵"们在码头内外四处游荡，就等着诱惑缺乏警觉性的男孩、女孩以及年轻男女进入上锁的房间或即将启航的船只。

在复辟时期的伦敦，工人乃至儿童不仅要提防"幽灵"，还得提防抓壮丁的海军。这些都是伦敦的祸害之源。天真的年轻人在码头边逗留太久，才发现自己已酩酊大醉，并且被扔在一艘开往战场的战舰上，或者身处远赴印度的航程之中。在海军办事处，塞缪尔·佩皮斯也参与了抓壮丁的管理工作，不过私底下却很反对，称他们是"十足的暴政"。他描述道："劳动者和主妇离开贫穷的妻子及家人，突然间被陌生人带走了。"[1] 鉴于装备更为精良的荷兰海军不断威胁英格兰航运，抓壮丁的军队竟被视为一种必不可少的灾祸。而将外国人从他们自己的国土上运走，甚至都不会受到评论。

随着种植园的规模和数量在增长，有可能被说服或强迫着补充劳动力的被奴役的不列颠同胞却是人数不足。因此，种植园主和商贩从西班牙人那里获取灵感，开始运送被奴役的非洲人。尽管奴隶贸易多半始于伦敦，可奴隶们却从未踏足这座城市，更别说不列颠的国土了；他们经由英格兰、非洲和美洲之间这条艰难的三角奴隶贸易中央航路，直接被运往大西洋对岸或者像巴巴多斯这样的"糖岛"。

向来好斗的东印度公司也想从日益增长的非洲奴隶贸易中分一杯羹。于是它试图贿赂约克公爵詹姆斯，以获取非洲东海岸的贸易垄断权。为得到他的支持，东印度公司还送出了价值 1000 英镑的银器作为"礼物"。不过，如前所述，詹姆斯已经在与他的表亲鲁珀特亲王合伙做生意，以确保皇家探险者非洲贸易公司在非洲的垄断地位。几乎每位王室成员都持有股份，连国王也不例外。

国王参与私营企业是前所未闻的，而查理却成为一家股份公司的主要受益人。想必有某种不寻常之事导致了这种金融创新——实际上也的确如此。在安排国王收入时，议会重新采用了他父亲在内战爆发之前享受过的收益流——主要基于海关和消费税，估计每年为 120 万英镑。然而实际产生的收入却远低于预期总和。因此，查理和家人都渴望获得一些私人收入。对缺钱的王室家族来说，股份公司——这种历代以来一直有利于伦敦市的商业结构——似乎成了它完美的工具。

当然查理也并未就此止步。1662 年，他请求议会给予更多收入，并且成功了。议会的应对方式是征收新税。壁炉税是王国对大多数家庭征收的一种赋税，建筑内的每个壁炉或炉子每年征收两先令，而对那些住房价值低于一定水平的家庭则有些补贴。据估计，它每年能产生 30 万英镑收入，相当于国王收入的差额。不过，该新税和查理收入的其余部分一样，实际上并未达到预期的数额。

因此，皇家探险者公司的目的不仅是要实现查理的愿望——让英格兰成为世界主要贸易及政治势力，而且在很大程度上是为斯图亚特王朝提供私人收益流。

对于任何因被认定打破了该公司垄断特权而遭查扣的船只，无论是英格兰的还是外国的，查理都会拿走一半的货物利润。

皇家探险者公司在奴隶贸易方面的"成功"取决于三件事：新亚热带殖民地不断扩大的农业经济对奴隶劳动力有需求；在可进入地区有稳定的奴隶来源，且奴隶制在其文化上已经被接受，另外居民还能在炎热气候下承受艰苦的体力劳动；以及某种连接需求和供应的手段——不仅在相关各方之间，而且还包括与欧洲最终产品的市场之间。该链条中的最后一环有赖于大西洋的气候系统：赤道以北的风按顺时针方向循环。因此，船只能够相对轻易地南行至非洲，然后往西抵达加勒比海，最终顺风——此时是西风——完成整趟航行，再次回到英格兰。这样，北方的信风就有利于英格兰人、荷兰人和法国人，而南方以逆时针方向循环的信风则有利于西班牙人和葡萄牙人，所以历史上西葡两国长期在中美洲和南美洲进行贸易并建立殖民地。

长途贸易航行需要做大量的规划。首先，必须通过计算来确定航程的费用，包括弄一艘船并进行配备，雇用船长、船员以及购买旅途所需食物等。其次，必须估算货物在其收购点的成本，以抵消其销售价格。在布料、金属和香料的贸易航次中，用已知当前取货价格乘以所承载及交易的数量，就可以很容易地算出来。可当货物是人的时候，金额则会存在更多变数。一艘在西非进行贸易的欧洲船只，完全依赖于本地代理商和沿海贸易商的能力。如果需要一定数量的奴隶，则要靠本地商人才能找到他们。这些商人充当中间人，帮助部落首领和造访的欧洲人完成谈判。要克服的障碍很多，没有谁能保证总能提供所需的奴隶数量。

皇家探险者公司董事长约克公爵不大可能在这些细节上花太多时间，但他的秘书威廉·考文垂爵士会格外专心于此——跟那些购买了该公司股份的城内商人一样。由于伦敦各大贸易商行内都有长期培训学徒的传统，人们对估算国际贸易风险的许多考虑因素都有着很好的理解。对詹姆斯来说，伦敦商人在国王授予垄断权范围内的共同努力仅仅是帝国项目的一个方面。

还有一个值得探究的人绝对不能忘记：莱茵河的鲁珀特亲王。跟查理和詹姆斯一样，鲁珀特亲王对航海事务也怀有浓厚的兴趣。鲁珀特靠表亲们的施舍而住在白厅宫，因此变得既爱嘲讽人又充满怨恨，总是设法尽可能参与其身份所允许的活动。规划这样一番事业无疑很适合他。

查理早在 1660 年便授予该公司特许状，可它却花费了两年时间来整合开启首次商业航程所需的资金、方案、船只和人力。最后，随着一切准备就绪，归皇家探险者公司所有、由约翰·德恩（John Denne）任船长的"玛丽"号（the Mary）于 1662 年 9 月 26 日从伦敦出发，顺着信风往南驶向黄金海岸。一到达那里，德恩便拿货物交换了 224 名男子、妇女和儿童。在往西横跨大西洋这条臭名昭著的中央航路上，被德恩船长逼上船的"乘客"共有 49 名死亡——占总人数的 22%。当船只抵达巴巴多斯时，还剩 175 名男子、妇女和儿童等待出售。

从贸易商的角度来看，20% 左右的人员流失率虽然并不理想，但也能够接受。可对于奴隶们来说，这简直是地狱般的遭遇。这种贸易的风险就是死亡率会高出很多。而恶劣天气则可能意味着淡水和口粮满足不了航行时长所需。由于一开始供给不足，再加上航行途中遭受残酷的虐待，"乘客"之间疾病迅速蔓延——所有这些都会导致奴隶的高死亡率。1662 年 12 月，在鲍尔斯船长的指挥下，皇家探险者公司的"布莱克莫尔"号（Blackmore）商船驶离泰晤士河，直奔贝宁湾。随后这艘船平安抵达非洲，并装载了 373 名非洲人。其中妇女占三分之二，男子占三分之一，并没有儿童。船在中央航路行驶期间，情况变得非常糟糕。最终，当"布莱克莫尔"号停靠在巴巴多斯码头时，只剩 150 名非洲人还活着。丧命的人共计 223 名，死亡率接近 60%。[①]

"布莱克莫尔"号停泊于巴巴多斯的次日，另一艘公司商船"威廉"号也在约翰·威尔沃德（John Wayward）的指挥下抵达。码头边的种植园主和商人肯定都想知道船上可能发生的可怕之事。共有 125 名男子、妇女和儿童幸存下来，占原上船人数 180 人的 60%。下一艘从贝宁湾卡拉巴尔港（Calabar）驶往西印度群岛的公司商船是"希望号"，由船长尼古拉斯·佩珀雷尔（Nicholas Pepperell）指挥。最初上船人数为 229 人，到航程结束后还幸存 156 人，"损耗率"略低于

[①] "布莱克莫尔"号还卷入过一起臭名昭著的事件：前一年乔治·唐宁在代尔夫特（Delft）曾绑架过三名弑君者——其中一人正是他以前的朋友兼导师约翰·奥基（John Oakey），并将他们送回英格兰处决。

32%。第二天，"西布伦"号（Zebulon）也来了。它卸下从贝宁湾运载的 197 名男子、妇女和儿童，"损耗率"为 24%。又过去三天，"友好"号也停靠在了码头，却只有 8 名奴隶待售。它最初上船的也不过是 9 人，这表明可能有什么原因——最可能是一艘荷兰军舰——阻止了"友好"号装载更多的奴隶。而另外一艘公司商船，由约书亚·蒂德（Joshua Tidde）指挥的"凯瑟琳"号，也卸下了145 名男子、妇女和儿童——当初在贝宁新卡拉巴尔港（New Calabar）的购买人数为 209 人，死亡率高达 32%。

以上这种死亡率对于一次航行来说简直高得离谱；毕竟除了沉船，大多数人都希望能存活下来。死亡人数表明，其人口运输条件相较于理应满足的条件要差许多。有人必定会得出结论：该公司要么为单个船长提供的口粮资金不够，要么任由他们克扣口粮以补贴自己的酬劳。无论哪一种，鉴于这些早期航行中的死亡率居高不下，我们大可推断：该公司并未采取任何措施来防止非洲人的死亡。[2]我们甚至可以猜测该公司已计算过，尽管运输人口会损失很大一部分，却仍然能赚取利润。伦敦城内商人的经营理念就是铁石心肠。至于这些航程的利润，从非洲运至巴巴多斯码头的奴隶现行价格是每人 20 英镑。这就让航行变得非常有利可图。一艘船的 200 名奴隶价值 4000 英镑。巴巴多斯的一名甘蔗种植园主曾抱怨过，为购买一批 300 人的新奴隶，他不得不向该公司支付 6000 英镑。[3]

从非洲贩运人口的贸易都发生在伦敦人看不到的地方，因此留下来的只是皇家探险者公司的数据。不过，贸易的实物偶尔也会显露出来，便是那些为给上流社会的贵族和女士们做独特家仆而被带入英格兰的非洲少男少女。这些孩子，其黝黑面容在做工考究的衣服的衬托下显得格外标志，刚好给皮肤白皙的女主人充当视觉陪衬。有时候，这些儿童奴隶还会出现在绘画里，如皮埃尔·米尼亚尔（Pierre Mignard）为后来成为查理情妇的布列塔尼贵妇路易丝·德·克罗亚勒（Louise de Kérouaille）所创作的精美画像。画面中，一名身穿绸衣的可爱非洲女孩正在给女主人奉上一大堆珍珠。[4]这幅肖像画证明：查理及其他王室成员已经接触到了非洲奴隶，尽管人们通常认为非洲奴隶完全不存在于英格兰。

这些孩子不时感到有必要逃离其舒适的环境，尽一切可能寻求自由。他们的冒险经历多以启事的形式记录，其中一则写道："有个来自东印度群岛的黑褐肤色的男孩"，"留着长发，身材纤细，额头和胸膛上留有烙印，他名叫彼得，穿着紫色的套装和外衣，逃走了"。[5] 看样子彼得并不太喜欢穿着漂亮衣服侍候上等人的生活。胸前的烙印表明他曾经逃跑过一次，而额头上的那个则表明他逃跑过两次。一旦再次被抓住——几乎肯定会如此——他因第三次逃跑而受到的惩罚将是穿越大西洋给遣送回去。在巴巴多斯的甘蔗种植园里，彼得再也无处可逃。

卡罗莱纳

次年，也就是 1663 年，查理通过建立一个名为卡罗莱纳（Carolina）的新北美殖民地，在扩大其帝国利益方面迈出了决定性的一步。该殖民地面积巨大（即便并非事实，至少在理论上如此），从北纬 36 度的弗吉尼亚一直向南延伸至北纬 31 度的佛罗里达，而且横跨整个大陆到达"南边的海域"。因此，它由今天美国的 12 个州（包括大半个得克萨斯州和南加州）组成，覆盖着"美洲尚未开垦或种植的部分地区——那里只居住着一些对'上帝'一无所知的野蛮人"。[6] 依照其皇家特许状，这片广阔的土地当时有 8 名英格兰所有人。他们分别为：大法官克拉伦登伯爵、军队首领阿尔伯马尔公爵（即乔治·蒙克）、财政大臣安东尼·阿什利·柯柏［即阿什利勋爵，后来的沙夫茨伯里勋爵（Lord Shaftesbury）］、克雷文勋爵、约翰·柏克利勋爵、乔治·卡特莱特爵士、约翰·科勒顿爵士（Sir John Colleton）和威廉·伯克利爵士（Sir William Berkeley）。

这个新建立的封建领地，由国王亲自挑选 8 名贵族组成的"阴谋集团"负责管理。值得注意的是，所有这些人都住在老城墙以外，离白厅宫王权所在地不远。例如，柯柏安家于河岸街，而克拉伦登伯爵则安家于圣詹姆斯宫附近。这显然是精心规划的一部分，目的是将经济权力的纽带移向王室。虽然克拉伦登伯爵和柯柏互不喜欢对方，但共同目标都是为国王及其最亲密的追随者带来经济利益。

专有殖民地（proprietary colony）这一结构意味着所有者负责管理自己辖地内的所有人和事，同时直接受国王管控。类似的形式以前也尝试过。查理二世之父查理一世曾将类似的大片土地交给其首席检察官罗伯特·希斯爵士（Sir Robert Heath），但后者却没能建立起殖民地。在此之前，沃尔特·雷利爵士（Sir Walter Raleigh）更曾 5 次试图建立定居点，可惜均以失败告终。本着殖民主义精神，以及受国家资助的企业在复辟伦敦的过程中蓬勃发展，这次人们怀有一股强烈的冲动，要让卡罗莱纳取得成功。①

死亡率报告

当卡罗莱纳和非洲的公司都忙于增加英格兰西方殖民地人口时，另一种思维方式的人则开始计算伦敦人口。1663 年春，男服经销商兼人口统计学家约翰·格朗特出版了有关伦敦死亡率及人口的开创性著作。其标题《关于死亡率公报的自然和政治观察》（*Natural and Political Observations made upon the Bills of Mortality*）十分冗长，尽显 17 世纪的典型特征。该书一举成功，前后共推出了 5 个版本。

死亡率公报是教区对每周死亡人数所做的记录，并根据死因分类；其目的是警告瘟疫流行病的发生，好让富人及任何有能力之人都能逃往也许更有益于健康的农村。这些信息都由"搜索者"——被格朗特归类为"古代保姆"的女性——收集而来。早在 17 世纪初，伦敦就建立过一个具有预警功能的系统，提醒市民警惕尚未暴发的瘟疫流行病。各教区每周都必须编制一份死亡及可能原因的记录。然后这些记录便会被送往市政厅，由行政人员整理出一份完整的统计数据，以便了解市内死于瘟疫的人数何时在上涨。得知这些的话，城内居民就可以在被感染之前逃离。通过分析清单，格朗特意识到瘟疫病例的数据被严重低估了。要知道，在当时诊断还是一门非常不精确的技术。因此他推断，有记载的若干种死亡原因，如抽搐，可能是由瘟疫引起的——尤其当这种病例发生于同一教区出现瘟疫死亡时。最后格朗特得出一个令人震惊的结论：瘟疫致死病例可能是报告数据的四倍，甚至六倍。格朗特希望自己的分析能够引起注意——为伦敦人，尤其

① 在卡罗莱纳，由奴隶制驱动的棉花产业将继续对大不列颠的工业革命发挥重要作用。

是那些肯为此信息付费之人的莫大好处着想。

就在格朗特的流行病学著作出版之时，人们恰好听到了荷兰暴发瘟疫的传闻。即使对传播机制有误解，可瘟疫远距离传播的风险也是众所周知的。于是，查理一世鼓动暂时禁止与荷兰之间的贸易，以防止船只将瘟疫带回英格兰。这倒是个精明且又必要的决定，然而在伦敦城里却不受欢迎——它与荷兰之间或经由荷兰通往欧洲的港口开展了大量业务。

根据传记作家约翰·奥布里的说法，格朗特每天去家族商店里打理生意之前便早早起来忙活，这才完成了其著作的研究和撰写工作。他的书基于真实死亡率数据，展示了第一个已知的生死表。格朗特观察到，所有死亡者中，约有三分之一是由幼儿疾病引起的，并猜测其他某些疾病也会导致儿童死亡。他据此估计，在伦敦每 100 例死亡中，约有 36 例与 6 岁以下儿童有关。于是他认为，在每 100 个孕育的孩子中，只有 64 个能活到 6 岁。然后，他还用数学投影法得出了原先 100 人中能活到 16 岁、26 岁、36 岁等年龄的数目。由于当时格朗特已经有了出生和死亡的数字，他就能算出伦敦的大概人口——我们已经提到过，约为38.4 万人。这是一项颇具独创性的研究，也引起了国王对格朗特的注意。

查理一直对新想法很感兴趣，看到格朗特的研究很有益处，便把他推荐给皇家学会。作为一名商人，格朗特所处社会阶层决定了他并不适合参与一个由绅士组成的学会。然而，学会毕竟无法拒绝国王的命令，于是格朗特还是成了一名会士——哪怕在这群富有的、受过大学教育的学会成员中显得格格不入。查理看到了该学会没有看到的东西：一个来自较低社会阶层却拥有相当知识素养之人，可能丝毫不逊色于这个旨在增进知识的团体中的其他成员。再说了，格朗特的朋友威廉·佩蒂爵士刚开始也不比仆人强多少。

《克拉伦登法典》

在查理统治的最初几年里，由于在社会、艺术和商业等诸多领域都发生了太多事情，大多数人必定会觉得：伦敦及整个王国似乎已准备迎接和平、繁荣的未来，而不像刚刚过去那样。但是，宗教问题依然困扰着这个国家。长老会令查理十分不安；父亲去世后，他在与苏格兰人谈判时不仅感到被辜负，并且还遭到轻视。不过，他的身份并没有像英格兰上层阶级那样与圣公会紧密相连。查理希望对别的宗教采取宽容态度，主要是因为他一直受到其天主教徒母亲的影响。至于在政权空位期出现的许多新教分裂，他的看法也远不如教会统治集团或政治活动中大多数人那般严苛。

　　他对宗教持自然放松的观点，导致他和自己的权力机构——圣公会和议会——之间造成了持续的关系紧张。一系列议会法案以大法官的名字命名，被统称为《克拉伦登法典》（Clarendon Code），旨在加强圣公会高层对宗教仪式和教会管理的控制，同时将公职限定于那些遵守新圣公会祈祷书的人身上。在伦敦，由于不信奉国教的现象在神职人员和俗众之中都很普遍，严格的宗教控制并未起到很好的效果。迫于长老会教徒、各种不墨守成规的圣公会教徒和母亲的压力，查理试图推行一项纵容法案，并借此软化了反对不同宗教信仰的阵线。政治屋顶终于塌陷。上议院采取了行动，以弹劾克拉伦登伯爵。最后，查理只好做出让步。

　　国王完全误解了自己支持者——教会和议会中的圣公会基石——情绪的力量。有关国王实际宗教忠诚的谣言在伦敦四处传播，他的名声更因其私生活而进一步受损。佩皮斯就曾挖苦道，国王"除了享乐什么也不关心"。

　　佩皮斯说的也不完全正确。查理对享乐和性的痴迷胜过一切，这是事实，但他还有别的若干兴趣。像航海和赛马之类的兴趣，纯粹是为了个人享乐，可查理还另有长远目标。其中之一就是：他的统治应烙上伟大建筑的印记。在这方面，他得到了圣公会统治集团的支持。国王和神职人员都认为：所有伟大的时代都是以其建筑为标志，即便活动家退出了历史舞台，它们也会继续存在；古罗马就是个例子。于是，部分毁坏的圣保罗大教堂便成为其早期目标。他们曾于1661年讨论过该教堂的未来，还从雷恩那里得到过一些信息，如今两年后，这个话题又被再次提起。查理吩咐成立一个委员会来监督并修复教堂，使其恢复"古老的美丽和荣耀"。[7] 委员们则禀报说，该建筑结构的状况十分糟糕。接着他们又呈上一份报告，建议在原有基础上进行修补。随后几年内，教堂的未来仍将是国王和委员们谈论的要点。

在查理试图促进宗教宽容却未能成功的同时，他还竭力把一个新来的女人推到自己床上。这人便是弗朗西丝·斯图亚特（Frances Stuart），一个十几岁的美人，也是王后的新侍女。查理事先已经得知她将从法国到来的消息——之前她与母亲曾在法国宫廷里住过一段时间——这则消息的来源十分可靠，因为正是妹妹亨丽埃塔·安妮告诉他，弗朗西丝可算得上"全世界最漂亮的姑娘"。当她于 1663 年初到达时，年仅 14 岁，查理完全被迷得神魂颠倒。他的正式情妇芭芭拉·帕尔默也是个年仅 22 岁的美人，但据说弗朗西丝让她相形失色。

查理在王宫里四处追逐这个不顺从的新来女孩，沦为了笑柄。他和芭芭拉的风流韵事——后者给他生了两个孩子，第三个也马上要出生——早已人尽皆知，而且还成了伦敦城的谈资。芭芭拉在国王街（就在王宫旁边）的宅邸内经营着一间非常大型的沙龙，在那里，她以一种颇具王室影响力的豪华风格招待宾客。国王又迷上新人的事，很快成为宫廷内外议论的话题。对查理来说不寻常的一点在于：这次他发现自己的求欢遭到了无休止的拒绝。弗朗西丝·斯图亚特愚弄了他。

亨丽埃塔·安妮不仅仅是偶然勾起哥哥查理欲望的缘由，她更是查理与她那大伯子法国国王路易十四之间的重要沟通渠道。1662 年 10 月，亨丽埃塔在一笔颇有争议的交易中做中间人，让英格兰将其军事前哨敦刻尔克卖给了法国。这笔买卖给查理带来一大笔钱（500 万法国里弗）。但他也遭到许多臣民的憎恨，他们认为一切与法国人的交易都很鲁莽。毕竟在这些人眼里，路易给英格兰造成的长期威胁要比荷兰人更甚。对大多数人来说，与信奉天主教的法国做交易是值得怀疑的。

而对于查理来说，这则是一段不称心的时期。不仅他的求爱惨遭拒绝，而且他发现自己对议会的影响力也很有限。未来的困难恐怕还会更大。

THE

1661

1667

KING'S

CITY

第二部分
灾难岁月
（1664~1667）

1664

第9章
贸 易 战

———◆———

惨 败

1664年，为了让其核心集团变富裕，国王批准了一项即位以来最大胆的计划。如果能成功，它碰巧会为那些在非洲从事贸易活动的伦敦商人赚一大笔钱。

皇家探险者非洲贸易公司存在资金不足、领导不力且业绩不佳的问题。为了解决这些问题，公司进行了我们现在所说的重新上市，而且还发行了新股。经过改革的公司再度成为王室和伦敦商人的合资企业，由约克公爵负责管理。与此同时，随着资金的注入，公司目标也发生了改变。沿着冈比亚河进行黄金交易仍是目标之一，但其主要活动已变成奴隶贸易。

改革后公司的皇家特许状透出冷漠的勃勃野心，简直令人惊叹；其扩大的垄断范围包含了整个西非，从摩洛哥海岸直至好望角。委托给该公司的是"在非洲西海岸任何城市或者与这些城市之间，对于即将出售或被发现的所有黑人、商品、制品和货物均享有整个的、全部的和唯一的贸易权，可进行买卖、易货和交换"。重组后的公司将通力合作，以"活人商品"的形式从西非榨取财富。它又从各位股东那里筹集到新投资，还购买了一支新船队，以推动公司取得财务上的成功。

欧洲人在非洲的奴隶贸易历史悠久而复杂。1500 年前后，西班牙人和葡萄牙人便开始将非洲奴隶运往他们在南美洲的广阔殖民地。一般认为，一些英格兰私掠船可能很快就参与其中，尽管断断续续。第一次有组织的英格兰交易发生于 16 世纪 50 年代，当时有位名叫约翰·洛克的伦敦商人从黄金海岸"进口"了 94 名非洲人，然后卖给西班牙人。之后，这种贸易在伦敦开始真正起飞。1561~1570 年，送往海外殖民地的非洲奴隶增加到了 1591 人。接下来的 10 年里并无奴隶运输活动，可是 16 世纪 80 年代又有 237 人被运走。[1]

随后还间断过一阵子，直到 1626 年，英格兰的这种贸易才再次开始。非洲奴隶（可能是由荷兰商人提供）最早被报道于 1617 年的英格兰领地——百慕大群岛。1619 年，首批非洲奴隶在弗吉尼亚切萨皮克湾（Chesapeake Bay）的詹姆斯敦（Jamestown）被卸下，而这也是英格兰在美洲大陆成功建立的第一个殖民地；出售者名叫约翰·科尔温·朱佩（John Colwyn Jupe），本是康沃尔郡一名加尔文派牧师，后来成为私掠船船长。17 世纪 30 年代初，英格兰奴隶贸易又一次陷入停滞，只因这种贸易仍处于早期的间歇性阶段。1638 年，当英格兰人在今天加纳的黄金海岸建造科曼丁堡［Fort Cormantin，也被称为科罗曼丁堡（Fort Koromantine）］时，它又再次郑重地开始。这座堡垒是非洲最早可容纳奴隶的欧洲建筑之一；它也在等待下一艘奴隶船到达期间，用于监禁从当地阿善堤地区换来的"活人货物"。[①]

奴隶贸易的增长并非完全没有遭到反对。1657 年，贵格会领袖乔治·福克斯（George Fox）曾写道："致海外那些拥有黑人和印第安奴隶的朋友"。有人认为这封措辞含糊的书信是在质疑奴隶所有权，而另一些人则认为它仅仅意指：奴隶应该皈依基督教。[2] 总之，贵格会教徒要么支持奴隶制，要么摇摆不定。

1664 年 7 月 7 日，在诺斯（North）船长的指挥下，归皇家探险者公司所有的"霍普韦尔"号（Hopewell）从伦敦起航前往几内亚湾。"霍普韦尔"号是该公司重组后派出的第一艘商船，受委派先装满奴隶，然后去巴巴多斯和牙买加的

---

① 阿善堤人主要被带往牙买加。而为了避免争执，他们的邻居及宿敌芳蒂人（Fante）则经由今天的加纳和象牙海岸被带往巴巴多斯。

殖民地出售。前往非洲途中，诺斯船长需要小心提防的不光是荷兰人，还有在摩洛哥非法活动的巴巴里海盗。被称为"萨利流浪者"（Sallee Rovers）的海盗简直是欧洲航运业的祸根。一旦被他们俘获，诺斯和众位船员便会同样沦为奴隶。

"霍普韦尔"号启航 5 天过后，"玛莎"号（Martha）的索恩伯勒（Thornborough）船长则命令船员们收起锚，直奔几内亚湾。比"玛莎"号晚 4 天，约翰·纽曼（John Newman）船长和船员也在"间谍"号（Spy）上扬起风帆，并设定了相同的路向。而 7 月 22 日，又有"胜利"号（Victory）在艾萨克·泰勒（Isaac Taylor）船长的率领下启航。这 5 艘船预计将一共装载 1500 多名非洲人，然后在西印度群岛的码头上出售。如果他们以每人 20 英镑的价格卖出，那么进行航程投资的伦敦商人、贵族及王室成员就有可能获得高达 3 万英镑的总利润。

可惜他们从未拿到过钱。这些船只虽然成功地避开了巴巴里海盗，但刚一离开非洲就全部被荷兰人拦截下来，还未来得及装上哪怕一名奴隶便沦为别人的战利品。[3]

正当荷兰人给皇家探险者公司的财富造成莫大损失之时，威廉·达文南特爵士恰好在伦敦竭尽全力唤起观众们对斯图亚特王朝最强烈的支持情绪。他不仅上演了莎士比亚的《麦克白》，还亲自完成大量的重写和修改，使其语言更加浅显易懂，化解许多诗意复杂性。多亏达文南特剧院里负责后台效果的部门，"女巫们"才得以在空中"飞行"。也多亏他为歌剧格调而创造的时尚，其中才包含许多歌曲和舞蹈——以惊人的方式背离了悲剧。达文南特肯定担心自己的添加会造成表演失衡的危险，因此决定对莎士比亚的喜剧插曲进行编辑，还将著名的守夜人片段全部剪掉。除了取悦观众的滑稽动作外，达文南特还重写许多台词以突显该剧的弑君主题——这必定会引起观众和王室的共鸣：

篡位者的生命只是短暂的

在陌生环境中，没什么东西能长久存在 [4]

不知国王对达文南特版本的看法如何，但伊夫林认为它非常棒，并且佩皮斯在 11 月 5 日首次观赏时也觉得它"相当不错"。事实上，一直到 18 世纪，达文南特的《麦克白》都被当成默认版本。

在非洲遭遇惨败的消息于 12 月 22 日传到伦敦；也就是这一天，国王由约克公爵陪同着目睹了威廉·佩蒂那艘新的加大版双壳船在罗瑟希德（Rotherhithe）下水。它被命名为"实验"号（The Experiment）。佩皮斯当时也在现场，并记录了自己对非洲新闻的感受，英格兰船队已被"打得粉碎……我们的皇家公司被彻底摧毁"。约克公爵和公司股东决定立即采取报复行动。于是一次新的西非军事航行得到了授权。最初它将由鲁珀特亲王指挥。不过鲁珀特亲王对冒险和荣耀的希望又一次破灭了。由于担任保皇党私掠船长时遭受过损失，他在许多海员中已是声名狼藉。据佩皮斯所言，得知鲁珀特亲王奉命率领舰队的消息后，船员们很不高兴，因为"他被认为是个不幸（不吉利）之人"。亲王的声誉恐怕会在船队扬帆起航之前便被毁灭。

结果，约克公爵再次叫他靠边站，而当时已被任命为这家非洲公司实际海上将领的霍尔姆船长将再次取代他。当新的突袭计划最终敲定时，查理必定在幕后对事态严加控制；毕竟，眼下战争一触即发。

《英格兰财富》

随着贸易战不断升温，一本有关海外贸易的书正好出现在了伦敦的书摊上。其作者托马斯·芒（Thomas Mun）已经离开人世二十多年。托马斯·芒是一名成功的伦敦布料商，曾在地中海从事贸易活动；他于 1628 年为儿子约翰撰写了《英格兰自对外贸易中得到的财富》（England's Treasure from Foreign Trade，后简称《英格兰财富》），也就是如今出版的这本。书中包含的贸易建议与斯图亚特家族非洲公司所倡导的打砸抢战略相去甚远。芒的指导主要集中于成为一名优秀商人——而非贪婪王室的掠夺性代理人——之必备技能方面。他列出了 12 个关键的知识领域，从学习"拉丁语"（the latin tongue）到了解国际税收，从弄懂船舶的建造、装备和驾驶，到了解每个国家制造的商品以及"他们想要什么货物"。[5] 据芒所言，一名优秀商人同时也是一名博学者，其宗教仪式与爱国热情以及通过贸易为之效命的能力形影相随。他的信条就是要在君主专制时代表现出纯净的清教主义。[①]

托马斯·芒出生在伦敦一个富裕的家庭。他的父亲是一名成功的布商，祖父则是皇家铸币厂的一名管理人员。芒凭借在地中海地区做买卖（尤其是与土耳其）赚钱，而后定居伦敦并成为东印度公司的一名高层人物。41 岁那年，他娶厄休拉·马尔科特（Ursula Malcott）为妻，又把家安在了旧城内的圣海伦主教门（St Helen's Bishopsgate）教区——富裕家庭中很时髦的区域。他们共有二个孩子，其中约翰是最年长的。托马斯为人虔诚，对国王和国家都怀着强烈的责任感。他所在教区的教堂，即中世纪的圣海伦主教门教堂，曾是威廉·莎士比亚的所属教堂，也是托马斯·格雷沙姆爵士生前做礼拜和死后下葬之处。

《英格兰财富》一书并不局限于父亲给儿子的忠告，它还给出了如何使整个英格兰富足起来的建议。正因如此，约翰·芒确信自己应该将父亲的著作出版——他说"为了共同利益"。该书于 1664 年面世并非偶然；芒做出决定时，适逢伦敦与阿姆斯特丹之间争夺海外贸易霸权的贸易战进入到一个新的危险阶段。赢得这场战斗的奖赏是能够不受阻碍地出口更多商品。[②]

《英格兰财富》阐明了伦敦商人如何以增加出口来创造出口额大于进口额的顺差，从而使王国变得富裕。这正是商业资本主义的明确表现。芒解释了许多不同因素的应用，包括精心设定的进口税，将有助于确保可观的贸易差额，从而使国家走向繁荣。

关于如何增加贸易的争论从 17 世纪初就已经开始了。1622 年，商人爱德华·米塞尔顿（Edward Misselden）写了一篇颇具影响力的论文来支持荷兰实行的自由贸易：既不受关税之阻碍，同时仍可确保贸易顺差。他的作品在复辟后仍被广泛阅读。米塞尔顿概述了自认为英格兰毛织品在国内市场及出口中明显出现"贸易减少"的原因。针对贸易不景气，他给出的原因之一则是每年高达 100%

① 关于芒就如何成为一名优秀伦敦商人所提出的 12 条计划，可参见附录一。
② 如果每个国家都如此，那么自由贸易就会变成吞噬自己尾巴的毒蛇。由于还没有人成功想出如何处理这种同类相食的现象，因此它在 17 世纪成为热门话题便不足为奇。

的借款费用：

> 折磨这个国家的高利贷利息可不只 10%，而是强夺 20%、30% 乃至 40%——正如意大利人所说的 "nay of Cento per Cento per Anno"[①]，且拿到高利贷之后，往往以抵押和典当的方式，或是靠穷人的辛苦劳动来偿还——尤其是在伦敦：这确实是吃人的高利贷。[6]

芒和米塞尔顿都认为高利率给商业造成了损害。芒说："随着高利贷的增加，贸易就会减少，因为二者此涨彼落。"在 17 世纪 60 年代的伦敦，资金成本仍然存在争议。随着后来十年的进展，它还会变得越来越重要。

据芒所言，英格兰贸易受阻于邻国进口其布料的税收，以及本国货币的低值。芒觉得是贸易逆差导致银条短缺，而充足的白银供应则是为更多贸易提供资金之必要条件。这也是重商主义的一条关键原则。如果白银（或者所谓的"银牌"）被用于"基督教世界"以外的国家购买商品，那么货币供应还会进一步减少。一旦银牌在欧洲以外的地区花掉，它很可能永远不会再回来；而由于贸易的周期性，在欧洲花掉的白银至少有部分可能迟早会回到国内。可是米塞尔顿却认为，只要将银条购买的商品再出口，从而创造出更多财富，那么它的输出并不重要。

鉴于查理二世对东印度公司和皇家探险者公司等股份制垄断企业的强烈倡导，米塞尔顿在 17 世纪 60 年代做出过一些有趣的诠释。他说，垄断是贸易的障碍；作为工具，它"使共同财富丧失了真正的贸易自由（本该属于全体国民）：极少数人的商品凌驾于公共利益之上"。

身为东印度公司的投资人，芒曾经写文章表示支持，认为从长远来看，其目标和做法都是出于好意。[7]然而，到了 1628 年，他却改变了主意。在《英格兰财富》一书中，他赞同米塞尔顿的观点，即垄断限制了贸易。贸易顺差至关重要："我们必须永远遵守这条规则，即卖给外国人的商品在价值方面要高于我们所消费的他们的商品。"[8]

芒和米塞尔顿都特别清楚地认识到政府必须对贸易数据进行校核整理，以便

① 意为"每年不超过 100%"。——编者注

掌握进出口差额的情况。如果没有这些信息，商业资本主义背后的理念就无法准确地付诸实践。例如，对外国商品征收关税可能被认为是有效的，但它们是否也阻碍了销售这些商品的国内商人做生意？衡量贸易差额的建议失败之处就在于眼下还没有这么做的明确机制。①

芒表达的思想存在若干缺陷。主要的一点在于，争取贸易和利润方面的支配权几乎无可避免地会导致贸易伙伴之间的战争，因为他们都试图胜过对方。重商主义势必导致不稳定。而这也正是它对伦敦最重要的对手荷兰和法国所造成的影响。虽然与阿姆斯特丹的贸易差额不利，但与法国的贸易差额更糟，芒认定其原因为英格兰人对法国蕾丝、葡萄酒和其他奢侈品的喜爱。查理二世回国后，由于宫廷接纳了法国礼仪和时尚，并鼓励其他人效仿，这种对一切法国事物的热爱愈演愈烈。当然，伦敦商人并未将这种贸易失衡视为缺陷。对他们来说，如果重商制度要蓬勃发展，就必须不惜一切代价确保国际贸易。这一推理过程使人们自然而然想到：正崛起为世界最大城市的伦敦与世界领先的贸易港口阿姆斯特丹之间，应该会发生冲突。

长期以来，阿姆斯特丹一直是欧洲最卓越的贸易港。在 17 世纪中叶的贸易战中，荷兰人有个优势：他们的货物可以在不受进口限制的情况下自由买卖——这便是今天所谓自由贸易的早期表现，而进入不列颠港口的货物则需要缴纳关税。不列颠财政部严重依赖各种关税。因此长期以来，英格兰在与荷兰的贸易中一直处于劣势——荷兰依赖的是地方政府征收的国内税。

为应对这种贸易不平衡，不列颠议会在外交官兼政治家乔治·唐宁的激励下，通过了一系列《航海条例》（Navigation Acts）。尽管作为同僚的委员会成员约翰·伊夫林把他看得"一文不值"，但在复辟时期，他几乎插手了有关航运和贸易的每一项立法。9

从某种意义上讲，《航海条例》是以几个世纪前的国家利益为基础的。许多欧洲国家在不同时期都采用了某种形式的立法，旨在让国内贸易或制造业占据优

---

① 关于该衡量什么以及如何衡量的争论在今天的经济学家之间依然存在。1776 年，亚当·斯密在《国富论》中指出：不必担心国际收支平衡，因为从长远来看，它根本不重要。这一观点在 17 世纪的伦敦和今天都会令许多人感到震惊。

势。例如，在 14 世纪英格兰曾禁止进口铁。无论其性质如何，这类立法的核心目标都一样：通过限制其他国家的贸易来为本国创造贸易优势。

1651 年，英格兰颁布了第一部《航海条例》。其推动力是低迷的经济状况。[10] 而它所针对的则主要是荷兰的国际贸易。条例指出：只有大不列颠商船可以从"亚洲、非洲或美洲"运来货物，且只能用"英格兰的船"。同时，它对来自欧洲大陆的货物也实施了类似的禁运。[11] 这意味着只有英格兰商船能与不列颠殖民地进行贸易，也只有英格兰商船能往国内进口货物。新规定意味着荷兰商船不能再将货物从荷兰殖民地运往英格兰。当然，荷兰商船可以在英格兰港口进行贸易，但前提是他们带来的货物须产自荷兰境内。因此，一艘荷兰商船可携带杜松子酒，却不能带印度群岛的胡椒。这种贸易优势造成了不稳定，终于导致次年的第一次英荷战争。

到了 17 世纪 60 年代，眼看竞争对手之间的贸易战持续升温，伦敦对于限制国际贸易的政治危险却毫不在意，只因为有钱可以赚。十年前由共和党政府通过的《航海条例》如今被认为不合法，因而 1660 年在查理的直接指导下进行更新，并于次年完成修订，然后获得议会通过。[12] 贸易禁运的规定太过严格，如果在所有受影响地区都完全遵守的话，财富创造就会陷入停顿。然而，根据重商主义信条指示，要想阻止财富外流而不是流入，保护主义却是必不可少的。[①]

一场"豪赌"

新探险队去往非洲的起航时刻已经来临。这次霍尔姆率领了一支更大的船队。原因很简单：他要发动一场战争。这是国王在进行一场豪赌，它基于一个有争议的前提：荷兰人对英格兰的威胁比法国人更大。如果有谁可被认定为该政策的设计者，不仅就荷兰的贸易扩张主义发出过警告，还主张对其采取咄咄逼人的政策，那么此人正是乔治·唐宁。作为共和–护国主时期一位成功的外交官，唐宁在复辟之初就迅速改变了立场，以至于后来任何猛然违背自己原则之人都会被

① 关于 1660 年《航海条例》部分文本可参看附录二。

称为"十足的乔治·唐宁"。唐宁确实是个卑鄙的家伙,曾经成功策划过几位前朋友和同僚的倒台,但正如查理所认可的那样,他毕竟把事情办妥了。

虽然唐宁的性格并不讨人喜欢,但他非常聪明,先是当过外交官和情报人员,后来又成为政客和金融专家。而他的财政计划更是不列颠采用现代财政制度的一个重要因素。他先后在克伦威尔和查理二世治下被派往海牙完成外交使命,这也使得他对荷兰人的野心以及支撑其野心的财政政策掌握了第一手资料。唐宁认为查理应该先用本国的一些财政政策来打击荷兰,如果失败,再采取军事行动。

值得注意的是,查理是透过个人欲望这一棱镜来看待英格兰的国际政治地位的;该欲望就是将不列颠牢牢地置于欧洲舞台上,这也是自撒克逊时代末期以来君主们持有的观点。[①] 长期以来,他对尼德兰联合省怀有极大的反感,如今更加深了。[13] 从某种程度上讲,这还源于 1649 年 1 月查理父亲被处决后发生的事件。那时,查理王子作为威廉二世的宾客正住在海牙。可自从他打算靠爱尔兰同盟(Irish Confederacy,爱尔兰的亲保皇派天主教徒联盟)的帮助夺回王位,双方关系便开始恶化。荷兰人对于与天主教势力结盟这件事不以为然。结果,查理被迫离开海牙,回到住在法国的母亲身边。

此外,自妹夫威廉二世于 1650 年去世后,查理眼看着奥兰治王室的权力被剥夺,移交到一个以民选地方当局为基础的政权手上(作为对王室本身的一记重击)。他的见闻不利于看似天然盟友——考虑到其新教教义和类似的商业史——的两国之间结成任何可行的长期性联盟。

在国外期间,查理有机会研究好几个国家的政府形式,尤其是拿尼德兰联合省和法国作比较。同时当代的代评论家后来指出:查理对法国赞不绝口,因为他的表亲国王(即路易十三,1601~1643)对该国有着绝对的统治力。查理的母亲亨丽埃塔·玛丽亚是一位法国国王之女,她以非常开放的方式表达个人宗教和文化,甚至公然列队前往自己在河岸街的私人教堂。当英格兰内战转而反对国王时,年轻的王子最初是和母亲一起住在巴黎附近。查理在学习法国宫廷习惯的过

---

① 该观点长期处于不列颠的政治核心,直到 2016 年 6 月 23 日英国以公投的方式决定退出欧盟为止。

程中长大。

虽然白厅宫里某些人认为怀有扩张主义野心的法国是英格兰的真正敌手，但查理却通过妹妹亨丽埃塔·安妮（法国国王的弟弟菲利普之妻）与法国保持着友好的关系。这种家族关系真的非常重要，因为亨丽埃塔既是法国国家机密的当事人，又是查理一生的知己。而查理与尼德兰执政（首相）约翰·德·威特（John do Witt）的唯一联系则是由唐宁建立，唐宁作为英格兰大使一直保持着敌对姿态。因此，查理的个人经历和喜好歪曲了一项外交政策，而这项政策眼下正不顾一切地朝着战争方向发展。

随着唐宁的反荷兰政策得以实施，英格兰人便开始向荷兰人施压，不仅突袭荷兰人的船只，还攻击他们的贸易港口。该计划与霍尔姆在非洲的"壮举"同时进行，旨在刺激荷兰人宣战。8月，一支皇家海军舰队抵达北美的荷兰殖民地新阿姆斯特丹，要求把它交出来。总督彼得·施托伊弗桑特（Peter Stuyvesant）性格强硬，起初还进行过抵抗。可由于弹药和火药都不足，再加上敌人多得可怕，他除了投降已别无选择。之后，新阿姆斯特丹以王位继承人的名字更改为纽约。

事实证明，唐宁支持战争的论据对国王的弟弟詹姆斯和当时的王室红人亨利·班纳特（Henry Bennet）都很有说服力。后者既是一名政治家，也是第一代阿灵顿伯爵（Earl of Arling ton）；两年前，查理还委任他取代年迈的爱德华·尼古拉斯爵士担任国务大臣——很大程度上因为他替国王物色年轻女子这件事办得很成功。同样地，约克公爵和班纳特又赢得了与国王的争论。10月，下议院投票通过了一笔250万英镑的巨额拨款，用于海军备战。

而霍尔姆则是策划这场冲突的代理人。其书面指令由约克公爵的秘书威廉·考文垂起草，并由詹姆斯亲自签署，目的是"促进皇家公司的利益"，同时"杀死、夺取、击沉或摧毁那些作对之人"。[14] 公爵的书面指令是要给荷兰人制造尽可能多的麻烦，迫使他们进行报复，以使英格兰人能够宣称这种攻击是战争行为。

1664年12月25日，霍尔姆率领着一支由22艘战舰组成的舰队出现在佛得角附近。在一场闪电般的战役中，他共俘获或击沉24艘荷兰船只，并且对大陆

海岸线一带的荷兰堡垒及其他据点造成了严重破坏。当霍尔姆带着他夺取据点的
消息回达伦敦时，一支由海军上将米希尔·德·鲁伊特（Michiel de Ruyter）率
领的荷兰舰队已经夺回了除某个据点以外的其他所有据点。不过，英格兰人坚
守住那座堡垒，事实上也为自己提供了一个立足点，从而在未来岁月里还将继
续开拓。

令人惊讶的是，军事逆转对不列颠在西非的奴隶贸易并未产生立竿见影的效
果。出口奴隶的数量依然相当稳定。也许，在海外如此遥远的地方长期驻扎一支
强大的海军令荷兰人无法承受。但政治上的负面影响已经造成。英格兰人与荷兰
人之间的全面战争必然不会太遥远。

第 10 章
科学新世界

———— ◆◆ ————

《显微术》

1664 年底前后，两名法国人在科芬园死于疑似瘟疫的症状。一年内伦敦已经出现过数起病例（也许总共有 12 起），不过对于这座 17 世纪的城市来说却没什么可担心的。瘟疫从未完全消失，它时强时弱，随着季节的变化而变化，偶尔还会发展成流行病。

黑死病在当时的英格兰及其他欧洲国家都很常见，它是由一种老鼠身上的跳蚤携带的细菌所引起。那时候流行病有很多。在 14 世纪，鼠疫消亡了欧洲 30%~60% 的人口。最近，也就是 1663~1664 年，一种流行病在荷兰持续蔓延。因此英格兰当局表现得十分小心谨慎。从荷兰驶入泰晤士河的船只都要被隔离一阵子，以防携带有传染病。1664~1665 年的冬天特别寒冷，而且众所周知，瘟疫很少在寒冷的条件下传播（如果真能传播的话）。然而，整个冬天，警惕成了人们的口号。与此同时，伦敦还在继续做生意。

就连王室成员也不能幸免于这些疾病。当时的另一大灾祸——天花，在 1663 年末差点夺去王后的性命；到了第二年，她仍然还在康复之中。凯瑟琳生病时，她和查理都知道不太可能足月生下孩子；而更令王后伤心的是，芭芭拉已经给查理生了 4 个孩子。然后，在高烧中，凯瑟琳还想象着诞下一名男婴，也就是王位继承人。据说，查理曾在她神志不清时给予安慰，还温柔地配合她一起幻想。

随着伦敦市民和王室都面临健康问题的困扰，皇家学会或皇家医师学会（Royal College of Physicians）本应及时在医学领域取得一些突破，可事实并非如此。医学科学的发展还不足以发现大多数疾病的疗法，这一事实很快就会变得非常清楚。不过，那年冬天出现在伦敦书店里的两本书，虽然在外观上截然不同，却都有着重大且又深远的意义。一本是大部头，带有华丽的皮革封面；另一本则只有薄薄的几页纸，就像一份简报。这本小型出版物是记录自然哲学或科学领域发展的期刊——《哲学汇刊》（Philosophical Transactions）的第一版，而医学在其中显然没起到什么作用。那本较大的书有个奇怪的书名，叫《显微术或放大镜下微小物体的生物学描述》（Micrographia, or some Physiological Descriptions of Minute Bodies made by Magnifying Glasses，后简称《显微术》）。它由皇家学会实验室主管罗伯特·胡克撰写，又于 1665 年 1 月（当时泰晤士河仍结满了冰）由该学会出版问世。

这并非皇家学会批准出版的第一本书。第一本书的荣誉属于前一年的《森林志》（Sylva），即约翰·伊夫林针对林木特性及繁殖的学术论述。伊夫林出生于萨里郡，在苏塞克斯郡刘易斯市（Lewes）索思奥弗农庄（Southover）的家乡长大，在那里他对树木产生了终生的热爱；连他后来也说自己是"木头生的"，这便是他对植物感兴趣的原因。他的书是在呼吁"战斗"，声称有必要实施严格的重植计划。根据伊夫林的说法，英格兰正面临耗尽适用的木材的危险；这些木材可用于制造船只——"我们漂浮着的城堡"，以及为钢铁和玻璃等关键制造业生产木炭。

确实，英格兰森林正以一种不可持续的速度被耗尽。其原因之一便是造船业给橡树储备增加了负担。造一艘上等军舰需要砍伐 100 英亩橡树林，或者多达 2000 棵橡树，而每棵树平均得用 150 年才能长成。[1]另外一个原因，据伊夫林所言，则是克伦威尔的支持者们在政权空位期接管了保皇派的庄园，并大肆挖除林木。[2] 当然，森林损耗的主要原因既平淡无奇又不可逆转：在过去一百年中，英格兰的人口已经翻了一番。为了给农业用地让路，森林便不断遭到砍伐。伦敦的规模扩大与全体人口激增是同步的。然而，农业发展却超过了人口增长速度，因为粮食生产不仅要供养农业人口及相关农村社区，还得供养伦敦本身，而伦敦城每天除了烤点面包之外，基本就没什么粮食生产能力。

很可惜，《森林志》只是一本枯燥乏味的读物——作者在向读者进行吹捧性介绍时偶然承认了这一事实，"如果这些干柴棍能给予他任何活力……"而且，《森林志》中仅包含一幅插图，即如何将木头堆起来烧成炭的无聊示意图。也许是因为主题价值有限以及整体平淡乏味，它并没有受到购书群体的热情接纳，而海军造船项目也并未像他希望的那样，通过国家橡树种植计划得以扩大。

虽然《森林志》未能激起人们的兴趣，但皇家学会的第二本出版物却引起了轰动，并立即成为畅销书。不同于《森林志》，罗伯特·胡克的《显微术》不仅极具革命性，还配有丰富的插图。38 张全页铜板版画包含了几十幅读者以前从未见过的插图，如苍蝇眼睛的大特写、植物的细胞状结构、祸害伦敦家庭生活的跳蚤和虱子（其复制长度均超过一英尺），甚至冻结的人体尿液等，全都可以在显微镜下看到。

胡克开始为《显微术》进行观测时才 27 岁。他意识到这必定会成为自己的工作、自己的著作，以及表明自己能在许多不同研究领域做出成就的契机。他甚至在结尾处加上一段可用某种迥异于显微镜的光学管——望远镜——观察到的内容，并描述了人们能看到的"不同种类的星星"。最后一页插图，亦图 38，是一幅美丽的月球陨石坑版画。

然而，该项工作背后的意图并非出自胡克，而是国王。克里斯托弗·雷恩曾以显微镜观察过几种小生物（包括一只虱子和一只跳蚤），并将它们都画了下来；这不禁引起了查理的关注。国王被这些图纸所吸引，于是还想要更多。大批插图可为国王的珍奇柜造就一本颇有价值的书。可是雷恩要忙于许多其他项目，因此不得不谢绝了这项委托。到最后，这项任务被交到了胡克手上。他不仅把自己的工作成果献给国王，还在引言中对雷恩先前所做的工作慷慨致谢，形容朋友的图纸是"国王储藏室内许多稀世珍宝中的一件装饰品"。[3]

胡克的著作对于皇家学会来说是一大成功。尽管它并未打算这么做，可它分明在向全世界宣告：该学会很有雄心壮志；其非凡目标不亚于对几乎所有的事物进行探索。然而，众会士却没什么工具来辅助自己完成探索。新实验通常需要制造新的仪器。胡克是唯一一个有技术能力制作这些器材的名家。自 1663 年当选为学会正式会士之后，他一直是其重要成员。他太忙了，个人时间都用于满足许多不同的需求。而且作为实验室主管，他必须经手每一件事，包括进行实验、监督器材的制造一直到记录实验结果，同时还得为新观察的现象写报告，以便在每周会议上供众会士消遣。所有这些都让胡克处于某个非比寻常的位置，一下子成为该学会的常驻科学天才及"走秀演员"。

胡克在怀特岛上一所牧师住宅里度过了一段看似田园诗般的童年；打从那时起，他便对周围世界产生了持久的兴趣，并且还拥有天生的细心观察能力、出色的绘图本领以及制作东西的技巧。他曾经用木头复制一个黄铜钟，结果竟然成功了。孩童时期，胡克就对家乡小岛南海岸岩石中发现的化石十分着迷，成年后也依然如此。他还探索了康沃尔郡卡比斯湾及其他风景区的美丽岩层和沉积线。根据观察，他开始思考地球的年龄，并由此质疑大主教厄谢尔（Archbishop Ussher，1581~1656）所谓 5500 年的严格法令。[①] 胡克得出的结论是地球要比这一时间古老得多，不过他还会发现远比科学更为棘手的问题：要让不习惯听到质疑教会官方说法的声音之人接受这一观点，颇有难度。他知道，若是公然假设一个年龄几乎难以想象的世界，自己就犯了异教罪。地球的年龄问题扼要地阐明了社会及宗教限制，而新实验主义者在探索并揭示物质世界的秘密时，又不得不与之斗争。一方面，他们觉得有责任去探索并揭示真理；另一方面，证据偶尔可能会指向一种突破宗教约束的现实。

在威斯敏斯特公学（与约翰·洛克从此成为终身好友）获得鼓励，并且在牛津大学贝利奥尔学院（与克里斯托弗·雷恩从此又加深了终身友谊）进修之后，

---

① 大主教厄谢尔通过研究圣经推断：世界始于公元前 4004 年 10 月 26 日上午 9 时。

胡克与牛津的科学界也有了来往，并受聘为一名专门设计名家所需各类实验的技师。正是在牛津大学，他成了罗伯特·波义耳的首席科学助理，还得到波义耳的资助。胡克一直住在波义耳家，直到他入职皇家学会之后才有了自己的家——格雷沙姆学院内的宿舍。此时，波义耳和胡克已经成为密友。后来，波义耳搬去伦敦与妹妹一起生活，他和胡克通常每周相约聚餐一次。

在担任皇家学会实验室主管期间，胡克继续和波义耳一起合作。1663 年，学会让他用显微镜开始一系列的观察。按照要求，他为各位学会会士以及自己的主要资助人履行职责时，一直都在不停地奋力工作。所幸的是，胡克正处于个人能力的巅峰期，又肯为各位雇主吃苦耐劳。

到了 1664 年末，胡克已经展示过许多在显微镜下观察到的图像，因此 1664年 11 月 23 日，学会会长布朗克尔勋爵下令出版一本书。1665 年 1 月，它出版了。第一位顾客似乎是永远好奇的塞缪尔·佩皮斯，他记录自己于 1 月 20 日购买了胡克的书："我对此感到非常自豪。"他最有可能从鸭巷（Duck Lane）内詹姆斯·阿里斯特里（James Allestry）的书店买的。阿里斯特里及其合伙人约翰·马丁都是皇家学会的印刷商。

这本书令胡克声名鹊起。他已跻身于那个时代的科学及哲学精英的行列，不仅轻易跨越了社会鸿沟，还跟一大群人保持着良好关系；得益于他合群又迷人的天性，他与其中多数人可成为朋友。他通过解释个人方法来开启自己的伟大研究，并保留其颠覆性的插图供以后所用。他解释说，自己通常用的显微镜是以6~7 英寸长的管子做成，两端分别装有一个物镜和一个目镜，中间还有一块可拆卸的改变放大倍率的玻璃片，因此能帮助观察不同类型的对象。胡克未必确切地知道其不同显微镜能放大多少倍，于是他在显微镜下的物体旁又放置了另一个相同类型和大小的物体，并且在该物体旁边还摆上一把刻度间距很小的尺子。通过这种方法，他就可以计算出图像的放大率。

胡克的首幅插图是一枚针尖的版画，针尖的长度为 0.05 英寸，在纸上放大到 6 英寸长，从而将物体变成放大率为 120∶1 左右的印刷图像。"就大自然来说，"他写道，"最自然的开始方式是从数学角度出发。"这种放大的结果是针尖呈圆形，表面粗糙，布满孔洞，且有无数缺陷。从这第一张插图开始，胡克就人造物体与自然界物体的比较表明了个人观点："显微镜可为我们提供数百个比针尖更锋利千倍的实例，如许多昆虫的毛发、鬃毛和爪子。"

为充分讲明自己的启示，胡克还在针尖后雕刻了一个句号。在相同的放大倍数下，它看起来像一块不规则的污点或墨迹。类似地，剃刀边缘变成了一条不均匀的波浪线，上面有许多缺口和凿痕。在接下来的一幅插图中，胡克继续展示了他制作得非常薄的中空玻璃管——他说这些管子并不比蜘蛛网厚，可用来观察液体向上的毛细管运动。通过这些实验，他推断汁液有可能以相同的方式在植物中移动。

每幅插图都显示出新的奇迹。《显微术》包含从各种植物到蜂蝇头部的插图，它们借由蜗牛的颚骨和牙齿以及羽翼蛾的怪异美感等奇迹被复制成 12 英寸高。图 5 展示了开始冻结的尿液如何呈现出晶状的星形。胡克在谈到这些时，说它们"非常奇怪和美妙"，因此值得"所有勤奋的自然观察者注意"。

如果从我们所处的时代回顾他的作品，最引人注目的插图之一是图 8；这是一枚软木塞，无论正看或斜看，它都由规则的"口袋"组成，因此赋予了它弹性和浮力。观察到非同寻常的分体式结构后，胡克想起了蜂巢的构造，并为自己看到的单个构件创造出"巢室"（Cell）一词。根据观察结果，他估计一立方英寸的软木塞中含有超过 120 万个"巢室"。

同样令人吃惊的还有图 9 中的画像，那是皮革书皮上面长的霉菌。在胡克的显微镜下，一个直径为 1/32 英寸的小白点由一大片优雅的茎干组成，其顶端多泡且呈破裂状，活像一朵朵小菊花。他的刺荨麻插图显示，那上面的刺尖要比第一幅插图中的人造针尖锐利得多；这些刺附着在一个形似黄瓜的囊状物上，而刺液就从囊内注入中空的针头。同样奇妙的是蜂刺图像；它不仅很长，而且像荨麻刺尖一样中空，不过却带着倒钩。一幅鱼鳞（来自舌鳎的外皮）图也是美得惊人，当然很大程度上得益于胡克那超凡的绘图能力和雕刻技巧。

在这本包含了作者许多兴趣的百科书中，最后的图像之一是关于某个小生物的；用作者的话说，"它根本不怕踩坏最好的东西；糟蹋的物件又以王冠为贵；

吃得多，活得好，因此变得很无礼，对任何妨碍者都毫不客气"。他所指的便是虱子。在 17 世纪的伦敦，虱子让所有人饱受其害。胡克把它描绘成一只绚丽的折叠巨怪：其可怕的圆锥形脑袋就像外星人，另外还长有 6 条多关节的腿。在图画中，虱子似乎正紧抓着植物的茎干，可胡克告诉我们：这根看似粗壮的树枝实际上是人的头发。他说他在盒子里关了几只虱子，直到它们非常饥饿，才取出一只放在自己的手上；于是虱子马上开始用口鼻（与其说像嘴巴不如说像一根饲管）吸食他的鲜血。在显微镜下，胡克看到自己的血液被吸入这个半透明生物的体内，然后储存于一个液囊中。他感到十分惊奇：这种昆虫居然无需穿透自己最外层的皮肤就能把血液吸出来！所以他说，这证明人类血管分散在了皮肤的每个部位——甚至"在角质层内"。[4]

为了对昆虫进行细致描绘，胡克必须让它们保持不动。这可比想象中要困难得多。起初，他不过是将那只昆虫活活弄死。然而他发现，这么做总会压碎小生物的某些部位，使其观察无效。接下来，他试着把昆虫的脚放在一些粘性物质中，比如蜂蜜或胶水。可他描述蚂蚁试图挣脱时如何拼命扭来扭去之后，又放弃了这个想法。他的解决方案非常巧妙，就跟人们预料如此爱好探索之人定会想到的一样。他发现，如果把蚂蚁蘸了白兰地再放到显微镜下，它便会昏迷 30 分钟甚至更久，然后才会苏醒过来，独自爬开。

科学杂志

《显微术》印刷面世两个月后，一本名为《哲学汇刊》的小杂志也首次出版。该杂志于 3 月 6 日推出，定价一先令，是世界上第一本专载科学文章的杂志——不过正如许多伟大事物那样，这一事件的重要性最初并不明显。杂志后来简称为《汇刊》，不仅向世界介绍了科学家们相互评论研究成果的过程，也让新兴的科学界对特定实验或理论展开评估。从一开始，这本小杂志就成了传播科学知识的国际平台。

创办杂志的想法出自一位名叫海因里希·奥尔登堡（Heinrich Oldenburg）的

德国移民，时年 46 岁。奥尔登堡曾是一名外交官兼教师，很喜欢探索所有知识领域的最新观点。作为富裕家庭子弟的家庭教师，他在欧洲各地游历期间还结识了许多最重要的神学家、科学家及学者。他辅导过的学生包括第一任科克伯爵的第七子，此人颇有科学头脑。罗伯特·波义耳后来又成为奥尔登堡的资助人，使他安然度过 17 世纪 50 年代及以后的经济困难时期。

在奥尔登堡一生的大部分时间里，他与整个欧洲知识界都维持着非常好的通信关系。他与主要哲学家、实验家、神学家和政治理论家之间都保持着大量的通信，并且能轻而易举地和每个人谈论他们感兴趣的特定领域。他的通信圈里有莱布尼兹（Leibniz）、斯宾诺莎（Spinoza）、弥尔顿、波义耳以及波义耳的妹妹拉内勒夫女子爵凯瑟琳（她在伦敦知识界的地位长期被忽视）。因奥尔登堡的兴趣非常多、结交非常广泛，他在自己所处的时代便被公认为是一位杰出的大家和情报员。

在职业生涯接近尾声时，奥尔登堡定居伦敦，从此被称为亨利而不是海因里希。由于外交身份，他住在紧靠白厅宫花园围墙的富人区——高档的蓓尔美尔街（Pall Mall），与受人尊敬的医生托马斯·西德纳姆（Thomas Sydenham）和拉内勒夫女子爵成了邻居。[①] 作为一名优秀的语言学家，他那完美的英语受到所有与之打交道者的好评，其中就包括约瑟夫·格兰威尔（Joseph Glanvill）——一名牧师，也是主要新兴名家成员之一。[5] 说到奥尔登堡的兴趣，从无关紧要的琐事到全球性的大事都有。他喜欢异想天开的沉思，正如他喜欢实际突破一样。他的朋友格兰威尔就曾做过预测，说人类将来有一天能通过"弥漫于天空中的电磁波"与世界各地的人进行交流。

尽管格兰威尔表现出了可怕的预见性，但这种预测本身在当时的哲学界并不罕见。皇家学会会士们喜欢把自己想变为现实的发展制成愿望列表。在这一点上（正如在其他事情上一样），他们从弗朗西斯·培根那里得到启示；后者将这些列表——他称之为"迫切需要之物"——视为人类扩展自身和取得进步之法的一部分。[6]奥尔登堡的资助人罗伯特·波义耳编撰了由 24 个部分构成的列表，刚开始

---

① 奥尔登堡在长期旅居英格兰的过程中遇到了一个困难时期。第二次英荷战争期间，他曾被怀疑是间谍，但最后宣判其无罪。1677 年，他于蓓尔美尔街的家中去世，终年 58 岁。

他表达出对"延长寿命"的期望，接着是"返老还童"，然后则是"飞行的技艺"，并由此成为此类列表中最著名的一份。①

由于奥尔登堡与波义耳以及许多皇家学会创始人关系密切，他受邀担任该学会的两名创始秘书之一，并于 1664 年被指定为会士，也就不足为奇了。奥尔登堡马上意识到创办一本期刊的必要性，借此，学者及实验人员之间的观念交流便可得以传播和讨论。起初，他完全是拿自己微薄的存款来资助这本杂志。他将其献给皇家学会："从这些粗陋的作品集（它们只是我零碎时间里私人消遣的拾遗）来看，似乎许多人的头脑和双手都在许多地方辛勤地忙碌着……追求那些属于你英雄事业的美好目标。"[7] 他利用第一版期刊的引言阐明了自己的计划：

> 然而，对于促进哲学问题的改善，没有什么比像这样交流更有必要了……因此都认为应当使用报刊，将其作为满足某些人的最合适的方式；这些人因为参与类似研究，并且以学术的进步及有利可图的发现为乐，而有权时不时地了解本王国或世界其他地方的所作所为，给予……

《汇刊》初版打开了一扇窗，让人们得以了解奥尔登堡的互联世界。它以一篇来自巴黎的报告开头，内容则是用于显微镜的"光镜"的改良。另一篇报道也来自法国，涉及了预测彗星运动所需的数学运算。跟所有原本以拉丁语或其他语言撰写的作品一样，这些也都被奥尔登堡翻译成了英文。有一份报道是关于百慕大群岛附近的捕鲸业，还有一份报告是关于在德国和匈牙利发现的铅矿，接着又有一份报告出自一名在背风群岛某艘不列颠海军舰艇上执行任务的军官，内容是关于摆轮钟在测定经度方面的高度准确性。据报道，法国律师兼数学家皮埃尔·德·费马（Pierre de Fermat）去世了。他去世后，却因为在某本古希腊数学书中草草写下一段旁注而获得不朽的声誉；该旁注后来被称为"费马最后定理"。奥尔登堡形容费马是个全才，在数学科学及其他活动方面表现优异："这对于许多人来说是最令人惊讶的……他以拉丁文、法文和西班牙文创作的韵文都同样优美，仿佛曾经生活在奥古斯都的时代，并且大半生都是在法国和西班牙的宫廷里度过。"[8]

---

① 波义耳的完整列表见附录三。

为完成初版内容，奥尔登堡转而求助于两名皇家学会会士的作品。第一篇是对罗伯特·波义耳那本名为《寒冷史的新观察与实验》（*New Observations and Experiments in order to a History of Cold*）的新书所做的阐述。波义耳也对发现于利明顿（Lymington）的一头畸形牛犊写了篇奇怪的报告，另外还有一篇报告是罗伯特·胡克写的，讲了他最近如何用 12 英尺的望远镜观察到木星的一条云带在两小时内由东向西移动了其直径长度一半的距离。

然而，仅仅传播知识对奥尔登堡来说是不够的。他从一开始就表示，希望自己的出版物在推动新发现方面能起到积极作用。那些"沉迷于这些问题并且还很熟悉之人，可能会被邀请并鼓励去探索、尝试和发现新事物，将他们的知识传授给彼此，并为增进自然知识、完善所有哲学艺术和科学的宏伟计划做出力所能及的贡献"。

1665 年 6 月推出《汇刊》第四期时，奥尔登堡的熟人之间已经争论得相当激烈——甚至达到了尖酸刻薄的程度。第一次报道的争吵牵涉到胡克这个从不怕激烈讨论之人。一位名叫 M. 奥祖特（M. Auzout）的法国记者对胡克就自己研磨光学玻璃的机制提出的某些说法表示反对。我们大可猜测，这位法国人根本没意识到自己在针对什么——或者说和谁较劲。就连胡克和奥尔登堡也没有一致的见解。这对于学会来说很尴尬，因为他们都是其中的主要公职人员。两人最终闹翻了。

从奥尔登堡推出期刊的那一刻起，他就在报道观察科学史上的重要时刻。《汇刊》第六期还对《显微术》做了评论。这本书最著名的图像是图 32——一幅巨大的两页折叠跳蚤版画，被胡克形容为"穿着一套擦得锃亮的深色盔甲"并配有最精巧的腿；它能将 6 条腿全都折叠，然后一起弹出，以全力跳跃。这种不起眼的小东西已经在伦敦留下了印记。

第11章
跳 蚤 年

———◆———

一触即发

1665 年春，科芬园以北老城区外的圣吉尔斯广场暴发了瘟疫。起先，受感染的只是某个家庭内的几个人，接着便是邻近一家，再后来又有了另一家。虽然伦敦以前也曾经历过，最近一次还是在 1636 年，但这些微小开端却能发展致非常可怕的后果。

黑死病是人体淋巴系统遭到细菌感染。当携带鼠疫的跳蚤叮咬受害者时，细菌便会进入该系统并前往最近的淋巴结。这些结点分布于全身各处，在腹股沟、腹部、腋窝和颈部周围呈簇状。最初的症状之一就是淋巴结肿大。随着鼠疫感染进一步加剧，这些淋巴结将会变大，甚至裂开。除了肿胀，病人通常还会出现各种类似流感的症状，包括发烧、头痛和呕吐等。大多数情况下，感染扩散得十分迅速，不仅让病人遭受巨大的痛苦，身体末梢（如脚趾、手指和鼻子）出现坏疽，身体其他部位开始坏死，而且导致死去的皮肤上出现黑斑，因此才有了"黑死病"一词。在最后阶段，病人会吐血、神志昏迷，直至死亡。这种疾病传染性非常强，当时只有一小部分感染者能存活下来。

瘟疫在伦敦郊外的贫民区持续肆虐的同时，英荷之间的关系已达到危机点。两国间时不时发生的海上冲突自前一年以来不断升级。英格兰的私掠船经常骚扰荷兰航运，在夺得许多船只过后，又将它们送入本国港口。眼下战争已无可避免。这其中牵涉许多因素，包括斯图亚特家族为了支持查理之侄、奥兰治亲王威廉的政治野心而干涉荷兰内政。约克公爵和阿灵顿伯爵各怀野心，都想从吞并荷兰殖民地的行动中捞取好处。而海军指挥官们则渴望战争，就想靠赏金来发家致富。所有这些都必须与第一次英荷战争的结果进行对比。那次英荷战争发生于共和时代，虽然英格兰人取得了胜利，却未能将荷兰舰队摧毁。从那以后，荷兰人一直在以疯狂的速度建造新战舰。

新阿姆斯特丹的沦陷致使荷兰人开始进行报复。他们重新夺回昔日设置于西非的前哨，并且还占领了英格兰在经济上的重要殖民地巴巴多斯。3 月 4 日，荷兰舰队接到命令，一旦受到英格兰船只的威胁便可随意开火。查理认为这是在挑衅，于是立刻宣战。眼下双方已装备好各自的舰队，就等着展开一场经过严密策划的海战，并且都希望问题能得到最终解决。

正当英格兰与荷兰陷入海战时，比斯开湾却发生了一起航运灾难。1665 年4 月，威廉·佩蒂爵士的双壳船"实验"号从葡萄牙返航途中因遭遇暴风雨而沉没，船员全部遇难。这艘船由国王三年前嘲笑过的那艘改良而成。许多造船业人士乐见这艘革命性船只的失败。"实验"号被形容成"很危险"；有人认为，如果荷兰人复制其浅吃水的特点和令人印象深刻的运载能力，他们也许能沿着泰晤士河把一支军队直接输送至伦敦并入侵。这艘船在恶劣天气状况下失事，也是皇家学会到那时为止在所有实际项目中遭遇过的最严重的挫折。佩蒂已经在该风险项目中至少投入 1500 英镑个人资金，其他投资者共投入 3000 英镑，而他的密友兼支持者雷恩虽然没有出资，却提供了个人意见和判断。[1] 对于身为皇家学会赞助人的查理来说，他对该学会的期望都寄托在船运和航海的实际进展上。毫无疑问，学会的声望因"实验"号的沉没而受到打击。也可以说，查理对他所钟爱的科学智囊团已不那么有兴趣了。

蔓 延

正当英格兰陷入另一场战争时，瘟疫悄悄地在德特福德沼泽河畔造船区那些拥挤的房屋间蔓延开来。它从那里向西边和北边扩散，然后侵入拥挤的古城。到了 4 月份，死亡率迅速上升。当局虽然没有准确的记录来说明死亡人数不断增加是由瘟疫引起的，却知道符合以前流行病的迹象。教区当局做出的反应是对疑似感染家庭进行隔离。那些读过约翰·格朗特表格之人能亲眼看到越来越多的病例，然后决定是否继续留在城里。可事实上，他的表格并不受重视。尽管他在三年前便取得成功，发表对死亡率公报的研究结果令王室热情高涨，但如今已无人将它们当回事——即便又重新推出了第二版和第三版。

格朗特系统的主要问题是它仍然处于雏形阶段。为使其早期预警方法充分发挥作用，他需要定期发布数据，或许每周一次，并且将整个伦敦及边远地区内非常细微的变化制成表格。这显然超出了格朗特的财力范围。收集和处理每周来自全伦敦——包括城墙以内区域、威斯敏斯特、自由区和郊区——共 122 个教区的死亡率数据将会是一项艰巨的任务。凭借 17 世纪 60 年代中期可利用的方法论和官僚制度，这根本不可能做到。

而且，在 1665 年初夏，人们可以亲眼看到发生了什么。一旦有消息开始传播，那些尚未受到疫情影响的人很快便能听到。圣吉尔斯教区内的房屋都用木板给封了起来；里面通常住着一家子，几乎等同于被判定死刑。于是骚乱爆发，人群强行撞开了一些用木板封住的屋子。

国王和枢密院开会讨论如何控制瘟疫，因为它已经在英格兰好几个城镇出现。他们倒是有过去应对瘟疫的经验可以借鉴。一份由 15 条"规定和命令"组成的清单很快被草拟了出来，然后分发给全国各城镇的地方官员。[2] 根据规定，公众集会会遭到禁止，且进出城镇的自由活动仅限于那些持有由医生签署了健康证明之人。因人们认为燃烧草药可以净化空气，所以教堂做礼拜时都要生起火堆。搜索人员奉命去把受感染者给找出来。这些感染者的住所将会封闭 40 天，而病人都被监禁在内。城镇官员需要照顾并养活穷人，必要的话还得提高当地税率。

因被认为携带有传染病，猫和狗也不准再上街。而且城外还将修建用于隔离受感染者的疫病所。死于瘟疫的人不能被送入墓地或坟场，只能葬在远离城镇和村庄的孤坟中。

在伦敦，截至 6 月 6 日的一周内，疑似死于瘟疫的人数从 17 人上升到了 43 人。随后的一周，死亡人数又升至 112 人。人们开始陷入恐慌，并纷纷逃离这座城市。[3] 塞缪尔·佩皮斯走到伦敦桥上游的河边，搭了一艘渡船前往白厅宫。在王宫里，他发现"庭院内停满了马车，人们正准备出城"。三天后国王动身前往汉普顿宫。伦敦的有钱人士也纷纷加入"出逃"人群，直奔他们的乡间庄园而去。其中，克雷文伯爵将自己位于德鲁里巷的市内宅邸锁好后，便去了伯克郡的庄园。威廉·克雷文（William Craven）原本是一介平民，依靠参军并模仿军中绅士的举止才摆脱市井之气，后来被查理二世晋为贵族，任枢密院委员。据说，克雷文逃离伦敦后感到非常羞愧，于是又再次回到城里，不仅帮助救济病人，还捐出土地用来埋葬亡者。

就在王室一行抵达汉普顿宫的 4 天后，由约克公爵指挥的英格兰舰队在"洛斯托夫特海战"（Battle of Lowestoft）中大胜荷兰。英军击沉 17 艘敌舰，己方仅损失了一艘；这将成为荷兰海军历史上最惨重的失败。但由于判断有误，詹姆斯未能追击逃跑的荷兰人，因此错失了一次良机。它也将成为本次战争中的关键决策。

到了 7 月，伦敦正处于热浪之中。本该是个轻松的夏天，城市生活却变成一场初醒的噩梦。携带这种疾病的老鼠在温暖天气里大量繁殖，而跳蚤的数量也随之激增，这使得瘟疫更快速地在人群中传播开来。随着疾病的泛滥，大量人接连死去。商业生活出现衰退，剧院也纷纷关门。没多久，就连汉普顿宫也被认为对王室而言不安全。于是国王和朝臣们先前往索尔兹伯里，接着又去了牛津。自从内战之初查理一世逃离伦敦以来，牛津便一直与王室出走联系在一起。对于查理二世的朝廷来说，牛津的环境很适宜，这里有着比索尔兹伯里更好的设施，故而能实行有效统治。因为查理从来都离不开享乐，所以随行之人除了其首席情妇卡斯尔梅恩女伯爵（Countess of Castlemaine）芭芭拉·帕尔默，还有他的戏剧小组"国王剧团"——其中就包括年轻的内尔·格温（尚未获得英格兰历史上的名望和地位）。

在伦敦，情况继续恶化。船舶不再沿泰晤士河上行，煤炭变得稀缺，驶出城的货船也被禁止在外国港口停靠。它几乎成为一座鬼城；剩余之人中，除了取水和食物，以及去教堂祷告之外，已经很少有谁冒险外出。当然，查理并未忘记这座苦苦挣扎的城市——他只是不愿靠近它。遵照他的指示，一个由市长、治安官和市议员组成的中央政府机构继续留下来维持公共秩序。

在敌对行动仍然是个主要问题的情况下，佩皮斯因在海军办事处担任高级职务，也成了留下来的人之一。他将自己的黄金送往威廉·赖德位于贝思纳格林的住宅内保管（赖德的庄园后来成为朋友和生意旧识存放黄金及贵重物品的宝库）然后举家从希兴里迁往格林尼治。行政机构坚守岗位，严格执行国王的命令和规定，这在很大程度上体现了伦敦人民的坚韧。

"瘟疫医生"

暴发的瘟疫为人们了解实用医学状况打开了一扇窗口。稀奇古怪的新旧理论层出不穷，各种各样的庸医把病人、"疑病症"患者和垂死之人的钱骗走。随着瘟疫在蔓延，吓坏了的人群变得更愿意接受建议，因为恐惧使他们相信有某种治疗方法是可以"买"到的。丹尼尔·笛福（Daniel Defoe）很久以后对幸存者进行过新闻采访，他描述人们戴着"各种护身符、驱魔符、避邪物以及我叫不出名的配制品"。[1] 每条街上，持有各种学位及没学位的医生全都张贴了自己的宣传广告。[4] 对于病人和医生来说，这都是困难时期。尽管许多人认为庸医的骗术应受到谴责，但也有人认为：无论是否专业，每个人都有责任在极端情况下尽其所能找到某种疗法。然而，这种善意的做法却导致了各种弊端。

---

[1] 虽然笛福的确切出生日期未知，但在瘟疫暴发时他可能只有 5 岁左右。他于 1722 年出版了《瘟疫年纪事》（*A Journal of the Plague Year*）。

与皇家医师学会大多数成员——包括会长爱德华·阿尔斯顿爵士（Sir Edward Alston）——一样，神职人员大批逃离，任由民众自生自灭。约翰·格朗特对此感到十分震惊，并记录下了个人的希望，即"今后再也不会有这么多医治灵魂或肉体的医生抛弃我们"。[5] 在留下来的医生里面，纳撒尼尔·霍奇斯（Nathaniel Hodges）是最突出者之一。霍奇斯出生于肯辛顿（Kensington）——当时还是伦敦西南部的一个村庄，他的父亲在那里担任牧师。霍奇斯本来已获得剑桥大学三一学院的奖学金，却因为像雷恩等人一样被约翰·沃利斯领导的实验哲学小组所吸引而转入牛津大学。在获得医学学位后，他于 1659 年成为皇家医师学会的一员，年仅 30 岁。他继续在自己位于沃尔布鲁克（Walbrook）教区的家中行医。沃尔布鲁克从伦敦桥往西北步行几分钟就到，因一条带有涵洞的地下水道而得名。这条水道由城墙外的沼泽地居民区冒出，然后向南流入泰晤士河。

瘟疫发生时，霍奇斯便留下来治疗病人，在疾病面前从不退缩。他不仅在自己家里坐诊，还会去病人家出诊——这两种方式都很危险。当然，霍奇斯选择留在伦敦绝非纯粹出于无私，他是想在患者名单所允许的范围内进行一项大规模医学试验，并认为这场瘟疫提供了一次机会，来测试由皇家医师学会制定的标准疗法。在意识到危险的同时，他也明白研究瘟疫的机会只有每隔 10~20 年或更长时间才会出现。鉴于伦敦上一次的瘟疫大暴发是在 1636 年，下一次大规模实证研究的机会在短时间内恐怕不会再有。霍奇斯已经三十多岁了，他想留下自己的印记。①

当时的图片显示了"瘟疫医生"是如何精心保护自己免受这种疾病侵害的。由于人们认为鼠疫能在空中传播，因此全身一直到脚都以长袍覆盖，双手戴着手套，一顶宽帽子从头顶拉得很低，并且最令人印象深刻的是：脸上还戴了一个安装有形如食蚁兽长喙的防护面具。在这个滑稽的凸起内，穿戴者会填入各种各样的草药和软膏，以防被感染。奇怪的是，现代研究已表明：鼠疫在一定程度上能

① 霍奇斯最终成功了。在瘟疫暴发的第二年，他出版了一本谴责庸医的书；接着在 1672 年，当他发表一篇关于瘟疫的报道之后，又当选为皇家医师学会会士。再后来，他成为该学会的一名检验员（或审查员），并给学会配备了一辆消防车。

通过空气传播，并以感染者呼出的哈气为载体。

霍奇斯穿的衣服却一点也不稀奇古怪。他采取了一些他认为可以阻挡疾病的简单的预防措施；在开始工作之前，他会吃下一团自认为能抵抗疾病的草药及其他药物。这便是所谓的药糖剂；他说自己服用的剂量"和肉豆蔻一样大"。如此才算做好诊视病人的准备。如果是上门出诊，进去前他则会让患者家人在滚烫的煤块上烧一些消毒草药，再往嘴里塞入一片预防性锭剂。霍奇斯是个细心之人，很相信实证方法。他仔细记录了患者的症状，并根据严重程度将其分为两类。第二类症状包括"发烧……心悸、鼻出血和心前区（即心脏前面的胸壁）滚烫"。心包炎，即心包（心脏周围的包囊）上的炎症，也许是由细菌感染引起的。霍奇斯很有可能已经确定了感染的症状。而第一类症状则是"恐惧、呕吐、谵妄、头晕、头痛和昏迷"。这类症状表明已离死亡不远了。[6]

因急于找到一种科学的方法，霍奇斯仔细尝试了当时可用的药品。其中就包括一些古老的疗法，如磨碎的独角兽角之类。事实证明，此角毫无效果。霍奇斯在记录中登记了本次失效，并提到对这种生物是否真实存在表示怀疑。他写道，某些病人只是因为"恐惧"而生病。他自己也有两次感觉染上了瘟疫，但比平时喝下更多的萨克干白葡萄酒之后，竟然又觉得没事了。

他还尝试过古老且昂贵的牛黄石疗法。形成于反刍动物如牛、山羊胆囊中的这些物质被认为具有医疗功能——尤其如果它们呈特殊的土黄色。取少量的结石磨碎，制成糊状，然后让病人用一些液体冲服下去。霍奇斯委婉地指出，自己的试验证明牛黄是无用的："虽然我无意反驳一种已被接受的观点，但经过多次试验，我已确信，真理会说明一切，它明显否认了其功效完全等同于价值：我已经尝试了多达 40 或 50 枚粉末状颗粒[①]，却没有任何效果，而且我敢保证自己在这些试验中用到的牛黄真实可靠。"[7]不过他确实报告了一些有用的疗法，包括鹿角精（完全如名称显示的那样——磨碎和煅烧的鹿叉角）和蛇根马兜铃（或弗吉尼亚蛇根草）。

霍奇斯适时地发表了他对瘟疫的见解，对 1500 年前希腊医生伽林（Claudis

---

① 每粒的重量相当于一粒大麦，或今天的 64.79891 毫克。

Galen，129~201）传下来的许多医疗方法却选择忽略。伽林的理论认为，人体是由四种液体——血液、黑胆汁、黄胆汁和痰——来调节的，这也使得医生们试图通过出汗、排便和放血等方法来恢复身体平衡，然而它们都有可能加速患者的死亡。公元前 300 年前后，希波克拉底（Hippocrates）首次提出需要保持人体平衡，这一观点基本正确。可是，后来人们对于平衡实际上意味着什么，以及在没有科学方法去测量病人身体状况（包括体温）的情况下如何才能实现平衡——所形成的理解，却是灾难性的。这位 17 世纪的医生面临一个主要的困境：几乎所有疗法都不起作用。

霍奇斯仔细记录了在尝试各种干预措施时所发生的情况，由此他得出一些明确的结论。"打开毛孔"，或者让病人出汗，已经过时。放血也要避免；正如霍奇斯简洁地说过，"我应该把它当作致命的做法来忽略掉"。此言一出，便引起了争议。放血是 17 世纪通行的主要医学手段之一，旨在恢复患者体内的"平衡"及其健康。它尤其与占星术交织在一起；占星术也涉及医学实践，在 17 世纪人们的生活中产生了重大影响。占星术在近代早期知识分子生活中的历史中心地位一直遭到忽视，直到 1971 年基思·托马斯（Keith Thomas）的著作《宗教与魔法的衰落》（*Religion and the Decline of Magic*）有了新突破为止。说到占星术与医学实践相结合的程度，令人惊讶的衡量标准是出版于 1485~1700 年间的所有占星术年鉴统计数据，其中有三分之一由医生撰写。[8]

关于放血规则，著名的牛津医生彼得·莱文斯（Peter Levens）在其备受欢迎的实用医学指南（于 1587 年首次出版，截至 1664 年已再版 6 次）中写道：医生应该"既不放血，也不切割静脉，但白羊座、巨蟹座、天秤座前半部分、天蝎座后半部分、射手座、水瓶座和双鱼座所在月份除外"。[9] 这种基于占星术的观点直到 17 世纪后期才再未受到质疑。当时，由尼古拉斯·哥白尼在 16 世纪中叶提出并且可追溯至古代的太阳系围绕太阳旋转这一理论，已赢得了人们更广泛的接受。从那以后，占星术便开始对有科学头脑之人失去效力。值得称道的是，霍奇斯所属的伦敦皇家医师学会耗费很多精力来杜绝医学中的占星术，并试图识别会占星术的医生，以禁止他们行医。

皇家医师学会是一个旨在规范君主时代医学实践的组织，创办时间要远早于17世纪内战。[①] 但这并不意味着它的成员全是君主主义者，也不意味着他们都是圣公会教徒；在内战即将开始前以及内战期间，该学会中主要是清教徒。与其他机构的命运一样，它作为伦敦监管医疗组织的卓越地位也随着17世纪中叶的动荡而急剧下降。查理二世回归后，学会希望能够恢复自己的中心地位。然而令它失望的是，有另两个组织已变得越来越重要，还赢得了议会的认可，它们分别是理发师外科医师公会和药剂师协会。[②]

最重要的是，从它自身的观点来看，皇家医师学会是通过拉丁语在大学学到传统医学的堡垒，其许多高级成员受教育的地方不仅是牛津或剑桥，更有莱顿和帕多瓦的著名医学院校——在那里，早在16世纪就已经在进行开创性的解剖学探索了。正如不少历史学家所指出的那样，17世纪的主要哲学辩论都是围绕着：什么是已知的、它们是如何被知道的，以及未来探索的最佳途径是什么。这种争论围绕古人（或宗教）和新思想家显现出的智慧断断续续地进行着。对于医学专业来说，我们所知道的东西都包含在传世知识中，而这些知识又与作为古老思想起源的大学的地位紧密相关。人们经常拿宗教与大学里接受的医学智慧做比较。[10] 而宗教和医学实践往往根据个人特定的世界观来建立联系。[11]

霍奇斯研究瘟疫的实证方法表明他强烈希望进入"敌方"阵营，同时抛弃皇家医师学会及其他大学的观点。他准备采用由几代欧洲大学教学灌输的长期公认理论，并让它们接受实践检验。

霍奇斯并非唯一一个留在伦敦抗击瘟疫之人。值得称赞的是，其他一些皇家医师学会的成员也留了下来。其他行医者的核心与留在城里的学会精英成员大不相同，并且形成了一个可被视作代表医疗方法改变的小组织。他们都追随着弗朗西斯·培根和帕拉塞尔苏斯（Paracelsus）等人的脚步，不过却被传统保守派斥责为"世间的渣滓"。[12] 在17世纪中叶英格兰的思想骚动中，经验主义者常常跟

---

① 其特许状颁于1518年。
② 二者都保留至今，不过皇家医师学会却一直是最有分量的，因为它仍然监管着专业医师资格。

类似于加尔文主义者这样的"狂热分子"和其他不随主流的宗教派别被划归到一类。这并非毫无理由，因为炼金术士帕拉塞尔苏斯的信徒往往与更极端的新教形式相关联。

瘟疫暴发期间，新经验主义者群体中出现了一些所谓的海尔蒙特学家（Helmontians）。这一群体以化学家扬·巴普蒂斯塔·范·海尔蒙特（Jan Baptist van Helmont）命名，相信可通过很大程度上归功于炼金术的新化学过程来制造药物。其中最杰出的是乔治·汤姆森（George Thomson），他不仅对瘟疫及其受害者进行了密切观察，而且还用自己的化学方法生成药物。他冒着极大的个人危险对一名瘟疫患者进行解剖。据说他也治愈过一些病人。很可能，其姑息治疗在某些情况下会帮助病人康复，因为感染并不总是致命的：存活率可以达到 10% 以上。

关于瘟疫患者有可能被治愈这种说法背后的原因，在汤姆森的同伴、海尔蒙特学家托马斯·西德纳姆（Thomas Sydenham）的著作中阐述得很清楚。瘟疫期间，日后被称为"英格兰医学之父"的西德纳姆并未选择留在伦敦。有圣詹姆斯那些宽阔的街道和相对卫生的环境，如果他和蓓尔美尔街的邻居们留下来，可能会相对安全一些。然而，西德纳姆还是去了乡下。他这么做也许是出于自我保护，或者仅仅因为他意识到自己几乎无能为力。无论如何，后来他给自己那本颇受好评的发烧教科书增订了一章有关这次瘟疫暴发的内容。在一个几乎没有确定疗法的年代，西德纳姆——追随着希波克拉底的脚步——观察到：只要施以援手，身体往往能够自我调节，从而让疾病消退。

在发烧的情况下，西德纳姆建议他的病人不要接受放血和排便等标准治疗方法，而应该用冷敷和洗剂来帮助他们挺过高烧症状（如天花等疾病）。众所周知，西德纳姆说他经常对病人采用的最好办法就是什么也不做。考虑到当时可用的医学知识水平，以及经常用到的奇怪甚至有害的疗法，西德纳姆帮助病人恢复健康，而且可能的话，他们还会依靠身体的自然防御能力与疾病对抗。下面他以其特征形式描述了猩红热：

> 那么，我认为让病人完全戒掉肉食和发酵酒，一直待在室内但不
> 要一直躺在床上，就足够了。随着脱皮（鳞状皮肤剥落）完成且症状消

失，我认为可以用一些适合病人年龄及体力的温和泻药来排便。通过如此简单、自然的治疗，这种小病——我们几乎不能说得更严重了——在既无麻烦亦无危险的情况下被消除；而另一方面，如果我们过度治疗，将病人局限于床上或者喂补品及其他多余且超量的药物，那么他们的病情就会恶化，甚至死于医生之手。[13]

当然，伦敦的男女老幼患者都不会死于这位医生之手。也许西德纳姆对医学的最大贡献是认识到发烧本身并非疾病，而是人体对疾病作出反应的某种症状，也许就为了对抗感染。

西德纳姆的方法开始得到他人的提倡，其中包括米林顿博士（Dr Millington，也许有点令人惊讶）——既是皇家学会的成员，也是保守的皇家医师学会会长。一段时间以来，人们已经认识到某些小病无法靠当前医生所知的任何方法治愈，而其他疾病则只是出现了好转。通常，观察到的疾病症状模式与处方治疗相似：在患者体温上升或经过人工排汗后，发热便会消退。而自然腹泻或让患者服用催吐剂等途径也能缓解胃病。

由于认为瘟疫基本上是致命的，医生们便把精力都集中于防护措施之上。就像霍奇斯的配制品一样，人们将自认为能预防感染的各种调和物要么吃掉，要么喝下，要么塞进鼻孔，要么吸入体内（如烟草）。大多数草药混合物都用到了英格兰常见的植物，如库帕尔（Culpeper）的《草药志》（*Herbal*）中所述。[14] 其他草药则是从欧洲带过来的，一起的还有美洲和远东等地的外来植物。最有效的口服药物是威尼斯解毒糖剂，这种昂贵的"万灵药"自古以来就为人所知，它由许多草药制成，通常还含有鸦片和蛇肉。于是伽林制作出了自己的版本。毕竟在17世纪，它主要从威尼斯进口，由于制作后要经过多年才酿熟，成本非常高。

惨　状

眼看瘟疫在伦敦蔓延，除了将这座城市隔离并等待瘟疫自行消退之外，其他的什么也做不了。那些想要出城之人必须得到市长的特许证，以证明自己身体健康。周边城镇和村庄对于没有这种证的人都保持着警惕。夏天依然异常温暖干燥，狭窄的街道上弥漫着死亡气息。在位于德特福德的家中，约翰·伊夫林也注意到死亡人数不断增加。他把妻子和家人都送去了萨里郡的沃顿庄园这一安全地带，那是他哥哥乔治的家，也是他 1620 年出生的地方。7 月 1 日，市长采取极端措施，实行政府的紧急"规定和命令"，并下令用木板封住所有受感染居民的房屋，从而导致健康者与病人关在了一起。他们还雇了看守，以确保无人离开隔离屋，同时给居民送食物和饮用水。据伊夫林记录，在 7 月的第二周，共有 1100 人死于伦敦。在接下来的一周内，死亡人数几乎翻了一番，达到约 2000人。[15] 在 8 月 2 日星期日这天，全国各地都举行了斋戒，以"对上帝用瘟疫和战争来表达对该国家的不满情绪进行反对"。[16]

8 月 12 日，市长出于善意，下令对伦敦全城实施宵禁。晚上 9 点，所有健康的人都被命令待在家里；这样，受感染的人和那些与之关在一起的人就可以离开家门，去外面呼吸一晚上的新鲜空气。不过，随着死亡率上升，该倡议便再没有实行。截至 9 月份，死亡人数升至最高点，一周之内多达 7165 人。城市边缘挖了许多乱葬岗。可是挖的速度还比不上埋的速度。论及对当时惨状的描述，纳撒尼尔·霍奇斯的话比大多数人的话更有说服力：

> 谁能表达出这种时代的灾难呢？ 整个不列颠都在为这座大都市的不幸而哭泣。有些房子里躺着等待埋葬的尸体，有些房子里的病人还在做最后的挣扎；在某间屋里垂死的呻吟清楚可闻，在另一间屋里则可听到神志不清的狂叫，而不远处，亲人和朋友正在为他们的亡故，也为自己随时会丧命的凄惨前景痛哭不止。"死神"成了所有孩子的产婆，婴儿从子宫里刚一出生就进入坟墓。眼看下一代的命运系于死去母亲的胸脯上，谁不会感到悲痛欲绝？ 或者，新婚的床变成了坟墓，这对不幸的夫妻第一次拥抱就遭遇死亡？ 有些感染者像醉汉一样在街上摇摇晃晃地四处乱跑，然后倒在地上死去；而另一些人则半死不活、昏迷不醒，只有最后的号声才能将其唤醒；一些人躺在那里呕吐，好像喝过毒药一般；还有一些人在购买生活必需品时便倒在市场上死掉了。[17]

瘟疫如此致命的原因之一是：伦敦给它提供了轻松传播的机会。各家各户通常人口众多。穷人都住在多人合租的公寓里，而即便是"中等阶层"的家庭也规模很大。一位中等收入的店主或商人家里人数可达 10 人以上。而四个孩子的家庭则可能有两名女佣和两三名学徒跟他们住在一起。只要家里有一位成员染上瘟疫，住在同一屋檐下的所有人都会有危险。

在最先报道出现瘟疫的圣吉尔斯教区，死亡人数令人非常震惊。该教区只有不到 2000 户人家，但截至年底，墓地里就埋葬了 3216 名遇难者的尸体。当肆虐的瘟疫最为严重时，伊夫林曾坐着马车穿城而过，亲自去了解情况。他在日记中写道："我沿着城市和郊区从肯特街来到圣詹姆斯街。这是一段凄凉的行程，看到那么多棺材袒露在大街上，且当时人迹稀少，就觉得十分危险；商店都关了门，四处一片凄凉的寂静，不知道下一个会轮到谁。"[18]

可尽管有危险，伊夫林为处理战时公务，仍继续在城里四处奔走，并沿着泰晤士河上下穿梭。同往常一样，他很清楚自己的公共职责，便承担了伤病海员事务专员的工作；这在战争期间是一项相当困难的任务，如今由于码头区感染瘟疫的海员人数众多，情况又进一步恶化。在之后的一次市内穿行中，伊夫林好几次不得不从马车上下来处理公务。他发现自己周围有"许许多多的可怜人，他们瘟疫缠身，在那里乞求施舍；商店都关门了。好可怕的景象"![19]

眼看一个个家庭完全消失，恐惧笼罩着幸存者；人与人之间开始互相憎恶，一些家庭将受感染的亲戚和仆人扔到了大街上；人们为残羹剩饭而争抢不断。佩皮斯评论说，瘟疫使我们"残忍得像狗一样"。[20]用木板封住的房屋可能会迫使里面的人死掉。纳撒尼尔·霍奇斯认为，将健康者同患者关在一起会造成死亡人数的增加。他还谴责了那些派去帮助受难者的人的所作所为："导致被关起来的人大量死亡的却是护士们的卑鄙做法（因为他们只配以最激烈的措辞提及）：这些人，出于掠夺死者的贪婪之心，会将病人扼杀，并归咎为喉咙里的热病……"[21]

觉得生活困难的不只是城内居民，对于大多数徒步逃往乡村的普通人来说，生活同样困难。他们经常在外露宿，还得去地里寻找食物。然而，除了那些担心生意遭到洗劫或因爱护受苦亲人而无法离开者，已经很少有人留在城里了。街上常见的人就只剩运尸车车夫、守夜人、各种各样的市政官员、一些药剂师和医生、一些牧师，以及那些被剥夺了栖身之所、只好等死的可怜人。唯一在混乱中蓬勃发展的群体是"世界末日传道士"。这些持末日启示论的布道者对人类大加斥责，说人类给自己带来了灾难。

这座城市出奇得安静，街上长满了杂草。不过，虽然商业生活停滞不前，但人们并没有挨饿。这要归功于市长、治安官和市议员的机敏反应。市议员是一群思想独立之人，他们大多要么曾在克伦威尔的军队中作战，要么支持过议会事业，因此不仅习惯了艰难处境，而且也不抗拒履行自己的职责。市长约翰·劳伦斯爵士（Sir John Lawrence）则是哈博戴斯公司（Haberdasher's Company）的前老板。他的房子坐落于王后码头行政区，就在圣保罗大教堂下到河边的斜坡上。他还担任过"白军团"（White Regiment）上校，那是一支经过议会训练的队伍。在宗教改革运动中，他放弃了上校身份，之后又被国王封为爵士。劳伦斯为人意志坚定，身边继续留有一群前"白军团"成员，充当他的劝导者或劝阻者（视情况而定）。

在许多防止城市瓦解的计划中，约翰爵士实施了一套粮食供应系统。丹尼尔·笛福结合了商人对一切商业事务的兴趣与记者对人的兴趣，后来解释城市当局是如何下令面包师必须保持烤箱不停地工作，否则将失去作为城市自由人的特权。为了给面包师提供食材，乡村小贩沿着主要街道进入城市——这些街道上没有尸体或其他可能的疾病载体。市长及其助手们每天都在巡逻，以确保食物能不断地进入各扇大门。[22] 购买食品时，买家和卖家之间的身体互动是不必要的。买家先将卖家篮子里的商品审视一番，说出自己想要什么，然后卖家把商品放入买家所提供的袋子里或放到地上。然后买家把支付的钱放在一桶醋里面进行消毒。当所有交易完成后，卖家从桶内把钱取出，再由指定的门返回。约翰爵士和其他代表的工作表明了这座城市组织和运转的良好程度。

为了给许多海员以及他们的家人和朋友提供食物——这些人曾经在停泊于伦敦池一直到莱姆豪斯（Limehouse），甚至更远处河边停泊的船上讨生活，一种更为复杂的食品交易形式被制定出来。那些正常职业已停摆的船工则可通过往大船上运送补给来挣点微薄收入。[23]煤必须从河里的船上卸下来，如果没有起重机，这可是一项缓慢而又艰苦的任务。

留下来帮忙的医生死了好几位。其中就有乔治·汤姆森的朋友乔治·斯塔基（George Starkey）。当他发现自己被感染后，便在脖子上挂了一只死蟾蜍，因为他相信蟾蜍腐败物中的"原子"能抵消瘟疫，而这种疗法被广泛认为是有效的。根据类似的推理，有人也提倡用蛇的某些身体部位来治疗中毒——他们认为轻微毒性可抵消更大的威胁。这种想法不过是交感巫术的一种形式，在许多被认为非常落后的社会中都可能存在。随着症状的蔓延，斯塔基注意到：在他喝了大量的"淡啤酒"之后，其毛孔就会闭合，从而阻止蟾蜍体内的"原子"进入自己的身体。换句话说，酒精能使他脱水。汤姆森尽力照顾自己的朋友，但无济于事。斯塔基很快就跟着蟾蜍"湮灭"了。

那么霍奇斯和汤姆森又是如何活下来的呢？毫无疑问，答案是运气。与通常寄生于人类的跳蚤不同，鼠蚤喜欢在衣物内"搭顺风车"，并通过人们的社交活动来"帮助"疾病传播。虽然瘟疫感染的主因是被跳蚤咬伤，但现在我们知道感染可能是由于近距离接触或直接接触造成的，如接触受感染的皮肤、口对口接触和吸入喷嚏中的飞沫，等等。因此，黑死病不仅仅是由受感染的跳蚤从一个宿主跳到另一个宿主身上，进而咬伤新宿主的皮肤来传播的。这样一来，霍奇斯、汤姆森及其同行在检查病人时就很容易被感染。

伦敦人采取的某些预防措施即便未能达到预期效果，但也起到了一定的作用。燃烧药草产生的烟雾并不能如人们所想的那样阻止空气传染，而可能只是让跳蚤不敢迫近。对于那些驾驶运尸车四处清理尸体的人来说，当他们一边用手把尸体搬进马车，一边叼着预防性的烟斗，烟雾可能起到了同样的效果。另一个产生效果的因素是被感染的跳蚤可能不再寄生于尸体之上，不过触摸死者的皮肤组织仍然可能致病。

17世纪的某个学派认为猫和狗有可能携带瘟疫，于是大量猫狗被消灭。根据笛福的说法，被杀死的狗数以万计。人们也曾试图灭杀家鼠和野鼠，以防它们携带病毒。当然，在没有训练小猎犬的情况下，想要捕杀老鼠是很困难的。

穷人的疾病

临近 9 月底，形势却发生了逆转。据说，由于夏季干燥，老鼠和跳蚤的数量开始减少，人类死亡率随之下降。但天气不太可能是形势好转的原因。如果说天气有何影响，那就是鼠蚤和它们的宿主一样，在温暖的天气里更有可能茁壮成长。更为可能的是，因为鼠蚤已经没有活肉可吸食，这种疾病才开始减弱。黑死病疫情很快消灭了黑鼠群体；于是饥饿的跳蚤开始寻找替代性的宿主。人类由于与黑鼠近距离生活，便成为最有可能被选中的物种。一旦人类宿主开始减少，跳蚤种群也会相继死去。

跳蚤也许是 1665 年伦敦事件的主宰，可它的力量并不绝对。确实，携带黑死病杆菌的跳蚤并不聪明，它们没有意识到：杀死这么一大部分宿主，实际上也等同于在自杀。这或许能解释欧洲各地瘟疫流行的典型急剧上升和下降，以及为何它们最终会完全停止；尽管另一种理论认为：老鼠种群开始对鼠疫产生一定程度的免疫力。

瘟疫对幸存者和那些在相对安全的周边城镇或乡村庄园里观望的人都产生了深远的影响。这很可能将年轻的威廉·佩恩（William Penn）推向贵格会，而不久后他果然加入该教派。他写道，瘟疫肆虐让他"深切地感受到这个世界的浮华，以及各种宗教的反宗教性"。[24] 眼看那么多教士任穷人自生自灭，这个相当自负的年轻人可能学会了自我审视。

10 月，查理在牛津召集议会，讨论与荷兰人之间的持续冲突。大家同意给舰队再提供一笔 125 万英镑的资金。而在解救伦敦方面，恐怕什么也不会实现。回顾过去，国王的优先事项会被视为一次政治失误。经济压力，再加上对生存的恐惧，从物质上和政治上给首都造成了双重打击。

首都周围挖成环形的巨大公共墓地里埋葬着成千上万的伦敦人——他们本来寄托了许多支持国王回归之人的希望。伴随着希望的则是中世纪医学的腐烂之躯。医生——除了少数可敬者——都拒绝给受难者治疗，让他们自生自灭：如果经济负担得起，便跟着医生离开伦敦；如果负担不起便留下来，然后尽量求助于护士和其他低薪护理人员。[25] 经过测试，发现基于理论而非实证证据的旧式医疗法大多毫无用处。[26] 伦敦在瘟疫中变成一片废墟的可不只是实体结构。医学界再也不会和过去完全一样了。如果旧的理念仍然存在，那是因为在治疗方面几乎没什么能取而代之。毕竟，医学实践在某种程度上一直是关于传递希望的。

到了 12 月，伦敦被宣布为安全城市——尽管次年瘟疫仍在继续夺走受害者的生命。付出可怕的代价之后，这座城市总算幸存了下来。新年前夕，约翰·伊夫林写道："感谢上帝，因为今年我周围有千千万万的人不幸死去、在世间消失，而他却对我格外仁慈，保护有加。"据瘟疫期间出版的政府官方报纸《情报员》（*Intelligencer*）称，有权有势之人一个也没有死亡。这么看来，瘟疫只是穷人的疾病。

第12章
战争与火灾

———◆———

重回正轨

在 1666 年这新的一年里，随着瘟疫逐渐消失，伦敦居民开始陆续返回他们的城市。到了 2 月，有些人认为王室再次入住白厅宫已无危险。商人和市内要员也带着自己的财富纷纷归来，那些大宅又重新开启门户。船只沿着泰晤士河驶入伦敦池，然后卸下重要食品和供给。泰晤士河沿岸的仓库再次被装得满满当当。牲畜贩子把牛羊送到史密斯菲尔德去屠宰。少数幸存者走出家门，他们骨瘦如柴，眼神闪烁。忍受了乡下艰苦生活的难民们衣衫褴褛，终于如释重负地回到了城内。新的移居者来自全国各地，分明都嗅到了机会。在 17 世纪，有危险的城市生活比农业劳动者的生活可强多了。

根据教区记录，这场瘟疫共夺去 68596 个伦敦人的生命。如果我们按照 1662 年约翰·格朗特的估算，将该城总人口（包括周边自由区和郊区）记为 384000，那么死亡人数可占总数的 17.8%。克拉伦登勋爵则认为实际数字可能是其两倍，即 35.6%。如果将 1665 年威廉·佩蒂爵士估算的人口记为 460000，那么死亡率就会低得多。

如今，人们普遍赞同伦敦死亡人数约为总人数的 20%。这会将实际数字定格在 92000 左右，不过现在许多人接受的数字却与 100000 相近。当时官方估计的全国瘟疫死亡人数为 200000。

城里的经济和社会生活都开始逐渐恢复——怎么可能不呢？瘟疫暴发前，伦敦就已经逐渐成为西北欧的贸易和商业中心。而那些四处逃散之人对农作物和畜牧业一无所知。他们急于回归自己熟悉的行业，回到制造和买卖活动中来。伦敦是他们的家，这里有工坊和工厂，有商铺和货摊，有行会和仓库，还有大型贸易商行。

有一项进展缓慢的事业是征税，特别是壁炉税，其收入直接归国王所有。到了春季，查理感到财政十分拮据，因此决定废除现行的税收制度，采用另一种可能会更有效的制度。地方税务官员的职权被免除，转而向名为"包税人"（tax farmer）的私人税务员发出招标。然后一个由伦敦商人组成的财团买下了征税权。他们将获准收取利润，从筹集到的每先令中分得。由此，税收便被私有化了。查理认为自己可以通过田税做得更好，这不禁让人怀疑他接受了糟糕的建议，因为包税制毕竟是一种臭名昭著的赚钱勾当。

就在伦敦重回正轨时，瘟疫病例仍继续出现，尤其是在较偏地区。据伊夫林称，直到 1666 年 4 月德特福德还有瘟疫存在，而有的地方进入秋季了也依旧有病例的传言。

革命性建筑

知识分子生活也重新开始。3 月 22 日，皇家学会举行了自前一年春季会议暂停以来的首次会议。参会人员包括克里斯托弗·雷恩，他刚从巴黎回来。

与其他许多人不同的是，雷恩不是为逃避瘟疫而离开的伦敦。有段时间，他一直在计划出国学习建筑艺术。虽然雷恩并未担任建筑师这一公职，但国王的测量师约翰·德纳姆早已指示他去巴黎学习最新理念。[1] 雷恩此行的目的可能只有一个——寻求可用于维护或重建圣保罗大教堂的点子。这对约翰·韦布来说算得上一种怠慢，毕竟他才是国王有实无名的测量员，只不过忙于各种王室项目。雷恩是个满脑子充满想法的年轻人，正在等待自己一生之职。

决定将雷恩送到巴黎的并非德纳姆，而是国王查理本人，因为他一直在关注雷恩的职业，并希望加以提升。查理的赞赏之情可通过以下事实来估量：1661年，他向雷恩提供了一个重要的职位，让他在丹吉尔测量并建造一处新港口。这一提议是通过家族和朝廷关系——对于王政复辟时期在伦敦的职业生涯至关重要——实现的。雷恩的堂兄马修·雷恩（Mattew Wren）是伊利主教，并因担任查理一世的牧师而发挥了相当大的影响力。他推荐雷恩担任这个职务，毕竟后者具有众所周知的数学才能。可是，遵照威廉·佩蒂的建议，雷恩最终拒绝了国王的提议——由于佩蒂曾在殖民地任职，他知道这份特殊工作只会带来棘手的局面。当然，雷恩这么做还有些不情愿，因为该项委托任务是带有承诺的：一旦约翰·德纳姆爵士去世，将由他来担任皇家工程总测量师之职。不过幸运的是，查理并未将雷恩的拒绝视为冒犯。

雷恩大概想去意大利看看古罗马和文艺复兴时期佛罗伦萨及其他地方的建筑。然而，他没有钱。但他知道，如果要扩展对涌入北欧的新古典主义建筑理念的认识，就得亲自去参观一些，仅仅靠在家里查阅策划书是不够的。全部可能的目的地中，既在他的能力范围之内，又能让他对其建筑有足够兴趣的，就只剩一个选择：巴黎。有了受邀与不列颠大使住一起作为保障，1665 年 6 月瘟疫刚开始肆虐时，雷恩就出发了。

这也许是他第二次造访巴黎。[①] 在那里，他对于教堂顶部呈穹状而非传统的英式塔楼和尖顶感到兴奋不已。他遇见过上了年纪的弗朗索瓦·芒萨尔（Francois Mansart），正是这位德高望重的建筑师将对称古典主义引入了法国。他还遇见了伟大的意大利建筑师兼雕塑家吉安·洛伦佐·贝尔尼尼（Gian Lorenzo Bernini），贝尔尼尼曾被邀请到巴黎为卢浮宫的重建问题提供咨询。这位杰出的人在整个欧洲都非常有名，因此每当他走过时，人们都会停下来注视。雷恩能与贝尔尼尼相见确实很幸运，毕竟后者并不喜欢迁就年轻人，无论他们多么有礼

① 根据莉莎·贾丁（Liza Jardine）为雷恩所写的传记，雷恩之前在从海德堡旅行归来的途中可能已经去过一趟巴黎。在那以前，人们都认为 1665 年至 1666 年的造访是首次。贾丁指称，鉴于雷恩已经着手开始的建筑和之前一样，他肯定早已亲自领会了新的欧洲理念。

貌、有教养。最后，雷恩得到贝尔尼尼几分钟的时间；在此期间，他匆匆地看了一眼这位大师的图纸——为恢复卢浮宫东面外墙这一重要委托任务而绘制的。雷恩说，为了拥有这些图纸，"我愿意拿我的这副皮囊交换"。[2] 可路易十四及其宫廷给予的却要少得多：在打好基础之后，他们便拒绝了贝尔尼尼的计划。

从雷恩对贝尔尼尼的建筑艺术满怀热情，基本可看出这个年轻人的思维方向。贝尔尼尼与弗朗西斯科·博罗米尼（Francesco Borromini）共同创造出奢华的巴洛克式建筑艺术，表达了天主教会反新教的反宗教改革态度。与其说吸引雷恩的是反宗教改革（因为他是一名极为坚定的圣公会教徒），倒不如说是建筑艺术那富有想象力的神韵。

当雷恩回到伦敦后，关于如何处理摇摇欲坠的圣保罗大教堂这个问题仍然丝毫没有解决。保守的建筑界人士一如既往地发声，认为应该把老教堂修补一下。而雷恩则看得很清楚，因其薄弱的地基和沉重的屋顶，古老的中殿已经从垂直位置倾斜了出去。整座老教堂在自身的重压下随时会倒塌，再怎么加固也无法长久地修复。由于刚从巴黎归来，雷恩早已准备好了新的提议。在朋友约翰·伊夫林和圣保罗教堂教长威廉·桑克罗夫特（William Sancroft）的支持下，他所提出的解决方案是：拆掉重建。毕竟修补只会意味着把问题延迟，"作为下一代将面对的慈善目标"。[3]

对雷恩来说，只有以英格兰前所未见的革命性方式才能满足创建这样一座大教堂的要求：它将成为伦敦的骄傲，同时又能满足新圣公会礼拜仪式所需。因导致召开 1661 年萨沃伊会议的改革，教堂再也不需要供人们观看神秘圣餐仪式的长中殿。但圣公会教堂仍然秉承其正统观点，雷恩支持的包容性新理念——它关乎会众参与宗教仪式并且在教堂里聆听读经和讲道——将会遇到麻烦。雷恩所希望的是一个较少层次的空间；在这个空间里，中殿在大穹顶下将会变宽变短，直至实际上完全消失，成为一个正方形的十字架，甚至呈圆圈状。

雷恩写信给负责圣保罗大教堂重建工作的委员会，说是传统的横道、中殿交汇处、唱诗班席位和十字型翼部都应该转换成别的："宽敞的圆顶室或圆形大厅盖上圆顶（穹顶）或半球形屋顶，且在穹顶之上还有一盏按比例上升的尖顶灯笼作为外部装饰"。（最后的细节表明，雷恩意识到教堂的层次结构无论如何仍需要一座英格兰哥特式尖塔。）他接着又指出了这一创新的主要优势："教堂原本因高度的缘故而过窄，如今让中间变宽敞了，也许更适合用作巨大的礼堂。"[4]

雷恩的革命性理念赢得了人们的支持，其中就包括老朋友约翰·伊夫林。不过，要想让他的理念占上风，还得在委员会及其顾问的全体会议上进行讨论。

四日海战

在召开这样的会议之前，英荷战争出现了一个重大转折。尽管前一年在海上取得了一些胜利，可不列颠即将面临的仍然是荷兰在贸易航线上占据支配地位。一支庞大的荷兰舰队满载香料从东印度群岛归来，竟没有遭到英方制止。更糟糕的是，出于在欧洲的扩张野心，连法国人也站在荷兰一方对英格兰宣战。在表亲路易十四看来，查理的国际扩张野心已影响到了法国的利益。因此皇家海军面临不得不与两支舰队作战的问题。一支法国舰队控制了加勒比海和苏里南的英属殖民地，并打算向弗吉尼亚进发；不过，英格兰于6月份派出的一支舰队又夺回苏里南，还摧毁了法国舰队的大部分军事力量。

在事态进一步升级之前，查理认为皇家海军急需给荷兰人一次沉重打击。一支由阿尔伯马尔公爵乔治·蒙克指挥的舰队袭击了停泊在敦刻尔克附近的荷兰舰队，于是战斗的序幕由此拉开。这场被称为"四日海战"（Four Day's War）的战争从6月11日持续到14日，是英国历史上耗时最长的一场海战。虽然双方均宣称获胜，但在最后的统计中，不列颠舰队却比荷兰舰队遭受了更大的损失，约20艘战船被摧毁，1000人遇难，2000人被俘。而荷兰舰队仅有六七艘船被毁，1500人遇难。遭到重创后，英军舰队便撤入泰晤士河口的安全地带。根据目击者描述，数百名满身污泥、伤痕累累的船员从海军小城罗彻斯特沿着马路艰难前行，打算去往伦敦，而且看样子已经不大可能重返现役。[5]荷兰人封锁了泰晤士河口，希望能阻止英格兰人进入英吉利海峡或北海。

因急于夺回在海上的优势，并防止类似本国商船队遭遇突袭的再次惨败，荷兰人决定实施一项酝酿了一年多的计划。该计划是等到英军舰队开进查塔姆（Chatham）船坞进行修理时，突然发动攻击，然后将其彻底摧毁。尽管好处不少，可它有一个主要缺点：实施的时间取决于英格兰人。7月底，一支由荷兰最杰出的海军上将米希尔·德·鲁伊特率领的庞大舰队启航执行计划，希望能找到封锁在查塔姆的英军舰队。可惜当时天气对荷兰人不利，而且预计来自法国新盟友的支援舰队也没有出现。鲁伊特不得不将计划推迟。7月25日上午，他在离北福兰（North Foreland）不远的海面上发现一整支由鲁珀特亲王和阿尔伯马尔公爵指挥的英军舰队。随后的交战被称为"圣詹姆斯日之战"（the Battle of St James's Day）[1]。虽然双方几乎都没有损失船只，但荷兰在战斗中却阵亡了更多人。有一阵子，因荷兰人的处境变得非常绝望，鲁伊特甚至站在旗舰甲板上喊着要殉职于英军炮火之中。

经过两天激战，英格兰人以微弱的优势获胜。英军海员阵亡了300人，而荷军则阵亡了1200人。接下来的一个月，始终被荷兰人视为祸患的海军上将罗伯特·霍尔姆——其指挥的舰队突袭了荷兰小镇西泰尔斯海灵（West-Terschilling），他发现160艘荷兰商船停泊在那里，摧毁了其中大部分。在后来所谓的"霍尔姆篝火"（Holmes's Bonfire）中，他还洗劫并烧毁了这座城镇。荷兰人将此次城镇袭击看作一次莫大的挑衅，而这也加强了他们给英格兰人致命一击的渴望。凭借着优越的造船业和经济上的支持，荷兰海军能够比英格兰海军更快地恢复全力。

在冲突期间，某些伦敦商人大发横财。如果他们能找到愿意冒险的船员，便可以带着补给品穿过有敌舰巡逻的海上航线，然后高价出售这些货物。威廉·赖德继续在为皇家海军提供来自斯堪的纳维亚的焦油、沥青和木材。如今富有了，他喜欢在朋友和生意上的熟人面前炫耀自己的乡间别墅，其中就包括管理他与海军之间合同的主要联系人塞缪尔·佩皮斯。

虽然一两年前伦敦市民和国王都完全支持这场战争，但眼下意见却并不一致。战争刚开始很顺利，可随着时间的推移，英荷两国的海上实力却出现了一些严重差异。尽管英格兰要比荷兰人口多得多，但这些人口主要由乡村农民构成，

---

[1] 在当时通用的罗马儒略历上，日期为7月25日，即圣詹姆斯日。

几乎或根本不交税。而荷兰主要是城市人口，税基十分牢固，因此按比例来讲能为海军投入更多资金。据英格兰驻海牙大使乔治·唐宁报告称，为了拥有一支强大的海军，荷兰人愿意缴纳高额税款。战争期间，英格兰人每建造一艘军舰，荷兰人就能造出七艘。对于任何一名骄傲的英格兰人来说，只要乘坐渡轮沿泰晤士河顺道而下，再经过位于萨瑟克区和罗瑟希德的皇家海军造船厂，都会对此感到十分惊奇，毕竟伦敦自都铎时代以来便一直以造船城自诩。然而，阿姆斯特丹在造船方面与伦敦相比毫不逊色，甚至更出色。[①]17 世纪 60 年代，随着国库空虚，议会热烈讨论了英格兰舰队是否有能力战胜敌人的问题。

在这种财政困难的情况下，圣保罗大教堂的修缮事宜令人厌倦，也成为教会当局和政府的肉中刺。必须作出决定了。8 月 27 日，圣保罗大教堂教长威廉·桑克罗夫特离开自己位于教堂南面的办公室，沿着一条狭窄的小路前行 200 码[②]到达教堂正西面，然后踏上了通往西门上方出自依尼哥·琼斯之手的宏伟古典式门廊。如今，杂乱的商铺和货摊与台阶和门廊排成一行，仿佛为了给这座每况愈下的哥特式建筑增添意大利式的庄严。桑克罗夫特走了进去，还要主持另一个有关大教堂未来的会议。

桑克罗夫特负责管理的教堂是英格兰最大的一座，在整个欧洲排第三。自从 11 世纪末征服者威廉统治时期奠基以来，圣保罗大教堂就一直耸立于伦敦的路德门山街。原址上以前的那座教堂早已被大火烧毁。由于 1135 年和 1212 年城里先后发生了两场严重的火灾，当前这座建筑的施工还曾延迟过。[③]该诺曼式教堂直到 1240 年才被"圣化"。然而自 14 世纪以来，它的结构就开始逐渐腐烂。其优雅的尖顶本是世界上最高点之一，1444 年被闪电击中后便在大火中烧坏。1561 年，当闪电再次击中尖顶时，它终于着火并倒塌。内战期间，议会士兵将中殿用作兵营。这不算什么新的亵渎行为；在伊丽莎白时代，教堂中殿就已经成

① 17 世纪英荷两国海军力量的差异直接导致不列颠后来对海军投入更多资金，并由此成为世界上最大的海上强国。

② 1 码 ≈ 0.9 米。——编者注

③ 自 1212 年失火之后，伦敦禁止采用茅草屋顶，转而喜欢上了瓦板或瓦片。

了伦敦的公共散步长廊，被称为"保罗走道"（Paul's Walk）。各阶层的人聚在一起走来走去，要么交换信息和八卦，要么进行谈话和交易，每天分早晚两次，仿佛是在参加晨祷和晚课。

桑克罗夫特教长即将与其他负责圣保罗大教堂修复工作的委员会合，而后者正同多位受邀的专家一道亲自了解问题的情况。约翰·伊夫林已经出席，并展现了他无所不知的卓越之处。雷恩也在那里，另外还有时尚建筑师罗杰·普拉特（Roger Platt）和石匠大师约书亚·斯特朗（Joshua Strong）。雷恩表达了个人观点，即由于屋顶的重量，中殿墙壁已开始危险地向外倾斜。而普拉特则不赞同。他的意见可不能不考虑；由于研究过罗马建筑艺术，他最近刚刚设计了克拉伦登勋爵的宅邸——目前正在皮卡迪利大街（Piccadilly）上拔地而起。作为以古典风格在英格兰修建的最早私人住宅之一，其设计已经颇具影响力。

有人用铅垂线测试了雷恩的说法，然后发现墙壁的确倾斜了——不过原因却是众说纷纭。一行人接着又来到横道处。这时，普拉特说旧的、不安全的尖顶可以修复或更换掉。可雷恩因得到了伊夫林的支持，则认为最好把它拆掉重建。不难推测，伊夫林和雷恩在提出共同主张之前早已达成一致。虽然委员们一致同意是不可能的，却决定让雷恩起草以穹顶取代尖顶的方案和费用。这一安排得到普遍的认可，也表明雷恩的密友兼赞助人桑克罗夫特教长事先便给予了支持。

大火之夜

就在圣保罗大教堂的委员们继续商讨之时，各位税务稽查员也开始了每年两轮的伦敦巡访，以确定应向国王缴纳的壁炉税金额。8月，一名稽查员步入伦敦桥附近的一条小街，街上住着男女熟练工人。布丁巷（Pudding Lane）是一条典型的中世纪街道，房屋主要由木材和灰泥建成，其悬挑式上层楼面都伸向了马路。稽查员挨家挨户地查看，并记下每幢房子里火炉和壁炉的数量。寡妇玛丽·惠塔克家有两个；泥水匠乔治·波特家有三个；寡妇甘德家只有一个。与其玻璃工的职业挺相称，托马斯·奈特家有四个；另一位泥水匠威廉·卢德福德家也有四个，不过其中一个为避税而故意给堵上了。他就这么一路统计着。布丁巷里的 21 户人家共有 60 个炉灶，半年共应向国王缴纳 3 英镑 8 先令的税金。纳税最多的家庭是托马斯·法里纳家；他是一名制作压缩饼干（船上吃的饼干）的面包师。法利纳的屋子和店铺内有五个炉灶和一个烤炉。[6]

9 月 1 日（星期六）晚，法里纳和家人以及女佣一起清理完烤炉和炉火，便去上床睡觉，准备迎来一个令人放松的星期天。可是凌晨一点钟，他家的房子就着火了。现在仍不清楚具体发生了何事，但似乎是烤炉里溅出火星，然后点燃了面包房。当一家子醒来时，面包房已是大火熊熊。眼看无法从楼下的面包房逃到街上，全家人只好打开顶层的一扇窗户，再由屋顶逃到隔壁的房子里。女仆吓得无法动弹，最后不幸葬身火海。

大火沿着拥挤的街道迅速蔓延。等到治安官被叫醒，且教堂里响起的钟声召来充当兼职消防队的自由民时，好几栋房子正在燃烧。狭窄的街道上，火焰从一栋楼窜到了另一栋楼。一股强劲的东风——约翰·德莱顿称之为"比利时来风"（a Belgian wind）——让烈焰蹿得很高，也更加快了火势的扩散。

多年来，伦敦的火灾隐患可谓人尽皆知，并且会定期进行讨论。约翰·伊夫林在 1659 年还就此发出过警告。然而，尽管存在持续性风险，人们却几乎没有采取任何措施。毕竟虽然火灾经常会发生，但一般都得到了控制。伦敦上次发生严重火灾还是在 1638 年。城内的消防工作由三个基本部分组成：喷水、拆除建筑物，以及将它们炸毁。先说说喷水吧：它要么用水桶徒手传递，要么从笨重的手持式喷水器（看起来像巨型水枪）中喷出，要么靠若干轮式消防车来抽送——只是穿过狭窄的街道很费时，而且输送距离非常有限。这些水都来自泰晤士河，在伦敦桥北端旁边装有一架水车。在极端情况下，木制总管道有可能被人劈开；但这通常也只会导致水流失。

第二种武器是消防钩，即一根 8~10 英尺或更长且末端带铁钩的杆子。它们被用来拆除已着火的建筑物或建筑物的某些部分。第三种方式则是破坏尚未被大火波及的建筑物，通过人工使用消防钩或火药，制造出防火带，即火焰无法到达的区域。

布丁巷的火灾中，第一种方法部署得较晚，因为大火发生在午夜。跟往常出现火灾一样，市长托马斯·布拉德沃思爵士也是从床上被叫醒的。托马斯爵士最近才刚刚接替约翰·劳伦斯爵士的职位，后者在瘟疫期间的表现令人十分钦佩。眼下轮到托马斯爵士接受考验了。如果需要毁坏财物来形成防火带，首先必须征得他的同意。而在重大情况下，还得寻求国王的首肯。可布拉德沃思睡眼惺忪地从床上爬起来后，对眼前的景象竟不以为然。他将火情审视一番，提出了著名的看法："女人的一泡尿就可以把它浇灭"，接着便又回去继续睡觉。[7] 而通过拆除房屋来制造防火带的请求也遭到忽视。

在希兴里伦敦塔围墙外的家中，塞缪尔·佩皮斯听闻火灾消息后立马从床上惊醒。起初，他的反应几乎和市长一样。火灾经常会发生；不管怎样，佩皮斯觉得自己家里很安全，因为大火位于房子的西南方向，而风却是从东边刮来的。于是他又回去睡觉。黎明时分，佩皮斯的头脑清醒了些，突然改变主意，还爬上塔楼的防卫墙，朝西边的大火望去。映入眼帘的景象令他十分震惊。火势已然失控，由布丁巷呈"V"字形往外扩散，向南不断迫近伦敦桥，向北则不断迫近市中心。佩皮斯能看得出来，还没有人下令设置防火带。

他已经没工夫见市长大人了，毕竟之前因海军部的事务碰到过对方。在那些场合，佩皮斯一直为伦敦城里被海军强征入伍的男性人数而担忧；那也是市政府和海军之间产生纠纷的主要原因。然而，与布拉德沃思数次会面，佩皮斯几乎没得到市长的任何回应；据他记载，布拉德沃思就是"一个善于应付公共事务的卑鄙小人"。不想这些都成了预言。

当佩皮斯来到火灾前线时，他发现自己的评价没错。布拉德沃思犹豫不决，根本拿不定主意。随后佩皮斯走到河边，乘船前往白厅并向国王报告了情况。此刻还没到正午。查理知道佩皮斯是个能干之人，听闻佩皮斯的看法后，便意识到必须立即采取行动。他将克雷文伯爵派进城去，传令让市长拆除房屋。克雷文在瘟疫期间的表现很令人尊敬，不失为理想的人选；他既是一名能干的军人，又是枢密院委员。因此，他有资格替国王评估形势，也有能力组织救火，而且之前还表现出了对伦敦的热爱。

佩皮斯再次回到了市内。在那里，他发现布拉德沃思在坎农街（Cannon Street）上大声叫喊，说人们不肯听从他的号令，又说火势蔓延的速度超出控制，还说自己整晚都没睡，为了"恢复精神"得离开一下。国王已经命克雷文勋爵派遣军队去支援市长手下的人，可布拉德沃思却拒绝了他们的好意。傲慢或许是他作出拒绝的关键，但长期以来，伦敦政府也一直希望让外界看到他们有能力管理好自己的事务。历史性的精神独立意味着皇家军队通常不受欢迎。尽管布拉德沃思拒绝帮忙，国王还是从皇家军营派出了一支军队。[8]

燃尽全城

随着拯救中世纪伦敦的战斗继续，整座城市到处都在发生抢劫。窃贼洗劫了圣詹姆斯宫和白厅宫的部分宫殿。大火愈烧愈烈，不仅形成了真空状态，并且在漩涡中汹涌澎湃，有时还会逆风打着旋，将那些并未直接挡道的建筑吞噬掉。大部分伦敦人口都涌出了中世纪城门，或者下到河边躲避无法预测行进路线的大火。他们逃往偏远的村庄和乡下，就睡在临时住所里。沿着码头，储存在大仓库里的香料在高温下汽化，散发的浓郁香味在城内四处飘荡。伦敦桥尽头的水车被烧毁了，就连部分桥体也未能幸免。教区教堂尖顶变成了伸向天空的蜡烛，正熊熊地燃烧，而屋顶的铅如同灰色雨水一样从两侧直往下流。石头在极端的高温下逐渐碎裂，化为灰烬。烈焰顺着康希尔街向西蔓延，烧毁了一排排金匠作坊和房屋，又顺着齐普赛街吞噬了一众大银行家们的宅邸。罗伯特·瓦伊纳爵士那栋位于伦巴第街的大宅——他经营银行和金匠生意的葡萄藤庄园——也被烧毁了（在抢救出自己的金子之前），而纳撒尼尔·霍奇斯医生的住所兼诊室同样惨遭厄运。被烧毁的还有约翰·格朗特的男装店和住处。[①]

最后，大火烧到了圣保罗大教堂东侧。教堂东边的大窗户在热浪中直接碎裂，而火焰更是将祭坛、唱诗班席和中殿映得通红。大火瞬间吞噬了一切。古老

---

① 格朗特再也没能从灾难中恢复元气。这场火灾连同其他商业灾难（其中一些与他皈依天主教有关），终于使他陷入贫困，并于 8 年后撒手人寰。

的大教堂对火灾并不陌生，再次置身于升腾的烈焰之中。大火先后穿过唱诗班席，又窜上中堂，逼近依尼哥·琼斯像的西面。因受不了炙烤，那座经典的石雕很快开裂并倒塌下来。不知何故，中世纪的中殿却仍然屹立不倒，但早已空无一物，且没了顶棚。

星期二，国王命约克公爵负责此事。尽管布拉德沃思拒绝部署军队，公爵还是从王宫的兵营里调集了更多人手，骑马沿着河岸街穿过路德门进入着火的城市。他迅速安排士兵保护财产免遭抢劫。眼看火势汹涌，国王和弟弟也一起加入到组织灭火的战斗中。詹姆斯将军队派往 8 个消防基地，每个基地有 30 名士兵和 100 名志愿者。下达用消防钩来制造防火带的命令后，他又骑行于基地之间以协调他们的行动。查理亲自骑着马穿过一条条街道，劝说伦敦市民加入消防队伍，并拿着个袋子发钱以示鼓励。这正是国王能展现其最好一面的情势。自从 14 年前的伍斯特战役（Battle of Worcester）中查理在手下面前展现其英勇却无效的立场以来，他就再也没有机会展示个人胆量了。如今，在面临生命危险的情况下，他再次成为一名实干家，而不仅仅是一个行政人员。跳下马背后，他便加入一支消防队，拿着灭火泵连续奋战了数小时。

在西边，大火已经越过城墙，逐渐向白厅和威斯敏斯特逼近。于是詹姆斯下令用火药来制造防火带，还命人炸毁街道上的房屋，以阻止火势蔓延至北边城墙之外以及西边的白厅。因狂风将燃烧的余烬带到了白厅，人们认为国宴厅也会有危险。城市东边，驻扎在塔内的军队炸毁了更多房屋（据说是自主行动，但有可能听命于约克公爵），以阻止火势进入要塞，因为那里存放着大量火药。

到了星期三，在军队、市议员、自由民、国王和公爵，以及许多普通伦敦居民（他们终于肯拆除并炸毁房屋，以阻止火势蔓延）的共同努力下，火势总算得到控制。熄灭的大火呈一条弧线，范围从西边的中殿律师学院向北向东至霍尔本桥，再穿过克里普勒门（Cripplegate）、艾德门街、主教门大道北端（曾经美丽的利德贺街尽头），来到芬丘奇街（Fenchurch Street）上的中世纪教堂——圣迪奥尼巴克教堂（St Dionis Backchurch），最后到达东边的塔池。直到用上火药和消防钩，它才终于停了下来。据《伦敦公报》（London Gazette）报道："托上帝的福，到星期四它终于完全被控制和扑灭。"[9]

城里至少有 65000 人流离失所。城墙以内的建筑物有六分之五被毁，再加上西边城墙外还毁去许多，总共大概有 13500 栋房屋被毁。和圣保罗大教堂一样，城墙内的 97 座教区教堂共毁掉了 89 座。市政厅成为一片废墟，只剩下个空壳。作为城市金融中心，财政部、皇家交易所、海关大楼和金匠街全部消失，已化作瓦砾。泰晤士街沿线那些大商家的仓库，连同里面充当引火物的柏油和牛脂等存货，都被焚毁殆尽。随着作坊和工厂被彻底摧毁，伦敦这座生机勃勃的城市已辉煌不再。伦敦塔附近，艾德门街早已消失，那里的建筑物都变成了冒烟的废墟；其中就包括托马斯·布拉德沃思爵士的豪宅，此人虽被国王授予爵位，却未能拯救这座城市。

不过令人惊讶的是，仅有几人在这场火灾中丧生。在烈火包围圣保罗大教堂之前，曾经有数百人跑来这里避难；其中的一名老妇人因为走不动了，最后和几十条狗一同死于西门附近。包括法里纳家的女佣在内，官方公布的死亡数目仅为 6 人。城内总共有不到 20 人丧生。[10]

当然，这些数字并未将逃出城后死亡的许多人算在内。因无家可归而死于受冻、饥饿或贫困的人不计其数。1666~1667 年的冬天格外寒冷，而随后的那个冬天也同样如此。据伊夫林记录，他在伊斯灵顿（Islington）和海格特（Highgate）看到各个阶层共 20 万人沿马路和沟渠躺在地上，身边的家当所剩无几。于是一项援助无家可归者的计划随后启动。政府发布了一系列救济流浪汉和饥民的命令。与那些同业公会一样，伦敦市政当局不得不动用大量财力物力来为受灾者提供住所和食物。许多人在城墙外开阔的田野和公地上露宿，还有更多人栖身于匆匆搭建在林肯律师学院广场、科芬园和沼泽地的临时营地里，一个个苦不堪言。不过混乱中倒是没有死亡记录。

现在到了中世纪伦敦的尽头。9 月 6 日，约翰·伊夫林乘坐渡船沿泰晤士河逆流而上，想看看还剩些什么。所到之处令这位审美家的双眼刺痛不已。"精雕细琢的默瑟礼拜堂（Mercer's Chapel）、富丽堂皇的交易所、庄严肃穆的基督教会建筑、公司大厅的剩余部分、壮丽的大楼、拱门、入口，全部埋在尘土中"，再也回不来。

于是有人开始寻找替罪羊，并且还找到了：一切都是天主教的阴谋（甚至连约翰·格朗特也遭到怀疑）；要么便是荷兰人纵的火。后一种说法更受到赞同，它被认为是对两周前海军上将霍尔姆突袭荷兰海岸所做出的报复行为；毕竟在那次试图摧毁大部分荷兰商船队的行动中，整个西泰尔斯海灵镇被烧得精光。可这两种说法都不正确。9 月 7 日星期五，国王命士兵从城里撤出。然后，他骑着马去往临时营地，向那些无家可归者表示慰问。在沼泽地，查理参观了一处巨大营地，里面容纳有数千名失去家园的人。在一次振奋人心的讲话中，他说大火乃是出自"上帝之手"，而根本"没有任何阴谋"。

由于备受鄙视嘲讽，如今托马斯·布拉德沃思爵士被安置在一个为消防员购买新设备的委员会中。本着值得称道的恶意讽刺性幽默，同时也向布拉德沃思关于如何灭火的无耻言辞致敬，委员会索性下令采购"容器"——除了水桶，这个词也令人不禁想起另一个容器：便壶。

第13章
余 波

———◆———

"奇迹年"

大部分旧伦敦已不复存在，随之消失的还有许多重要的行政大楼，包括海军办事处、税务局和皇家交易所等。然而该国还处于战争状态。为了让政府能够继续运转，城市外围的建筑都被暂时征用。荷兰人和法国人很想知道这场大火对英格兰发动战争的能力或愿望会产生何种影响。答案很快就揭晓了。两国驻英大使都报告说，伦敦人因自己的城市被毁感到愤怒不已，同时也希望对做了这件可怕之事的敌人实施报复。而据威尼斯驻英大使报告，绝望可能会驱使伦敦人入侵荷兰。[1]

不过，有复仇的愿望是一回事，有能力将它落实则是另一回事。毕竟火灾和瘟疫严重影响了皇家海军的战斗力。位于伦敦塔东北方向的海军局大型供应场倒是在大火中幸存了下来，但其补给能力已受到瘟疫的严重影响。家畜十分稀缺，制作面包的面粉也一样。啤酒供不应求，因为许多制造酒桶的桶匠都死了。在伦敦塔下游地势开阔的水手镇，大批能干的水手因瘟疫来袭时没有上船，早已受到传染。商品贸易也遭受了打击。由于既无财力也无人力，根本没法像两大灾难之前那样将许多商船派往世界各地。瘟疫和火灾之后的5年里，伦敦船只横跨大西洋运送的奴隶数量几乎减半，从 10049 人降为 5947 人。[2]

回顾 1666 年，伦敦人绝不会想将它描述成 "annus mirabilis"（即 "奇迹年"）。然而这恰恰是约翰·德莱顿在 1667 年初写的一首诗中所言。德莱顿渴望为这座遭受重创的城市摇旗呐喊，并表达自己对过去之事的感受。与过去的年代一样，许多人都在寻找能解释所发生事故的预兆。而出现瘟疫的年份——666年——在《创世纪》中被视作和野兽有关。另外，很多人也认为在 1664 年冬天和 1665 年春天看见彗星是可怕事件的预兆。德莱顿完全不赞同：

> 他们星运的最大恶意已成过去，
>
> 两颗可怕的彗星，给市中心带来了灾祸，
>
> 在遭遇的瘟疫和火灾中咽下最后一口气，
>
> 或者下陷的眼眶隐隐皱眉。[3]

德莱顿对伦敦的颂歌既回顾了过去，也展望了未来；既有海上对荷兰人的胜利，也有建设一座辉煌的复兴城市之契机：

> 我认为，从这团化学火焰中，
>
> 我已经看到一座更加珍贵的城市：
>
> 如同给印度群岛命名的城市那般富有，
>
> 用银子铺就，一切都散发出神圣的金光。

打个比喻，德莱顿的愿景将会实现，但在那之前还有很多事情要做，而且要承受巨大的困难。查理及其政府认识到重建城市必须遵守秩序。9 月 13 日，总测量师德纳姆发出指令：在进行勘测并制订出全面规划之前，任何人都不能重建自己的房子。10 月 10 日，国王与枢密院会晤，以确定如何衡量损失。他们委派了一个由四名经验丰富的测量员和绘图员组成的小组前去勘测并画出伦敦平面图，这样便可显示出毁坏规模。与此同时，在国王和市政当局的共同授权下还成立了重建委员会。被任命的人里就包括两位老友兼合作者：克里斯托弗·雷恩和罗伯特·胡克。[4]雷恩是由国王任命的，而胡克则是由市政当局任命的。如今，他们将运用共同的智慧来重建伦敦——不过雷恩需要等待数年之后，才能在查理二世的恩惠下完全实现自我。

这个冬天非常寒冷。泰晤士河面结满了冰，无家可归的人被活活冻死。在查塔姆，水手们忍饥挨饿，却拿不到任何议会或国王支付的报酬。由于瘟疫和火灾之后税收减少，两者均已破产。人们也越来越意识到，公共资金习惯性地流入奢侈的王室。就在国王的情妇芭芭拉·帕尔默不断渴望并得到更大礼物的同时，政府却没钱供养海军船员或派遣舰队出海。[5] 伦敦人的情绪由对外国人的敌意变成了对斯图亚特家族的敌意。

重建计划

多年来，聪明之人都知道必须对伦敦的古老建筑采取点措施。国王和市政当局召集了最具想象力之人来制订重建城市的计划。所有人都认为应该建造一座更益于健康的城市，房屋用砖而不是木材建成，街道要更宽，污水系统要更合理——就像林肯律师学院广场和科芬园部分建筑那样。

设计方案倒是不缺乏。正如约翰·伊夫林所言，"每个人都带来了自己的想法"。那些提供设计之人便包括理查德·纽科特（Richard Newcourt），他是一名对伦敦非常熟悉的制图师。而他绘制于 1658 年的详细地图也是展现伦敦城火灾前面貌的唯一现存资料。纽科特提议按罗马网格模式建造一座城市。它将向北、向东延伸，直至"芬斯伯里田野上的风车"，这样它就会变成"一个美观的长方形广场"。[6] 在城市的南部边缘，沿着河道会有一排连绵不断的优雅建筑矗立于拱门之上。拱门后面，向北延伸的街道则会进入城市。而通往泰晤士河的路也要经过拱门。在这排建筑物的较远一边，将会建造一大片码头前沿，"在水边的长度为 60 码"，它不会"被任何建筑物或其他障碍物掩盖拱形设计的美感"。[7]

纽科特的长方形城市由东到西横贯着七条距离相等的大道，每条宽度可达80 码。另外七条主要街道由北向南延伸。这样一来，整座城市被分为 64 个方形的单元（或纽科特所谓的"地块"）。每个单元构成一个以教堂为中心的教区。为建成主要的公共场所，四个基本单元可能会合并。以圣保罗大教堂为例，重建后的教堂将坐落于一片大广场的中心，有点像科芬园。这个激进的方案因实施起来需要毁去伦敦的所有剩余部分，最后不出所料地遭到了否决。不过，它倒是成为威廉·佩恩 16 年后所宣传的费城乌托邦之梦的灵感来源。[1]

军官瓦伦丁·奈特（Valentine Knight）提出了另一种形式的激进方案。他建议从伦敦塔旁边的泰晤士河开凿出一条运河，向北穿过老城区，再向西横穿大都市，最后在城市西侧的围墙外与弗利特河（Fleet River）相连。奈特的建议是解决在拥挤的城市里出行之绝佳方案。而其败因则是付款办法。奈特认为国王可收取运河通行费来帮助重建，这不无道理。但查理对自己的个人公众形象很敏感，觉得人们会以为自己从这场灾难中获益。于是他将奈特关进了监狱。

罗伯特·胡克无论多么忙都渴望再承担一项计划，于是他也提出了自己的方案。他的住处格雷沙姆学院在大火中逃过一劫。随着市政厅的消失，市长和市政当局都没有办公室，于是他们将学院没收，直至新的市政厅建成为止。皇家交易所也把活动搬到了学院里。受第六任阿伦德尔公爵亨利·霍华德（Henry Howard）之邀，皇家学会如今占用着河岸街上的阿伦德尔宫（Arundel House，就在萨默塞特宫隔壁）。因为大家都知道胡克再无别的住处，所以单单只有他获准同所有教授一样入住里面的房间。

从那里——就在被毁坏的城市内，他想到了开展重建工作的最佳主意。类似于纽科特，他也提出几何网格模式，其中的主要建筑如教堂和商业大厅可建造得像是在棋盘上一样。

新安顿在格雷沙姆学院里的市政官员们因十分喜欢他的设计而予以批准，甚至拒绝了市法定测量员彼得·米尔斯（Peter Mills）所提出的方案。由于米尔斯的方案没能保存下来，它究竟采取何种形式我们也不得而知。另一位热衷于参与讨论的英格兰皇家学会成员是威廉·佩蒂爵士；他渴望就组织工作发表自己的观点，而这些观点还是他在爱尔兰政府任职期间所收集到的。他并未出示一份城市平面图，却就重建后的城市该如何管理提出了个人想法。

另外两名皇家学会成员也为这项任务出谋划策。约翰·伊夫林和克里斯托

---

① 任何读者如果想了解如此多美国城市的重复网格模式，只需看看纽科特的罗马式愚蠢设计就够了。目前它仍保存在伦敦 EC1R 0HB 北安普顿路 40 号的伦敦大都会档案馆内。

弗·雷恩均提议建一座理性的古典城市。两人的方案非常相似。这并不奇怪，因为他们已讨论过如何重建这座城市。向来极度活跃的雷恩很快拟定了一些初步方案，而伊夫林肯定也看过。无论如何，两人的方案都有一个关键特点：将威斯敏斯特和伦敦西区纳入总体设计；这样一来，弗利特河以东重建的城市便与西边较新的城市相连接。按照雷恩的方案，圣殿学院北面将会修建一座巨大的新广场，有八条路从那里向外辐射。一圈外部汇合的道路将它们连接起来，形成了一个八边形。其中一条辐射道路通往白厅宫，而其他道路则通往城墙内的老城。在这一点上，两个方案有着惊人的相似。如果那还不够，两个方案都包含了从圣保罗大教堂向东延伸的大动脉；伊夫林的方案里有三条路线呈扇形散开，而雷恩的方案里仅有两条。两个方案大不相同之处就在于从大火中拯救出来的墙内东部城区。在这里，伊夫林提出了大规模的重建计划，包括另一座八边形的大广场，而雷恩则对它完全不管不顾。

　　雷恩展示出了熟知他的人所评价的工作能力，于火灾发生 11 天后便完成了他精心准备的方案，比德纳姆发出紧急措施还早两天。根据其一贯的思维方式，他并未将个人方案展示给皇家学会，而是直接呈献给了国王。（同样值得赞扬的是，两天后伊夫林也呈上了自己的方案。）凭借着高超的绘图技术，雷恩的平面图既漂亮又清楚。不仅如此，平面图本身也很优雅、很理性，围绕几个关键点规划了一座现代化城市；这些关键点主要指旧城西部的圣保罗大教堂，它由东西干道的北部分支连接至皇家交易所，且后者还成为全城焦点。显然，雷恩在法国期间不仅仔细查看过建筑，而且在规划方面也接受了新理念；最著名的当属安德烈·勒·诺特尔（Andre Le Notre）于 1661 年为凡尔赛宫花园和绿地所做的设计，它们满是网格和象征着胜利的对角线。无怪乎雷恩没有把自己的平面图拿给皇家学会讨论，因为他设计的是一座专制君主的"凯旋城"。

　　理查德·纽科特的愿景是一座围绕教区网格来规划的宗教城市，而雷恩的愿景则更切合实际。皇家交易所周围将会设置邮局、税务局和金匠经营场所，而最有趣的是，还有一个简单标记为"银行"的地方。最后这个是围绕启动国民银行以取代当前多头系统（hydra-headed system）这一长期争论的标志；借由该多头系统，许多市内金匠／银行家纷纷向财政部放贷——财政部不在城里或附近，而位于白厅宫之中，也因此象征性地将其置于国王的直接领地内，避免了为国民服务。

查理一直关注着法国的处事方式，因此赞成大规模的重建计划，以创造出主要林荫大道和胜利景观。对此，市政当局察觉到两大障碍：第一是成本，第二是国王青睐的法国化设计。不过议会会议没有得出任何结论。距雷恩及其他所有人的图纸被永久地收起来过去了很久，关于城市总体需求的争论仍在继续。伦敦的经济复苏岌岌可危。商人和店主不想等上多年才搬回一座按古典罗马风格设计的美丽且又"胜利"的城市：他们就想马上恢复生意，或者尽快清理废墟并建造新的商业大厦。

在雷恩的朋友罗伯特·胡克带领下，有个小组勘测了被毁城市的轮廓，并绘制出包含大道和小巷的地图。在此基础上，也形成了拓宽道路以及如何补偿那些财产受损之人的方案。新大道的宽度根据功能变化而各不相同。坞边大道的宽度为 100 英尺，主街为 70 英尺，其余街道或 50 英尺宽，或 42 英尺宽，直至减少为 16 英尺宽的小巷；在可能的情况下，后者将会全部免除。填充碎石或灰浆的木质建筑已被禁止，所有新大厦都得用石头或砖块建造；绝不允许有悬挑的上层、窗户或廊台。所有这些规定于 1667 年形成了《重建法案》(Rebuilding Act)，且截至当时修建的房屋多达 650 栋。对那些因拓宽道路而失去土地之人所做出的补偿，将由随后 10 年里伦敦每卸下一吨煤就征收 12 便士的新税收来支付。

虽然胡克急切地规划着勘测过的城市布局，但其主要机构和实体也遇到了难题。跟教堂一样，城内大部分古老的同业公会已经被毁掉。不过，伦敦生活中的某些元素却以惊人的速度在复苏。政府在临时办公地中继续发挥其主要职能。而格雷沙姆学院内，市政当局几乎是不停地开会。尽管遭到驱逐，并且有若干成员参与勘测和重新设计受损城市的重要工作，可皇家学会的会议还是迅速重新开始了。在 1667 年 10 月 30 日举行的一次会议上，威尔金斯博士提出：目前正是学会建立自己学院的好时机。到了 11 月 5 日的下次会议，这个想法已经付诸实施。该学会的某些富裕成员承诺提供资金。而全体成员也都将收到书信，要求给予捐赠款。

到次年 5 月，承诺的资金已多达 1000 英镑，于是学会投票决定尽快开始建造新学院的工作。该大楼将建造于河岸街与河道之间，在诺福克公爵提供的土地之上。克里斯托弗·雷恩和罗伯特·胡克似乎还不够忙，双双被请来起草方案。雷恩估算的费用为 2000 英镑。胡克算出的费用未知，不过两人提的方案都将在 1668 年 7 月 13 日做出裁定。与此同时，胡克同往常一样，受命承担这项工作，制作模型、估算成本、雇用工人，并根据学会希望对原方案做出的改变绘制更多图纸。但一切都毫无结果。8 月 10 日，一次会议决定把建设新学院的工作推迟到第二年春天。[8] 然而从那以后，所有围绕这个伟大计划的提法都不了了之。

皇家学会未能建立起自己的学院也决定了它未来的命运。关于此项工作没能进行的原因并无记录可查，但我们有理由推测是因为当时筹集的资金不够。许多成员都未能兑现捐赠款，而有些会员则太穷了，根本拿不出。当然，也可能是诺福克公爵收回了他的土地。[9] 无论如何，学会都进入了一个逐渐衰落的时期；直到 1703 年艾萨克·牛顿爵士当上会长，并带来个人的国际声誉，它才开始恢复原有的威望。

新实证思想

但那些都是将来的事了；眼下，该学会惯常的一系列活动和出版物仍在继续，也成了新实证思想的"共鸣板"。1667 年，它迎来了泰恩河畔纽卡斯尔公爵夫人玛格丽特·卡文迪什（Nargeret Cavendish）的访问；此人不仅是当时最著名的批评家之一，也是一名贵族作家、思想家和哲学家。对于卡文迪什来说，实验主义阻碍了纯粹理性的运作。问题的关键是：引入机械式仪器怎能有助于了解"上帝的世界"呢？既然"上帝"设计了这个世界，那么生活在其中的人就应该依靠"上帝"赋予的能力——如分析推理等——去了解它。反实验主义者认为，显微镜等仪器已介入人类与其他"上帝创造物"之间。

玛格丽特·卡文迪什并不完全反对皇家学会的实验工作。她很重视在了解自然世界的过程中，观察所起的作用，也认为应该训练人们这么做。然而她与罗伯特·波义耳一样，认为任何理论或观察都不能被视作"真理"；我们所能做的只是将个人发现当成一种可能性。[10]正如波义耳所言，"不想教条化，而只是为了进行调查"。[11]

卡文迪什读过《显微术》，但并不相信胡克的所有结论。在评论他的观察结果，即不同光线下苍蝇眼睛的构造似乎各不相同（呈多孔格状、圆锥体、角锥体等）时，卡文迪什认为显微镜提供了"不一致且不确定的依据"，并质疑实验者如何判断"最真实的光线、位置或介质的确自然呈现出了物体的本来样貌"。[12]这个观点很合理，因为它并不完全基于对观察背后想法的敌视，而是基于观察的质量。

公爵夫人也并非唯一批评使用显微镜之人。托马斯·西德纳姆赞同她的某些保留意见，同时还加入了个人看法，即增强"上帝"赋予的人类感官甚至可能是罪恶的。他与新认识的医生同行约翰·洛克讨论了自己对显微镜的批评；后者作为一名哲学家兼政治理论家，在启蒙运动中发挥着十分重要的作用。

1632年，洛克出生于萨默塞特郡的一个清教徒家庭；他家在内战期间还支持过议会。凭借父亲旧时指挥官的赞助，洛克先后去了威斯敏斯特公学和牛津的克赖斯特彻奇（Christchurch）。1667年，他受财政大臣兼第一代沙夫茨伯里伯爵安东尼·阿什利·柯柏之邀来到伦敦，担任其私人医生。在洛克的照看下，柯柏的肝囊肿被成功切除，于是两人成为朋友。柯柏认为洛克挽救了他的性命。因此，当时两位最重要的政治人物走到了一起。

洛克就住在阿什利·柯柏家——河岸街上的埃克塞特大厦内，隔壁便是阿伦德尔公爵的豪华住宅。在这里，洛克也许接受了柯柏（他对较为年轻的洛克影响极大）的建议，开始研究有关政府和国家的理论。就像约翰·米尔顿和很久以前的西塞罗一样，洛克得出结论："唯一公正的社会"是政府和民众之间有契约的社会。虽然这部相关作品在查理统治时期无法出版，但在那些不再对查理抱有幻想的人群（如阿什利·柯柏）中却秘密传播开来。

洛克继续和西德纳姆一起从事医学研究；西德纳姆在蓓尔美尔街有一间经营得很成功的诊所，距离埃克塞特大厦不远。洛克特别钦佩西德纳姆坚持敏锐的临床观察这一主张，而非"沉迷于毫无根据的猜测"。西德纳姆在现代不列颠哲学发展中也发挥了重要作用。他与阿什利·柯柏一同被认为给洛克那部极具影响力的著作埋下了种子；该著作以经验主义知识为基础，后来以《人类理解论》（*Human Understanding*）为题出版。不过，在很久之前，洛克和西德纳姆就已经写过一篇关于显微镜应用于解剖学研究的论文。他们的综合评估是，这种非自然的辅助工具强化了某种观点，即"上帝"对人类所能观察和了解的事物是赋予了限度的。他们认为，通过在显微镜下检查人体内在，所做的一切都是为了帮我们观察越来越多事物的表面，"创造一个新的表象供我们自己凝视"。[13] 这是个精妙的论点。然而，随着科学方法论的改进，它将会变得多余。

实验主义的批判往往只关注事物表面，它在 17 世纪的思维方式中与活力论的形而上学思想相联系。该观点认为，有生命和无生命的物体之所以不同，是因为那些被判定为活着的物体中有一种"给予活力"的火花，而那些被判定为没有生命的物体中则并不存在。鉴于 17 世纪中期的生物学知识很有限，"活力论"是个受到高度重视的哲学立场。

因玛格丽特·卡文迪什很想亲眼看看皇家学会的实验，5 月 23 日她在丈夫威廉·卡文迪什［William Cavendish，既是第一任纽卡斯尔公爵，也是著名的 "哈德威克的贝斯"（Bess of Hardwick）之孙］的陪同下，从自己的爵位所在地——北安普敦郡的威尔贝克修道院———一路南行。公爵曾经在内战中支持过保皇派，是若干作家的资助人；这些作家包括琼森、达文南特、德莱顿和托马斯·沙德威尔等。而他最大的热情却是繁殖和训练马匹，并且希望伦敦城能够热烈欢迎自己关于该主题的新书。

不过伦敦城对玛格丽特更感兴趣。凭借"奇异的"着装和对诸如诗歌和自然哲学等知识探索（普遍认为更适合男性）的广泛兴趣，她被看作不合常规。在男性文学界和科学界，她的造诣大都遭到忽视，不过人们倒是普遍承认她长得非常漂亮。[14] 在其丈夫为她那本非凡的乌托邦式小说《燃灼的世界》(*The Blazing World*)——出版于她拜访众会士的前一年——所撰写的诗行(富有诗意的前言)中,我们得以一窥这位杰出女性虽合理却并不完全的肖像:

> 人们觉得,她的美貌超过了
>
> 哪怕是佩因特家族最优秀成员的技艺,
>
> 她脸上布满这些可爱的皱纹。
>
> 请观看其灵魂的影像、判断和才智,
>
> 然后阅读她所写下的那些文字 [15]

有关伦敦名家对这位极其聪明伶俐的艺术与科学学者的态度,从罗伯特·胡克在她访问皇家学会那天所记的日记中便可看出。他写道,好几个实验展示都是"为了取悦纽卡斯尔公爵夫人"。胡克或其他学会成员似乎并未想到,公爵夫人在他们的实验中有可能发现一些消遣以外的东西。无论如何,胡克和波义耳完成了一系列实验,包括使用磁铁、显微镜和那出名的真空泵,以演示"在接收器中通过抽稀空气的引擎给空气称重"。[16] 遗憾的是,公爵夫人如何看待这些演示却不得而知。但我们确实知道,她坚信纯粹理性优于实验主义。皇家学会会士约瑟夫·格兰威尔觉得有必要为学会给公爵夫人展示的内容向她致歉,并在信中写道:

> 到目前为止,我们所能期待的不过是事物本身的历史,不过是描述它们的样貌,提出一般公理,并做出假设,我认为这必将成为随后时代的幸福特权;那时他们或许能够叙述更多现象,尽管目前的现象非常不足,又存在缺陷,根本无法提炼出理论……[17]

跟预测通过电磁波进行通信时所展现的非凡远见一样,格兰威尔看得出来:目前社会的失败之处就在于,它的知识仍处于早期阶段。大自然的秘密一旦为人所知,就会变得易于解释了。17世纪中叶,人们只有具备跳跃式的想象力(大多数都无法做到),才能意识到这一点。

截至当前,对实验主义者发出最大反对声的是托马斯·霍布斯;他认为"感觉"不应该阻碍"理性",而且没有任何仪器(如望远镜或波义耳的真空泵)能

弥补纯粹的自然哲学家（不应该只是引擎设计者或制造者）所运用的理性。他尖刻地写道，从业者有可能

> 制造出引擎，然后用于观测星星；制造出接收器，然后尝试推导结论；但他们绝不会因此而成为更地道的哲学家……并非所有从海外带来新的杜松子酒或其他时髦仪器之人都是哲学家。因为如果你这样想的话，不光是药剂师和园丁，还有许多其他种类的工人，都会参与申请并获得奖赏。[18]

毫无疑问，阶层在辩论中起了一定作用；上流社会成员很容易嘲笑那些制造或操作任何仪器之人。所以用机器的人要比不用机器的人更善于思考。这一区别在未来几年里还将继续阻碍皇家学会的发展。

"炼金术"

而在另外一个探索领域内，旧的思维与新的思维则相互重叠。它便是炼金术学科——神秘主义与化学的交汇点。

在 17 世纪，炼金术（alchemia）和化学（chemia）两个术语是可以互换的。许多重要人物都以某种形式从事过炼金术，如查理二世、他的表亲鲁珀特亲王、艾萨克·牛顿、罗伯特·波义耳和草药师尼古拉斯·卡尔佩珀（Nicholas Culpeper）等。炼金术不只是关于实现金属转化的尝试——把铅变成金，而且还涉及精神方面。现代化学之父罗伯特·波义耳认为，这种被称作"哲人之石"（philosopher's stone）、以其转化金属的能力而闻名的神奇物质，也是一种能够让人类与"天使"对话的"长生不老药"。波义耳从牛津搬去妹妹凯瑟琳·琼斯位于蓓尔美尔街的宅子里同住后，这位拉内勒夫女子爵便建造了一间实验室，以供他们共同进行炼金术实验。

另一位专注的炼金术士是艾萨克·牛顿。牛顿以活力论为前提，并将其扩展，直到形成一种关于宇宙有核心活力的理论，而该理论与基督教的三位一体没什么关系。他很明智地将某些比较异端的想法隐藏了起来。因此，斯图亚特家族

所不知的是，他不仅身为一名异教徒，否认三位一体的存在，而且很排斥国王乃是受"上帝"恩膏之人的思想。对他来说，这些思想阻碍了自己关于控制宇宙的核心活力理论。牛顿曾在公开场合表示，他对行星轨道、引力及其他的看法是对古人、巴比伦人和毕达哥拉斯学派已知著作的重新发现。所以他并不接受正统的基督教观点。

与此同时，牛顿研究炼金术的著作比他研究科学观察和数学的著作还要多。约翰·梅纳德·凯恩斯在谈到牛顿时说过，"他不是理性时代的第一人，他是最后一位魔法师"。然而，在其炼金术研究的鼎盛时期，牛顿却遭受了某种形式的精神崩溃。当时，这被认为是炼金术引起生理和心理变化的一种表现。有人说，这种崩溃或许是他使用某些材料（如铅和汞）时的生理反应所导致的。

原始科学家对精神的这种兴趣源于自己的一种信念，即他们的研究是一种命定或神圣的工作形式。牛顿及其朋友大多是非常虔诚的教徒；他们要么已经担任圣职，要么就像牛顿和胡克一样，几乎已经这么做了。牛顿认为自己已被"上帝"挑选来解释圣经。实际上，他在有生之年都被认为是一位主要的神学家。

至少某些名家，包括牛顿和约瑟夫·格兰威尔等，都相信有巫术存在。格兰威尔认为仅靠纯粹的理性无法理解世界。虽然我们需要用实验主义来检验自然现象的真实本质，但在格兰威尔看来，这些现象之中有一些是具有超自然性的；他还认为，只要对目击者的采访足够严格且仔细审查过情况，超自然活动报告便是它们存在的充分证据。他觉得《圣经》中记载着超自然灵魂的存在，并详细论述了如何否认灵魂和女巫的存在就等于悍然不顾证据。[19] 后来，格兰威尔的著作被新英格兰清教牧师卡顿·马特尔（Cotton Mather）引用，作为 1692 年至 1693 年马萨诸塞州塞勒姆女巫审判的辩护理由，结果有 20 人因巫术被处决。

现在，这座充满激烈辩论和实验活动的城市仍是一片建筑工地，且此种状况还将持续多年。城市重建工作离不开许多英勇的劳动壮举和务实且精明的案例。没有任何贡献能超过罗伯特·胡克和城市测量师彼得·米尔斯付出的努力，他俩共同组织本次勘测，并命人立桩标出了更广阔的新街道。在仅仅两个月的时间里，他们便完成测量并打下木桩、拉起绳索，有效地呈现出了新城市的布局。他们带着一支施工队沿街道走了 11 英里，环绕面积达 436 英亩——成就十分惊人。[20] 不仅如此，在接下来的 5 年里，胡克每天早上都要步行去查看新地基的地块，这样他们才能签字同意并动工建设。这座城市需要 6 年时间才能恢复到一个正常运转的实体，拥有相当数量的商业和住宅，并足以取代已经失去的一切。

即使在当时，仍然留下了一些重点工程，如市长官邸、教区教堂和绸布商人同业公会（城市行会中它最受尊敬）大厅等。当查理下令建造一座纪念此次火灾的纪念碑时，雷恩和胡克合作设计了一根柱状建筑；它矗立在伦敦桥附近的鱼街（Fish Street）上，离布丁巷火灾发生地仅有 200 码。年迈的实验主义者忍不住又添加了个人特色。在较低的楼层，两人设计了一个很高的空间，在它的圆顶天花板上有个开口，一条通道从这里直达塔顶，且塔身被楼梯环绕。通道是为进行重力和摆锤实验而设计的，同时也让观察者能看到星星。

整个伦敦重建完成，还需要 30 年或更久。不过这座城市与它所取代的那座截然不同。雷恩和胡克等人的古典启发式建筑风格预示着伦敦将成为一座现代城市。

第 14 章
明星诞生

❖

新星问世

1667 年 3 月 2 日，塞缪尔和伊丽莎白·佩皮斯（Elizabeth Pepys）去了德鲁里巷的皇家剧院。由于这是新剧开演的第一个晚上，国王和他的弟弟约克公爵也在场。当晚他们目睹了伦敦舞台上的一颗新星问世。佩皮斯在日记中记录了自己的反应：

> 晚餐过后，我和妻子前往"国王之家"（King's House）观看德莱顿的新剧《未嫁女王》（*The Mayden Queene*），它因其规则感、紧张感和风趣而广受好评；事实上，内尔扮演了一个滑稽的角色，叫弗罗里梅尔，再也没有能超越她的由男性或女性扮演的类似的角色。

这出戏十分轰动，内尔是其中一颗闪亮的明星。她这一角色吸引人之处就在于，某些场景中她不得不穿着一堆衬裙在舞台上打滚，还有一个场景要求她穿着男性马裤。这一直很受男性观众欢迎，正如佩皮斯所记录的：

> 不过我相信，像内尔演得这么精彩的滑稽角色在世界上是前所未有的；她既是个疯疯癫癫的姑娘，然后最重要、最出色的瞬间是像个年轻勇士那样走进来。而且她那充满朝气的思想和举止我从未在任何男性身

上见到过。我承认，这让我很佩服她。

无论从剧作家还是女演员的角度讲，《未嫁女王》都是他们享受过的最大成功。它也将内尔推至时髦的伦敦人——尤其是查理二世——眼中真正戏剧明星的地位；根据德莱顿的说法，查理二世还赐予它"御剧"（His Play）之名。鉴于剧中人物的性格特点，正如沃尔特·司各特爵士（Sir Walter Scott）后来所做的简短评论，其主题正是国王有着相当专业知识的东西。[1]

佩皮斯对内尔十分迷恋，就像之前对国王的情妇芭芭拉·帕尔默一样。但他不知道的是，国王也会迷上这位女演员。还不到一年，国土便让她成了自己的情妇。

首演已过去三周，该剧仍在迎来它的观众。佩皮斯再次前往，不过这次是由海军专员威廉·佩恩爵士陪同。佩皮斯的兴致有增无减："又观看了《未嫁女王》；我真的是越看越喜欢。这出戏非常棒，内尔演得也很精彩；她那欢快的角色，我想再也找不到能超越她的人"。

作为一位备受赞誉的明星，内尔的早年生活并不好过。人们有许多谜团：她在哪里出生？什么时候出生的？父亲是何身份？尤其重要的一点，既然她可能是文盲，又如何能成为一名成功的女演员呢？我们只知道，她克服了出身卑微、家境贫寒等困难，最终成为一位明星。她早年的有利条件似乎仅有一个：母亲在煤场巷经营的妓院离基利格鲁的新剧院——位于德鲁里巷的皇家剧院——很近。这是时髦的伦敦西区为特定用途而建的首家剧院。1663 年 5 月剧院刚开业时，内尔·格温还是个卖橘子的小姑娘，也是剧院里穿着性感的少女之一。她卖着水果，向男观众卖弄风情，同时还充当信使，在调情的年轻男女观众之间帮忙传递情书。后来，内尔的美丽容颜和热情性格引起了剧院里最大牌演员查尔斯·哈特的注意。

由于基利格鲁与达文南特的合作，伦敦第一所戏剧学校也于 1663 年开张。①内尔为其中年纪较小的学生，14 岁入学，很可能因为哈特在喜剧兼舞蹈演员约翰·莱西（John Lacy）的帮助下教了她一些戏剧表演技巧。她不仅要学习必要的

---

① 伦敦音乐与戏剧艺术学院（LAMDA）成立于1861年，自称是伦敦历史最悠久且未间断的表演院校。

舞台技能，还得熟知不断变化的剧目。因观众人数较少，伦敦舞台比较依赖于新奇的内容。一间剧院有时每周要演出两部甚至三部戏剧。如果内尔是文盲的说法属实，那么她肯定要靠死记硬背来熟悉自己的角色，并且跟着提词员不断地重复练习。[2]

在这整个过程中，内尔——或人们所熟知的内莉——所得到的帮助不仅来自比她年龄大很多的哈特（成了她的情人），而且有人认为，还来自文学浪子、第二代罗彻斯特伯爵约翰·威尔默特（John Wilmot）。在格温的传记中，她的后人查尔斯·博克莱尔克（Charles Beauclerk）雄辩，罗彻斯特伯爵在格温 15 岁之前就成了她的情夫。他表示，若果真如此，罗彻斯特伯爵有可能不给她上表演课吗？毕竟，罗彻斯特伯爵有可能辅导过最初没什么前途的伊丽莎白·巴里，帮助她成为那个时代最优秀的演员之一。[3]

内尔于 1665 年的某个时候毕业，并成为国王剧团里的轮演剧目剧团成员。她的职业生涯绝非一帆风顺。由于出身卑微，她那信手拈来的低俗风趣很讨观众喜欢。[4] 她的戏路非常窄，无法驾驭扣人心弦或悲剧性的角色，但在扮演自己方面却没有对手。在复辟时期的舞台地位，女性不仅让剧院经理们赋予过去的经典作品演绎以新的深度，而且也让新作家反映出伦敦的性诱惑以及许多名门男女的不道德行为。在此背景之下，内尔那粗俗的性感必将充满吸引力。

可无论这位年轻女演员具备什么优势，在她有记录的首次亮相中，一切并不顺利。依照安排，她将会和 1664 年 11 月开演的全女性演员阵容一起，以放荡形骸的方式取悦观众。这是基利格鲁自己的戏，名叫《托马索》（Thomaso）或《漫游者》（The Wanderer），创作于 10 年前流亡马德里期间。《托马索》为半自传体，部分基于较早的资料。演员阵容包括天真的内尔·格温，以及知名度较高的克耐普太太（Mrs Knepp）和安妮·马歇尔（Anne Marshall）；后者是当时最有成就的女演员之一①。

1664 年 10 月，基利格鲁成功创作了一部全女性戏剧——《牧师的婚礼》（Parson's Wedding）。而《托马索》的演出就安排在几周之后。这种全女性的团体表演纯粹是为了票房收入。在复辟时期的舞台上，采用女性这一做法并非解放

---

① 不要跟她那同为演员的妹妹丽贝卡混淆。

的观点或女性的自由主义突然爆发之迹象；确切地说，它恰好相反。女性大多被选来扮演那些可利用其性征的角色。她们要么成为戏剧背景设在异国他乡的悲惨女英雄，这样衣着就能尽量暴露而又不失体面；要么扮演"马裤"角色，按要求穿男式裤子，这样就能让她们尽可能多地露出腿部。关于后者的受欢迎程度，在德莱顿那部由全女性演员阵容表演的《未嫁女王》收场白中就很有说服力地提到过：

> 这里我们可以假定，我们的腿并不难看，
>
> 在晚上它们绝不会给你带来噩梦。[5]

除了最有成就的伊丽莎白·巴里和玛丽·桑德森等人，观众对女演员的演技期望并不高。她们的定位更多的是喜剧女演员或歌舞女孩，屡次念些与戏剧主体毫不相干的开场白和收场白，在此期间还要展现出其个性中最迷人的一面。按照要求，她们经常得唱歌和跳舞——都与剧中动作或主题不一致；与达文南特的《麦克白》类似，这些甚至被安插在了莎士比亚悲剧中。他们毫不掩饰用女演员来吸引顾客。

《托马索》的排练遇到了麻烦。首先，这个剧本创作不是用来演，而是用来读的——当时被称为"案头戏"（closet drama）。它那非同寻常的场景数（10 幕共有 73 场），即使对于最成功的现代剧团来说，也是令人生畏的。这出戏还没演就遭到放弃。

因此，内尔的首次亮相被推迟到 1665 年 3 月；当时她在德莱顿的《印第安皇帝》（The Indian Emperor）中扮演了坚强、富有戏剧性的蒙特祖马（Moctezuma）之女、阿兹特克公主西达莉亚（Cydaria）一角。德莱顿这部戏的部分灵感却是来自达文南特——皇家剧院的对手剧院老板——的一部假面剧。这部名为《西班牙人在秘鲁的残暴》（The Cruelty of the Spaniards in Peru）的作品于 1658 年公演，并且受到克伦威尔的鼓励，成为反西班牙的宣传材料。内尔的首演记录已不复存在，但我们确实知道两年后看戏成瘾的佩皮斯对她扮演同一个角色有何看法；当时他写道，自己"对她被安排扮演皇帝的女儿感到极为不满；这是个重大而又严肃的角色，她演得糟透了"。[6]

该剧主题是爱情与荣誉之间的冲突，这个题材备受王室成员赞赏；其中，西

达莉亚卷入了一场与西班牙侵略者科特斯（Cortez）的三角恋。鉴于当时哈特已成为内尔在现实生活中的情人，他毫无疑问就这个角色对内尔进行过指导，但并未起到任何作用；内尔的性格根本不适合扮演激烈或悲惨的角色。

和罗彻斯特伯爵一样爱看戏的浪子、里士满公爵（Duke of Richmond）为内尔写了一篇收场白，让她在其朋友罗伯特·霍华德的一出戏结尾时给念出来："我理解你，在你的内心 / 你讨厌的严肃的戏剧，正如我讨厌扮演严肃的角色。"诸如此类的时刻，即演员对观众发言，或者说让观众进入他们的内心（不是作为角色，而是真实的自我），在复辟时期的戏剧中已成为常规修辞法。因此，在詹姆斯·霍华德的《英格兰先生》（*The English Monsieur*）中，内尔演的角色可以说出，"我的生命不会比自己的美貌更长久……我甚至可以靠卖橘子为生。"与内尔有关联之人显然都在密切关注这位年轻女演员的能力。他们这么做表明了一点：无论内尔作为戏剧演员有何不足，她那温和而又随心所欲的性格，再加上非常迷人的个性，已经使她具有明星的特质。这种特质不仅对她自己有益，而且对她周围的人也有益。

于是，格温、基利格鲁、白金汉公爵和罗伯特·霍华德之间建立起了密切的政治、私人、戏剧"乃至经济"联系。[7] 不久，基利格鲁等人的信念将会得到回报。1665 年春，内尔和哈特在罗伯特·霍华德的弟弟詹姆斯的《大错特错》[*All Mistaken*，又名《疯狂夫妇》（*the Mad Couple*）] 中演对手戏。

这部戏是悲喜剧，由一悲一喜两大情节构成。按照多数人的评价，悲剧部分不太充分，而且许多台词显得很没头脑。不过，喜剧部分倒是很成功，其活泼的对白正是伦敦观众喜欢的类型。因此首夜演出的观众就有国王、约克公爵和塞缪尔·佩皮斯等人。作为一对"放荡夫妻"，光芒四射内尔和哈特反映了伦敦剧院观众所期待的标准自负；它讲的是一名机智的浪子或花花公子和心仪的美女发生口头争吵，最后才承认相互吸引的故事。最终，这个角色将成为内尔的专长。

作为一种表演策略，这对夫妻的吵架在很大程度上归功于莎士比亚戏剧《无事生非》中的班尼迪克和比阿特丽斯。由于里士满公爵——凭借愤世嫉俗者对缺点的听觉分辨力——称之为"酬金拳击赛"（prize fight）巧辩的时尚，当冲突夫妻双方忙着进行长时间的口水战时，戏剧势头经常会戛然而止。

戏剧典范

　　两年后，在《暗恋》(*Secret Love*，又名《未嫁女王》)中，德莱顿找到了平衡，将两性之战置于戏剧情节的中心。这部作品更是复辟时期的戏剧典范。从剧本一开始，德莱顿就抓紧时间介绍了争吵双方及其不堪的谈话。简要地看过朝臣切拉东和妹妹聊天的第一场后，我们就知道他是一个花心男。我们再切换到第二场：他遇见两个素未谋面的女人——弗莱维娅和弗罗里梅尔，都是王后的未婚侍女。两人都戴着面具，不让切拉东看清自己的面容。因此切拉东只能靠她们的机智来作出评判。

　　凭借切拉东的开场白，德莱顿立刻将观众带入复辟时期喜剧中的那个离经叛道的世界：

　　　　切拉东：女士们，我不可以在绅士的房间里为你们效劳吗？

　　　　弗莱维娅：你想为我们当中的哪一位效劳呢？

　　　　切拉东：随便哪一位，或者你们俩一起。

　　　　弗莱维娅：怎么，你就不能忠贞不渝地对待一个人吗？

　　　　切拉东：忠贞不渝地对一个人！——我身为一名还算成功的朝臣、军人和旅行家，如果我必须对某个人忠贞不渝：给我大概20、40或者100个情妇吧！我的爱可比任何女人能消受的都要多。

　　　　弗罗里梅尔：天哪！咱们走吧。表姐：我们根本不是他的对手。

　　　　切拉东：不过，就我而言，情妇再少我也能活下去，跟任何男人一样。

　　　　我并没有过多的奢望；当我换个床睡觉时，只是必须改变一下口味。[8]

　　这时候，弗罗里梅尔在旁白中说道，切拉东是"个与众不同的家伙"，"恰好"很对自己的口味。在随后几行文字的舌战中，切拉东对弗罗里梅尔的描述也大致相同；于是观众都知道故事将会随着一波机智和欢乐来展开，直至两人最终承认他们是天生一对。

在该剧结束时，切拉东和弗罗里梅尔终于同意"休战"；他们将会结婚——但这桩婚姻却源自复辟时期的机智、冷静且心照不宣的风格。

弗罗里梅尔：可是这桩婚姻让我感到十分恐惧！如果我们能创造一种简单易行的方法，也许会有很大帮助。

切拉东：有些愚蠢之人多此一举，把结打得太紧，才使它变得不舒服；但我们这些更聪明的人会将它松开一点。

弗罗里梅尔：没错，确实如此，毕竟腰带和缰绳之间还是存在一些差异的。

这样，在戏剧的最后阶段，各个角色都表明他们在婚姻中不会保持忠诚。既然德莱顿这种颇有才华的艺术家都能写出愤世嫉俗的对白，那么剧院成为那个时代的窗口也就不足为奇了。用一位现代评论家的话说，"将这看作一个特别淫乱的年代，其最强有力的实例必定……停留在戏剧的品味上"。

由于这部戏太受欢迎，基利格鲁只好定期把它列入保留剧目，在接下来的几年里多次演出。要知道，当时的戏剧一两天内就有可能停演，在被新素材取代之前很少会持续超过一周。衡量其成功的一个标准便是，5月份佩皮斯和威廉爵士再看了一遍，然后到8月份又陪妻子多看了一遍。而且该剧本还于次年1月出版发行。佩皮斯买了一本，却抱怨说：虽然它不失为"一部好戏"，但德莱顿在序言中"似乎有些吹嘘"。那个月晚些时候，佩皮斯夫妇已经观看了三次。至此，内尔成了伦敦城里的灰姑娘。据一位主教所言，她是"宫廷内出现过的最轻浮、最狂放之人"。[10]

《未嫁女王》让一名在妓院长大的年轻女子成功进入同样声名狼藉的宫廷贵族圈。剧院在夏季暂停营业期间，贵族诗人、花花公子查尔斯·萨克维尔（Charles Sackville）和朋友查尔斯·塞德利突然将内尔带去了位于埃普索姆（Epsom）的爱巢。这个三人组顿时变得众所周知，而讽刺作家也得以有机会大展身手。

在伦敦再次受到威胁之前，它算是为人们带来了一个轻浮的瞬间。正如查理统治时期经常出现的那样，庄重已经被轻浮所掩盖。

THE

KING'S

CITY

1685

1667

第三部分
动荡岁月
（1667~1685）

第 15 章
海外威胁

━━━━◆━━━━

查塔姆遇袭

就在伦敦努力恢复正常的同时，政府还要设法解决一个尚未公开的严重问题：国库空虚。这些财政吃紧的国家办公机构中，规模最大、最重要的便是海军委员会。因为没有财政部的资金投入，它用来支付舰队的现款已经用光了。到1667 年初，那场始于 1665 年的战争显然根本无法继续下去。

如果要在海上维持一艘带 100 门火炮的最上等军舰，海军部每月得花费3500 英镑；这也解释了为何舰队每次往往航行很短的时间，而且海战也多为短暂的遭遇战。[1] 为正确地理解这笔巨款，我们需要了解罗伯特·胡克从皇家学会获得的年薪是 50 英镑加住宿这一情况。彼得·莱利爵士身为王室画家，每年能挣 200 英镑（外加私人委托收入）；国王的长期私人朋友托马斯·基利格鲁作为一名"卧房绅士"，每年也不过挣 500 英镑——而这还是多年流亡和贫困之后才得到的。因此，3500 英镑是一笔非常可观的费用。

各种各样的问题导致灾难性的资金短缺。瘟疫给税收造成了严重影响，而眼看伦敦的经济生活似乎正在恢复，税收正在增加时，一场大火又将该市的经济中心给切除了。查理那高昂的宫廷开销，尤其是他的情妇卡斯尔梅恩女伯爵芭芭拉的贪婪要求，使得公共财政承受更大的压力。

当政府需要资金时，通常的做法要么是要求议会提高税收，要么是向城内的银行家和金匠借款。但遗憾的是，议会已经失去了为国王筹集资金的热情，因为事实证明国王对该机构的厌恶与其父一般无二。而前几年的灾难也意味着那些借钱给国王的银行家也几乎没有钱了。金匠银行家托马斯·瓦伊纳说，城内很难再找到金匠，更别说有钱放贷之人。[2] 伦敦的银行家们已经把钱财从城里转移了。眼下，他们对于借钱去资助一场持久且进展不顺的战争持怀疑态度。

更糟糕的是，即使能筹集用于支付薪水并供应食物的资金，要找到可充当船员的无业者就跟找一位顺从的银行家一样困难。由伦敦延伸至肯特郡的泰晤士河口海军城镇都遭到了瘟疫的重创。从事航海的家庭要么灭绝，要么已搬走。国王与议会就资金问题而进行的谈判变得既隐晦又棘手。对敌对状态的误判，以及查理的家庭财务问题，也是其重要原因。当然主要问题还是战争的高昂费用。要知道，瘟疫造成的国库收入差额仅为 50 万英镑多一点，而战争的总费用却接近500 万英镑。[3]

自前一年夏天的主要海战后，国王及其海军将领都认为：在可预见的未来，敌对行动已经结束。毕竟双方均遭受了沉重打击。由于时运不稳，战争已逐渐停火。英格兰人错误地认为自己占得上风，便在布雷达发起了和平谈判，并且感觉荷兰人不大可能趁谈判期间进行报复。可他们并未考虑到自己还没有成功摧毁荷兰的海上军事力量这一事实。和平谈判拖了一年多。面对国内的多重问题和持久的布雷达会谈，查理决定冒一次险。[4]

1666 年至 1667 年冬，查理下令将舰队驻扎在查塔姆船坞［位于梅德韦河（Medway River）上游数英里的内陆安全地带］，并解散了船员。他认为河上的军事防御可抵挡荷兰人的任何进攻。为防止敌军舰进入船坞，人们格外倚重一条横跨两岸的巨大铁链的效力。然而荷兰人并不这么想。

1667 年 6 月，一支庞大的荷兰战舰队驶向英格兰。来自肯特郡沿海航运和驻军的消息迅速传往伦敦。而在注意到荷兰舰队聚集在泰晤士河口的人群中，就有约翰·伊夫林。他看这支舰队演习了好几日，以试探英格兰人的反应；然后，见一直毫无动静，便沿梅德韦河长驱直入。6 月 10 日，荷兰人一路炸毁岸边几座有英军驻守的炮台，又轻松地将横跨于梅德韦河上的铁链切断。

到 13 日的这几天里，入侵者更是放火烧毁了查塔姆船坞及其中的一切。他们炸毁或烧掉 13 艘英格兰船只后，才拖着两艘大船返回阿姆斯特丹。这其中最重要的战利品便是"皇家查理"号；作为英格兰海军的骄傲，它先是在克伦威尔治下服役（当时取名为"纳斯比"号），后来归属于查理——正是把国王从流放中带回家的那艘船。

遭到袭击的第一个晚上，查理并未去指挥防御，而是在和芭芭拉·帕尔默狂欢。依照某人的说法，当时他们正忙着玩一个寻找飞蛾的游戏。

敌人搞破坏的消息在伦敦城内引起了恐慌。有谣传说这是一场全面的荷军入侵，甚至得到了法军支持。如果荷兰人沿泰晤士河逆流而上，然后占领这座城市怎么办？随着最好的英格兰舰队被摧毁，几乎没有什么能阻止他们。于是恐慌变成了恐惧。据机敏的旁观者安德鲁·马维尔记录：

> 传染性的恐惧已扩散至伦敦桥：
>
> 随着危险迫近，连伦敦塔都在摇晃。[5]

反君主制的人群聚集于伦敦城，口中高呼"议会！"一些朝臣以为国王会被废黜，纷纷逃出城去。芭芭拉·帕尔默歇斯底里地大叫，说自己将会第一个被处以私刑。如果真的有私刑，她倒很可能成为第一个；国王情妇的公开地位，再加上与天主教有关，早就让坚信新教的伦敦暴民对她恨之入骨。

眼看入侵迫在眉睫，国王及其兄弟终于不再自鸣得意。他们叫了一艘驳船，顺流而下去往老城的滨水区。刚到那里，他们立刻命人将伦敦塔下游的船只凿沉，以阻塞河道。马维尔向来对君主制不以为然，竟眼看着伦敦只能靠沉船来防卫：

> 曾经的一条深河，如今水底全是木料，
>
> 而且已不可航行，沦为了一片浅滩。[6]

这时，仿佛出现了奇迹，荷兰人突然折返而去。荷兰海军上将鲁伊特后来承认，如果早知道英格兰的防御状况，那么他会继续攻入伦敦。因此首都得以幸免于难，国王也一样——不过他的名声却没有幸免于难。讽刺文章纷纷出现，对国王及其情妇在荷兰人烧毁舰队时还忙着玩捉飞蛾游戏的真实故事进行大肆渲染。这不禁让人想起了尼禄皇帝[①]的大名。查理急忙安排在布雷达举行进一步和谈。由于东印度公司的权力非常大，谈判中还派有自己的代表参加，最终和平协议以不利于英方的条件达成。

经历了火灾、战争和瘟疫这三重灾难后，伦敦确实没什么可值得骄傲的。在荷兰，人们将"皇家查理"号作为旅游景点在赫勒富茨劳斯（Hellevoetsluis）展出，并且以邀请外国政要参观的方式来凌辱白厅的宫廷和英格兰海军。直到查理控诉说自己的王室尊严受到玷污，荷兰人才停止游览。

替 罪 羊

英格兰宫廷方面开始寻找替罪羊，然后很快便找到了。其中的倒霉蛋就有彼得·佩特（Peter Pett），他是唯一一个完全了解船舶设计或建造的海军专员——具有讽刺意味的是，佩特也正是"皇家查理"号的设计师和建造者。此外他还设计出第一艘护卫舰，且这种军舰将成为未来许多年里的海军中坚力量；凭借着广博的知识，后来他被派去查塔姆的皇家造船厂任职。佩特的明显罪行是未能更有力地保护舰队。他向所有询问的人保证过，横跨梅德韦河的铁链可抵御荷兰人突袭，但事实并非如此。有人说，佩特也应该将主要船只送往河道的更上游，那样荷兰人就鞭长莫及了。

而佩特所犯的决定性罪行则是：眼看突袭开始且英格兰舰队着火了，他更急于抢救的是濒危船只模型而非船只本身。在一次接受官方调查时，他说自己抢救模型是因为它们更具价值，却遭到许多令人好笑的辱骂。其实他的行为很有策略。他明白，要想建造一艘军舰，单凭设计图是不够的；还得有比例模型，这样木匠们才能准确地看出一艘船该如何组装。因此，模型是造船过程的重要组成部

---

① 尼禄（Nero Claudius Caesar Augustus Germanicus，37~68），罗马帝国第五位皇帝，以行事残暴、奢侈荒淫著称，世人称之为"嗜血的尼禄"。——编者注

分。至于针对佩特没有做好准备的指控，同样也可以指向陆军和海军里的高级军官。然而却没人这么做。安德鲁·马维尔写道：

> 遭此惨败过后，为了发泄不满
>
> 必须有人受到惩罚
>
> 我们给佩特定的所有冤屈定会失败：
>
> 他的名声似乎足以回答一切。[7]

查理解雇佩特的做法尤其无情。佩特家族以造船工程师和设计师著称于世，有好几代人一直与斯图亚特王朝和皇家海军关系密切。彼得之父菲尼亚斯（Phineas）曾是查塔姆首任专员（后来儿子接任了这一职务），更是英格兰最优秀的船舶设计师之一。他的技巧引起了查理一世的亲自关注。1634 年，他为 4 岁的查理王子制作了一艘带轮子的玩具船，可开着在圣詹姆斯宫的长廊里来回滚动。在此之前，他还为查理的哥哥亨利造出过一艘长达 28 英尺的比例模型船。16 世纪以来，佩特家族就一直在肯特郡砍伐自家森林，以供应锯成船龙骨所需的橡木。[①] 他们有足够的盈余现金来投资奴隶贸易。

而在参与建造迎战荷兰的现代战舰方面，菲尼亚斯和彼得都是功臣。1637 年，他们在伍尔维奇（Woolwich）的船坞为查理一世建造了巨大的"海洋君主"号（Sovereign of the Seas）。那时候，主战舰已经变得非常巨大，因此只有伦敦能够提供人力、财力和物力来建造它们。[8] 虽然所有英格兰、苏格兰和爱尔兰的船坞仍在建造商船，但只有泰晤士河畔或朴次茅斯的船坞有能力造出新的超大型战舰；这种战舰的目的是通过致命一击来破坏敌舰，因而完全省去了先攻上去的麻烦。

佩特一家开创的新船规模令人印象十分深刻。"海洋君主"号重达 2072 吨，其龙骨——从中伸出的骨架来自数百棵成熟的英格兰橡树——长 127 英尺。其主桅是 113 英尺的斯堪的纳维亚云杉木，而主帆的帆架长达 105 英尺。其火炮全部以黄铜锻造，共排列成三层，以便用最大的火力攻击敌军。上层装有 44 门，第二层 34 门，下层 22 门，总计 100 门。为了使这台庞大的战争机器运转起来，需

---

① 如今，佩茨林（Petts Wood）是伦敦东南部布罗姆利区（Bromley）的一处郊区。

要 850 名水手、军官和海军陆战队员的配合。因其艉部雕饰华丽又镀了金，而且火力强大，荷兰水手称之为"金色魔鬼"（Golden Devil）。

1655 年，彼得·佩特继续在伍尔维奇的家族船坞里为议会海军建造同种类型的下一代战舰，其中就包括"皇家查理"号（当时命名为"纳斯比"号）。"皇家查理"号不仅于 1660 年将查理二世从荷兰接回国，而且还参加了 1665 年至 1666 年对荷兰人采取的三次行动。真正令国王恼火的是，这艘船不光被荷兰人拖走，竟然还变成了旅游景点。[①] 彼得并未参与做出封存舰队的灾难性决定，却参与了被劫持的旗舰的设计，因此被单独拉出来受罚，以儆效尤。

比佩特更重要的某位人物也被迫辞职。大法官克拉伦登伯爵身为查理驾下任职时间最长、最资深的朝臣治家，成了比佩特更突出的靶子。虽然克拉伦登伯爵从一开始就反对交战，却仍受到攻击。他对王权的看法是基于伊丽莎白时代的君主制模式：由封闭的内阁提供建议，并由议会进行调节。从专制的斯图亚特王室的角度来看，这不是个理想模式。[9] 而且事实上，查理也曾对此表示过蔑视。[10] 内战以来，克拉伦登伯爵一直充当查理的顾问；由于他已养成爱说教的习惯，如今查理觉得他非常讨厌。尽管克拉伦登伯爵颇有政治才能，可他缺乏社交手段，更不愿随波逐流。至于他最后的过失，则是公开表达对芭芭拉·帕尔默的敌意。自 1660 年查理带着芭芭拉从欧洲回来的那一刻起，克拉伦登伯爵就明确表达了他对这位高级交际花的态度，不仅在宫廷里怠慢她，还吩咐妻子也这么做。可惜他低估了国王对芭芭拉的感情，因此当机会摆在查理面前时，克拉伦登伯爵才发现自己遭到排斥。梅德韦灾难后的几周内，他便被迫辞职。眼看要被议会以莫须有的罪名弹劾，他赶忙逃往法国，并写了回忆录。

不久之后，内尔·格温凭借罗伯特·霍华德爵士的《莱尔马公爵》（*The Duke of Lerma*）这部戏在皇家剧院演出。霍华德是乡村党——后来被称为辉格党的新兴反宫廷派系——的成员。他们反对后来被称为托利党的亲君主主义乡村党，尤其是约克公爵。内尔扮演的玛丽亚，即受人利用的公爵之女，是"文

---

① 船的华丽艉板上饰有两侧为镀金狮子和独角兽的大不列颠皇家徽章，如今在阿姆斯特丹国立博物馆展出。

艺复兴时期的一名骗子……寡廉鲜耻"。[11] 和往常一样，国王在首演之夜由塞缪尔·佩皮斯陪着前去观看；这也标志着后者社会地位的迅速上升。

佩皮斯认为这部戏可看作对国王及其与王室情妇关系的批判。而更独特的解释则是它在含蓄地攻击早已名誉扫地的克拉伦登伯爵。现实生活中，莱尔马公爵（1553~1625）曾是西班牙国王菲利普三世（即腓力三世，1598~1621 年在位）的宠臣，后来却失去天恩并被剥夺了权力。在权力斗争的背景下，西班牙在与荷兰的战争中破产。还有另外一个奇怪的对比：虽然菲利普三世笃信宗教与查理反宗教的程度不相上下，但两人都被视为对政府日常事务漠不关心。

可即便人们认定有这种相似之处，查理也毫不理会。他喜欢内尔和戏剧。

"查理二世"号

次年，也就是 1668 年，圣保罗大教堂那烧焦的骨架仍然在路德门山街继续腐烂。随着伦敦到处在重建，其热火朝天的状况对教会当局来说无异于是一种谴责，因为他们就如何处理这座毁坏的大教堂无法达成一致。在下游，德特福德和伍尔维奇的皇家船坞里回荡着造船工不停干活的喧闹声，似乎恰好与这种谴责相呼应。多亏了查塔姆灾难后迟来的教训，有人发起了一项海军重建计划，旨在弥补之前所受到的破坏。由于国王对一切航海事务都满怀热情，这倒符合他的个人兴趣。

查理然后很快便下令并启动建造"皇家查理"号替代物的相关事宜。"查理二世"号展示了当代英格兰海军设计和火力配置的巅峰水平。凭借着 96 门火炮，它也成为第一流的战舰。一艘一流战舰可配备造船工程发展现状所能容纳的最大火炮数量。设计这些火力可怕的巨型战舰无非是为了用于以下战斗：对峙的舰队朝着彼此船尾方向航行，最后形成两条平行线。其原理是，此时每支舰队里最大数量的火炮便可瞄准敌军队列。如果这一对等局面不考虑战术和运气，那么火力更强的舰队就会获胜。因此，这种类型的英式战舰变得越来越大。

不过伦敦的造船厂仍有许多方面需要赶超。虽然荷军战舰的体积较小，但在数量上却超过了英军舰队。所以狂乱的重建计划将持续数年。

再加上荷兰人劫掠造成的航运损失，这场战争让伦敦和英格兰财政部付出了惨重代价。伦敦商船不仅要应对加勒比海地区暴增的荷兰及法国海盗，同时在北海和英吉利海峡还面临荷兰海军拦截的威胁。商人们损失惨重，纷纷破产。皇家探险者非洲贸易公司也瓦解了。这对斯图亚特王朝来说绝非小事。约克公爵的威望有很大一部分依赖于该公司的商船，更别说他作为伦敦商业界重要参与者的声誉。奴隶贸易仍在继续，不过是由自由职业船长和商人进行；他们准备冒着个人风险，在绕过非洲然后返回欧洲的途中避开荷兰战舰。

与此同时，大教堂理事会终于做出了集体决定。他们觉得应该建一座新的大教堂。其设计将委托给他们认为最适合该项工作之人。桑克罗夫特教长叫来朋友克里斯托弗·雷恩，将自己获准拆除并重建圣保罗大教堂的消息告诉了他。雷恩立即按习惯的方式着手拟定方案。

然而，他很快与教会高层发生了争执。圣保罗教堂教长和理事会都想要一座带哥特式尖顶的、识别度高的典型英式教堂；而雷恩则想造出在英格兰前所未见的东西，且与古罗马建筑艺术相呼应。

如果教会当局的任何成员想知道被雇来重建其伟大教堂的这个人在想些什么，他们只需前往60英里外的牛津，因为雷恩的第一座主要建筑即将在那里完工。牛津大学为举办毕业典礼而专门委托建造了谢尔登剧院（Sheldonian Theatre）。它迥异于别的英格兰建筑，其平面图呈"U"形，使人不禁回想起古罗马剧场。从某个角度看，它似乎有点像16世纪意大利著名建筑师塞巴斯蒂亚诺·塞利奥（Sebastiano Serlio）设计的风格主义意式教堂；从另一个角度看，它则像一颗多边形的法国化巴洛克式糖果，其顶部装有九扇巨大的椭圆形采光天窗，围绕着穹顶排成半圆形。这可能是非英格兰式的极限了。

1669年3月19日，皇家工程总测量师约翰·德纳姆爵士在他位于伦敦白厅宫苏格兰场官邸的家中去世，终年54岁。其得力助手约翰·韦布，现年58岁，把这看作期待已久的机会。于是，他对这份自己实际上已干了9年的工作提出申请。他曾先后为萨默塞特宫、白厅的一座新宫殿、格林尼治的另一座宫殿及其他各种皇家工程制作设计图。

然而，韦布的希望再次破灭。这一次，让他功亏一篑的不是与国王交好的诗人兼朝臣，而是雷恩；与其说此人选择建筑作为自己的职业，倒不如说是国王强加于他的。而在韦布看来，其终身事业就是在延续古典建筑的传统——可从他的资助人兼导师依尼哥·琼斯一直回溯至帕拉迪奥乃至更远的过去；因此，看到另一位更年轻的人搬入苏格兰场的测量师公寓——虽然37岁的雷恩也不算年轻，他一定会感到格外恼火。结果不到三年，韦布就跟随德纳姆进了坟墓。

作为一名测量师，雷恩的首项皇家任务就是在城内设计并建造一栋全新的海关大楼。新大教堂只好稍稍等上一段时间。海关大楼是一项重要任务，因为给国库的主要供应机构建个新家势在必行。其选址位于旧城墙内的河畔，本意是将它作为查理在商人中心领域的权威象征。雷恩的新古典式海关大楼坐落于伦敦桥和伦敦塔之间，将伦敦航运最繁忙的码头区尽收眼底。带有11处突出部分的主楼造型优雅，顶端嵌了一枚皇家饰章，而两翼的侧厅则向河边伸出；对任何从海上抵达伦敦的人来说，它都象征着王权对城内所发生一切的绝对掌控。不过，如何处理已烧成空壳的圣保罗大教堂，仍然是这座城市亟待解决的问题。

第16章
新 属 地

◆

"无双"号

1669 年 10 月，就在雷恩忙于设计那座看起来像王宫的海关大楼时，一艘毫不起眼的"无双"号（Nonsuch）双桅小帆船沿泰晤士河逆流而上，然后停泊在德特福德。船长撒迦利亚·吉勒姆（Zachariah Gillam）和他最重要的乘客、法国人梅达德·乔亚特·德斯·格罗西利耶（Médard Chouart des Groseilliers）已完成了一项非凡的任务，而这项任务将会使伦敦变得更加富足，并由此改变北美大陆广袤地区的历史。吉勒姆和德斯·格罗西利耶带来了大批珍贵的毛皮，外加一则消息，即加拿大北部有一片广阔的海域，且周围土地不受欧洲人控制。那里的居民是阿尔冈琴族印第安人（Algonquin Indians），他们十分友好，也渴望贸易。至于德斯·格罗西利耶声称的内容，码头上所有人很快看到了证据：一船精美的海狸皮被某位伦敦皮货商以惊人的 1300 英镑买走。

"无双"号远航的起源可追溯到多年前；当时德斯·格罗西利耶和他的妹夫皮埃尔－埃斯普里·拉迪森（Pierre-Esprit Radisson）在魁北克与法国殖民地官员发生了争执。德斯·格罗西利耶在探索史上是一位真正了不起的人物，但官方拒绝让他去苏必利尔湖周围的法国殖民地北部和西部进行更深入的探索，这令他感到十分愤怒。但不管怎样，有比自己小 20 岁左右的拉迪森陪着，他还是去了那里。1660 年至 1661 年冬，他们经历巨大的艰辛，在大雪让阿尔冈琴族都无法狩猎的极端恶劣条件下差点饿死。

他们带着大量的皮毛回到魁北克，并且从克里族（Cree）商人口中得知哈德逊湾（Hudson's Bay）西北部有着广阔的猎场。尽管费尽力气，可他们的毛皮都被没收了；而且在向法国殖民地官员投诉时，两人竟发现这些官员对其发现和诉求充耳不闻。

由于对巴黎的反应不满——他们的计划被形容为"荒诞"——兄弟俩才决定寻求英格兰的帮助。随后两人前往波士顿，希望能得到支持，以便进一步深入哈德逊湾地区。该计划受到了热烈欢迎，但因为再次遭遇极其寒冷的冬天，且海湾在季节初已被冰封，他们的航行不得不中止。

不过两人得以结识乔治·卡特赖特（George Cartwright）上校——他是国王派来新英格兰解决各种殖民纠纷的专员之一。卡特赖特看到了法国人无法领会的东西：如果能在哈德逊湾以西寻得新的毛皮猎场，而且如果——这是个很大的假设——海湾提供了直达太平洋的通道，该项目便值得进行下去。因此他建议德斯·格罗西利耶和拉迪森驶往伦敦。

途中，拉迪森开始记述他的冒险经历，目的是说服查理二世：自己和同伴都是值得重视之人。拉迪森对加拿大的辽阔地域有着广泛的了解。他多年都在该地区内穿行，其中有 10 年是和德斯·格罗西利耶一起；每趟旅行耗费两三年时间，且在此期间两人得忍受极端的困难和危险。拉迪森是一位机敏的语言学家，会讲好几种美洲土著语言。他目睹的重大事件包括法国人与易洛魁人（Iroquois）之间的战争，以及休伦民族（Huron）几乎完全被易洛魁人毁灭的过程，等等。而最惊心动魄的个人经历则是他和两个朋友外出猎杀野鸭那次。因遭到一支易洛魁人突击队的袭击，拉迪森不幸被俘，朋友们则被杀害并斩首。他写道："他们把两颗血淋淋的脑袋拿到我面前。"当了一年多的奴隶后，他逃走了，又被抓回，并遭受了可怕的折磨，最终再次逃走并来到荷兰的一处军事驻地，才得以重获自由。如果他打算呈递给查理的叙述中包含这些细节，那么它们对于一个希望得到资金支持的人来说算是一段很奇怪的开场白了。①

1665 年 10 月，正值瘟疫流行的高峰期，载有拉迪森和德斯·格罗西利耶的船只抵达泰晤士河。由于宫廷已经从牛津搬至汉普顿宫，旅行者们大概就是在那里接触到皇家圈的。凭借对未知领域内未开发财富的描述，他们先后被引荐给了鲁珀特亲王、约克公爵和国王。探险者们得到国王的资助，并且在王室的支持下制订了探险计划。

1668 年以前，与荷兰人之间的敌对行动让任何航行都受了阻。因此，首次探索性航行只有很低调的两艘船，分别是载有德斯·格罗西利耶的"无双"号和载有拉迪森的"小鹰"号（Eaglet）。"无双"号船长撒迦利亚·吉勒姆被选中执行这项任务。他出身于新英格兰一个著名的造船世家。在过去的航海生涯中，他已经对美洲东部沿海地区有了深刻的了解。吉勒姆被委以代表国王利益的重任，与那些可能随意改变立场的法国冒险家一同航行。

在爱尔兰附近的一场风暴中，拉迪森因船只受损，不得不折返回去。眼看在英格兰闲着无事，他又继续记述自己在北美土著中的探险和经历，包括法国人与盟友休伦民族之间的战斗以及阿尔冈琴族对抗易洛魁人的战斗。[1]据流传至今的资料来看，其叙述并不具有旨在让读者对发现西北通道充满向往的特点。它还远不止于此：对欧洲向新大陆扩张的历史关键时期以及个人经历的巨大艰辛和耐力做出扣人心弦的直接描述。拉迪森的叙述很可能是应查理的要求而延续，因为我们已经知道国王对海外冒险和探索怀有浓厚的兴趣。查理大概读过理查德·哈克路特（Richard Hakluyt）在 16 世纪编纂的著名作品《航海记》（Voyages）。如今，他又有机会得到一个不同于哈克路特、真正去过之人所写的探索记录。

"无双"号成功地完成了跨越大西洋的航行，然后进入到广阔的哈德逊湾——总面积可达 150 万平方英里。德斯·格罗西利耶和吉勒姆与当地人取得联系，并说明了己方的贸易愿望。那个冬天是在哈德逊湾南部边缘的河口度过的，他们将该河命名为"鲁珀特河"。他们又就地建造一座房子，还堂而皇之地命名

---

① 这一内容在拉迪森写给查理二世的第一版回忆录中记下多少已不得而知，因为国王的那份早已佚失。如今我们得到的信息主要编自塞缪尔·佩皮斯持有的手写版，且发现于 19 世纪他在牛津大学撰写的论文中。

为"查理堡"。春天，当地捕猎者履行了自己的交易，再次出现时果然带来大量的海狸毛皮。于是吉勒姆和格罗西利耶启航前往伦敦。伦敦宫廷对这两位法国人的信任终于得到了丰厚的回报。

哈德逊湾贸易公司

本次航行成功的消息令支持者们欣喜若狂，其中更以约克公爵和鲁珀特亲王为甚。此时，显而易见的前进之路是根据皇家特许状成立一家股份公司，以确保对公司的垄断权。鲁珀特毫不犹豫地起草了一份阐明公司目标的文件：

> 去哈德逊湾进行探险，发现进入南太平洋的通道，并寻找毛皮、矿产及其他商品的贸易机会。总督和进入哈德逊湾的商业冒险家贸易公司拥有唯一的贸易权，以及购买军舰、建造堡垒、进行报复、实施垄断、遣返无证商人和宣布战争与和平的权利。

在约克公爵的组织下，公司共有 18 位股东。其中有些人同时也是皇家探险者非洲贸易公司的投资者，包括鲁珀特亲王、阿尔伯马尔公爵、阿灵顿勋爵、安东尼·阿什利·柯柏、罗伯特·瓦伊纳爵士和约翰·罗宾逊爵士等。1670 年，查理签署了皇家特许状，并计划开启第二次航行。本次，拉迪森将与妹夫一起前往他俩都非常熟悉的加拿大森林；在那里，他们既得到过财富，也失去过财富。法国和荷兰殖民者见他们以受雇于不列颠人的方式出现，不禁感到十分惊讶。与其他股份公司——如实力强大的东印度公司、已陷入困境的皇家探险者公司——相比，哈德逊湾公司刚开始规模很小。然而对伦敦和不列颠来说，它的意义却是无与伦比的。

国外土地殖民化是伦敦繁荣和查理殖民强权观的关键。早期拓荒者——包括瓦尔特·雷利爵士在内——都未能建立殖民地，而仅仅怀有一种愿望。在詹姆斯一世的统治下，建立马萨诸塞第一块殖民地并非作为皇室资助的手段，而是一种在皇室法令面前的宗教反抗行为。弗吉尼亚的英格兰定居地是由一家获得皇家支持的股份公司经营的金融事业，其目标是创建该合资企业投资者理查德·哈克路特所谓的"无墙监狱"。[2] 在查理一世治下，巴巴多斯及其他岛屿都发展成了奴隶聚居地。查理二世也渴望在新大陆留下自己的印记。依靠他的赞助，卡罗莱纳已形成奴隶经济，那里的低洼草地和沼泽变成了出产棉花的耕地。

殖民者接管类似于卡罗莱纳这种原住民土地的权利至少有部分是基于圣经诠释。罗伯特·菲尔麦爵士（Sir Dobert Filmer）在其著作《对政府起源的观察》[*Observations upon the Original of Government*，以及后来的《父权制》（*Patriarcha*）] 中指出："上帝"让亚当成为了全人类的祖先，因此通过世袭，人类拥有整个世界的所有权。[3] 而这种所有权通过君权神授说得以体现。当早期的欧洲探险家抵达新大陆时，他们注意到原住民对土地所有权的概念与欧洲人截然不同。在欧洲人眼中，他们见到的土地属共同所有，甚至是荒野，而不会在个人所有制中进行开垦或耕种。因此，欧洲人既看不懂各种各样的小径模式——它们显示出无数代人十分清楚并且可持续地收获的地形，也无法将共同照料的玉米垄理解为农业。 他们认为，一位神授的欧洲国王肯定有权获得这些土地。

从共同所有权到个人所有权的转变是通过劳动来实现的。这一观点得以巧妙论证，尤其是在阿什利·柯柏的内部哲学家约翰·洛克所著《政府二论》（*Second Treatise*，尽管早在20年前就已经开始，却在他去世后的1689年才出版）中。[4] 洛克声称，当"上帝"把土地赐予所有人时，这并未构成所有权。所有权只属于那些耕种土地之人。由于卡罗莱纳和别处的居民大多是狩猎采集者，他们并不拥有这片土地——恐怕很难找个能比这更好定义新教殖民主义本质的论点了。

有趣的是，国王选择这个时刻将自己的肖像画成全副戎装。到目前为止，查理一直选择以王者服装的形象示人，端坐在宝座上并佩戴着嘉德勋章。新的宫廷肖像画是委托彼得·莱利创作之长系列中的另一幅。该系列中许多被铜版雕刻艺术家复制，并成为伦敦蓬勃发展的艺术市场里的版画。例如，塞缪尔·佩皮斯在其海军办事处的壁炉台上方就挂有一幅芭芭拉·帕尔默的肖像。莱利的许多宫廷肖像画都很平凡，因为它们主要是由助手完成的。同样的情况也出现在国王画像上，这些画像是作为礼物送给拥护者、外国显贵及统治者的。对于这幅王室肖像，莱利尝试了一些新东西，他想把国王画成一副军人的装扮。

安东尼·范·戴克就曾画过马背上全副戎装的查理一世。可尽管查理二世比父亲更擅长骑马，莱利却并未尝试这样的技艺。他知道自己跟范·戴克不同。他只画出了国王四分之三的身长，呈站立姿势，没有戴冠帽，穿着精致的黑色亮铠甲。这不禁让人回想起威廉·多布森的那幅画像，画中国王还是个穿着部分盔甲的男孩，由一名侍者托着他的头盔；作画时间可能为 1642 年内战开始之际。

在莱利的画像中，查理脖子上戴有金链和奖章，而腰间的金链上则挂着一把仪仗剑。他的右手握了一根权杖，左手放在了置于底座上的头盔顶端。头盔后面还摆着国王的加冕王冠。其信息很明确：这是一位很有权势的国王；如有必要，他会用武器来支持不断壮大的帝国。遗憾的是，画像中莱利让国王的左肩奇怪地下垂，使上臂显得很短，从而削弱了这种效果。因此，头盔上面的手放得并不稳固。也许如果这只手没有画成放在王冠上会更好些。

对卡罗莱纳原住民来说，殖民主义和重商主义的进展是一场灾难。他们抵制了自认为是"上帝赐福"的大批移民，却徒劳无功。在遥远的地方，包括阿什利·柯柏在内的伦敦投资者从卡罗莱纳殖民投资中获得了收入，而这也增加了伦敦的商业财富。洛克的劳动思想后来被称为财产权劳动理论，将对资本主义思想产生重大影响。[5]

14 世纪，阿拉伯学者伊本·卡尔东（Ibn Kaldun）也做过类似的研究，但他的理论在 17 世纪不大可能为伦敦商人所知。然而，伦敦人有可能知道托马斯·阿奎那（Thomas Aquinas）关于这一主题的著作。阿奎那认为，价值来自于"在商品改善中消耗的劳动量"。[6] 劳动理论的一个问题是，它集中于商品价值，却忽略了人们所做工作的价值。这些人包括医生、行政人员和各种公职人员等，本身并非货物，其服务性工作也无法如此衡量。一群名为经济学家的新生代社会研究人员还需要些时间才能对这些理论进行更严格的检验。

随着利润的产生和资本的积累，人们开始提出价值究竟是如何产生的问题。有人认为，没有劳动就没有利润。只要考虑到获得、创造或买到商品并出售它们所必需的活动，劳动便可采取多种形式。因此劳动被视为利润的基础。支持财富如何积累这一观点的人包括威廉·佩蒂爵士，可参见他于 17 世纪 60 年代早期出版的著作。[7] 该部作品也成为洛克的研究基础，并赋予佩蒂被称为众多经济学之父之一的正当理由。实际上，土地的价值，按耕种和销售农产品的成本来衡量，已成为衡量其他事物价值的比较基础。这样，便可以对资产和使其发挥作用的劳动力成本进行估价。[8] 如果威廉爵士更仔细地审视自己的职业生涯，他就会回想起另一种赚钱方式是先低估别人的土地价值，然后再以低廉的价格卖给其他人——和自己。他对爱尔兰天主教徒被征用的土地就是这么干的，其勘测目的无非将这些土地出售给新教徒种植园主。

总的来说，伦敦人过得很好。虽然城内仍散发着下水道的气味，但孔雀又趾高气扬地走在了泥沼上。约翰·伊夫林描述了他在威斯敏斯特看到的一位时尚绅士：

> 前几天，我发现有个裹着精美丝绸的人从威斯敏斯特大厅里穿过，他身上的缎带像是抢劫了 6 家绸缎店，足以让 20 个乡下小贩自行开业；他浑身穿成了一根五朔节花柱……移动起来看上去妙极了，颜色有红、橙和蓝，全是上好的缎子。[9]

据酿酒商、进口商兼东印度公司董事长约书亚·柴尔德（Josiah Child）称，在过去的五六十年里，伦敦人的命运有了很大改善：

> 当时的贵妇人如果身穿西尔基礼服（Searge Gown）会显得不体面，如今连侍女穿着它也觉得羞于见人：无论我们的市民和中产阶级绅士如今在衣服、盘碟、珠宝和日用商品等方面是否更富有，最优秀的骑士和绅士都在那个时代。无论我们现在最优秀的骑士和绅士在那些方面是否比 60 年前的英格兰贵族更好：至少许多人就不会关心整件缎纹紧身上衣的价格了。[10]

柴尔德靠卖啤酒给海军发了财。约翰·伊夫林形容他"最卑鄙且贪得无厌"（这是一位靠火药发家之人说过的话）。就像许多在伦敦事业有成的人那样，柴尔德也定居城外，在埃塞克斯郡的万斯特德庄园（Wanstead Manor）内建了一栋巨大而又奢华的房产。伊夫林对此嗤之以鼻，不过对柴尔德种植的林荫大道倒是称赞有加。柴尔德聪明又能干，后来升为东印度公司董事长，还把它当成自家公司来经营。

　　柴尔德认为，贸易的维持和扩大取决于货币供应和创造贸易兴隆的条件。他写过大量关于经济问题的文章，并且在一本小册子中提到，如果英格兰人效仿其仇敌荷兰人，那么本国贸易中的所有弊病都能得到改善："荷兰人在其国内外贸易以及财富和大量航运方面的惊人增长令当代人羡慕，更可能成为所有后代人眼中的奇迹。"他还列出了荷兰人可能被模仿的 15 个领域，包括从造船成本到律师收取的商业法务费等。在柴尔德看来，妻子应该像丈夫一样接受良好的数学教育，英格兰人应该更加节俭，发明者应该得到适当的奖励，而且政府应该吸收具有外贸经验的商人，而不是将自己完全交给职业政治家；这些对商业利益都很重要。

　　柴尔德传递了一条明确信息，即金钱成本对于确保国家繁荣是至关重要的。在 16 世纪或更久以前，利率都有所下降，结果是英格兰变得更加富裕。但这仍然还不够。他表示，荷兰的贷款利率为 3%，在战争时期也仅仅升至 4%。而在英格兰，该利率定为 6%，且一旦当敌对行动开始，国王将不得不支付更多。如果这些利率能降低到与荷兰相当的水平，那么英格兰的贸易和财富就会随之增加。柴尔德的观点突破了狭隘的商业利益范畴，还包括一些对英格兰社会本质的尖锐看法，而这也给他打上了敏锐的社会评论家这一标签。他的某些观点即使到了现在，看起来依然很合理。[①]

"主权公司"

　　作为主要的"恩人"，查理对东印度公司非常感兴趣。1670 年，他颁发给该公司一份新的特许状，并赋予它许多新权利。公司将获准像拥有自己军队的主权国家那样行事。它可以获取外国属地，铸造自己的货币，建立联盟，发动战争，征募军队，以及在其属地内行使刑事和民事司法权。这意味着外国统治者必须直

① 关于柴尔德那颇具吸引力的小册子摘录，包括其评论和建议的清单，见附录四。

接与该公司打交道，而不用再惊动国王了。它已经成为首家跨国公司，虽然理论上对国王负责，但实际上只对自身负责就行。该公司将会利用这些新权力对印度产生深远影响。

查理与布拉甘萨王朝的凯瑟琳结婚时，作为后者嫁妆的一部分，他得到了葡萄牙的属地孟买。如今他以每年 10 英镑的价格租给东印度公司。它将成为英格兰在这块大陆上最重要的财产。

东印度公司以极大的热情巩固着自己的垄断地位。公司代理人无情地对待"闯入者"，即那些试图在该公司垄断范围内的广阔地域上进行独立经营的商人。有个违反垄断条例的特殊商人很出名，因为多年来他一直在法院和议会里面打官司。1657 年，伦敦商人托马斯·斯金纳（Thomas Skinner）开始在孟加拉附近从事贸易。次年，斯金纳的商船、货物和财产都被东印度公司代理人没收，他的贸易站被摧毁，而本人也遭到毒打，在离家数千英里之外穷困潦倒。

几年后，斯金纳再次现身伦敦，并开始为赔偿而战。1668 年，上议院勒令东印度公司向他支付 5000 英镑的赔偿金，他似乎要赢了。可是，包含许多东印度公司投资者的下议院立即命斯金纳前往伦敦塔。同样地，对下议院的干预愤怒不已的上议院也命东印度公司董事长塞缪尔·巴纳迪斯顿爵士去了塔楼。一场持续多年的宪法之战拉开序幕，上议院就双方特权向下议院提出反对。由于双方互不相让，只好让国王来评理。起初，查理似乎很同情斯金纳。但同情最终还是抵不过自己在东印度公司里的经济利益。1670 年，查理命两院彻底放弃这个案子。其原因之一是该案件占用了议会时间，而这些时间本该用来表决国王的供给——他的国家收入。查理无法容忍这一点。结果，斯金纳永远不会得到赔偿了。他曾经试图挑战东印度公司的权势，却了解到该公司不仅在国外像个主权国家，在国内也不乏身居要职的朋友。①

---

① 1694 年，一项议会法案最终解除了对印度的贸易管制，这意味着任何公司都可以在那里做生意。可实际上，除了有一家同类公司与之形成过短期对立（东印度公司很快通过购买股票将其吞并），东印度公司继续拥有几乎全部的控制权。

第 17 章
法律与秩序

---◆---

偷人之罪

1670 年，议会将两项暴力罪行定为可处死之罪，而它们截至当时尚未受到严厉的惩罚。第一项是偷人。在伦敦，人口盗窃（又叫"诱拐"）仍然是有组织犯罪的一种主要形式，尤其是在泰晤士街和下游港口码头区附近。虽然前文已提及伦敦黑社会的这一方面，但要想对伦敦生活进行恰当的描述，就有必要讲讲这个既"迷人"又有害的行业。[1]

17 世纪初，美洲切萨皮克湾附近建立首批殖民地不久，诱拐活动就开始了。到 1645 年，这种做法已构成巨大的威胁，于是议会下令司法人员密切监视"那些偷窃、出售、购买、诱骗、盗取、运送或接收儿童之人"。伦敦港口官员接到指示，要搜查"河中和唐斯地区的"所有船只，"以找回这些儿童"。[2] 然而这些措施以及之后的其他措施，却没有起到多大作用。

那些希望消除诱拐活动之人所面临的问题是，这并非单单为了一两个低级作恶者的利益而实施的普通犯罪。诱拐是个见不得光的卑鄙行业，对于获得王室资助的殖民项目有着重大好处。一位权威人士指出，诱拐犯在殖民主义经济体系中发挥着重要作用："他们并非仆人贸易中的不堪罪犯，而是其最受尊敬的商人之忠诚且不可或缺的附属物。"[3]

诱拐犯的惯用伎俩是貌似可信的举止及与航运业务的关联。不警惕的人会被若干方法之一所欺骗。他们可能喝得酩酊大醉，然后被诱拐犯的同伙锁起来，因为后者可进入坞边屋或酒馆里的安全房间。从那里，可怜的受害者将被强行带上一艘船，然后卖到殖民地当奴隶。其他诡计包括一名陌生人与目标受害者搭讪，后者被邀去船上参观。但还没等大家缓过神来，这艘船已经出海，而他们正在奔赴残酷的新生活。有些诱拐犯则以劝说的方式让轻信之人签约成为契约仆役，使他们相信自己将过上更好的生活，以免去不间断的苦差事和可能的死亡。

所有年龄和类型之人都成了诱拐犯的坑害对象。一份未注明日期的大报讲述了"大绑架者"亚撒利雅·丹尼尔（Azariah Daniel）船长被捕并且关进新门监狱的故事。审讯中，丹尼尔承认诱拐了两名失踪的 12 岁儿童；他们在他的房子里被找到，就藏在阁楼里。同一份大报上讲述的第二起案件则是斯特普尼（Stepney）的弗农先生之子失踪的事。事后弗农四处打听，才得知有人见过一个长得像他儿子的男孩跟一位名叫爱德华·哈里森的水手在一起。获得治安法官的搜查令后，弗农便和一名治安官直奔哈里森家。可惜并未发现男孩的踪影，不过嫌犯受到治安法官的审问，承认已将他放到了一艘开往巴巴多斯的船上。他随后声称的内容更是耸人听闻：除了弗农家的男孩，还有"一百五十多人在该河（泰晤士河）上了开往国王陛下种植园的其他几艘船"。[4] 由于讽刺作家内德·沃德（Ned Ward）曾造访过西印度群岛，他描绘出了一幅远非美好生活的图景，并且形容牙买加就像"流浪者的收容所、破产者的避难所，以及我们监狱排泄污物的马桶……热得像地狱，和魔鬼一样邪恶"。[5]

随着诱拐活动变得越来越猖獗，最后人们试图消除这种诱拐买卖。一群伦敦商人和市议员向议会请愿，要求通过反对这种买卖的法律，却无济于事。1664 年，又有人提出一项计划：对打算移居殖民地的每位移民进行面试，以确保他们是自愿前往的。可仍然毫无结果。最后，1670 年，议会规定诱拐活动——"任何意图出售或将人运往海外港口的欺骗或强迫性偷窃行为"——可判处死刑。

然而该法案却不实用。例如，一位名叫安·塞尔万特的伦敦诱拐犯因为把年轻女子爱丽丝·弗拉克斯带上一艘船并卖到弗吉尼亚，仅仅罚款 13 先令 6 便士。要知道，连偷马贼都会被绞死。4 年后，两名绑架 16 岁女孩的诱拐犯更是只被罚了 16 便士。可怕的事实是，诱拐活动已经成为所谓种植园事业不可或缺的一部分；太多伦敦商人、船长、种植园主和其他人都牵涉太多的利害关系，根本无法有效地取缔这种做法。诱拐不过是伦敦生活的实情。

内德·沃德去了牙买加，因为他很穷，无论是靠幽默写作还是在伦敦偶尔当个酒馆老板都无法过上好日子。他从牛津郡来到首都伦敦，却发现自己既无人脉，也不曾受过文法学校水平的教育，作为诗人和讽刺作家的生活十分艰难。但他很快就加入到觉得有必要去殖民地碰碰运气的人群。在大西洋彼岸，对新劳动力的需求及其迫切供应引发了不列颠历史上最早且旷日持久的诈骗事件之一。像沃德一样，那些买得起单程票的人可以去新大陆试试运气，要么兴旺发达——正如他所做到的——要么一败涂地。而那些没钱之人则可通过签约打工来挣路费。为换取前往西印度群岛或美洲的单程船票价钱，他们将作为劳动者卖身给庄园主，期限为 4~7 年不等，之后他们便可以自由离开并过上自己的生活。

这一制度在产业规模上很容易被滥用。麻烦往往始于伦敦港区的码头边。那些为换取通往新生活的航程而出卖劳动力之人，可能会发现自己的签约对象非常讨厌。可只有船只停靠在了大西洋彼岸，这种情况才会逐渐明朗起来。可怜的移民将会排列在码头边，像牛羊一样任人买卖，且经常受到这种对待。他们的生命和灵魂都属于主人；主人可以卖掉他们，限制他们的自由，并施以严厉的惩罚。契约仆役可能会遭受鞭打和棒打，可能会被铐住或打上烙印，可能会挨饿，也可能被剥夺休息、结婚甚至与异性交往的权利，且任何行为不端都会受到延长契约期限的惩罚。自由也许会成为一种无法实现的空想。所谓的佣工经常会活活累死，他们的价值被看得比非洲人还低——因为后者成本更高，而且必须作为终生劳动力来照料。[6]

契约仆役这种非法的赚钱勾当从伦敦一直蔓延到布里斯托尔及更远处，甚至到达了爱尔兰，因此出现一种奇特的局面，即那些已经被移于殖民地的人可能会成为另一处新殖民地的部分奴隶劳动力。直到美国独立战争打响，这种勾当才算终止。在此之前，它与来自西非的奴隶贸易共存。[7]

伦敦不那么合法的一面也延伸到了日常生活中。1664 年 2 月 3 日深夜，塞缪尔·佩皮斯乘坐马车，沿着路德门山街前往圣保罗大教堂，途中看到两名男子绑架了他面熟的一名年轻女店主。他用以下文字记录了这一事件："我看见两名风度翩翩的男子及其仆人带走了一个漂亮姑娘；后者最近刚刚在山上开店，卖丝带和手套。他们本来想硬拽的，但那姑娘居然跟着走了，我想这种事是轮到了她头上了……"

换句话说，佩皮斯目睹两名上层阶级成员在仆人的帮助下绑架了女店主，目的就是要强奸她。上层阶级男性竟用这种态度对待下层阶级女性，而佩皮斯却并不为此事感到震惊。他以一种完全不同的方式被打动："上帝宽恕我！我的想法和愿望是如果处在他们的位置该多好啊。"[8] 至于怎会说出"上帝宽恕我"这句话，佩皮斯承认他对一群男人拖走自己爱慕的女子怀有卑鄙的嫉妒之心。

人们对佩皮斯的反响很糟糕，因为他并未提到自己想要干预。在辩护中，他说如果自己愿意的话，便可给袭击进程带来实质性的改变；这也很值得怀疑。因为难点不仅在于男性对女性的普遍态度，而且在于 17 世纪伦敦法律和秩序这一更广泛的问题。上层阶级几乎不受法律的责难。这里没有名副其实的警察队伍，有的只是几个由当地教区出钱找来的守夜人，以及从当地居民中招募来的轮值制兼职教区巡警。巡警有逮捕的权力，但通常都很被动，犯罪行为受害人必须找他们投诉才行。如果受害人知道或能够认出作恶者，巡警便可采取行动，要么逮捕所谓的不法分子，要么将其上报给地方法官；而后者的职责就是提出指控并在法庭上做出审判。地方法官所面临的一个问题是，每次遇到斗殴或激烈骚乱的罪行时，却没有公共秩序法可用。

小偷能被抓住，常常是由于受害者和其他人"叫嚷"着追赶强盗，并大喊"小偷站住！"，寄希望于别的过路人能抓住坏蛋，然后将其交给警察。如果涉案人员犯有偷窃、逃跑（仆人）、乞讨、在公共场所咒骂或醉酒等轻罪，巡警则会将肇事者送进布莱德维尔监狱。每隔两三周，布莱德维尔监狱长就得开会决定如何处理新囚犯。罪行轻微的话，他们往往会被释放，因为毕竟已在监狱里待过一阵子。

报复之罪

议会于 1670 年通过的第二项法案规定某项罪行可被判处死刑，是为了防止暴力的报复行为。截至当时，报复行为根本不被视为犯罪。于是，如果有人遭到公开轻视，或者在某种程度上名誉受损，他就可以故意将冒犯者毁容，挖出一只眼睛或者割掉一只耳朵或鼻子，然后逍遥法外。在 1670 年 12 月约翰·考文垂爵士（Sir John Coventry）那起臭名昭著的案件之前，蓄意致人残毁都不算什么重罪。考文垂身为议会议员，也是富有的政治家兼法官、伍斯特郡克鲁姆公园（Croome Park）的托马斯·考文垂爵士之子。在议会开完会之后，考文垂便打算赶回家；可当他快要走到离蓓尔美尔街不远的萨福克街时，却遭到一群皇家卫队军官的袭击。他们割掉了他的鼻子，显然是为片刻之前他在议会里对国王发表的风趣而带有贬损性的言辞而做出的报复。[1] 最终袭击者逃脱了惩罚。议会对于自己的成员遭袭感到非常愤怒，于是又通过了一项法案，将致人残毁的袭击定为重罪，并且可判处死刑。然而跟之前一样，该法律几乎没有执行。

1671 年初，也就是考文垂事件发生几周后，一桩众所周知的更大丑闻跟着爆发，还牵涉到了国王 21 岁的儿子蒙茅斯公爵（Duke of Monmouth）。爆发点是科芬园，一个以妓院著称的地区。蒙茅斯公爵在朋友阿尔伯马尔公爵和其他几位年轻贵族的陪同下，试图强行闯入妓院。据说他们想对一名妓女实施某种形式的报复，因为后者让蒙茅斯公爵和阿尔伯马尔公爵染上了痘病（淋病或梅毒）。也许他们要切开她的鼻子；对于被指控卖淫的妇女来说，这是一种很常见的暴力行为。然后守夜人被叫来了。随着战斗的爆发，大多数守夜人纷纷逃走，只剩下一名男子跪在剑下求饶。可贵族们还是将他捅死了。

---

[1] 有关对剧院征税的辩论发生于 1670 年 12 月。约翰爵士说国王对剧院的唯一兴趣在于女演员。而袭击事件就发生在 12 月 21 日。结果国王竟赦免了袭击者。

结果看守人被杀一事引起了公愤。德莱顿写了几行讽刺诗：

> 这是一种无法修复的伤害
>
> 为国王之子和伟大公爵的继承人鼓掌。[9]

毫无疑问，犯下这一残忍罪行的任何作恶者都要受到惩罚。查理将守夜人之死称为一场"不幸的事故"，并发布了一份公告，对蒙茅斯公爵"所有的谋杀、凶杀及任何重罪……"给予"仁慈的赦免"。为了向公众保证年轻的贵族再不准滋事并杀害平民而毫无赔偿，国王还宣布皇室卫队奉命帮助看守人来处理"任何性质的"作恶者。[10] 这有点可笑：毕竟袭击考文垂的正是皇家卫队。

对于上层社会来说，还有一个普遍问题就是精力旺盛的（通常由酒精引起）公共场合行为不端或斗殴。在此等情况下，地方法官的权力很有限。要知道，贵族阶层的影响力远远超过了地方法官的身份，而且后者通常也是从士族中招募来的。在佩皮斯目睹年轻女店主被绑架的前一年，一场不那么严重的公众骚乱就说明了这一点。它发生于科芬园的弓街（Bow Street），那既是追求更轻松、更具艺术性生活方式之人喜欢的去处，也是戏剧人士和诗人的大本营；而且因为有妓女存在，那里更是成为富有家族青年夜间痛饮狂欢的理想场所。弓街因其形状而得名，它从拉塞尔街南端朝西北方向呈弓形弯曲，是在贝德福德伯爵以前的地产上发展起来的。其西侧于 17 世纪 30 年代早期和中期首先被开发出来，工程进行时间与第四任伯爵在西边一百码处开发科芬园新广场的时间大致相同。1640 年，也就是依尼哥·琼斯那座雅致的广场竣工三年后，其东侧也被开发出来了，并且使该地区成为理想的居住地。[11] 然而，有悖于设计初衷，弓街从未成为上流社会的时尚住宅区街道。到了 17 世纪 60 年代，它具有混合性的用途和品质，包括住房、商铺和酒馆等。其中一间名叫"公鸡酒馆"（Cock Tavern）的酒吧，"风趣帮"（Wits）经常光顾，他们自认为是拥有寻求刺激这一特许权的风格引领者。

一个夏日的晚上，几位年轻的"豪侠"（gallants）去该酒馆里喝酒。查尔斯·萨克维尔和查尔斯·塞德利爵士也在其中；之前我们说过，带着内尔·格温去了埃普索姆的正是这两名浪子。现在他们已不再是稚嫩的小青年，塞德利和萨克维尔都已经 24 岁了。塞德利刚刚开始活跃的政治生活，而萨克维尔则完全受雇于宫廷，成为"快活帮"（国王的非官方小丑和艺人）中的一员。当晚，这帮朋友在烂醉之下决定给街上的人娱乐助兴。他们走到阳台，脱掉衣服，一丝不挂地为聚集的人群表演；这时便爆发了骚乱。

被带到法庭后，塞德利获判猥亵罪，并具结保证不再扰乱治安。若是社会地位较低之人犯同样的事，谁知道命运又会如何——以谋反行为被砍头或流放？萨克维尔和另一位伙伴则受过警告便被释放了。

一年前，科芬园发生过一起更严重的事件，也牵涉到了萨克维尔。他跟弟弟爱德华一起，与几位朋友在街头斗殴中杀死了一个名叫霍比的工人，并且事后声称他们以为对方是强盗。鉴于其社会地位，他们被判无罪。就连罗彻斯特伯爵这个对酒后越轨行为并不陌生之人也忍不住发声质问国王：萨克维尔如何能逃脱这么多次惩罚？对于一个因不良行为而在伦敦塔中待过的人来说，这绝非无聊的揣测。

17 世纪 60 年代最臭名昭著的事件之一与罗彻斯特伯爵的朋友乔治·维利尔斯有关；他身为"快活帮"成员、事实上的政府首席部长和白金汉公爵，虽在多佛遭到查理冷落，但早已与国王和好了。1668 年，白金汉公爵开始与什鲁斯伯里伯爵夫人（Countess Shrewsbury）安娜有染。当安娜的丈夫在发现奸情后，便向白金汉公爵提出决斗。挑战的消息传到国王那里，国王明确表示决斗不可进行。然而，这场决斗还是在伦敦郊外的巴恩斯公地（Barnes Common）谨慎地举行了，那里正好隔着泰晤士河与伦敦主教在富勒姆的庄园遥遥相望。

由于人们的怒气高涨，决斗演变成一场大混战。白金汉公爵刺穿了什鲁斯伯里伯爵的胸膛，将他伤得很重。[1] 白金汉公爵有位名叫詹金斯的助手也被杀。而另一位助手罗伯特·霍尔姆爵士（海军指挥官兼非洲探险队的领导人）则重伤了什鲁斯伯里伯爵的随从约翰·塔尔博特爵士（Sir John Talbot）。由于白金汉公爵的地位以及与国王之间的亲密关系，这场决斗在伦敦引起了轩然大波。塞缪尔·佩皮斯在个人的秘密日记中透露，"眼看他身边最重要之人白金汉公爵如此

---

[1] 20 年后，什鲁斯伯里伯爵的次子又在与查理二世私生子亨利·菲茨罗伊（Henry Fitzroy）的决斗中丧生。

不持重，竟然为一名荡妇而打架"，世人会将国王看低，而且希望决斗会招致白金汉公爵政治生涯的结束。[12]

然而，国王并未选择对自己的朋友采取行动。白金汉公爵没有受到任何责难，几周后又在议会开幕大典上公开现身。查理的唯一反应是发布了一项声明：以后任何人在决斗中杀了人都不会被赦免。

犯罪题材

这几起牵涉到社会最上层阶级的犯罪事件说明伦敦的法律和秩序是多么得宽松。在一座居民近 40 万的城市中，因新移民的大量涌入迅速抵消了其可怕的婴儿死亡率，犯罪便成为人们闲聊的热门话题。与别处的城市居民一样，伦敦人也喜欢在书籍和报纸中读到它。这样，犯罪活动就会带来报酬。能得到报酬之人包括亨利·马什（Henry Marsh）和弗朗西斯·柯克曼（Francis Kikman）；他们是伦敦土生土长的书商、作家和出版商，在赞善里（Chancery Lane）的王子头像标牌处有一家店铺。在复辟的几年内，两人出版了一本名为《英格兰无赖》（*The English Rogue*）的小说，作者为理查德·海德（Richard Head），出生于爱尔兰，可能是牧师之子，在牛津大学上学。

海德有赌博的嗜好，这长期困扰着他的生活。在爱尔兰和英格兰躲避债主的同时，他开始创作讽刺及幽默作品。[13] 眼看写作收入不够，他便在伦敦定居下来，并成为一名书商。随着《英格兰无赖》问世，海德终于获得了自己渴望的成功。起初，审查员罗杰·莱斯特兰奇（Roger L'Estrange）拒绝过此书，因为内容太淫秽，不适合出版。经过一些修改，这本书才由亨利·马什授权出版。在伦敦的图书业中，虽然出版一则供大众娱乐的有趣故事看起来是件小事，可实际上其重要性丝毫不亚于伦敦舞台上同期所取得的进展。

从理查德·海德的创作中可以看出英格兰小说形式的早期萌芽。的确，《英格兰无赖》很有理由自称是第一部英格兰小说。它首次出现的时间要早于较为常见的第一头衔竞争者：比约翰·班扬（John Bunyan）的《天路历程》（*Pilgrim's*

Progress）早了 13 年，也远早于另一竞争者——阿芙拉·贝恩创作于 17 世纪 80 年代中期的《奥鲁诺克》（Oroonoko），同时比丹尼尔·笛福的《鲁宾逊漂流记》（1719 年）更是早了好几十年。

有人声称之前的作品——包括在乔叟的《坎特伯雷故事集》序言中或者托马斯·马洛礼（Thomas Malory）在《亚瑟王之死》中对古代寓言的复述——都可以被定义为小说，这无疑是在异想天开。然而，很难理解《英格兰无赖》为何经常会遭到忽视。也许罪魁祸首是其淫秽、无道德准则的内容，或者相当肤浅的叙事形式（本质上是一些相互关联的冒险）。然而，毫无疑问，《英格兰无赖》是笛福很久以后取得巨大成功的《摩尔·弗兰德斯》（Moll Flanders）之重要起源。[14]

该书采用第一人称叙述，据说是一位名叫梅里顿·拉顿（Meriton Latroon）的路霸兼小偷的回忆录。[15] 它无论如何都不能被称作一部以回忆录形式塑造的文学虚构巨著；为此，伦敦将不得不等待笛福的《瘟疫年纪事》（A Journal of the Plague Year，1722 年）。但两本书在某种程度上都依赖于叙述者所声称的经历：就海德来说，是 1641 年起义期间他在爱尔兰的经历；而就笛福来说，则是他的童年记忆和他在瘟疫期间的家庭记忆。不管怎样，由于《英格兰无赖》非常成功，当亨利·马什在出版后不久去世时，柯克曼立即再版了这部作品。眼看新版卖得很好，梅里顿的第二卷回忆录也随之问世，扉页上写着：和柯克曼一样，海德仍然是作者。接下来又有了第三卷和第四卷。

而海德则否认自己是后来版本的共同作者。他有可能继续参与其中；我们也无从得知。但四本书凭借生动有趣的风格，再加上无穷无尽的可耻越轨行为，成了早已习惯于接近城市生活阴暗面的一众读者的消遣。这些书吸引人的一个主要部分是其中包含许多性接触，展现出作者所能处理的一切多样化。在有关偷窃和侥幸逃脱的故事中，这些书还涉及如何躲避拦路抢劫或市内行凶抢劫的有用建议。几年后，续篇问世，但"无赖"不再是英格兰人，而是法国人；尽管它以匿名撰写，不过某些学者仍然认为它出自理查德·海德之手。[16]

一视同仁？

如此多的罪行被定为重罪，刽子手忙得不可开交。在一座人口非常稠密的城市里全面实施这项法律，意味着大规模处决穷人、饥民且主要是守法之人，其定期执行的情况令人沮丧。倒是有一种能避免死刑的办法。初犯可索取"神职人员之特权"，以受到较轻的判决，或根本不判。这种非官方的"权利"是从古老的神职人员豁免权发展而来，当时他们可以由教会法庭而非民事法庭进行审判。随着时间的推移，它已经适应了俗世世界，因此任何受到初犯指控之人都可以请求并期望宽大处理。

在这件事情上，法律并没有对男女一视同仁。1624 年，虽然如果女性被指控偷窃了价值不到 10 先令的财物，便有权索取神职人员之特权；但男性被指控偷窃了价值高达 40 先令的财物也可索取同样的权利。[①] 这种区别非常重要，因为在 17 世纪中期，至少有 50 种罪行（包括所有类型的盗窃、谋杀、巫术和谋反）应该被判处死刑，而神职人员之特权可用于除巫术和谋反之外的大多数类型。

就失德的罪行而言，一种明智的伪善显示出了不同社会阶层所受待遇的特征。男性和女性可能会因为娼主（即皮条客，或从他人那里招揽性服务以卖给顾客的人）或娼妓的身份而被审讯并判刑。尽管如此，国王的仆人威廉·奇芬奇（William Chiffinch）还是以"国王的皮条客"而闻名，因为他的许多职责之一便是为主子征召女郎。好几位宫廷成员也在为国王拉皮条，其中就包括他儿时的朋友白金汉公爵和施洗者梅（Baptist May）。查理还被盛传为克雷斯韦尔夫人（Madame Creswell）那间臭名昭著的妓院的客户，该妓院就位于城墙以东的码头区。当然，他不大可能经常亲自光顾；更有可能的情况是，受到召唤的姑娘们乘坐一条小船逆流而上，然后晚间在一处私人码头上岸。从那里，有人会带着她们爬上一段楼梯；楼梯直接通往由奇芬奇掌管并且与国王私人房间相连的包间。但是，指责奇芬奇或白金汉公爵是娼主简直不可想象。

与此同时，对轻微罪犯来说，伦敦就像一块磁铁。店铺内陈列着各种各样

---

① 1691 年，法律被修改为男女平等。1823 年，神职人员之特权被废除。

人们能想到的商品。康希尔街两旁排列着许多金匠和银匠的铺子，泰晤士街上到处都是商人的仓库，里面存放着来自世界各地的贵重货物，而越来越富裕的商人阶层则个个随身携带现金、金表和珠宝。所有这些都为不同种类的小偷提供了一展身手的良机。纵观米德尔塞克斯巡回法庭和老贝利街的记录，大多数案件都是盗窃。对于钱包里有钱的伦敦人来说，扒手一直是个祸根。但在伦敦的所有盗贼中，最令人害怕的还是拦路贼。这些是武装劫匪，夜间主要在市内灯光昏暗的街道和小巷中作案。一旦受害者在交钱时磨磨蹭蹭，拦路贼就会毫不犹豫地采用极端暴力。

为应对犯罪活动，伦敦让各教区雇用了不同种类的执法人员。虽然在基本执行方面很随意，但处罚却并不是这样。普通人几乎犯任何罪都有可能导致死刑。一条丝绸手帕换来死亡也并非毫无可能。

根据约翰·格朗特的说法，伦敦的谋杀率低得惊人。1632 年，也就是他关注死亡率报表的其中一年，伦敦仅有 7 起谋杀记录在案。格朗特汇编数据的整个 20 年间，在总共死亡的 229500 人中，只有 86 人死于谋杀，平均每年才 4.3 人。与此相对的是，格朗特将伦敦与巴黎做过比较，发现在那里"他们没有发生惨案的夜晚极少"。[17]

格朗特解释说，低谋杀率可归结为两个因素。最主要的一点是伦敦人在地方层面进行治安管理，由教区支付治安官的工资。他说，其结果是"没有人会习惯于干这一行"（即谋杀）。第二个原因更多地与格朗特对自己及同胞之本性的看法有关，他们"对这种非人道的罪行，以及由大多数英格兰人制造的所有杀戮，都有着天生且习惯性的憎恶"。当然，也许还有别的原因；其中包括谋杀率被少报，以及像其他十足的爱国者一样，格朗特高估了自己族群的平和本性和外国人无法无天的程度。

绞刑的执行地在伦敦西边的泰伯恩村；那里有一棵固定的"绞刑树"，提醒任何进出该城，往返于牛津、布里斯托尔以及西部所有地方之人：一系列名目繁多的罪行都会受到惩罚。即将被绞死的囚犯从老贝利街旁边的新门监狱押送出来，再经由牛津路（如今的牛津街）向西带往泰伯恩刑场。因此，被绞死就意味着"去了西天"。观看行刑成为穷人的一种娱乐方式；每逢执行绞刑的日子，总有大量人群离开伦敦赶往泰伯恩。囚犯是用马车从新门监狱送过来的；到达绞刑架之后，他们常常会在临死前发表演讲。人群对此充满期待。①

有一种方法可以逃避绞索：被运往殖民地。17世纪，背风群岛和弗吉尼亚的新殖民地对工人的需求非常大。单靠奴隶贸易是不够的，即使再加上邪恶的契约仆役买卖和"准合法"的诱拐生意也不行。弗吉尼亚和巴巴多斯等岛屿的经济作物需要大量的新工人。在恶劣的气候下，由于大多数劳动力（无论黑人还是白人）都受到同样严酷的对待，其"损耗率"很高。而且工作条件也很恶劣；工人们没有医疗保障，他们被视为动产，像动物一样被买卖。判处罪犯流刑具有双重好处：既能减少国内监狱人数，又能增加殖民地的廉价劳动力。

有时，那些被判处绞刑之人可选流刑。因此，在老贝利街的记录中，我们发现轻罪的代价是在殖民地过完残酷的一生；例如，一名妇女因为从储粮室里偷了个银质大啤酒杯而被守夜人抓住，就会被判处流刑。[18]

对于许多挣扎于生存边缘的伦敦人来说，法律和秩序的体验是残酷的。轻罪可能会让违法者在监狱里待上几天而已，但他们却会遭到狱友和同胞的无情对待。就连无家可归本身也是一种罪行，可能会把违反者送去异国他乡。对于那些被伦敦的美好前景所吸引，却由于某种原因未能取得成功，最后无奈过着边缘化生活的人来说，他们过一天算一天的脆弱存在与被刽子手的绞索末端灭杀之间的差距微乎其微。

---

① 就这样，在海德公园东北角的"演讲者之角"（Speaber's Corner）便形成了传统。

第 18 章
间　谍

———————◆———————

秘密条约

1670 年 6 月 1 日，查理二世和路易十四签署了一项秘密条约。

对此，就连查理的财政大臣安东尼·阿什利·柯柏也一无所知。根据这个秘密条款，查理同意帮助路易在欧洲实行扩张主义，宣布放弃圣公会信仰，皈依天主教，并且使英格兰成为天主教国家。作为回报，路易将为查理提供资金，让他在不必召集议会为国库增税的情况下就能执政。查理得到了超过 10 万英镑的首付款，可这笔钱几乎不足以让即将开始的战争持续一两个月。作为幌子，两人又起草并签署了第二份公开条约，却省略了有关天主教的极具争议性条款。谈判人是永远心甘情愿的白金汉公爵，事后他说达成协议实在太容易了。

而条约谈判的中间人则是查理的妹妹亨丽埃塔·安妮。亨丽埃塔——被查理亲切地称为米内特（Minette）——不仅因为与哥哥非常亲密而受哥哥委托，将钱输送给那些被派去追查弑君者（处死他们父亲之人）的绑匪和刺客，并且从十几岁开始，她就很精通刺探及秘密交易之法。至于秘密的英法条约，她则是两位国王表兄弟之间的唯一使者。[①] 这也使得 26 岁的公主成为两国之间完成最不寻常

———————————————————————————

① 查理之母亨丽埃塔·玛丽亚和路易十四同为其祖父法国国王亨利四世（1553~1610）的后裔。

的秘密交易之一的核心人物。一旦消息走漏出去，可能会导致斯图亚特王朝的灭亡。

除了米内特，英格兰方面知道条约的其他人就只有两位政府大臣，分别是阿灵顿勋爵亨利·班纳特（路易用一万克朗的礼物贿赂了他的妻子）和第一代克利福德男爵（Baron Clifford）、罗马天主教徒托马斯。这笔交易对政府内的其他成员保密。查理甘愿在如此摇摇欲坠的基础上押这么多赌注，充分说明他的性格和心态。为了让自己摆脱议会的财务控制，他可以不计后果。

至于他宣布自己皈依天主教并且将英格兰变成天主教国家的承诺，条约并未明确要求时间范围。查理可以不紧不慢地实现前者，然而他却知道后者的实现毫无可能。人们对查理在条约中的意图有很多猜测。一种解读是，只要查理能坚定地支持法国在欧洲的扩张，路易已做好让他背离宗教的准备；而他为了从法国获得收入流，则什么话都说得出来。

去英格兰商议条约时，米内特带着年轻漂亮的布列塔尼贵妇路易丝·德·克罗亚勒作为侍女一同前往。她在写给哥哥的书信中谈到过路易丝，说后者会为白厅的宫廷增添光彩。查理明白她的暗示，于是便出现了一个女人；其角色不仅仅是取悦英格兰国王，而且还要向法国国王汇报。不到一年，查理和露易丝就坠入爱河；与此同时，后者也让法国大使随时掌握了英格兰宫廷内的事态发展。[1]

女 特 工

1670 年 9 月 20 日，秋季上演期在国王剧团内拉开序幕，剧本出自一名未经考验的新作家。《被迫的婚姻》（The Forc'd Marriage）是一部普通的悲喜剧，以经过实践验证的程式为特色：恋人们否认自己的真爱对象，但经过多次小挫折才终于走到一起，并且结局也是皆大欢喜。尽管跟任何新作家的首次创作一样有缺陷，这部戏还是取得了成功，由于场场爆满，演员和作家都赚到不少钱。

然而，最值得关注的是，作者是一位女性，也是英格兰戏剧最早的职业女性作家之一。同样引人注目的还有促使她开始写作的环境。

作者叫阿芙拉·贝恩；如今这个名字还算有些名气，但曾在几百年来却一直默默无闻。人们对她早年的生活知之甚少。一般认为，贝恩于 1640 年 12 月 14 日出生在肯特郡的哈布尔当（Harbledown），是巴塞洛缪（Batholomew）和伊丽莎白·约翰逊（Elizabeth Johnson，娘家姓德纳姆）的小女儿。她在洗礼时被取名为艾弗里（Eaffrey）。²1663 年前后，约翰逊和妻子及两个女儿乘船前往位于南美洲东北海岸的英格兰殖民地苏里南。本次前往一处又小又无足轻重的殖民地，其原因不得而知，但有人认为约翰逊可能担任了某个次要的职务。无论如何，他似乎丧命于航行途中。

仅仅 10 年前，英格兰殖民者才在苏里南建立了一个小小的农业定居地。这项事业背后的执行力量是马歇尔船长，他在一条后来被称为马歇尔溪（Marshall's Creek）的河边建立了殖民地。该定居地的规划和资金均来自于帕勒姆的第五代威洛比男爵（Baron Willoughby）弗朗西斯·威洛比（Francis Willoughby），他是一位专业的殖民地管理者兼冒险家，后来成为巴巴多斯总督。苏里南有时也被称为威洛比地产。移居者十分依赖烟草、蔗糖和棉花等经济作物，它们可经由西印度群岛周围的其他殖民地运回英格兰。

在某个阶段（可能早在 1663 年），23 岁的阿芙拉与威廉·斯科特（William Scot）有过一段恋情；斯科特既是一名英格兰甘蔗种植园主，也是一位曾在内战期间支持议会的反君主主义者。两人的关系在一位殖民官员的信中有被提及。有证据显示，贝恩曾在苏里南为国王从事间谍活动，此前还与托马斯·基利格鲁见过面，而后者在复辟之前为查理二世承担了情报工作。³无论事情真相如何，次年贝恩在母亲和姐姐的陪同下离开了殖民地。

回到英格兰（也许是伦敦）后，生活对于这位有着独立思想的年轻女子来说同样也很困难。她似乎（关于她早年生活的所有细节都不完全）嫁给了一位有德国血统的商人约翰·贝恩（Johann Behn），但要么这段婚姻没能持续下去，要么她只是把已婚称呼作为在这座残酷且极端利己不讲道义的城市里保护自己的手段。对于没有经济来源的女性而言，除了干家政服务的苦差事或卖身（要么沦为妓院中最下贱的类型，要么以被富人包养这一更"高雅"的形式），几乎所有行业的大门都不会对她们敞开。阿芙拉·贝恩的前景并不乐观，于是她再次致力于间谍活动。

1666年，国王的间谍首领约瑟夫·威廉姆森（Joseph Williamson）吩咐贝恩前往安特卫普。她奉命重燃自己与威廉·斯科特之间的爱情之火，而后者身为被流放的克伦威尔治下军官，当时正在荷兰军队中的英格兰军团服役。斯科特乃是被处决的弑君者、克伦威尔治下间谍首领托马斯·斯科特之子，因此在居住于欧洲大陆的反君主主义流亡者中有着相当大的影响。假如能够说服斯科特为国王做间谍，这对伦敦政府来说好处非常大，因为当时伦敦政府担心整个欧洲的许多克伦威尔支持者会发动入侵。根据国王特赦侨居海外之敌的让人存疑的条款，斯科特接到了回国的命令。其他议员已经返回并被处决，于是斯科特很明智地忽略了这一邀请。贝恩的代号为"艾斯特莱亚"（Astraea，取自希腊的善良和纯洁女神），她奉命确保斯科特服从回国的命令，或者至少说服后者成为国王的特工。

贝恩是一名高效的特工和诱惑者。8月，她报告说切拉东（斯科特的代号，可能取自荷马的《奥德赛》中提到的那条河）"非常乐意为此效力"。[4] 随后斯科特便提供了有关荷兰议会及反保皇派官员的情报。他不仅替贝恩撰写报告，还直接写给查理的间谍首领约瑟夫·威廉姆森；最终，他报告说入侵的可能性正在消失。

斯科特的工作得到了回报，他被赦免并获准返回英格兰。而贝恩则没那么幸运。她从荷兰写信给国务大臣阿灵顿勋爵，告知后者自己已身无分文，需要钱还债并回国。可阿灵顿勋爵却任其受命运摆布。从伦敦的一名放债人那里借到钱后，贝恩才设法回到了英格兰，竟发现国王也不打算在近期内支付酬劳给她。因无力偿还贷款，且被人以入狱要挟着催债，她只好求助于老朋友托马斯·基利格鲁，恳求他拿钱来救自己，还在信中写道："先生，如果今晚我还没钱，你一定得送点东西过来，因为我会饿死的。"[5] 她是否在监狱里待过一阵子不得而知。她也许是因为有基利格鲁这样的宫廷人脉而得救，尽管后者本人也经常从国王那里讨要钱财和恩惠。

女性剧作家

因此，不久之后阿芙拉·贝恩便开始了职业剧本写作生涯；她是复辟时期经历最丰富的人物之一，其写作也是出于生活需要。她用的笔名是"艾斯特莱亚"——创作了多种风格的诗歌和散文，还有以苏里南为背景的半自传体小说《奥鲁诺克》。小说主人公、与作品同名的奥鲁诺克是一位被奴役的西非丰人王子，因此该书被誉为早期的反奴隶制文本。事实上，它揭示的态度远非反奴隶制，其是对奥鲁诺克遭到奴役一事提出谴责——仅仅因为他有着王室血统。的确，贝恩将奥鲁诺克描绘成了一个奴隶贸易国家的成员，而这个国家在历史上曾先后向荷兰和英格兰贩卖奴隶。[1] 于是，该作品在颂扬君主制优点的同时，也强化了人们对奴隶制的普遍态度。同时，她对奥鲁诺克这一完美男性形象的描述也是为了吸引女性读者。在英格兰文学史上，公开的女性观点极具开创性意义。

无论贝恩的诗歌及散文作品有何优点，在 17 世纪，唯一能维持生活的创作类型就是戏剧。德莱顿曾被迫从他热爱的史诗转向舞台创作，如今贝恩也转向剧院谋生。

因此，当托马斯·基利格鲁把新一期开场表演托付给一位不知名剧作家的《被迫的婚姻》时，他是冒了风险的；可一旦成功，它将给自己带来丰厚的回报。剧本开场白渲染了其新颖的价值，宣称这位假名作家不仅是一位女性，而且在这首部剧作中展现出了吸引男性观众的机智和美丽。另外，开场白还提醒观众中的时髦男子们要保持警惕：女性为实现其"生活侵袭"，除了美貌和魅力，更会使用新的武器和计谋：

> 今天她们一群人冒险外出，
>
> 不为征服，而是为了侦察。
>
> 但这第一次企图叫人气馁，然后
>
> 她们几乎不敢再出门了。[6]

而后，开场白又继续为作家过去的职业提供线索：

---

[1] 丰人是古代达荷美王国（如今的贝宁）的主要群体。

据说，这位女诗人也在国外当过间谍

该行业将他们分散在了每一条道路上，

楼上包厢、正厅后排和顶层楼座内，每张面孔

你都可以从黑丝绒罩^①中找到伪装。

在贝恩之前还有其他复辟时期的女性剧作家。弗朗西丝·布思比（Frances Boothby）是第一个在伦敦舞台上演出个人作品的女性；一年前，也就是1669年，她的《马塞利亚》[*Marcelia*，又叫《背信弃义的朋友》(*the Treacherous Friend*)]由国王剧团上演。更早些时候，著名诗人凯瑟琳·菲力普斯（Katherine Philips）翻自科尔内耶（Corneille）之法语版《庞贝》(*Pompée*) 的译本以出版物形式在伦敦问世，不过它只在都柏林的斯莫克巷剧院（Smock Alley Theatre）演出过。然而，贝恩的剧院创作生涯却严肃得多，也长久得多。17年的时间里，她的剧本共上演了19部，而且她可能还参与了更多创作——也只有德莱顿才会有如此多的剧本上演。贝恩成了名作家，可惜随着舞台创作经济的起起落落，她从未赚到过大钱。然而，她确实融入了包括宫廷才子和社会浪子在内的这个"有趣"群体，其中最值得一提的是第二代罗彻斯特伯爵约翰·威尔莫特，以及包括内尔·格温在内的戏剧名人。

在许多关于格温的故事中，有一个包含了贝恩。据说，格温因急于算计跟自己在国王面前争宠的女演员摩尔·戴维斯（Moll Davies），从贝恩那里弄到了一种泻药。然后格温把泻药加入烘烤的蛋糕里，趁戴维斯去国王寝宫幽会前喂给她吃。据匿名文人在报道王室丑闻的市内畅销故事书中称，这些蛋糕发挥了效用。戴维斯从国王的床上被驱逐后，格温成为受益人。

贝恩认为是罗彻斯特伯爵帮自己完成了诗歌创作。罗彻斯特伯爵完全有这个资历。他很机智，偶尔也能很好地用诗歌来表达自我；此外，正如其许多品味和偏好那样，他对戏剧有着浓厚的兴趣。随着贝恩在露骨的情色诗歌和戏剧方面开凿出一条成功路线，罗彻斯特伯爵的指导就隐约可见了，因为他曾写过一些有史以来最肆无忌惮的淫秽诗歌。贝恩的几首下流诗最初被认为出自罗彻斯特伯爵之

---

① 指女性戴着面具去剧院的时尚。

手。贝恩的剧本研究了以罗彻斯特伯爵为典范的浪子性格。在贝恩的一首诗中，她形容罗彻斯特"可爱"又"温柔"，也许表露了她对后者的感情，并且附带着还透露了这位臭名昭著的浪子很多情的一面。[7]当他去世时，贝恩为他写了悼词。

贝恩认为应该允许个人表达自我，而不受传统的约束。伦敦的享乐主义者通常很粗野，但也有些人在认真地倡导一种新的生活方式。其中不乏戏剧艺术的典范，他们凭借高超的表演技巧，能把一种光彩夺目、不受教会约束的非道德生活方式带入舞台生活。女演员的出现给剧院带来的可不仅仅是性别：它让剧作家有机会发展并创造出能展现情感深度的女性角色，而这恰恰是以前所缺乏的。随之而来的是剧作家们有机会介绍底层社会的主要人物：风尘女、孤儿，甚至强奸受害者；他们的出现在以前是不可想象的。

没人比伊丽莎白·巴里能更好地示范这种新的表演天赋。经过几次马马虎虎的表演之后，她终于学会了技巧，适合演悲剧就像内尔·格温适合演喜剧一样（当然巴里也能演喜剧）。17 岁那年，巴里第一次现身于公爵剧团（Duke's Company），却因为表现太糟糕而被解雇。然后发生了一些事，才使她成为当时最优秀的女演员。如前所述，有人说她得到过罗彻斯特伯爵的指导；无论如何，他们有一段持续 5 年的婚外情，最后还生了个孩子。[巴里还有个孩子是和剧作家"温文尔雅的乔治"埃瑟里奇（Etherege）所生，后者因《浴盆里的爱情》（*Love in a Tub*）大获成功而备受欢迎。该剧引入了复辟时期喜剧的主要内容，即准情侣之间唇枪舌剑式的巧辩，且后来由德莱顿予以完善。]

因巴里将悲情刻画得非常逼真，观众深受感动。"在令人激动的怜悯艺术方面，"演员兼经理科雷·西柏（Colley Cibber）写道，"她的能力超越了我见过的所有女演员，也超出了你的想象力。"[8]不同于同时代的许多演员，巴里有着非常成功的职业生涯，无论在经济上还是在艺术上。她也是当时为数不多的几位可凭演技挽救一部烂剧的演员之一。

在这个阶段，仍处于事业萌芽初期且拥有两年专业表演经历的巴里主演了贝恩最成功的作品《漂泊者》（*The Rover*）；它显然是根据基利格鲁早先的剧本《托马索》（或《漫游者》）改编而来。这一时期的戏剧大量改编自较早的作品；不过，贝恩还是被指控剽窃。在《漂泊者》公开版本的收场白中，贝恩承认她借用了基利格鲁的故事，却坚称角色和对白都是自己原创的。[9]基利格鲁倒并未予以指责——他也许还曾建议这位年轻的剧作家以其成功的剧本为原型。

该剧对贝恩早期的作品是一次巨大的改进。这预示着她在《荷兰情人》（The Dutch Lover）演出失败后已度过三年休演期，如今又凯旋回归剧院。贝恩与国王剧团签订的标准合同允许她每隔三晚便可收取一次票房收入。在其经济脆弱（源于不定期性）的生涯中，新剧的成功让她获得了一种不稳定且十分短暂的财务独立。

《漂泊者》的情节围绕着几名英格兰男士和一群年轻的西班牙贵妇在那不勒斯王国里的风流韵事而展开。男性群体里的中心人物是一位愤世嫉俗且又放荡不羁的船长，名叫威尔曼（Willman）。威尔曼这个名字听起来非常像罗彻斯特伯爵的姓氏威尔莫特（Wilmot）。

女性群体里的中心人物则是海伦娜，她决定在哥哥把自己送入修道院之前先体验一下爱情。威尔曼和海伦娜之间的互动确保该剧在多个方面引起了观众的共鸣。复辟时期的观众早已习惯了男女主角那相当单一且愤世嫉俗的口吻；如今，他们似乎也习惯了所有对白片段几乎都是彼此的复制品。虽然贝恩承认自己重写了导师基利格鲁的剧本，但其主要角色却与德莱顿三年前《未嫁女王》中的角色极为相似。

对于伦敦上流社会的观众来说，这些都无关紧要。只要戏的情调与时代基调相吻合，观众就会欣然接受。在最后一幕中，威尔曼告诉海伦娜："婚姻之于爱情肯定是祸根，正如借钱之于友谊一样。"考虑到离婚几乎毫无可能，且婚姻是为了金钱和王朝的原因而缔结，不合适的婚配是没办法逃掉的。剧中好斗的情侣得出结论：如果他们想要在一起，就再无别的办法了。当海伦娜似乎要拒绝威尔曼的求爱时，他便索求一个吻。她回答道："一个吻！他说话多像我的男侍者啊；既然就这么一点偷偷摸摸的要求，我决定什么也不让你得到。"威尔曼则回答："我喜爱你的幽默，愿意娶你为妻。"

情侣们之所以不同意结婚，是因为他们相信婚姻制度的神圣性，或者认为只应该在婚姻中发生性行为——他们这样做是因为别无选择。对于海伦娜来说，为了避免被哥哥强行送入修道院，她必须嫁给威尔曼。而对于威尔曼来说，要想跟海伦娜在一起，他就必须娶她。贝恩赋予戏剧一个反复出现的主题：女主人公应该自由地做出个人选择，自由地表达个人情欲并决定其人生道路。

在复辟时期剧院工作的女性拥有其他劳动者不被准予的社交特许权：她们可以过着不羁的生活。像贝恩一样，她们可以发生婚外性行为；或者像伊丽莎白·巴里一样，她们可以有非婚生子女，且名誉不会受损——前提是她们得是为专业人士。但毫无疑问，这需要付出个人代价。在报纸上，剧中女性吸引了（男性）讽刺作家的大量批判性关注。据匿名评论家推断，女演员经常扮演品行不检点或者对性怀有浓厚兴趣的角色，肯定会喜欢那些具有这般道德水准的人物。相比之下，玛丽·桑德森嫁给了演员同行托马斯·贝特顿，则过着一种无可指责的、相当文雅的生活。

尽管这个职业存在危险，可巴里作为 17 世纪社会背景下的单身女性却延续着非常成功的职业生涯；她积累了名声和金钱，投资很明智，从未结婚，并于1709 年从舞台上退隐。而贝恩的戏剧生涯却经历了几次君主更迭。她虽然受到专业评论家的赞扬，但也遭到一些人的抨击；这些人看不到她的写作技巧，而只关注她生活中非正统的一面。在那个时代，她饱受批评，不仅因为抄袭和剽窃其他作家的作品（这种做法在莎士比亚时代及以前就已经很常见了），更因为其戏剧的淫秽特质。鉴于她所结交的圈子以及她为之创作的观众，很难想象如果没有给观众带来他们想要的东西，她怎么能生存下去。虽然有约翰·德莱顿为贝恩的职业声誉辩护，但她的私生活经常被挖出来。与律师兼浪子约翰·霍伊尔（John Hoyle，曾于 1687 年接受审判，但因罪名不成立而被释放）之间的长期恋情对其声誉无益，不过在经济上倒是有所帮助。

身为斯图亚特王朝的热忱捍卫者，贝恩在威廉和玛丽继位（1689 年）几年后便去世了。在新的古板气氛中，她那诙谐的情欲戏已经过时，而她本人也陷入了贫困。但是从 1670 年《被迫的婚姻》的出现开始，直到 1687 年，她在粗俗却又极具活力的伦敦艺术生活中扮演了重要角色。

剧院"圈套"

并非伦敦上流社会圈里的每个人都痴迷于舞台的这种放荡本性。就在《被迫的婚姻》上演的同一年，约翰·伊夫林——作为人们在复辟时期的伦敦有望找到的宗教正直最佳典范——接受了邀请，前去王宫里观看由布罗希尔勋爵（Lord Broghill）创作的戏剧《穆斯塔法》（Mustapha）。伊夫林很少光顾剧院，"现在有很多原因，如它们被滥用于无神论的自由；现在（之前从未有过）允许粗俗的女人露面并表演。她们煽动几位年轻的贵族和豪侠，成了他们的情妇，而有些则成为他们的妻子"。[10]

接着他还列举那些出身高贵却中了剧院女性的圈套之人，"身体和灵魂都遭到毁灭"。他们分别是牛津伯爵（受达文南特的妻子诱惑）、罗伯特·霍华德爵士（受奥普希尔夫人诱惑）、鲁珀特亲王（受玛格丽特·休斯夫人诱惑）、多塞特伯爵，以及伊夫林因不愿谈及而称之为"另一位比谁都重要的人"。这当然指的是国王，他受到了内尔·格温的诱惑。自伊丽莎白时代采用世俗的而非宗教的主题以来，剧院从未如此热烈地接受过放荡之风。鉴于那个时代的性政治，人们总是看到女性在诱惑男性（而不是反过来），却并不觉得奇怪。这些男性生来高贵，因此只会被女性那种品质低劣的影响所玷污；后者仍然因为性征而被视为一种腐化或令人腐化的力量。塞缪尔·佩皮斯作为伦敦最熟悉剧院的人之一，当他去"国王之家"拜访朋友克奈普夫人时，曾谈到女演员对那些试图向她们求爱的年轻人所具有的掌控力：

> 我确实看到了贝基·马歇尔（Becky Marshall），她穿着戏服走下舞台，显得非常华丽、漂亮且高贵；还有内尔，穿着男孩子的服装，也非常漂亮。但是，她们的自信！刚一离开舞台，她们身旁就有多少男子在转悠，她们的谈吐又是多么没有自信啊！这里，我确实亲吻了新来的漂亮女子，她名叫佩格（Pegg，休斯），是查尔斯·锡德利（Sidly，塞德利）爵士的情妇，人长得非常漂亮，且看起来（但其实不）很端庄。[11]

在剧院工作的女子都面临着双重偏见，不仅因为职业而被视为娼妓，还因为性征而被视为荡妇。然而，尽管受雇于剧场的某些女子（特别是卖橘子的）往往只跟风尘女差不多，专供包括国王及其兄弟在内的浪子"享用"，可是对大多数女演员来说，情况却并非如此。讽刺作家罗伯特·古尔德（Robert Gould）以撰写极为尖刻的讽刺作品（即使以谩骂查理一世的标准来看亦是如此）而闻名，在其以女性和戏剧的为主题的诗歌中更是表达了盛行的厌女症：

> 她们时常退入自己的小房间，
>
> 在那里，确实能激起欲望。[12]

　　1671 年初，伦敦剧场最成功的迷人女子之一——自嘲地陶醉于"娼妓"头衔——退出了舞台表演。内尔·格温的演艺生涯持续了 6 年多一点，在此期间她只演过十部戏。不过，在那短短的时间里，且作品不多的情况下，她已经成为一位巨星，并俘获了国王的心。以前她也中断过表演；那是 1669 年，当时她怀上了国王的孩子。查理将她安置在林肯律师学院广场的一栋漂亮宅子里，然后她诞下一名男婴，洗礼时取名为查尔斯。可内尔错过了伦敦观众的崇拜，因此决心在众人面前接受最后一阵欢呼。她带着约翰·德莱顿和罗伯特·霍华德爵士共同创作的《格拉纳达的征服》（*The Conquest of Granada*）又重返舞台。这出成就被过于夸大的戏，两部分均以押韵的五步格对句写成，于 1670 年 12 月至 1671 年 2 月在"国王之家"上演。该剧以英雄事迹和悲剧基调为特征，却并未成功地发挥内尔的才能。这也许是她最后一次登台演出。

　　为庆祝内尔退隐，查理在蓓尔美尔街西端为她租了一栋更气派的宅子。79 号宅邸非常豪华，与国王的情妇倒是很相配。它背靠着圣詹姆斯公园，从那里约翰·伊夫林看见内尔倚在花园的墙上，以一种"非常亲密"的方式与查理交谈。[13] 不久内尔又怀孕了。圣诞节那天，她诞下第二个儿子，取名为詹姆斯。一旦适应了新的居家生活，内尔便将其喜剧天赋转而嘲笑她的情敌——国王的首席情妇路易丝·德·克罗亚勒。有一次，内尔向法国大使索要路易十四赠予的某件礼物，理由是她比路易丝更能侍奉好查理二世。

　　在内尔离开的日子里，伦敦戏剧界并没有停滞不前。1671 年 11 月，英格兰最具革命性的剧院在曾属于多塞特公馆的土地上开放。该公馆以前是索尔兹伯里主教在伦敦的宅邸，后来则归多塞特公爵、萨克维尔家族所有。它在大火中被摧毁，之后便再未进行重建。公爵剧团以 39 年的租约获得了泰晤士河边的部分土地。该剧团的计划是实现威廉·达文南特爵士的夙愿，即建造伦敦最好的剧场。然而达文南特在有生之年却没能看到自己的梦想成真，三年前他便在林肯律师学院广场剧院的家中离开了人世。在 62 年的人生里，达文南特取得了巨大的成就；不同的文学时期，他都以极高的专业精神进取，并随时不断适应。他发展了英格兰歌剧，还把可移动的布景引入英格兰舞台。他帮助重新引入莎士比亚等人的严肃戏剧，甚至敢于删节并改写作品，以符合当时的审美和个人对英格兰君主制（他是一名热情的辩护者）的愿景。1668 年 4 月 9 日，他在威斯敏斯特大教堂的诗人角（Poets' Corner）下葬。而遗愿则留给他的遗孀以及剧团里的演员兼经理托马斯·贝特顿和亨利·哈里斯（Henry Harris）来继续完成。他们筹集到 9000 英镑，然后建造了多塞特花园剧院（Dorset Gardens Theatre，也叫作约克公爵剧院）。

这座新剧院最不同寻常之处是它就坐落于泰晤士河畔，主顾们再也不用穿过伦敦的肮脏街道。如今他们可以乘船而来，并且在剧院的私人码头上岸。他们穿过舒适的河边露台，从那里便可欣赏到壮观的、巴洛克风格的剧院正面，其时髦的开口山形墙上还挂着约克公爵的饰章。然后，他们登上几级台阶，便步入由托斯卡纳圆柱支撑的一层悬垂式入口凉廊。最后，主顾们才走进其装饰华丽的内部。完成舞台口拱顶上雕刻之人丝毫不逊色于木雕大师格里林·吉本斯（Grinling Gibbons）。

可建筑师究竟是谁却不得而知。有人提到罗伯特·胡克的名字，不过它那张扬的开口山形墙和吉本斯的参与都指向了克里斯托弗·雷恩爵士。剧院的真正魔力隐藏在后台；达文南特梦寐以求的所有设备都已经到位，可以制造出云朵飘动、雷雨爆发以及人在空中飞翔的效果。多塞特花园剧院旨在为伦敦剧院带来奇观。它确实做到了。令人难忘的早期作品包括《暴风雨》（The Tempest）的音乐剧版；在戏中，爱丽儿得以从囚禁她的树中挣脱并飞走。[14] 对于一位精力充沛、足智多谋且富有创造力的剧团经理而言，该剧院可谓是个很好的纪念。

　　贝特顿和哈里斯接替达文南特的位置，将伦敦剧院从被淡忘状态中拯救出来，并且实现了他满足观众的魔术需求这一梦想。如今这些也许不再受欢迎，可是在那个时代，它们却让人觉得目眩神迷且十分大胆。透过达文南特的眼睛，贝特顿也看到舞台口拱顶等于提供了一扇窗户，让观众由此欣赏到一个充满幻想的世界。类似于莎士比亚时代，演员们也有个可接近观众的围裙式舞台，但身后却是可以迅速更换的彩绘布景，能把伦敦观众带往奇妙且充满异国情调的地方。

　　三年不到，国王剧团也将在德鲁里巷开设一家可与之匹敌的奇迹宫——全新的皇家剧院，并采用了达义南特仕莱尔网球场首次向伦敦公众推出的所有机械设备。但第二年它便被烧毁，这使得约克公爵剧院毫无疑问地成为伦敦首屈一指的剧院。

第19章
人口和金钱交易

---◆---

新股份公司

1672年1月24日，约翰·德莱顿并未前往他经常光顾的场所——位于科芬园拉塞尔街的"威尔之家"，而是来到了城里的加勒韦咖啡馆（Garraway's Coffee House）。他去那里的起因是一件新奇事：一场加拿大皮草拍卖会。[1]

通常情况下，哈德逊湾的贸易商直接把产品卖给伦敦贸易商，而后者又把它们转卖给欧洲大陆，因为布鲁塞尔和巴黎等城市对所有种类的毛皮都有着很大的需求量。捕猎者发往欧洲的小张皮毛各式各样都有，包括海狸皮、北极狐皮、赤狐皮、大灰狼皮和猞猁皮等。因伦敦的需求小于欧洲大陆，海狸皮——可用来制作冬装外套、帽子和地毯——成了唯一出售的商品。加勒韦咖啡馆内的销售选择面不够，恰好掩盖了北美海狸毛皮在毛皮贸易中扮演的核心角色；眼看欧洲海狸被猎杀到几近灭绝，冬天捕获的雄性海狸那腹部软毛在毡制品生产中就显得尤为珍贵。而这单个特性便让北美海狸皮成为该项贸易的支柱。

鲁珀特亲王也顺便探访了拍卖会。4年前，他对法国商人的资助并未最终发现谣传的"西北航道"，但至少通过建立一项利润丰厚的贸易而获得了回报。与早期在非洲建立奴隶贸易的企图不同，北美还没有像荷兰那样的对手可以与之抗衡；因为这个阶段，英格兰人和法国人尚未在陆地上发生直接冲突。

哈德逊湾公司蓬勃发展之时，一群伦敦商人筹集了一大笔资金，让皇家探险者公司起死回生。由于 1665 年至 1667 年对抗荷兰的战争失败，该公司再次破产。从那以后，荷兰人重新设法将英格兰贸易控制在最低限度，同时在非洲海岸部署了更多的海军。皇家探险者公司财务非常拮据，只得将部分贸易转包给一个名为冈比亚公司（Gambia Company）的新实体。可由于结果一点也不乐观，人们又决定以新股东和新资本为原公司重新注入活力。如果想让横跨大西洋的蔗糖和烟草殖民地兴旺起来，那么西非的奴隶贸易也必须如此。

17 世纪中叶，伦敦社会各阶层的人口构成了一个消费社会。新股份公司和奴隶贸易与这种新的消费主义携手并进，而蔗糖和烟草则是推动伦敦繁荣的主要经济作物。烟草率先到达，从 17 世纪初便开始越来越受欢迎。在英格兰各地的城镇和乡村，孩子们抽烟斗的场景随处可见。这种癖嗜整个世纪都在增长，直至有活动家对此习惯提出控诉为止。蔗糖的引进时间要稍晚一点；1640 年前后，其产业规模在巴巴多斯迅速增长。1600 年至 1700 年间，蔗糖的进口量每年都会增加一倍以上。[2] 蔗糖喂养了越来越爱吃甜食的人群，被广泛用于咖啡、茶、蛋糕、奶油葡萄酒和热红酒等。

1672 年，改革后的皇家探险者非洲贸易公司简称为皇家非洲公司（Royal African Company）。新公司将皇家探险者非洲贸易公司和冈比亚公司合并，其主要人物和赞助人仍是约克公爵。起初，该公司以为最大的利润会来自黄金，但它很快意识到更轻松、更赚钱的贸易在于奴役。

奴役带来的利润诱惑超越了所有社会界限。从一开始，王室、贵族和商界就在投资皇家非洲公司。总督兼最大股东为约克公爵詹姆斯。公爵还真真切切地在奴隶身上留下了他的印记。那些没有皇家非洲公司首字母"RAC"烙印的人，在其胸口或前额都被打上了约克公爵首字母"DY"烙印。该公司的许多投资者在哈德逊湾公司和东印度公司也都享有经济利益。与其先行者一样，皇家特许状也赋予了皇家非洲公司在非洲东部沿海地区的贸易垄断权。董事包括伦敦最杰出的商人约翰·波特曼（John Portman）和威廉·佩特曼（William Pettyman），以及查理政府高级官员、贵族种植园主安东尼·阿什利·柯柏。柯柏在这家非洲公司重组前不久刚刚晋升为大法官，并当上第一代沙夫茨伯里伯爵。

其他投资者包括议会议员威廉·阿什伯纳姆（William Ashburnham），他因投资包括剧院在内的许多不同企业而闻名。阿什伯纳姆出身贫寒，但由于家族关系，他在国王宫廷谋得高级司库①一职。与朝臣阿什伯纳姆形成鲜明对比的是乔治·科克（George Cock）。这位出生于纽卡斯尔的商人生活十分奢靡，凭借在但泽（Danzig）的一家英格兰贸易公司担任代理人而发家。科克继续为海军提供补给，同时心安理得地从本应属于财政部的奖金中抽走一部分。塞缪尔·佩皮斯和他的恩人爱德华·蒙塔古也投资了。在所有投资者中，竟还有个"死人"。马丁·诺埃尔爵士（Sir Martin Noell）是一位多姿多彩的人物。在克伦威尔时代，他几乎垄断了盐市，也外包过赋税，还将爱尔兰人、苏格兰人和英格兰保皇派囚犯作为奴隶运往巴巴多斯以赚取非法利润，甚至从事过海盗活动。其遗嘱执行人代表他的亲属持有他的财产，并投资于这家新公司。³威廉·考文垂爵士也被列为股东之一，不过作为约克公爵的秘书，他可能根本没有投入个人资金。总共有120名创始股东，后来还会有更多人参与投资。

公司首次航行的荣幸归于"查理"号指挥官亚伯拉罕·霍迪克（Abraham Holditch）船长。1672年，他将149名非洲人运往巴巴多斯。共30名奴隶在途中丧生；而其余119人则被安全送达。同一年，又有4艘公司船只完成了航行。可他们却面临着激烈的竞争：荷兰、法国和葡萄牙船只也去非洲接走了奴隶，然后运到大西洋彼岸。次年，该公司的贸易开始好转。从那以后，它平均每年向殖民地派出23艘满载非洲人的船只。

除了直接投资于皇家非洲公司的航行或者靠奴隶劳作的种植园之外，在奴隶贸易中还有其他的赚钱方式。例如约翰·艾尔斯（John Eyles），他没有选择这两种方式，却基于奴隶贸易建立起一家成功的伦敦企业。约翰和弟弟弗朗西斯一起经营着家族企业艾尔斯公司。两人来自威尔特郡的迪韦齐斯镇（Devizes），父亲是当地一位富有的男装店主。一到伦敦，他们就迅速出人头地。约翰成了一名

---

① 司库因金库或保险柜而得名，职位低于审计长，负责管理并支付雇员薪水。

布税征收员，这个职位是他花 9000 英镑买来的。买卖官职是一种极其腐败的行为，不仅长期影响着伦敦的税款收入，也给财政部带来了巨大的困难。虽然艾尔斯兄弟是浸礼会教徒，但他们与王室的关系很好。其中某个原因当然是约克公爵获得了一大部分由艾尔斯家族帮忙实现的奴隶制利润。

艾尔斯公司本质上是一家服务公司，为皇家非洲公司成员提供设施和经济援助。种植园主通常必须先购买奴隶和其他供应品，然后才能收到自己的蔗糖收入。而艾尔斯兄弟则提供了必要的信贷。当种植园主的蔗糖到达伦敦时，艾尔斯公司便负责将它卖掉，收取交易费用，并扣除自己的预付款和利息，然后把剩下的钱转给客户。为制糖业的每一步提供服务，终于让艾尔斯家族变得非常富有。而艾尔斯公司也得以在利德贺街建立宏伟的总部，与东印度公司总部相邻。后来约翰·艾尔斯成为伦敦市长，不仅建立了一个商业王朝，而且在他的家乡迪韦齐斯镇买下萨布斯大厦（Southbroom House）[①] 及其地产。

就像艾尔斯家族所在地一样，许多乡村大宅邸都是用奴隶贸易的利润购买或建造的。[②] 矛盾的是，有些奴隶贩子竟然还是慈善家。国际布料批发商爱德华·科尔斯顿（Edward Colston）利用伦敦奴隶贸易赚来的部分财富，分别在布里斯托尔和伦敦翻修教堂、修建学校和救济院。科尔斯顿出生于布里斯托尔，孩童时代一家人便搬到了伦敦。因为当过绸布商人同业公会学徒并学习过布料贸易，科尔斯顿后来与西班牙、葡萄牙、意大利和非洲建立了成功的贸易关系。17 世纪中期，他与非洲的买卖包括用布料交换奴隶；哥哥托马斯去世之后，他又继承了布里斯托尔的一家制糖厂，这也让他与跨大西洋奴隶贸易有了进一步的联系。

科尔斯顿和其他一些人所创造的财富在当时是相当可观的。理查德·利贡（Richard Ligon）曾于 17 世纪 40 年代末造访巴巴多斯，并撰写了有关制糖业的文章。据他所言，与支出相比，利润非常巨大。[4] 一片占地 500 英亩的庄园，在扣除 1349 英镑的成本后，其年净利润为 7500 英镑，这也让该地产所有者跻身超级富豪之列。一些地产所有者住在自己的蔗糖种植园里；而其他人则留在国内，

---

① 这栋大厦如今是迪韦齐斯学校的主楼。

② 很久以后，剧作家艾伦·班尼特（Alan Bennett）把这些乡村基地称为"耻辱之家"。

在伦敦的办公室里经营企业。

"大停顿"

就在新改革的皇家非洲公司恢复其奴隶贸易的同时，与荷兰之间的冲突再次逼近。大部分议会成员都支持发动一场战争，认为这是实现渴望已久的贸易霸权的唯一途径。大法官沙夫茨伯里伯爵也赞成冲突爆发，但前提是国王同意议会通过一项支持宗教宽容的新法案。沙夫茨伯里伯爵将荷兰人视为贸易中的仇敌，但在宗教宽容方面，他们却堪称典范。他希望不信奉国教之人能与圣公会教徒享有同样的权利。于是查理同意了这笔交易。

然而，为重新装备舰队支付费用的问题依然存在，且它已经被封存一段时间了。即使能得到秘密的法国资金，可财政部面临的问题在十年内几乎毫无改变：该国采取了基于对外战争的昂贵外交政策，国王管理着一个挥霍无度的家庭，而且其经济也因为经由西班牙涌入欧洲经济体的南美洲黄金而大受影响。

除此之外，税收的征集效率也十分低。多年来，由自由收税员形成的杂乱网络已发展到无法胜任这项工作的地步。每一位收税员或包税人都由王室直接任命，或者从希望退休的人那里购买这些职位。由于欺诈的诱惑，该制度以一种无法预测的方式提供收入。这里还有个明显的利益冲突：许多包税人都有某种副业，即向国王提供个人贷款。

1671 年，征收关税开始在王国政府专员的控制下进行，这是解决问题的第一步。它在某种程度上也填补了国库财政的巨大缺口。而在利润丰厚的消费税领域，或者对某些类型的国内消费征税方面，则尚未采取任何行动。难怪王国政府一直从伦敦市内银行家那里寻求贷款。

次年，也就是 1672 年，查理又向伦敦金融城谋求新的贷款，希望从伦巴第街的商业银行家和齐普赛街的金匠那里得到 150 万英镑，以装备舰队中的 82 艘船来对抗荷兰人。但一段时间以来，财政部和伦敦金融城之间一直互不信任。这在某种程度上源于以下事实：伦敦金融城里的人本质上大多是议员，而国王对议

会的憎恶非但没有减弱，反而加深了。再者，王国政府的需求与伦敦金融城提供
服务的能力或意愿之间也是摩擦不断。在这背后，围绕所要求的供应货物不符，
以及财政部或海军委员会是否有能力或意愿按时付款，更是存在着无休止的争
议。作为海军委员会的成员，塞缪尔·佩皮斯毫无疑问干了欺诈勾当，因为他积
累了大量黄金，却控诉自己的同僚或供应商的诚实（或缺乏诚实）问题。[5]

在这样的背景下，王国政府与伦敦金融城之间互相提防。最重要的是，银行
家们对政府最高层内部的廉洁表示怀疑。他们的怀疑是对的。查理已经习惯了从
关税和消费税中、从留给海军的资金中，或者有时直接从国库的保险库中，为他
的情妇们提供资助。他已经让芭芭拉·帕尔默成为多种赋税的包税人，从而确保
金钱直接流向她而不是政府。[6] 由于国王和他的家人（尤其是弟弟约克公爵）经
常入不敷出，银行家们能够收取的利率高得离谱，最高可达 20% 或 30%。也许
出于这个原因，查理欠下了巨额债务。

眼看查理想借新债来资助战争，有人便提出以前那些贷款的命运问题。银行
家和许多下议院成员都想知道，迄今为止总计 500 万英镑的贷款是如何用完的。
接着发生了一场争吵，其间伦敦金融城要求查看账簿。这简直闻所未闻。于是财
政部拒绝了。难怪：据秘书佩皮斯所言，有 230 万英镑不知去向。对于王国政府
来说，人们有种感觉，即伦敦金融城既不会妥协也不会给予支持，但这场战争不
就是为了商人的利益而反对荷兰东印度公司里的对手的吗？

距离上次在梅德韦河以屈辱的方式战败，时间已经过去了 5 年。从那时起，
伦敦的舆论也早已从英荷战争转移开来。这些年里，因缺乏一支损耗严重的海军
保护，英格兰海外贸易遭到了重创。感到手头拮据的城市商人们根本没心情资助
一位挥霍无度的国王发动战争，因为在此情况下，采取较为和平的做法才算明智
之举。伦敦金融城完全无法了解秘密的《多佛条约》(Treaty of Dover) 条款，但
依照其中内容，查理必定会支持路易十四对尼德兰联合省共和国发动的战争。

伦敦金融城拒绝贷款。于是财政部破产了，而国王也拖欠了个人贷款。[他
并非第一个这么做的国王。16 世纪，西班牙国王菲利普二世（即腓力二世，
1527~1598）拖欠债务至少 4 次，在导致许多德国银行家破产后，他又在意大

利寻找新的银行家。]银行家们的谨慎和贪婪与王国政府的挥霍和好战产生了冲突。查理从银行家和金匠持有的约 140 万英镑未偿还贷款中削减对伦敦金融城的还款。这被称为"大停顿"（Great Stop）。[①]

由于"大停顿"，查理打算继续支付利息，但在一年内完全结束偿还本金。他的想法是：那段时间内战争即将打响，而且参照以往的经验，很快就会赢得一场光荣的胜利。之后，财政压力就会减轻，于是还款又可继续了。随着战争变得越来越持久，财政部坚持偿还了几个月的利息，便不再支付任何费用。一年后，它又再次宣布停止还款。欠下的本金总额最终将会在 1705 年并入到国债中。

"大停顿"对伦敦金融城造成了毁灭性的影响，也拖垮了许多金匠和银行家，包括那些一流的金融家。著名银行业王朝创始人弗朗西斯·柴尔德爵士（Sir Francis Child）——他只与私人客户做生意——等银行家并未受到影响。但罗伯特·瓦伊纳的处境却特别危险。由于被任命为国王御用金匠、国库银行家，他面临着特别大的违约风险。财政部欠下的最大一笔个人财产——至少 40 万英镑——便是他的。这笔巨款是王国政府对伦敦金融城欠下总额的三分之一，换句话说，也是议会在国王统治初期确定给予他年总收入的三分之一。"大停顿"之后，瓦伊纳马上收到了一些钱——也许是因为他与查理的私人交情，而且似乎已经彻底免于破产。他还有别的收入来源，如身为包税人的收入。可尽管如此，他不得不与自己的债权人达成和解（也就是说，他提出的解决办法是以英镑计算的某个数额来偿还一定比例的欠款）。最终，作为补偿，政府给予瓦伊纳 25000 英镑的年金；但与他的损失相比，这只不过是一笔小数目。毫无疑问，查理是幕后主使。

遭受毁灭性打击的可不仅仅是银行家；他们的储户——许多城里人（包括众多小投资者在内）——也陷入破产的境地。令约翰·伊夫林恼怒的是，寡妇及其子女们同样饱受"大停顿"之苦。宫廷与伦敦金融城之间长期存在的裂痕已变成了一道鸿沟。金融城如今有理由认为，宫廷与它的观点和习惯背道而驰。瘟疫期

---

① 还有更多的违约事件：联合王国在 19 世纪三次拖欠贷款，并且由于 1929 年的金融崩溃，1932 年又再次拖欠。

间的伦敦英雄约翰·劳伦斯爵士为破产的银行家们大声疾呼，并表达了伦敦金融城对财政部所作所为的愤慨。现在伦敦金融城担心王室会做出某种形式的强烈反应，甚至也许是一场推翻其自治并直接由白厅实施统治的军事接管。

身为一名乡村党领导人，约翰爵士感到事有蹊跷。[①]据《市议员报告》（Account of the Aldermen）的匿名汇编者所言，约翰爵士因急于阻止查理扼杀城市发展的任何行动，不惜对伦敦金融城里支持国王的那些人施压，并引证"在为国王陛下参与的军事行动中甘愿冒着生命和财产危险的所有人，承受了一切可想象的冒犯和侮辱"。[7]

在谈到王国政府拒绝偿还债务时，主教吉尔伯特·伯内特（Gilbert Burnet）对于"大停顿"是这么写的：因为"这种背信弃义的无耻行为"，"银行家这个行业完全被摧毁了"。偿还本金的违约期限为一年，但这足以让主要借款人破产。当然，也并非所有人都破产了；他们的命运将取决于财政部对每位债权人可支配程度的看法。正如瓦伊纳因为与王国政府关系密切而免于毁灭，商人兼金融家约翰·班克斯爵士（Sir John Banks）也因为与海军委员会关系密切而得以幸免。第二次英荷战争期间，班克斯曾向财政部借出了几大笔资金，而且据称这些利率都很高。与其他由商人转型的金融家类似，班克斯面临财政部任何违约的风险都很大，却逃过了破产的厄运。

约翰·班克斯是梅德斯通（Maidstone）一位富有的毛料布商之子，曾就读于剑桥的伊曼纽尔学院（Emmanuel College）。1652 年，25 岁的他加入伦敦的一个联合组织，为海军供应给养。两年后，他迎娶一位重要的伦敦商人之女伊丽莎白·德斯克（Elizabeth Dethick）为妻，并很快成为东印度公司和黎凡特公司的股东。由于在伦敦社交圈里的评价很高，1668 年他当选为皇家学会会士。许多商人和金匠银行家都认为现行的贷款及信贷制度不足以为经济增长提供资金，而班克斯便是其中之一。某次偶然与佩皮斯谈话时，他透露自己一直在考虑成立一家全国性银行的必要性，还说：由于财政部位于白厅宫建筑群内，它永远不会成为

---

① 乡村党明确反对约克公爵，后来被称为辉格党。它反对亲君主义的宫廷党，而后者则发展成了托利党。"辉格"（Whig）最初是一个带有贬义的术语，取自对苏格兰牛群抢劫者的称呼，而"托利"（Tory）则是爱尔兰语中表示土匪的"tóraighe"一词讹用。

　　一家真正满足所有人意图的银行，除非财政部更靠近交易所。那样的话，商人们在任何时候做生意都会毫不费力，既不会有麻烦也不会浪费时间，从而感到满意。不过，眼下他们还享受不到这些，不仅会遇上许多麻烦，浪费半天时间，甚至无法确定办公室是否开门。他意指一家服务于商人惯常业务及用途的银行，对此我深表赞同。[8]

　　尽管中央银行有必要，可许多利益竞争阻碍了它在查理有生之年成立起来。主要障碍是议会担心这样一家银行会让国王不再需要议会，并且避开议会，以城市贷款的形式筹集资金，而不再通过议会来投票征税。[9]

　　当破产的时刻来临时，班克斯享受到了优待。毕竟，海军依赖于像他这样的人，而且，截至破产之时，班克斯和海军委员会秘书塞缪尔·佩皮斯还是亲密的朋友。班克斯更是佩皮斯长子迦勒（Caleb）的教父。这位金融家经常邀请佩皮斯一家去林肯律师学院广场的市内宅邸或乡间庄园里做客；那片庄园原是肯特郡艾尔斯福德的一座修道院，佩皮斯形容它"坐落于河边，位置极佳；他把周围的土地、墙壁和房子都打理得很漂亮：一见到这地方我就非常开心"。[10]由于班克斯极为迅速地爬升到了伦敦商人阶层的顶端，他在1657年买下这块地产时，才刚刚30岁。他能赚到的钱别人却无法赚到，这一点也不奇怪。

　　然而，一朝被蛇咬，十年怕井绳：此后，班克斯对与斯图亚特政府做生意保持着谨慎态度，直到威廉三世（1689~1702年作为英格兰国王在位）上台后才恢复交易往来。[11]在同王国政府做生意的问题上犹豫不决的可不止他一人。那些取代了弗朗西斯·柴尔德爵士和理查德·霍尔爵士等破产者（他们后来以自己的名字命名成立私人银行）位置的市内银行家，都避免向政府提供贷款。

　　尽管出现金融危机，但由于查理在履行他与法国的条约时精心安排，战争的准备工作仍继续进行。就在4年前，查理还与瑞典和尼德兰共和国结盟对抗法国，以阻止法军入侵位于法国西北部和尼德兰共和国（联合省）南部边界之间的西属尼德兰。有些人全心全意地支持三国联盟；其中就包括海军司库托马斯·奥斯本爵士［Sir Thomas Osborne，即后来的丹比勋爵（Lord Danby）］，他认为主要威胁不是来自荷兰人，而是来自法国人。沙夫茨伯里勋爵等人也持同样的观点。

尽管反对观点十分普遍，可查理仍打算破坏与荷兰之间的关系，以便为开战制造借口。他策划了一个与外交官威廉·坦普尔爵士（Sir William Temple）有关的阴谋，而正是后者帮助缔结了三国同盟。如今，坦普尔奉命使荷兰人产生敌意，而他的妻子多萝西·奥斯本（Dorothy Osborne，托马斯·奥斯本爵士的堂妹）则充当名不见经传的特工。当荷兰舰队停泊在布里勒（Brielle）附近时，多萝西乘坐的皇家游艇"默林"号（Merlyn）以不得不进港维修为借口，直接从中穿过。根据当时的协议，外国战舰应该向别国的皇家船舰致敬，不仅要降下旗帜，还得从炮口喷出一阵白烟。可是因无法确定"默林"号的身份，荷兰人虽降下了国旗，却并未鸣炮致敬。

于是，驻海牙大使、阴谋家乔治·唐宁奉查理之命，要求荷兰海军大臣为英格兰皇家游艇受辱一事受到开除惩罚。荷兰人断然拒绝。正当法国的入侵准备工作迅速开展之时，这一外交事件被当作与荷兰决裂的导火索，顺势软化了伦敦的舆论。4月，英格兰人以"默林"号事件为借口宣战。7年来，查理第二次利用欺骗手段策划了与荷兰人之间的冲突。

第 20 章
战争与霸权

---◆---

第三次英荷战争

战争于 1672 年 4 月 6 日再次打响。第三次英荷战争是更为广泛的欧洲冲突——牵涉法国等其他国家——的一部分。尽管伦敦的银行家与商人都不愿支付装备舰队的费用，可查理曾为之筹措资金的 82 艘船还是完成配备和补给，为支持法国的入侵而向荷兰进发。路易十四也集结了一支庞大的军队向北行进，打算给荷兰人致命一击。

6 月 7 日，一支由 72 艘船只组成的荷兰舰队在杰出的海军上将米希尔·德·鲁伊特的指挥下，突袭了由 93 艘船只组成的英法舰队；该舰队由约克公爵詹姆斯负责指挥，当时停泊在萨福克海岸附近。发现有荷军出现后，法国人立刻扬帆离开，并未完全投入战斗，留下英格兰人独自应对。由于海军中将爱德华·蒙塔古指挥的"皇家詹姆斯"号（Royal James）受损严重，他和船员们只好换乘几艘单桅帆船。其中一艘因经不起逃命水手的重量而沉没，塞缪尔·佩皮斯的恩人蒙塔古竟不幸溺亡。他将会以英雄式的葬礼被安葬于威斯敏斯特大教堂内。而在梅德韦河实施过突袭行动的荷兰海军上将范·根特（van Ghent）也被炮火击毙。这场极其激烈的战斗仍在继续，双方均损失惨重。有两次，詹姆斯因所在船只报废而不得不换到其他船上。最后，随着风向的转变，形势开始有利于英格兰人，荷军这才撤走。

荷兰海事艺术家范·德·维尔德父子（两人是个团队）捕获了这场战斗的惨烈程度；他们专门出海捕捉战斗场面，并由此成为第一批现代战地记者。在儿子威廉·范·德·维尔德（Villem van de Velde）的一幅画里，我们看到船只都被浓烟和烈焰所包裹，前景中溺水的人垂死挣扎，其中一艘大船正在逐渐沉没，仅剩船头依稀可见。整个场景都笼罩在可怕的、地狱般的橙色火光中。这幅画生动展现了 17 世纪海战的恐怖；从海军上将到船上侍者，任何职位的人都有可能被链弹①杀死、炸成碎片、烧死或淹死。虽然还用到纵火船和攻船小分队，可令人惊奇的是，许多人竟然幸存下来了。

而德·鲁伊特旨在摧毁英法舰队的计划也遭遇挫败。与此同时，由路易亲自率领的 13 万法国大部队以惊人的速度挺进荷兰。于是荷军只好在混乱中撤退。为避免战败，他们又不得不打开许多堤坝，淹没了本国的大片地区。眼看法军侵入自己的国土内扎营，荷兰人将灾难归咎于执政约翰·德·威特，并引发一场骚乱。

就在一支英军等着入侵荷兰时，另外两场主要的海战对他们来说却很不顺利。海军上将爱德华·斯普拉格（Edward Spragge）也溺水身亡，情况与蒙塔古当初类似。荷兰人采取咄咄逼人的进攻策略，挫败了英格兰人拦截并摧毁其返航香料舰队的计划。由于英军舰队遭到严重破坏，等候在肯特郡的一支入侵部队再也无法启航。对英格兰人来说，本次战争变得费用高昂且毫无结果。

马德拉斯港

1672 年 12 月 9 日，有位名叫约翰·弗莱尔（John Fryer）的年轻医生从格雷夫森德起航，前往一处正在进行争夺战的外国领土——印度。弗莱尔出生于伦敦的一个商人家庭，在剑桥大学三一学院接受教育，医学专业毕业。一年后，他签约成为东印度公司的外科医生。他以 50 先令的月薪被聘为"苏拉特港（Surat

---

① 这是一种用铁链两两相连的小炮弹。

的外科医生";换句话说,他是该公司在印度西部苏拉特贸易站的外科医生,也是在这片次大陆上安置的第一位医生。[1]公司为他购买了职业工具(他的"外科药箱"),然后将其送往印度。

弗莱尔乘坐的是"团结"号(Unity),那是一艘由威廉·克拉夫特(William Cruft)船长指挥的、配有34门火炮的护卫舰。[①]"团结"号是东印度公司船队的一部分;该船队每年初冬从泰晤士河出发,赶上最有利的风向,然后航行至阿拉伯半岛、印度乃至更远的中国。像"团结"号这样的快速战船用于护送被称为"东印度商船"(East Indiamen)的大型货船;这些货船都在600~1500吨之间,平均时速可达4~5海里,每天能航行大约120英里。如果一切顺利,前往印度的航程将持续6~8个月。

驾驶每艘船需要140名左右的船员。除此之外,还有少量商人和他们的雇员。那些在船上服役之人,或往返的商人,往往做好离家两到三年的打算;然而,对于伦敦的东印度公司投资者来说,迎来自己的投资回报却是一场漫长而又焦虑的等待。那些以单程票派驻国外的人都清楚,自己也许很多年之内都回不了英格兰——如果还有可能的话。弗莱尔本人也将离开8年。

这支船队装载着大量"财宝"(对精美或贵重物品的别称),准备运往印度东南海岸的马德拉斯港。一旦抵达,这些财宝将会用来交换其他商品。1673年6月,当舰队靠近科罗曼德(Coromandel)海岸时,驻扎在那里的荷兰海军舰队却并不欢迎它;他们封锁海岸,阻碍了英格兰的航运。与荷兰人进行了一些小规模的交火之后,东印度公司舰队断定自己无法在马德拉斯港停泊,便朝着沿海较远处的马苏利帕特南(Masulipatnam)贸易站进发。可最后,荷兰人又解除了封锁,于是舰队进入马德拉斯港。

马德拉斯港是东印度公司在印度设立的第二个贸易站。该城市建立在无人居住的土地上,而这片土地又是购自有支配权的毗奢耶那伽罗帝国(Vijayanagara)。在这里,公司建造了自己的第一座印度堡垒,并命名为圣乔治

---

① 4年后,克拉夫特船长和"团结"号将会把年轻的埃德蒙·哈雷送往南大西洋的圣赫勒拿岛观看水星凌日。

堡。这是座四方形的石头堡垒，有两道同心墙，以火炮严加防守。总督的住处位于堡垒中央，是一幢很漂亮的建筑，还带有印度风格的圆形穹顶。马德拉斯市［今天泰米尔纳德邦的金奈市（Chennai）］正是围绕着这座堡垒发展起来的。到了17世纪70年代，这里的人口已经达到50000左右。仅仅靠着东印度公司贸易活动的推动，人口便不断增长，以满足欧洲人及其印度中间商的需求。根据弗莱尔的说法，当时有300名英格兰人和3000名葡萄牙人。"摩尔人"将后者赶出圣托马斯的大本营后，如今他们只好在英格兰人的保护下进行贸易，却需要为进出城市的货物支付4%的关税。[2] 城里有几座印度教庙宇和一座清真寺，但还没有一座教堂，尽管堡垒里面有一座礼拜堂。弗莱尔注意到，在奢华和排场方面，东印度公司管理层都模仿了与之进行贸易的印度显贵。马德拉斯总督是威廉·朗索恩爵士（Sir William Langthorne），他也是东印度公司里一位伦敦商人兼投资者之子。通过仿效父亲，威廉爵士很早便投资于该公司，并因为取得巨大的成功而在1668年被授予爵士称号。

1670年，公司曾要求威廉爵士去马德拉斯调查当时总督爱德华·温特爵士（Sir Edward Winter）因渎职而受到的指控；当时后者正陷入与该职位的竞争对手乔治·福克斯克罗夫特（George Foxcroft）的权力斗争之中。看样子福克斯克罗夫特并不值得信赖，而温特倒是个诚实的人，却遭到了福克斯克罗夫特的代理商（或中间商）的恶意毁谤。朗索恩的调查结果是：温特和福克斯克罗夫特都被召回国，而他本人则被任命为新总督。

弗莱尔登岸的时候，威廉爵士已经染上了和温特一样的贪财病。据说，除了300英镑的年薪，威廉爵士每年还通过非法交易赚取7000英镑。弗莱尔在游记中写道，威廉爵士是"一位孜孜不倦而又富有的绅士"，生活和出行都十分奢华：

> 他的私人护卫队由三四百名黑人组成，另外还有1500名随时待命的士兵；他出门时，每次都要用横笛、鼓、喇叭和一面绘有两个铃铛的红底旗子开道，其顾问班子和代理人骑着马相陪，而众位夫人则坐在轿子里。[3]

提到"三四百名黑人"就很能说明问题。1620年，东印度公司已经开始往印度进口奴隶了。起初奴隶来自英格兰在西非几内亚海岸的主要奴隶供应区，后来又来自东非、莫桑比克和马达加斯加。再后来，有些奴隶就从印度尼西亚进口。威廉爵士的"黑人"几乎可以肯定是西非奴隶。

根据公司规定，总督对非英籍雇员和居住于属地内的所有其他人都拥有决定生死的权力。然而，尽管威廉爵士在其管辖范围内无所不能，甚至可以铸造自己的钱币，可他仍然要对伦敦负责。该公司及时阅读了威廉爵士的报告，查看了账簿，又对其私人交易做出了处罚，最后才将他开除。他回到英格兰，在肯特郡购置了一处庄园，成为一名治安法官，并捐赠了几所济贫院和一所学校，从而赢得了"富有而慷慨的大人物"的声誉。[4] 值得注意的是，他的接替者斯特雷沙姆·马斯特爵士（Sir Stroyncham Master）（也作为改革家被派往印度）退休时竟然有能力在德比郡购置一座城堡和地产，并成为该郡的高级治安官。

东方的诱惑

弗莱尔终于能够前往苏拉特港上任，他折回路线绕好望角航行，向印度西海岸进发，并于 1673 年 12 月 9 日到达目的地；此时距他离开泰晤士河口的已过去一年。苏拉特港建立于 1615 年，当时托马斯·罗爵士（Sir Thomas Roe）从莫卧儿王朝皇帝贾汗季（Jahangir）那里获得了在今天的古吉拉特邦兴建"工厂"[①] 的权利。可尽管如此，苏拉特港还是遭受了不安全因素的影响，且这种影响是所有印度的欧洲商埠都存在的。荷兰人比英格兰人早到印度多年，而葡萄牙人又比荷兰人早许多。距今更近一些，法国人也产生了兴趣。世袭统治者经常为土地及贸易减让与欧洲人发生争执，有时偏袒某个国家超过了别的国家。

气候也会造成损失。苏拉特港位于赤道以北 21 度处，那里的热带气候对欧洲人来说很难受。一年有 8 个月的时间里气温会上升至华氏 90 度（约 32.2℃）以上，而有时甚至还能达到 110 度（约 43.3℃）或更高。雨季至少要持续三个最热的月份，而这一年剩下的时间也比英格兰的任何一个夏天都炎热。只有偶尔从

---

① 工厂其实是仓库，通常像堡垒一样受到保护，并附带有当时地方政府或皇帝授予的贸易权。

阿拉伯海吹来的凉风才能缓解这种气候。

那么像弗莱尔这样的人为何肯去呢？答案要么是来自东方的诱惑，要么便是对财富的期望。对弗赖尔来说是前者，因为很显然公司医生的报酬永远不会让他变得富有。虽然有些人作为东印度公司里的高级商人能够带着财富"荣归故里"，但大多数人拿回来的钱（如果有的话）少得可怜。

首先，苏拉特港作为前往爪哇岛的香料航程中转站，对东印度公司来说十分重要。在最鼎盛时期，该港市的人口多达数十万，并且据说出现了当时世界上最富裕的商人维尔吉·沃赫拉（Virji Vohra）。[5] 沃赫拉致富还得归功于垄断贸易和放贷，首先是在印度确立已久的原始资本主义经济体系内，然后才面向欧洲人。他头脑灵活，会根据当地和欧洲贸易不断变化的需求来调整自己的策略及业务范围。他以每月 1% 至 1.5% 的利率向东印度公司和荷兰东印度公司放贷。根据东印度公司的"工厂"记录，他经常违反公司规定，向那些以个人名义行事的英格兰官员发放巨额贷款。[6]

沃赫拉控制着由某个大家庭组成的贸易网，以及一个由联合商人组成的网络；该网络延伸自波斯湾，横跨印度到中部的海得拉巴（Hyderabad），一直到东南部的科罗曼德海岸，并远至印度尼西亚的香料群岛（Spice Islands）。他专门买进全部商品供应，然后抬高价格卖出。因此，他会把荷兰人从远东运至苏拉特港的胡椒全都买下，再以大赚一笔的方式转卖给英格兰人。当东印度公司代理人试图从别的来源采购胡椒时，沃赫拉就能通过联系人识破他们的计划，并且从对方的眼皮子底下将胡椒偷走。[7] 很难让人不相信，也许不止一位东印度公司官员已看清这一事实透出的残酷讽刺，即一个垄断实体迫使另外一个以虚高的价格进行交易。然而，当昂贵的胡椒抵达伦敦时，如果再转卖给没有本国海上交易制度的其他欧洲国家，它依旧能给东印度公司的投资者带来不错的回报。

沃赫拉和伙伴们交易的商品从黄金到鸦片、丝绸、香料和珊瑚，无所不有。他购入或交换东印度公司进口的铅、绒面呢、锡和铜，同时作为回报，又卖出欧洲消费者渴望得到的东方商品。在印度四处旅行的伦敦商人很快意识到：一套复杂的银行系统正在运作，且远比伦敦现有的任何系统先进，可以在整片大陆范围内提供可转让贷款。这样一来，类似于沃赫拉的商人便可在某个地区内以本地信贷的方式付款，然后在第二个地区进行赊销，再在第三个地区将信贷传递给另一位本地银行家，以此类推，直至商家选择让链条结束并结账为止。

在弗莱尔已经驶入的区域内，可能气候并不适合欧洲人，那里的权力和财富却只能让伦敦人惊叹不已。印度统治者们管理着拥有巨大商业财富的帝国，其商品交易的数量和价值绝对都是伦敦无法匹敌的。在英格兰人看来，这里一定是名副其实的奢侈及资本主义天堂。至于东印度公司官员接触到如此强大而富有的印度商人阶层会产生怎样的影响，这根本不必想象：正如我们所看到的，官员们常常难以抵抗通过参与非官方的个人交易而致富的诱惑。

抵达苏拉特之时，弗莱尔发现港口的东印度公司贸易正在开始下降。其原因是，该公司最近刚刚在孟买沿海较远处开设了一个贸易站；孟买作为凯瑟琳王后嫁妆的一部分割让给英格兰，然后由国王以每年 10 英镑的租金交给了东印度公司。葡萄牙人在嫁妆问题上欺骗了查理，因此未能履行所有条款。但事实证明，孟买将会是英格兰殖民地这顶王冠上一颗意想不到的宝石，并成为东印度公司在印度最重要的贸易基地。由于若干座岛屿的地形分布，孟买拥有一座安全的港口和一处免受陆地攻击的基地。假以时日，孟买将取代苏拉特成为东印度公司在印度的活动中心，并控制该公司影响深远的"工厂"及中转站网络。[①]

东印度公司在这片次大陆上的广泛业务离不开物流方面的巨大努力。公司在本地拥有自己的战舰和驻军，以保护其航运、仓库及码头免受海盗和外国干涉。这家企业规模庞大，间接雇用了数千名员工，而且完全受控于利德贺街的公司总部——它在伊丽莎白大厦内，屋顶立有一尊"快乐的水手"雕像。

报纸的力量

就在英格兰人和荷兰人争夺东方霸权时，他们之间的战争在北海继续进行着。而最终导致事态出现戏剧性转变的却是报纸的力量。某位荷兰宣传者利用该

---

① 1687 年，东印度公司将其印度总部从苏拉特迁往孟买。

国印刷业（为当时世界之最）的力量向伦敦大量散发传单，声称查理与法国人结盟是让英格兰成为罗马天主教国家这个更伟大计划的一部分。这不知不觉地击中了靶眼，于是舆论开始激烈地反对战争。

似乎为了挑衅批评者，查理将彼得斯菲尔德女男爵（Baroness Petersfield）、法汉姆女伯爵（Countess Fareham）和朴次茅斯女公爵的头衔都授予了自己的法国情妇路易丝·德·克罗亚勒。之前，路易丝更愿意通过路易十四的宫廷画家皮埃尔·米尼亚尔给她画像来表达自身的独立；但此刻，彼得·莱利已成为首屈一指的宫廷画家，因而受命为她作画。人们认为这幅画像创作于 1671~1674 年间，但日期不确定。凭借构图和色彩，它让路易丝以女公爵的形象示人，她很正式地坐在古典风景中，穿着一件宽松且古典的淡蓝灰色丝绸礼服。这幅肖像的色调，再加上出自莱利之手的事实，令人不禁猜想它旨在纪念路易丝被几个英格兰爵位头衔抬高了地位。这幅肖像画色调冷静，风格内敛，大胆偏离了画家惯常的夸张风格，即：宫廷妇女被描绘成无精打采、目光呆滞的美女，穿着色彩鲜艳的礼服，且梳着精致的发式。这对于被画者和画家来说都是个特殊时刻，而且对国王也是——他在对那些质疑斯图亚特王朝的实际价值及忠诚之人表示蔑视。

1673 年 9 月 20 日，也就是路易丝地位提高的一个月后，约克公爵詹姆斯迎娶了由查理挑选的、信奉天主教的意大利公主——摩德纳的玛丽（Mary of Modena）。议会通过了一项新的《宣誓法案》（Test Act），规定所有政府公职人员必须参加圣公会圣餐仪式，并声明对圣餐变体论信条的憎恶。詹姆斯断然拒绝，还辞去海军大臣之职，因此被公开揭露为天主教徒。

确实不可靠的白金汉公爵是三年前签订秘密英法条约的知情人士，如今他把这件事泄露给了内阁的各位成员。沙夫茨伯里伯爵感到非常震惊，于是开始考虑由斯图亚特家族成员之外的人统治英格兰。1673 年末，由于国内得不到支持，查理很清楚他必须终止战争。议会迫使查理以屈辱性的让步方式讲和。国王的秘密外交政策变得支离破碎；他与伦敦金融巨擘的关系亦是如此。在签署和平条约时，伦敦公众一片欢腾。

城内金融家们花了很长时间才从财政部违约的影响中恢复过来。情况一好转，像约翰·班克斯爵士这样的人就只贷款给商业企业，而不再提供给王国政府。于是查理不得不另寻资金。到目前为止，他已经提拔能力超群的托马斯·奥斯本担任财政大臣一职，这对于冷酷而又精于算计的奥斯本来说非常合适。他立即着手开始实现国家财政现代化。

这位肩负着完成王国政府（因此也包括伦敦金融城）所面临最紧迫、最艰巨任务之一的人绝非英雄典范。就连奥斯本的朋友也觉得他的性格毫无吸引力。约翰·伊夫林和他相识于在欧洲大陆旅行的年轻时期，就形容他很傲慢。奥斯本因贪得无厌而受到批评，这一特质源于他继承的财产不足，同时又要花费巨额开支才能爬上最高层。在攀爬政治阶梯的过程中，他欠下 10000 英镑的债务并面临着破产。人们认为他既虚伪又狡猾，而这也导致沙夫茨伯里勋爵尖刻地批评他具有朝臣的特质。

沙夫茨伯里勋爵说得没错。当奥斯本被朋友兼邻居、第二任白金汉公爵乔治·维利尔斯介绍给宫廷时，他已经对那里的生活非常感兴趣，并且将伦敦的政治环境视为其权力的门户。白金汉公爵还不失时机地向奥斯本展示背后中伤的政治作风。在与荷兰人进行灾难性的第二次战争后，他们一起攻击克拉伦登勋爵，从而加速了后者的垮台。

奥斯本最大的优势在于，他认为自己的未来与他为国家解决问题的能力有关。多亏了白金汉公爵，他被任命为海军联合财务主管。可他的野心还不止于此。他清楚地看出，有几个全国性的问题需要处理：削减成本、结束战争、重新调整军队支出以清偿债务、重组关税外包以便让更多收入真正进入国库。查理有他很幸运。奥斯本的办事效率不仅让他被任命为财政大臣，而且被晋为贵族，成了丹比伯爵。

关于奥斯本的激进观点，他有位不大可靠的盟友，尤其在如何平衡国家预算方面。斯林斯比·贝瑟尔（Slingsby Bethel）是一名心怀不满的英联邦时代之人，曾靠在汉堡经商发家致富。退休到了伦敦之后，作为副业，他将自己看到的国家弊病写成小册子。他为伦敦持不同政见者发声，渴望被认可并获得同等地位。贝瑟尔清楚地看到，伦敦的势力在于海外贸易；同时他认为与荷兰的贸易战令其海外贸易受阻。贝瑟尔信奉自由贸易，且至少在理论上，荷兰人也支持这一理念。

在《英格兰的主要利益声明》（*The Principal Interest of England Stated*）中，贝瑟尔描绘了他的理想国家蓝图。首先，国王应当是新教的捍卫者，给予所有持不同政见者自由，好让他们利用其努力工作的自然倾向让国家富起来；并且他应当与该国天然的新教盟友荷兰联合，支持新教反对路易十四的野心。其次，税收应保持在较低水平，以鼓励贸易增长。最后，应该建立银行，并限制垄断企业的权力。根据荷兰人的说法，贝瑟尔的计划在很多方面都令人钦佩。[8]

查理聆听了丹比伯爵的不少提议，却没有采取行动。虽然丹比伯爵将法国视为敌人，但查理一心只想通过谈判从秘密恩人路易那里获得更多的钱。

所幸的是，由于丹比伯爵对财政部的现代化改造，税收确实有所提高——荒谬的是，查理从法国得到的秘密资金也起到了推波助澜的作用。丹比伯爵了解这桩秘密交易，尽管原则上不赞成，却仍然明白这是必要的。他与"大停顿"中破产的银行家们通过谈判达成一项新协议。

荷兰和法国之间的战争持续不断，并拖延至随后十年。经历了各种内部阴谋，荷兰领袖德·威特遭到暗杀，而奥兰治的威廉王子得以掌权。他凭借迎娶约克公爵之女玛丽为妻，巩固了自己的地位——该联姻由丹比勋爵提出并得查理的支持。查理可能根本没有意识到他亲手埋下了最终导致斯图亚特王朝覆灭的种子，因为即便是此时，威廉已在觊觎英格兰王位。

可正是约克公爵与一位天主教公主的联姻在伦敦引发了恐慌，并加剧了这座城市与国王之间郁结已久的紧张关系。虽然约克公爵一婚所生的孩子从小以新教徒的身份被带大，但不用问也知道二婚的任何后代都会是天主教徒，因此任何一个男孩都会成为天主教徒王位继承人——前提是查理仍旧没有合法子女。[①] 沙夫茨伯里勋爵重申了白金汉公爵在 17 世纪 60 年代提出的一条建议，即查理应当与凯瑟琳离婚，再迎娶一位英格兰新教徒，以确保新教徒的继任权。可查理再次表示拒绝。如今，伦敦的政治气氛变得愈加得不稳定。

---

① 詹姆斯的第一任妻子安妮·海德于 1671 年去世。

第21章
城市气氛

———◆———

重建大教堂

随着 17 世纪 70 年代慢慢地过去，伦敦公众情绪的持续恶化使得圣保罗大教堂的未来成为一个具有重大公共意义的问题。反天主教和反法情绪高涨，对国王及其新的法国天主教情妇、约克公爵及其新的意大利妻子都带来了不良影响。圣公会统治集团希望，修复圣保罗大教堂或建造新教堂的任何设计都应该是对新教的一种视觉肯定。经过多年的犹豫不决，1673 年，克里斯托弗·雷恩终于受命设计并建造一座全新的大教堂。

这项至关重要的任务与他重建伦敦的所有其他职责同时进行。比起朴素建筑和中殿尽头布道坛所支持的传统，雷恩的新教思想更接近于父亲的高级圣公会教义。他是国王而非新教改革的首选。

在以前老教堂矗立的山脚下，伦敦重建工作进展顺利；多亏有雷恩、胡克以及其他测量师和建筑师的努力，精美的砖石结构房屋沿着那些符合新规定宽度的大街纷纷开工。当时正在安装新的污水系统，但所有人都在猜测大教堂的事：雷恩的设计会是什么样子？1674 年，雷恩把教长和分会成员请到他和助手忙碌了几个月的集会大楼里。随后，他将一座由橡木、椴木和灰泥制成的巨大模型公之于众。它的比例是 1∶25，被简称为"巨型模型"（Great Model）。

教会的知名人士可以进入这一巨型模型；如雷恩所愿，这样便可了解他计划创造的内部空间。该模型旨在提供信息并消除疑虑。前一项完全做到了，可后者却没达到。问题在于设计——一座以巨大圆顶代替尖顶的古典欧洲文艺复兴式教堂；换句话说，这是罗马天主教堂，而绝非圣公会教堂。按照教会当前想法，除了一座传统的哥特式圣公会建筑以外，其他都不行。雷恩只好重新设计。至此，距那座老教堂被毁已有 7 年。

这一次，雷恩的设计试图将哥特式风格与古典主义风格结合在一起——从圆顶中间长出了一个巨大的尖顶。这是一次可怕的妥协。牧师们都很喜欢：他们一致认为，这更符合英格兰教会传统。国王也接受了它，并授予委任状——这种设计后来被称为"委任设计"（Warrant Design）。雷恩迅速把它藏了起来，他根本无意于此项建造工程。

雷恩得到国王的允许，可以对细节做出自认为合适的修改。他立刻抛弃尖顶。既已恢复个人偏爱的巴洛克式设计，他秘密进行，不征询任何人的意见，而教堂也在一堵防水布墙后面拔地而起。他在建的教堂让人不禁联想到罗马的圣彼得大教堂——几乎毫无新教教堂的样子。雷恩并未去过罗马，但是在巴黎他曾欣赏过规模较小却相似的瓦尔德格拉斯教堂（Church of the Val-de-Grace）。为支付新大教堂的费用，煤炭税也提高了。因此，伦敦新教徒将为其相当具有天主教风格的大教堂买单。

就在雷恩继续推进项目，并且小心翼翼不让除工匠以外的人看到自己的图纸之时，一部堪称王政复辟时期缩影的戏剧也完成创作。1673 年秋，约翰·德莱顿的《时髦的婚姻》（Marriage à la Mode）在"国王之家"开演，并迅速风靡伦敦。其双重情节基于丢失的身份和不幸的恋人，明显对詹姆斯一世时期的主题做出了更新。德莱顿大量借鉴约翰·弗莱彻；后者曾与威廉·莎士比亚合作，并于1613 年左右接替他成为国王剧团的御用剧作家。

《时髦的婚姻》审视了 17 世纪的婚姻及性诱惑状况。在富有或地位显赫的家庭中，儿女们通常被迫与他们不爱的人结婚，且这种糟糕的循环会持续好几代。这与劳动阶层的做法形成鲜明对比，毕竟后者为爱结婚是普遍现象而非特例。德莱顿幽默地处理了对王朝联姻的心痛和冷嘲热讽。富裕的观众们能非常清楚地认识到这一点，因为他们要么是实施者，要么是受害人，要么两者兼而有之。国王本人的不幸婚姻也毫不例外。

有别于圣保罗大教堂的缓慢进程，这座城市的重建工作却是速度惊人。到17世纪70年代中期，已经重新开发了8000个地块。可问题在于，由投机建筑商修好的这些新房屋空置着3500套。有些人并不愿意搬回古老的城墙内。规划师可能一直在努力开发某种更耐火的构造，但首先人们更喜欢在别处安家。他们的选择是去老城周围迅速扩展的郊区。对于有负担能力的人来说，位于旧城和威斯敏斯特之间的新西区是个时尚的去处。然而，因为吸引着从其他地方搬来的人，老城区也逐渐被填满了。精力充沛的年轻人来到这里，空屋不再无人居住。

城墙外，投机者购买土地，然后以极快的速度建造房屋。由于投机热潮非常迅猛，查理甚至试图通过法令加以控制。但这几乎没什么效果：实在太赚钱了。有特权的开发商简直可以为所欲为。乔治·唐宁凭借其政府职位，甚至能够开发出以个人名字命名的街道——唐宁街。在白厅和老城之间拥有土地的贵族要么自己开发新街道，要么把土地卖给像尼古拉斯·巴尔邦（Nicolas Barbon）这样的投机商；巴尔邦曾是一名在莱顿和乌特勒支受过培训的医生，后来转向投机建筑。巴尔邦成为他那个时代最了不起的房地产建筑商，在开发伦敦城与威斯敏斯特之间大部分土地的过程中经常肆意践踏法规。他的住房计划涵盖了河岸街北部和今天布鲁姆斯伯里的大部分土地。

除了身为开发商，巴尔邦像威廉·佩蒂爵士一样，也是一位原始经济学家。他在一本书中主张房屋建筑业对城市经济的价值：

> 市中心的房子要比外围的房子更值钱：当一座城市因为在尽头增加了新建筑而得以扩大时，原来位于尽头的老房子就会变得更中心，因此价值也会上涨。

　　齐普赛街和康希尔街的房子要比肖迪奇（Shoreditch）、怀特查普尔（White-Chappel）、老街或任何外围区域的房子更值钱；在这几年里，某些外围区域的房租由于更偏远的新建筑出现而大幅提高。例如，主教门街和米诺雷斯（Minories）等地的房租从每年 15~16 英镑涨到现在的 30 英镑，那是由于斯皮特尔广场（Spittle-Fields）、沙德维尔斯（Shadwells）和拉特克利夫公路（Ratcliff-Highway）旁的建筑物增多了。而在城市另一端，河岸街和查令十字街上的房子每年租金分别可达 50 英镑和 60 英镑；要知道，它们在过去 30 年里每年租金从未超过 20 英镑，这种上涨正是由于圣詹姆斯、莱斯特广场以及其他邻近区域的建筑大量增加。[1]

随着建筑业从老城迅速发展至白厅，威斯敏斯特的政治阴谋也开始萌芽。在 1674 年 1 月 7 日开始的新一届议会会议上，沙夫茨伯里伯爵发出警告：伦敦有 16000 名天主教徒准备发动叛乱。他请求查理下令禁止所有天主教徒入城。人们情绪高涨，纷纷提出各种反教皇和反约克公爵的措施，并展开辩论。眼看政治反对派似乎要攻击国王本人，查理只好下令议会休会。[①]

复活节那一周的 4 月 18 日，约翰·格朗特在舰队街附近的家中死于黄疸；当时他贫困潦倒，还面临着不服国教的指控。这位男装店主曾试图研究出一种能预报瘟疫流行病的方法，以保护广大伦敦同胞。随着格朗特的流行病学著作取得成功并升入皇家学会，他便放弃了成功的男装事业，受雇于一家伦敦供水公司，后来又当上了壁炉税的收税员。他已经皈依天主教，可由于《宣誓法案》，他便失去了工作和收入。

格朗特失势一事是个有益的教训，说明一个没有社会地位的人无法反抗伦敦盛行之风，也别想兴旺发达。皈依天主教意味着他再不能合法地担任政府职务，并且再也没有可保护自己的赞助或影响力。他那富有的朋友威廉·佩蒂爵士什么也没做：不知是因为其帮助遭到拒绝，还是因为根本没有给予帮助。格朗特曾经爬得相当高，但最终社会秩序的恢复却是以其牺牲作为了代价。

---

① 直到 1675 年 4 月它才再次召开。

他的葬礼举行地点为河岸街的圣西邓斯坦（St Dunstan-in-the-West），离他家只有 100 码远。参加葬礼的约翰·奥布里如此描述："任何有幸认识他的好人都为他的死感到悲痛；许多有独创性的人送他入土为安。人群之中，他的老相识、天才般的大师威廉·佩蒂爵士泪流满面。"格朗特本想防止伦敦同胞们无谓地死去，却没能阻止自己的生命陷入悲惨结局。

建造天文台

到 1674 年秋，伦敦终于有了某种值得庆祝的理由。新市长正式就职——不是别人，正是金匠兼银行家罗伯特·瓦伊纳爵士，他与国王和丹比勋爵的亲密友谊，以及他作为伦敦金融城和王国政府之间的重要调停者这一身份，曾经帮助他免遭经济危机——尽管他在"大停顿"中亏损巨大。与每位新市长类似，瓦伊纳也像君王那样坐在凯旋拱门下一辆装饰华丽的马车内穿城而过。作为两人友谊的象征，国王也出席了他的就职宴会。而新市长则陶醉于庆祝城市复兴的诗歌中：

> 我们的毁灭确实在五六年前出现过，
>
> 在所有靠近之人眼里成了悲伤的对象；
>
> 然而，现在这里跟五月的花园一样快乐；
>
> 市政厅和交易所已恢复了从前的样貌。[2]

据说，当查理想悄悄溜走时，瓦伊纳已醉得一塌糊涂，不仅跟着他来到马车旁，还不顾礼节，把手放在国王的肩膀上恳请他留下。有报道称，查理在同意重返宴会之前，曾引用了一首流行歌曲中的歌词："喝醉了的男人就像国王一样富有。"

1674 年 9 月 29 日则没那么多庆祝活动，甚至无声无息；这是 1670 年《重建法案》中规定的日期，根据该法案，所有在大火中无家可归之人的临时住所都应该被拆除。然而它们并未被拆掉；尽管大多数私人住宅已经重新建好，但并非所有伦敦人都付得起建造新房的费用。

1675 年 2 月 2 日，一个体质虚弱且带着德比郡口音的 29 岁男子移居这座城市。他的住址却不同寻常：伦敦塔。约翰·弗兰斯蒂德（John Flamsteed）来自一个衣食无忧的中产阶级家庭，父母是登比的玛丽和威廉·弗兰斯蒂德。这家人在附近的德比郡做啤酒大麦生意。[①]16 岁那年，约翰离开学校，指望着能进入剑桥大学耶稣学院，因为之前学校的校长曾推荐过他。可他却生病了（不知什么原因），只好待在家里帮忙做生意。他从父亲那里学习数学，并且对天文学产生了浓厚的兴趣。约翰早期的成就引起了乔纳斯·摩尔爵士（Sir Jonas Moore）的注意；后者既是一位非常富有的条例执行处总测量师，也是一位对天文学有着同样浓厚兴趣的高水平数学家。多亏了乔纳斯爵士，年轻的弗兰斯蒂德才能在伦敦塔住下来。

乔纳斯爵士出身于兰开斯特郡（Lancaster）的农业家庭，他似乎将弗兰斯蒂德看作又一位来自北方的有为青年，因此决定给予一些生活上的帮助。乔纳斯爵士曾计划在切尔西学院（Chelsea College）建立一座天文台，以此引起皇家学会的兴趣。同时，在约克公爵的资助下，为审查按某位法国天文学家所建议的确定经度的可能性，一个委员会也正在成立之中。乔纳斯爵士抓住机会将弗兰斯蒂德（如今已是他的门徒）推荐给了国王。于是，这位年轻的天文学家很快被任命为委员会助手。虽然法国人关于经度的看法遭到摈弃，但委员会仍建议设立一座天文台。

对弗兰斯蒂德来说，一切发展得异常迅速。3 月 4 日，也就是他到达伦敦 4 周之后，他便被任命为国王的天文观测员，每年薪水为 100 英镑。在该国顶级天文学家和数学家的小圈子——包括艾萨克·牛顿、克里斯托弗·雷恩爵士和威廉·佩蒂爵士等人——之外，很少有人会关心谁获得了这个新职位。可对那些知情人士而言，弗兰斯蒂德似乎是个不错的选择；毕竟他在很小的时候就掌握了数学和天文学的知识，而且有着坚定甚至顽固的性格，以及顽强、细致的工作方法。

建造天文台的工程几乎和约翰·弗兰斯蒂德的高升一样快。该天文台的指导目标是增进对星星的了解，从而有助于航海——这对本国日益增长的海上贸易至关重要。克里斯托弗·雷恩所选择的地点并不在切尔西，而是在依尼哥·琼斯

---

① 谷物经处理后将淀粉变成糖，再用于酿造或蒸馏。

的王后馆后面的山上；那里正是亨利八世的格林尼治旧宫殿遗址。雷恩和罗伯特·胡克再次以合作的方式设计了该建筑——一座红砖镶石的八角形塔状结构。由于用到旧地基和从原宫殿回收的材料，它在没有合理预算的情况下便仓促开工。乔纳斯·摩尔爵士自掏腰包购买了天文仪器。有条例执行处负责建筑工程，再加上约纳斯爵士对弗兰斯蒂德的关心和资助，整个施工进展得极为迅速。

然而，上游的路德门山街上则是另一番景象。尽管6月21日举行了奠基仪式，但大教堂的施工进展甚微。出席仪式的人有雷恩、他的朋友教长，以及包括监督大教堂结构建设的泥瓦匠在内的一小群关键人员。在兄弟爱德华和同为石匠大师的约书亚·马歇尔（Joshua Marshall）及爱德华·皮尔斯（Edward Pierce）的共同见证下，石匠大师托马斯·斯特朗（Thomas Strong）奠定了基石。

斯特朗来自牛津郡一个颇有名望的采石场主家庭。[3] 几年前，他和雷恩的首次合作是建造牛津大学谢尔登剧院，且两人的交情将持续一生：在牛津建造拉德克里夫图书馆（Radcliffe Camera）时，雷恩便继续使用斯特朗家采石场的石灰岩。也许这同一处采石场还提供了依尼哥·琼斯用于白厅宫国宴厅下层的石灰岩；与此同时，来自马歇尔家族采石场的石头也用于阿宾顿（Abingdon）市政厅的建造。两种类型的石料都特别坚硬且耐老化，同时又足够柔韧以便雕刻。

爱德华·皮尔斯也来自牛津郡的一个采石家庭。他是一名雕刻师，一名擅长石雕和木雕的艺术家。他们每人都有一队泥瓦匠为自己做事，再加上木匠等其他工人团队，劳动力总数可达几百人。

眼下，这些技艺高超的牛津郡人都聚集在伦敦——因雷恩的远见卓识和城市需要而来，即将承担他们一生中最重要的使命。不同寻常的是，有人又安放了第二块基石。此项荣誉归于木匠大师约翰·朗兰（John Langland）。两块石头都不是雷恩放的，这在一定程度上也表明了他的性格。众所周知，他很聪明，又很谦逊。不仅如此，他还因为与社会地位低于自己的人关系密切而闻名。这些人——泥瓦匠和木匠师傅——虽然在其行业内受过高等教育，但一般来说跟雷恩本人一样，都没有可依赖的私人收入。他们要么工作，要么受穷。尽管父亲已经升任温莎城堡教长（即使他的任期曾被内战打断），雷恩所接受的也只是一名乡村牧师之子的教养。所以，无论别人社会地位如何，他都会欣赏他们的价值。就像以前威斯敏斯特公学的同学罗伯特·胡克一样，其进步和地位也依赖于他人。[4]

在这个充满希望的时刻，在即将开始一生中最伟大作品之际，雷恩退后一步，将名垂青史的机会让给其他人。凭借着远见之人的自信，他知道，这项关于新式教堂建筑的激进计划要想取得成功，其他人就必须跟他坚持到底。庄严而又简单的仪式应该会令大家感到满意。事实证明，这是个充满希望的时刻，除此之外再无其他。随后一段时间内，工程将会陷于停顿。

建筑延期的原因有两个：费用供应和石材供应。新的煤炭税远远不够支付重建费用。从纽卡斯尔运至伦敦码头的海运煤每锅（相当于 52.5 英担，或者 5880磅）可征收 4.5 便士的税金。这能带来大约 5000 英镑的年收入，但还远远不够。还有个问题就是如何将数千吨石材运到工地。且不说石匠的采石场无法提供所需的大量材料，如此大量的石材也无法以经济的方式从牛津郡由陆路运送过来。

因此，对于教堂内部，雷恩选择了各种来源的石头，有些来自伯福德（Burford）和陶顿（Taynton）的斯特朗家族采石场，而其余的都来自德文郡以及远至法国的卡昂（Caen）。这意味着某些可通过海路运送。外部则采用了波特兰石材。雷恩指定采用这种纹理细密的石头，因为它既坚固又带浅（几乎呈灰白）色调。他想让大教堂在城市上空的太阳下闪闪发光。还有另外一个考虑因素：波特兰采石场位于海岸上。

多塞特郡的波特兰曾经是一处繁荣而又高效的石材开采、加工和运输中心。但内战摧毁了一切。依尼哥·琼斯担任国王的测量师时，那里的码头还状况极佳，可现在却破败不堪。起重机锈迹斑斑，道路上也布满车辙，有些地方甚至已被冲走。雷恩提出了恢复和重振该行业的建议。负责重建圣保罗大教堂的委员们表示同意，并任命经验丰富的伦敦石材商人托马斯·奈特为他们在波特兰的代理人。[5]因此，虽然伦敦人很少看到或根本看不到新大教堂拔地而起的迹象，但波特兰的工程却在进行当中，不仅重建了一座造船厂，还整平了从采石场到水边的道路。

可雷恩还有其他头痛的问题。清理和整平路德门山街工地的大规模任务完成后，人们才发现：伦敦的粘土非常不牢固，地基必须比之前想象的深挖许多。雷恩应该还记得原来中殿里倾斜的墙壁。最终，挖土工人下挖了20英尺，泥瓦匠们才能开始填入石料。

虽然雷恩在路德门山街的工地上陷入多重麻烦，但眼看格林尼治山上自己和胡克设计的建筑进展之快，他感到很高兴。一旦天文台完工，弗兰斯蒂德便可证明自己工作十分敬业，且一丝不苟。[①] 当他在伦敦学术生活中站稳脚跟时，皇家学会内部正展开一场关于天文学应用的辩论。如果海员们想知道自己的方位，仅靠确定星星的位置是不够的，他们还得了解自己所处的经度。这就需要一块可靠的手表，能以高精确度记录船只向东或向西航行的小时和分钟数。学会内部的敌对派系之间酝酿着一场争吵。比起最先开发出经度表的荣耀，更多的是利害关系；任何人获得了专利就能发大财。

相互有矛盾的人就包括学会秘书亨利·奥尔登堡（Henry Oldenburg）和他的死对头、实验室主管罗伯特·胡克。胡克指责奥尔登堡是个两面派，因为奥尔登堡未经允许将他的手表擒纵装置研究透露给了别人。然而，国王却同意让胡克向自己展示他的手表。看起来胡克的前途是得到了保证。国王测试过胡克的手表之后，说它走得挺准。遗憾的是，虽然胡克的理论没错，但当时技术还不够先进，无法让他的手表达到要求的准确度和可靠度。[②]

这对胡克来说是一次打击；他毕生都在许多项目上劳心劳力，最后却发现自己经常在事件中靠边站，或者被竞争对手挫败。就在手表彻底失败的前一年，他和牛顿就光的本质产生过矛盾。胡克认为光是由波组成，而牛顿则认为它是由粒子构成；如今，我们知道他俩都对了一部分。不过，受到所有人关注的是牛顿的《光学》（Optics），而且它至今仍被铭记。很少有人记得胡克最先提出了光以波的形式传播，或者牛顿起初并不同意他的观点。

自从与胡克首次交锋之后，牛顿就远离伦敦。然而，12月9日，他却十分

---

① 弗兰斯蒂德还将继续绘制2935颗恒星的位置图。他太小心谨慎了，多年来一直把自己的发现锁起来，不让任何人看到，就因为担心他还没有正确检查其计算结果。最后，沮丧之下，他的朋友埃德蒙·哈雷偷出了星象图，并且未经弗兰斯蒂德允许，和艾萨克·牛顿一起将其公开。

② 一百年以后，约翰·哈里森才演示了一款手表；它可以足够精确地计时，从而帮助海员确定自己的经度。

罕见地造访了这座城市。尽管他们之间的关系很紧张，可牛顿还是要向皇家学会提交一篇关于光学的长论文；此文中，他推测了光的本质以及不同颜色是如何形成的：

> 总体摇动的部分，根据它们几个的大小、形态和动作不同，确实能激发出各种深度或大小的振动；而振动通过那个媒介杂乱地传送到我们的眼睛中，让我们产生一种白色光的感觉；但是，如果能以任何手段将大小不等的部分彼此分开，最大的就会产生红色的感觉；最少的或者说最短的会呈现出深紫色；而中间那些则会呈现出中间色。[6]

胡克在他的学会日志中只是冷淡地提到"牛顿谈论了光学"。[7]

女 画 家

1675 年的某一天（确切日期不得而知），王国最有权势者之一的女儿乘坐马车去了科芬园，想让当时最时尚的某位艺术家为她画像。不同寻常的是，这位艺术家为女性，名叫玛丽·比尔（Mary Beale）。被画者是约翰·梅特兰（John Maitland）之女；她父亲乃是第一代劳德代尔公爵（Duke of Lauderdale）、查理二世的朋友、英格兰政府成员及海军部高级专员，也是苏格兰国务大臣兼枢密院院长，将苏格兰当作私人封地来管辖。

1666 年，被画者弗朗西丝·海伊（Frances Hay）夫人嫁给伦敦附近海格特的第一代特威代尔侯爵（Marquess of Tweeddale）的长子约翰·海伊（John Hay）为妻，同年约翰当选为皇家学会会士。这对年轻夫妇的未来看起来一片光明，但很快就开始变糟；因为劳德代尔公爵不待见新女婿，夫妻俩被迫在欧洲大陆生活了许多年。然而 1675 年，已经四十多岁的弗朗西丝夫人却前往伦敦，想把自己的样子画下来。

当时的职业女性画家特别少，毕竟这种活动通常被视作女性的业余消遣。在玛丽·比尔之前，为数不多的例外之一是琼·卡莱尔（Joan Carlyle，1606~1679 年）。17 世纪，活跃于英格兰的最著名女画家是阿特米西亚·真蒂莱斯基（Artemisia Gentileschi，1593~1656 年）；自 1638 年开始，她与父亲奥拉齐奥（Orazio）在查理一世的宫廷里共事过几年。和父亲一样，阿特米西亚也深受卡拉瓦乔——那个时代最有才华的意大利画家之一——的影响。

玛丽·比尔于 1633 年出生在萨福克郡，父母是约翰和多萝西·克拉多克。约翰是一位乡村牧师兼业余艺术家，他教会了女儿画画；而女儿又继续向彼得·莱利学习，并在此基础上形成个人风格。在很大程度上，玛丽的画室因其作品与导师风格相似而生意兴隆，且两人的运势也可以说是同时起伏。比尔一家先后在科芬园和舰队街居住并经营着画室，而玛丽的丈夫查尔斯·比尔（Charles Beale）则充当她的业务经理。① 我们从他留下的大量业务办理记录中得知，玛丽在生意最好的时候每年能赚到 200 英镑左右，足以让她本人、丈夫和两个儿子过上虽不奢侈但舒适的生活。每幅头肩肖像她可收取 5 英镑，而全身像的费用为 10 英镑。相比之下，塞缪尔·佩皮斯请约翰·海尔斯为自己画像则花了 17 英镑。

找玛丽·比尔画自画像的人有：第一代哈利法克斯侯爵乔治·萨维尔（George Savile，《宣誓法案》的支持者，后来成为查理二世的宠臣）、牛津大学沃德姆学院学监约翰·威尔金斯（皇家学会成立背后的主要推动者）、医生托马斯·西德纳姆以及好几位著名神职人员，其中就包括索尔兹伯里主教吉尔伯特·伯内特等。她画过各种各样的上流社会美人，包括有着"淑女风范与简"（Lady Style and Jane）这一绝妙命名的利小姐（Lady Leigh）；画中，比尔将她描绘成牧羊女，如果笔法再细腻一点，很可能会被当作莱利的作品了。她还画了一幅查理二世肖像，不过似乎是临摹自莱利的作品。[8]

比尔为弗朗西丝·海伊所画肖像显示的是一位古典俏丽的女子，而非贵族美人；她有一头浓密的乌黑卷发，眼神直勾勾地凝视，鼻梁挺直，嘴唇丰满。[9] 看样子她在辩论中不会轻易被说服。在几幅自画像中，比尔并未表现出自我美化的倾向。其中一幅作品很挺值得注意，画的是比尔穿着古典服饰坐在那里，右手放在画布上，画中是两个儿子的油彩肖像素描。她身旁挂着调色盘，擦得干干净

---

① 艾伦·克莱顿（Ellen Clayton）在《英格兰女艺术家》（*English Women Artists*）中说到，查尔斯·比尔曾为宫廷财务委员会（The Board of Green Cloth）调颜料。可由于后者是个行政机构，这也许不大可能。该组织得名于成员们围着开会的桌子上盖的那块粗呢桌布。所以查尔斯也许是在别处完成调色的。

净，就像一块用旧了的家用砧板，准备下一项委托任务。艺术家比尔想让人们知道，虽然她或许是两个孩子的骄傲母亲，但她也拥有一间经营良好的画室。[10]

对于讲授当时较为糟糕的英格兰艺术状况这门课程来说，将比尔的自画像与阿特米西亚·真蒂莱斯基的《作为绘画之喻的自画像》（*Self-Portrait as the Allegory of Painting*）进行比较，这是很有教益的。[11] 两位女性有着相同的履历：她们都接受过父亲的教导，并且都遵循着成名、成功艺术家的风格。但相似之处也仅限于此。阿特米西亚的肖像很具有爆发性，而玛丽的肖像则显得平庸无味。在亨利八世统治时期就已经开始的英格兰文化隔离，再加上斯图亚特和克伦威尔时代高于一切的肖像画艺术时尚，共同扼杀了英格兰艺术创新。例如，人们无法想象一名 17 世纪中叶的英格兰画家会有这样的灵感：以仅有手握画笔这一形象的绘画形式给同行艺术家画肖像；然而，1625 年法国艺术家皮埃尔·杜蒙斯蒂尔（Pierre Dumonstier）在罗马拜访阿特米西亚时正是这么做的。[12]

虽然在查理一世和英联邦统治期间，本土巴洛克艺术家短暂盛行过，并造就了一批像威廉·多布森和塞缪尔·柯柏（在查理二世统治时期仍继续创作）这种水准的画家，但该时期英格兰本土的艺术发展势头并不强劲。[①] 也许另一个原因在于，从伊丽莎白时代起，绘画和油画便基本被视作上流社会男女的业余爱好，并当成全面文艺复兴式教育的一个部分来学习。业余爱好者的作品可能会受到高度评价；如查理二世就有个橱柜，里面装着伊丽莎白·佩皮斯和苏珊娜·伊夫林（Susanna Evelyn）等人的画作。但就连受过专业训练的金匠兼画匠尼古拉斯·希利亚德（Nicolas Hilliard，曾为伊丽莎白一世作画）也认为，只有"绅士"才应该从事绘画。[13]

就在弗朗西丝·海伊去科芬园找人给自己画像的同一年，伦敦有两位杰出人物偷偷地离开了伦敦这座城市。法国人德斯·格罗西利耶和拉迪森一声不响地离开了自己为之付出太多的城市，直奔多佛，然后驶向法国。两人被法国做出的秘

---

① 在形式和内容两个方面，本质上都具有英格兰属性的艺术真正出现于威廉·霍加斯（William Hogarth）的职业生涯中——始于 1721 年，以其版画讽刺了南海泡沫投资的惨败。

密承诺所蒙骗，即如果他们抛弃自己帮助创建的哈德逊湾公司，并再次利用专业知识为祖国效力，他们就将获得财富。在身后，两位探险家留下了意义深远的遗产。他们代表英格兰人所做的工作对公司早期的成功至关重要，为英格兰在一个多世纪后控制整个加拿大打下了基础。

然而回到法国，两人的希望却破灭了。他们发现自己的地位很低，而且期望的公职也遭到拒绝。当时德斯·格罗西利耶已经五十多岁，只好再次横渡大西洋，重新开始毛皮商人四处游荡的艰苦生活。不久之后，拉迪森也来了，并再次受雇于哈德逊湾公司。由于现在公司非常不信任拉迪森，无法允许他在伦敦总部工作，便坚持要求他返回加拿大。

1675 年秋，伦敦出现了一本匿名小册子，定价一先令，题目是《上等人写给乡下朋友的一封信》(*A letter from a Person of Quality to his Friend in the Country*)。由于它瞬间恶名远播，价格便飙升至 20 先令。据说其作者是沙夫茨伯里勋爵（如今已经离开了政府），不过约翰·洛克有可能撰写了其中一部分内容。这本小册子指控丹比勋爵在没有议会任何发言权的情况下，阴谋借助神权建立拥有绝对专制权力的君主制。因此政治阶层的权利会遭到攻击；其中，《大宪章》赋予的自由也会因为一位没有任何制衡力量（如上议院）限制其统治意愿的国王而受到威胁。

大约在同一时间，又出现另一本名为《关于本届议会的两篇及时性论述》(*Two Seasonable Discourses Concerning the Present Parliament*) 的小册子，它提出了国王举行定期议会的好处。这些可能会提议给他更多钱，支持教会，给予反对者良心自由，并允许天主教徒的自由——条件是继续禁止他们担任公职和携带武器。再一次，沙夫茨伯里勋爵被视为这场论战的幕后推手。查理开始考虑缩减的可不只是议会，还有前大臣的某些个人权利。因此，充斥着谣言的伦敦在圣诞节前跌跌撞撞，又犹豫不决。

第22章
咖 啡 战

————◆————

取缔咖啡馆

1675 年 12 月 30 日，罗伯特·胡克离开了格雷沙姆学院的住处，然后沿主教门街往南走向皇家交易所，打算去喝杯咖啡，并加入当天的闲聊。天气对于 12 月份来说还很温和，而且早些时候困扰首都的暴风雨已经消散。在交易所附近，胡克先是朝右转入康希尔街，接着又在圣迈克尔教堂（church of St Michael）往左拐。他沿着教堂旁边的小巷走下去，再穿过一些脚手架、石堆以及泥瓦匠和木匠的其他器具；这些泥瓦匠和木匠正在重建中世纪教堂几乎被大火烧毁的残余部分。

在教堂后面，胡克找到了自己的目的地——加勒韦咖啡馆。本段行程最多400 码，他几乎每天都要走一趟，因为他知道，终点处会有浓咖啡、熟识的人群以及有趣的谈话。在这个特别的冬日，他发现咖啡爱好者同伴们惊魂未定，以不可置信的眼神盯着当天政府官方报纸《伦敦公报》上的一篇报道。[①]

引起恐慌的原来是一份突出显示的王室公告。标题被设置成了奇怪的大小写混合格式——当时不知该如何吸引读者注意的印刷商都这么做：

————————

[①] 《伦敦公报》（*London Gazette*）可以说是英国历史最悠久且连续出版的报纸。它创办于 1665 年，当时正值瘟疫期间，英格兰王室还在牛津避难。

由国王发出的

一项

旨在

取缔咖啡馆的公告。

查尔斯 R.

该公告要求全国所有咖啡馆在 11 天之内，即 1676 年 1 月 10 日前关闭。公告称，咖啡馆和那些经常光顾的"无所事事又心怀不满"之人已经产生了"非常有害且危险的影响"。整个王国范围内的地方法官将召回所有销售或零售咖啡、巧克力、冰冻果子露或茶的营业执照，违者每月罚款 5 英镑。惯犯将会面临更严厉的制裁。

同"无所事事又心怀不满"之人划分为一类，这对于非常勤奋、主张君主政体的胡克及其同行名家来说可不是什么高兴事，更别说那些把咖啡馆当成办公室的商人了。加勒韦和伦敦其他数百家咖啡馆，以及英格兰各地更多的咖啡馆里有着形形色色的读者；他们认为，这些简单的机构"煽动各种各样虚假、恶意且具有诽谤性的报道，就是为了抹黑国王陛下的政府"。

但查理并非第一个尝试此类禁令的斯图亚特国王。1604 年，他的祖父詹姆斯一世就曾针对烟草发表了一篇措辞强硬的哀歌，称其为"有害"且气味难闻的杂草。不过，他突然下令的直接诱因当然是出现了沙夫茨伯里勋爵、洛克及其反对派盟友所写的小册子，并且全都有人热切地阅读和讨论。

伦敦的咖啡馆不仅出售咖啡，还有其他即将被禁止的饮料、来自弗吉尼亚农场的大量甜烟草供应，以及可供阅读的报纸和小册子。他们偶尔也会提供酒。专为宴乐设计的长条桌上摆放着杯子、勺子、盘子和陶制烟斗等吸烟用具，同时还挤满一堆《伦敦公报》、最新的无执照报纸和大报、散布丑闻的小册子、讽刺诗歌以及各种各样抨击政治和社会的文章。

从政府的角度来看，咖啡馆都有政治嫌疑，因为它们允许顾客阅读大量的非法材料。尽管官方审查员罗杰·莱斯特兰奇做出种种努力，可恶言毁谤的政治讽刺作品还是层出不穷。如果展开检查的话，许多咖啡馆已经违反了禁止出版谋逆著作的法律。里面那异端且自由的气氛被视为滋生政治辩论和异议的温床——其中某些正是如此。而咖啡馆已经成功发挥其次要的作用，为那些对国王或他的政府怀有不良看法之人提供了集会场所。

对于这样的人来说，国王对议会的态度存在双重问题（与他那倒霉父亲极为相似），还有就是王室继任权的问题；许多人认为王室主要由天主教徒组成，包括国王的继承人兄弟和许多私生子——更别说王后和主要情妇、朴次茅斯女公爵露易丝了。自从《宣誓法案》将约克公爵本人困入其中以来，在那些比较有政治意识的咖啡馆里，顾客就有了更多值得斟酌的东西。一旦咖啡馆里不满现状的人获悉与法国签订的秘密条约，咖啡上瘾后头脑中酝酿的"叛乱"也许就有了真正的理由。事实上，对罗马天主教的恐惧，再加上黑咖啡和烟草烟雾的刺鼻气味，已经形成令人陶醉的混合，也令白厅宫保持着越来越高的警惕。对热衷于这种黑豆子的人来说，公告给整个体系造成的巨大冲击丝毫不亚于一口最浓烈的土耳其咖啡。

小黑豆的魔力

20 年前，由于商人、冒险家和外交官等其他人在亚洲和黎凡特的旅行，伦敦爆发了咖啡馆的热潮。咖啡贸易受奥斯曼帝国控制，向西方的输出主要来自也门的港口。到了 17 世纪初，喝咖啡在精英圈成员的家庭中变得很流行。英格兰的第一家咖啡馆大概于 1650 年在牛津开张，经营者是黎巴嫩人。1652 年，伦敦也开了一家咖啡馆；经营者是和丹尼尔·爱德华兹（Daniel Edwards）一起来到英格兰的。爱德华兹是一位商人，多年来都住在士麦那（Smyrna，今称伊兹密尔，为土耳其西部港口城市），不仅与安纳托利亚的土耳其人做生意，还雇用帕斯夸·罗塞（Pasqua Rosee，可能出生于西西里岛且有着希腊血统）作为某种形式的中间人或翻译。在爱德华兹返回伦敦后，罗塞也跟来了。在旧城中心圣斯蒂芬·沃尔布鲁克教堂（Church of St Stephen Walbrook）附近的家中，爱德华兹请客人们品尝罗塞的咖啡。罗塞咖啡的消息很快传开了，于是爱德华兹无私地资助罗塞独自创业并开办了一家营利性的咖啡馆，尽管只是在康希尔街圣迈克尔教堂的一间小屋；后来胡克最喜欢的加勒韦咖啡馆就坐落于附近。因生意兴隆，咖啡风潮马上流行起来。不久，第二家咖啡馆也开张了；它就是舰队街的彩虹咖啡馆，由一位名叫法尔的前理发师经营。

随着咖啡馆激增，政府开始对它们进行监管。在伦敦，米德尔塞克斯郡的地方法官发放营业执照，最初是为了增加国库收入。想获得执照的话，经营者必须证明他已经为所售货物纳过税。后来，随着咖啡馆扮演不同的角色——其中一些因经常光顾者持不同政治观点而闻名，政府又将许可法视为政治控制的潜在工具。

有许多证据可证明这种早期的咖啡有多难喝。然而它却很流行。它大受欢迎的一条线索包含在某首诗中；该诗痛斥酒精的坏处（"模糊不清的麦芽酒"和"危险的葡萄那甜蜜的毒药"），并宣称咖啡是上天送来的：

> 咖啡问世了，这种黯淡而又有益健康的液体
>
> 它能治愈胃病，让天才更灵敏
>
> 它能摆脱回忆，让悲伤者恢复活力
>
> 并且它还能振奋精神，又不至于令人发狂。[1]

对于清教徒或心智改善之人来说，咖啡是"上帝"的酒精解毒剂，提供了一种不会中毒的快活饮料。然而，并非所有人都对这种深色饮料如此着迷。早在17世纪初，弗吉尼亚公司财务主管、奴隶劳动的积极倡导者乔治·桑迪斯基于他在埃及和君士坦丁堡的旅行曾报告说，土耳其人喝的咖啡"黑得像煤烟，连味道也差不多"。[2]尽管有人持这种保留意见，可咖啡馆刚好以恰当的时刻在伦敦问世。人们渴望新闻，渴望新思想，也渴望辩论。这座城市虽然古旧，但人很年轻，对知识和思想都充满期盼。如果有人想知道发生了什么事，该去的地方便是最近的咖啡馆。只要买上一杯咖啡，任何人——无论社会地位高低——都可以加入到谈话中来。这是个文雅社会崛起的时代——理想虽然经常不能实现，却也值得珍藏。在咖啡因的刺激下，辩论十分激烈。谈话应表现得尊重和文明的规则并不总能被遵守，不过以互殴的方式解决争吵被也认为是酒馆里特有的行为。

每间咖啡馆都吸引着特定的顾客群。皇家交易所周围的咖啡馆吸引了店主和商人，白厅宫附近的咖啡馆成为政治辩论的场所，河岸街和舰队街区域内的咖啡馆是记者们经常出没的地方，而剧作家和皇家学会成员则全凭个人喜好从中挑选。

咖啡馆很快就出现在印刷媒体上。有人创作了戏剧，也有人创作了讽刺诗。17 世纪 60 年代曾推出一部名为《各行各业的欺诈》[Knavery in All Trades，又名《咖啡馆》(*The Coffee House*)] 的戏剧，人们认为是剧作家约翰·泰瑟姆（John Tatham）的作品，不过剧本写得太单薄，似乎不太可能是他写的。佩皮斯去看了之后，声称这是他看过"最可笑、最乏味的戏"。根据剧本印刷的扉页，它是供学徒在圣诞节期间表演的；换句话说，演员为业余爱好者。该剧大部分情节都发生在一间咖啡馆内外，围绕大多数角色那令人生疑的道德和诚实问题而展开。它对咖啡品质做出了贬损性的裁断：其中有个角色说"它对大脑最有害，会烧坏颅骨膜，导致机能紊乱，让人的想法变得极为虚妄"，而且他还十分可笑地继续宣称"布鲁特斯……在策划处死皇家凯撒时，曾尽情地喝了很多（咖啡）"[3]——这一评论竟怪诞地预示着王室宫廷在戏剧问世十年之后的恐惧。

对咖啡馆更进一步的攻击是有人发表了匿名撰写的《妇女反对咖啡请愿书》(*Women's Petition Against Coffee*)。该作者能写这篇滑稽粗俗的拼凑作品，必定在咖啡馆里参与过多次愚笨至极的讨论。请愿书是代表英格兰女性写给"正义又可敬的维纳斯自由女神守护者"——"成千上万体态丰满的好女人，在极度渴望中受尽折磨"，因为她们的丈夫由于咖啡而致残。

阳痿并非请愿者唯一的抱怨。男人喝饱了咖啡可以比女人还话多："由于经常光顾这些地狱般的酒馆"，他们很快会变得"比我们更聒噪"，然后就诸如"红海是什么颜色？"等主要话题展开疯狂的讨论。不仅谈话单调乏味，而且咖啡馆非但没有取代酒馆，竟然还为他们"拉皮条"：

> 因为当人们痛饮了一上午的麦芽酒（超过酿酒师的马能驮动的量），他们就会来这里稍稍清醒一下大脑，并且肯定会遇上足够多又懒惰、又独断的同伴。后者经常来这里闲聊新闻，虽然既不太懂也毫无关

联。经过数小时的闲扯，这些人开始觉得正餐前来一瓶红酒非常棒；随后他们一起前往"布什酒馆"，直到每个人都喝得酩酊大醉，才再次回到咖啡馆内解酒；三四道菜齐上，再一阵吞云吐雾，使得他们的喉咙像烈火燃烧下的爱特纳山一样干得发裂；于是，他们又得移步附近的"红格子酒馆"，点上一两打麦芽酒解解渴。最后喝得让人想吐，其中一人还开始颂扬葡萄的汁液，那么"米特尔酒馆"内会有什么罕见的朗格酒和原味的加纳利甜酒：你怎么说？另外一个人叫道："那么就去那里，用我们的瓦罐再喝点。"因此这群人再次成群结队地前往"萨克干白葡萄酒铺"，直到比之前醉得更厉害为止；然后他们摇摇晃晃地返回之前的地方，用咖啡来醒酒；这样，活像两支球拍之间的网球，我们的傻瓜丈夫整天都在咖啡馆和酒馆之间来来回回，而我们这些可怜人则百无聊赖地独坐到晚上 12 点……

请愿书最后要求禁止 60 岁以下的人喝咖啡，应该以品质优良的旧式麦芽酒取而代之。

一般认为，除了女仆或女侍者、女店主（如果有的话），以及楼上房间里可能有一两名妓女，咖啡馆都是男性专属的。但这样的图景并不完全正确。尽管顾客主要是男性，可罗伯特·波义耳和塞缪尔·佩皮斯都告诉我们女性经常光顾咖啡馆；佩皮斯还讲述了某个星期一上午 10 点，他和妻子伊丽莎白及其女仆黛博拉·威利特乘坐马车前往科芬园的一家咖啡馆这件事。假如伊丽莎白和她的女仆能去，其他女性同样也能去。那么小册子的作者其实是一位女性吗？若果真如此，阿芙拉·贝恩是最有可能让人想到的人选。

不过，该作家无疑很喜欢与酒馆为伴，因此更有可能是一位男性。从作品的高品质来判断，他或她很可能是一名诗人或剧作家，必定很习惯于创作持久不变的喜剧。如果作者是男性，那么这个有抱负之人（或多人）很可能从"快活帮"成员中寻得；这些专业的天才，如乔治·埃瑟里奇或威廉·威彻利（William Wycherley），都能轻松创作出一部幽默作品。有件事我们可以肯定，无论作者是谁，在进入的任何一家咖啡馆内，他们都很有可能亲自促进过谈话。

请愿书必定取得了一定的成功，因为随之而来的是一场反击，即《男士答复〈妇女反对咖啡请愿书〉》（*The Men's Answer to the Women's Petition Against Coffee*）。毫无疑问，双方之间的这些讽刺文章在咖啡馆、酒馆和上流社会中较为放荡之人见面的其他任何地方都引起了相当大的欢闹。可是第二年，当国王提出诉求时，人们几乎没什么欢喜。该禁令于 1676 年 1 月实施，但在大量令人备受煎熬的进口咖啡豆腐烂之前，它便遭到了废止。毕竟商业的力量要大于王权。城内有数百家咖啡馆，为各种各样的商业活动提供了场所。有人售书，有人举行商品拍卖，也有人将股份公司里的股票提供给敢于冒险者。商人们的商业利益不仅体现在那些小黑豆的进口方面，也常常体现在咖啡馆本身。事实上，咖啡贸易已经变得很重要。它与蔗糖和烟草这两大主要经济作物业务密切相关；这两者都源于人们对甜咖啡的普遍上瘾和使用烟斗，而且都依赖于总部设在伦敦的奴隶贸易。咖啡馆已经成为伦敦商业结构的一部分，国王不可能凭个人意愿就让它消失。

贪婪的殖民者

随着围绕伦敦咖啡馆之未来的斗争愈演愈烈，一场更大的冲突正在远方展开。两场战争都关乎个人权利，也就是今天所说的所谓"民权"。在美洲，一段时间以来，英格兰殖民者与土著人之间的仇恨不断加深。殖民者对土地十分贪婪，认为没有必要遵守与当地居民达成的协议。几十年来，伦敦允许美洲东海岸的英格兰殖民地在不受本国控制的情况下发展。许多最早期的清教徒定居者移民海外，就为建立起不受国内令人窒息的宗教正统观念约束的殖民地。他们在很大程度上成功避开了伦敦的直接控制。只要殖民地肯缴纳贸易税，并且将经济作物运回英格兰，他们受到的管束就会相当宽松。

在新英格兰，这种安排的问题之一是：当涉及到定居者和马萨诸塞万帕诺亚格人（Wampanoag，说阿尔冈昆语的北美印第安人）之间的关系时，协议会遭到破坏，而土地也以一种特别的方式被攫取。由于外来的欧洲疾病和为躲避入侵者的内部迁移，土著人口急剧下降。据估计，到 17 世纪 70 年代，新英格兰有 35000 名英格兰定居者，却只有 15000 名土著人。

1675 年，分歧发展到了紧要关头。万帕诺亚格领袖梅塔科姆（Metacom）对英格兰人的野心感到怀疑。他预见最终英格兰人将接管一切并毁灭他的人民。于是他开始组织部落联盟来抵抗移居者。

在由此产生的冲突中——后来被称为菲利普王战争（King Philip's War）①，梅塔科姆联合部落袭击了新英格兰一半以上的英格兰定居点。在总共 90 个定居点中，有 52 个要么被摧毁，要么被部分烧坏。战争从马萨诸塞蔓延至新英格兰其他地区，并持续了整个冬天。伦敦增派 1000 人的增援部队，然后在 1676 年春，英格兰人再次发动进攻。梅塔科姆被迫撤退到罗德岛一座名为"霍普山"（Mount Hope）的小山上，英格兰人俘虏了他的妻子和 9 岁的儿子，并且卖到西印度群岛当奴隶。8 月，梅塔科姆的大本营被占领，而他也被击毙。然后他的脑袋被穿在了普利茅斯的一根长钉上。

到战争结束时，有多达 5000 名土著人和 2500 名英格兰人死亡。从此新英格兰的美洲土著人口便再未恢复。战争使查理和他的政府确信：殖民地应该受到更严格的控制。新任命的总督有权肆意践踏当地集会者的意愿。尽管实行了更集中的控制，可是在查理的统治下，殖民地并非作为纯粹的帝国扩张在运作，而是作为一个日益重要且能促进伦敦经济的跨大西洋贸易经济单位在运作。4

伦敦的殖民问题并不局限于新英格兰，其他地方也爆发了叛乱。1675 年，牙买加的奴隶起义遭到镇压，这导致伦敦派遣的增援部队宣布实行军事管制。在巴巴多斯，也有一场叛乱遭到残酷镇压，52 名非洲人被砍头、活活烧死或者以其他可怕的方法折磨致死。由于岛上大量的爱尔兰契约仆役经常发生骚乱，爱尔兰劳动力被逐步淘汰，取而代之的全是非洲人。

在英格兰的首个殖民地弗吉尼亚，殖民则面临着另一种威胁。一场后来被称为"培根叛乱"（Bacon's Rebellion）的起义几乎导致殖民地完全摆脱伦敦的管辖。

---

① 梅塔科姆也有个英文名叫"菲利普"，是他父亲给他取的，作为万帕诺亚格人和定居者之间友谊的象征。

某段时间，非洲奴隶和欧洲契约仆役之中发生了动乱；后者绝大部分虽无奴隶之名，却有奴隶之实。自英格兰内战结束以来，弗吉尼亚一直是爱尔兰叛军和英格兰不良分子的"倾卸场"。英格兰各地围捕的罪犯都被运往殖民地。王政复辟之后，前克伦威尔士兵和越来越多的伦敦罪犯［被称为"新门人"（Newgaters）］一起被运送至此。其中某些前圆颅党人领导了一系列小规模的起义。[5]

在弗吉尼亚，引发不满的核心是土地和税收问题。契约仆役们在通往新世界的航程中卖力地干活，可是在获得自由后，却发现承诺给予他们的土地很少兑现。对穷人来说，以人头税为基础的税收十分苛刻，因为这意味着最富有的地主和最贫穷的前契约仆役所缴纳的税是相同的。除此以外，与当地土著的关系从来就没好过。

"培根叛乱"

眼看农场里的一桩小盗窃案升级为欧洲人和土著人的大规模屠杀，有位鲁莽的贵族种植园主纳撒尼尔·培根（Nathaniel Bacon，伊丽莎白一世时期大臣弗朗西斯·培根的后裔）主张发动一场旨在消灭土著民族的全面战争。可殖民地总督威廉·伯克利爵士却提出了一种更合理的办法。此人很有教养，既是查理二世的宠臣，也是一位干练且卓有成绩的总督，还试验过以新作物来改善殖民地经济。1676年，事态到了紧急关头；占主导的民选政府下议院选举演变成一场大规模的叛乱，且其中大多数人是由培根领导的自由契约仆役。叛乱的诉求基于培根对殖民主义贵族虐待下层阶级的认可；因为他的意图不仅是要与敌对部落展开较量并将其消灭，而且还要创造一种"平整"的形式——这似乎是17世纪40年代和50年代实验性、革命性政治运动迟来的繁荣。当培根表示愿意解放每一名支持其事业的奴隶和仆役时，数百名非洲人和欧洲人纷纷逃离种植园，响应他的号召。至此培根便有了一支军队。他们占领了首府詹姆斯敦并将其彻底烧毁。

总督伯克利只好写信给伦敦请求增援。然而，增援部队尚未到达，培根便已丧命，于是叛乱也逐渐停息。数百名叛乱分子听信了虚假的赦免承诺，纷纷投降。但伯克利毫不留情，绞死了几十人。国王对老朋友很不满意，并说道："这个傻瓜在那不毛之地夺走的生命，比我为父亲的谋杀而夺去的还多。"[6]当由伦敦派来的1000名英格兰士兵最终抵达弗吉尼亚时，他们已无事可做。威廉爵士被替换掉，退休后回到伦敦的豪宅，于次年去世。

随着马里兰的又一次起义企图需要镇压，殖民地官员们接到伦敦的命令，要为日益加剧的骚乱寻求解决办法；这是不平等和较贫穷移民的期望被压制的结果。[7]作为回应，总督们打出了种族牌。他们制定法律，剥夺非洲人和美洲土著的权利，并降低他们相对于欧洲仆役的地位。被释放的非洲人丧失了拥有财产和投票选举的权利，甚至丧失了享受家庭生活的权利。被奴役的非洲人失去自由的权利——即使主人愿意将其释放。[8]短短几年之内，非洲人将永远被奴役，且这种地位还会由子女继承。

在西部殖民地到处发生起义的动荡背景下，奴隶贸易正以惊人的速度不断发展。在"培根叛乱"之前的5年里，伦敦奴隶贩子将9000多名男女和儿童运出非洲；而在那之后的5年里，沦为奴隶的非洲人多达26881名，增长了两倍。然而，尽管起义有可能破坏奴隶贸易所带来的经济利益，伦敦方面做出的反应却很迟缓。其原因一方面是殖民地按原设想要自行调节，另一方面是因为查理政府的安全感遭受了相当大的打击。

第 23 章
城市生活

---◆---

"大师"

17世纪70年代中期，由于外交领域出现了太多动荡，人们很容易忽略伦敦同时发生的各种事件。殖民地战争和混乱的冲击才刚刚平息，伦敦的一个新机构——皇家学会——就遭到了公开的攻击。

实验主义者们如今早已习惯了批评，原本认为自己能够经受住所有类型的强硬争论，可是新的攻击却出乎意料，而且难以反驳。令皇家学会名家大为吃惊的是，他们发现自己竟然在戏剧舞台上遭到了奚落。这部戏就是托马斯·沙德威尔的《大师》(The Virtuoso)，由公爵剧团在其豪华的多塞特花园剧院里演出。

沙德威尔来自诺福克郡一个小小的贵族世家。他曾在剑桥大学学习，但没获得学位就离开了；1658年，他去伦敦接受律师培训，并寄宿于内殿法律学院（Inner Temple）。1668年，沙德威尔28岁，他的首部戏剧由公爵剧团上演；该剧敢于讽刺的可不止一位剧作家同行，而是三位，其中就包括杰出的约翰·德莱顿。在《郁郁寡欢的情人》(The Sullen Lover，剧名角色由作者的妻子安妮扮演)中，沙德威尔嘲笑了德莱顿及其大舅哥罗伯特·霍华德爵士创作的那种英雄悲剧。罗伯特爵士被刻画成"完全确定爵士"（Sir Positive At-All），即令人难以忍受且妄自尊大的百事通；这一消息很快就在剧院常客中传开了。罗伯特爵士的弟弟爱德华也是一位剧作家兼诗人，据说他被讥讽为"傻子诗人"（Poet Ninny）。这部戏大受欢迎，约克公爵和伦敦上流社会的许多人都来享受它的乐趣。它连续上演了12个晚上，曾经轰动一时。

虽然沙德威尔没什么钱，但他凭借个人才智和社交能力挤入有涵养且富裕的群体——包括查尔斯·塞德利、乔治·埃瑟里奇、罗彻斯特伯爵、后来的多塞特伯爵查尔斯·萨克维尔以及白金汉公爵；正是他们导致伦敦上流社会普遍重风格而轻实质，重智慧而轻仁慈。在这个群体中，某些人若是愿意，可以单单为舞台而不必为钱搞创作。沙德威尔跟德莱顿一样，也是一名职业作家；因此，当别人有幸喜欢风趣的谈话胜过书面文字时，他却别无选择，只能靠在纸上提高自己的才智谋求生存。

《大师》的情节集中于一个名叫尼古拉斯·吉姆克拉克爵士的角色身上；他是位有钱的大师，进行过许多古怪的实验，包括给一名男子输羊血，将取自全国各地的空气像葡萄酒一样装瓶并储存在自己的酒窖里，以及通过研究青蛙来看一个人如何在陆地上游泳，等等。还有个特别荒谬的时刻：尼古拉斯爵士借着一条猪腿的光亮读《圣经》，以证明磷光现象。据塞缪尔·佩皮斯称，该剧似乎完全与国王对皇家学会完成的某些实验持有的有趣观点一致。

尼古拉斯爵士的许多奇特实验实际上已经完成。其中最臭名昭著的是将动物血液输入人体。1667年11月23日，一位金医生（Dr King，可能是后来查理二世患有致命疾病时出现在白厅宫的那位医生）已经将少量羊血输入到一个名叫阿瑟·科加的有智力障碍的工人体内。神奇的是，科加竟然活了下来，他的痛苦还换得20先令。

当时人们有很多猜测：究竟谁才是该剧的讽刺目标？是整个皇家学会、绅士业余爱好者，还是整个实验主义项目？[1] 似乎可以公平地说，虽然它不是在攻击学会本身，却是针对某些学会活动。然而，正如沙德威尔完全明白的那样，对于任何奏效的讽刺作品来说，它都得具备一个有血有肉的目标，一个让观众在享受舞台乐趣的同时，又能集体牢记于脑海中之人。无可置辩，此人就是罗伯特·胡克。与他相比，再无任何皇家学会成员能成为更理想的多才多艺之代表人物。

　　该剧中的大师尼古拉斯·吉姆克拉克爵士把大量时间都耗费在用显微镜观察自己收集的蠕虫和昆虫上。不太忙的时候，他会通过望远镜来观察月球地形。这与《显微术》的相似之处不容忽视。一位不亚于罗伯特·波义耳的大师提出，人类飞行的可能性常用于巨大的喜剧效果。波义耳有没有去看这部戏不得而知，但是胡克去了，而且他觉得这次攻击特别伤人。他在日记里气得大叫："该死的东西！"

　　如今胡克树敌很多，有真实的敌人，也有假想敌。不过他在非正统的私人生活中找到了慰藉。他从未结婚，但与一连串的女仆发生过亲密关系。他和两名亲戚同住一间宿舍：一个是表哥之子——年轻的汤姆·吉尔斯（Tom Giles），另一个是侄女格雷斯（他越来越喜欢她）。1672 年，当胡克开始写私人日记时，格雷丝已经跟他住在一起了。她是个活泼的少女，以漂亮的外表而闻名。胡克很溺爱这位姑娘，并且在日记中记录了为她买的项链等物品。

　　1676 年 5 月 26 日，星期五，一场大火在萨瑟克区破烂不堪的街道上开始蔓延，河对面便是带围墙的旧城。胡克带着格雷丝去看第二场大火的熊熊烈焰。两人从 200 英尺高的多立克柱（Doric Column）顶端往下观看；多立克柱是他和朋友雷恩为大火灾设计的纪念碑，当时即将完工。据当时的说法，萨瑟克区火灾烧毁了至少 500 栋房屋、餐饮市场、几家著名的小旅馆以及"对立面监狱"（the prison of the counter，一间可以追溯至中世纪时期的小监狱，主要用于监禁债务人和宗教异己者），等等。[2] 后来有人估算过，毁掉的房屋大约在 600~900 栋。虽然这比 1666 年大火灾中损失的数目要少得多，但破坏规模仍然非常大。

　　随着格雷丝渐渐长大，胡克对她的感情也发生了变化。1676 年 6 月 4 日，两人第一次发生关系。当时胡克还剩几周就要满 41 岁了。他们继续一起生活，直到胡克——也许是出于愧疚——决定把她送回位于怀特岛的家中。然而，格雷丝继续给叔叔当情人，同时对别的男人也变得更具吸引力。在日记中，胡克记录了格雷丝接受其他情夫给自己带来的苦闷；不过格雷丝还是很依恋胡克，直到他离开人世。

胡克非正统的私生活也许说明了他缺乏自信。他无法或者不愿与社会地位相当的女人建立关系，而更喜欢选择女仆和比自己小得多且没那么世故的侄女。大概他太在意个人的生理缺陷了。就连他最亲密的朋友约翰·奥布里也形容其外貌"有点扭曲"。而让他的自尊受到更进一步打击的则是艾萨克·牛顿；当牛顿少有地造访伦敦时，曾对他说过："如果我看得比别人更远些，那是因为我站在巨人的肩膀上"，这无疑使胡克对自己的地位不抱任何幻想。

似乎是想让人们看到他的才华，胡克选择于 1676 年发表个人字谜"ceiiinosssttuv"的谜底；自 1660 年首次发表以来，该问题一直没有得到解决。他透露的谜底是"ut tensio, sic vis"——意思是"力如伸长（那样变化）"。这个短语提到胡克发现了力与弹簧伸缩的关系。根据后来广为人知的胡克定律，拉伸或压缩弹簧所需的力与拉伸或压缩的距离成正比，表示为 $F=-kx$，其中 F 是力，x 是弹簧的形变量，而 k 则是弹性系数。因此，举例来说，如果一枚 50 克的砝码将弹簧拉伸了 2 厘米，100 克的砝码就会拉伸 4 厘米。[3] 该定律如今在地震学、声学和分子力学等科学和工程领域得到了广泛应用，而它作为弹簧秤、纳米（或压力）计以及机械钟等设备背后的基本原理，在科技史上占据着一席之地。

1676 年，胡克还在另一个领域取得了成功，那便是建筑领域。8 月 29 日，国王前往沼泽地，9 年前他曾于大火灾之后去那里看望过无家可归者。如今他是去视察一家新的精神病医院，名叫"伯利恒"，或者更准确地说叫"伯利恒医院"。旧的伯利恒医院坐落于主教门附近的城墙内，已经被大火烧毁。胡克在城墙外新修的医院是一座又大又漂亮的古典建筑，共有 49 个隔区，用了一年出头的时间匆匆建成。[①] 国王来访时，胡克才意识到自己忘记命人执行雷恩的建议，即拓宽穿过沼泽地到达大楼的中央通道，好让国王和随从们能够很气派地进入。[4] 不知何故，对于胡克来说，即使他很成功，也往往会被这样那样不愉快的事所破坏。

---

① 建筑速度似乎造成了不可预见的后果。1800 年，有人认定该医院不安全，于是下令在萨瑟克区又新建了一家。

海军委员会

在海军办事处里，塞缪尔·佩皮斯努力克服他认为英荷战争凸显出的皇家海军不足之处。他认为，问题可归为三类：军官招募和培训、足够的新船配置，以及舰队配备和维护。17 世纪 70 年代中后期，佩皮斯开始着手解决这些问题。《宣誓法案》迫使詹姆斯辞去海军大臣之职，同时这对佩皮斯的事业也产生了促进作用。公爵退休后，国王设立一个海军委员会来监督海军的管理。佩皮斯被任命为秘书，并获得了极大的权力。海军是王国最伟大的事业，其庞大的规模和结构承载着成千上万人的努力，而他们或直接或间接地受雇于此。海军不仅是英格兰最大的有组织实体，同时也是最为重要的。假如没有海军，商业资本主义就无法运作，伦敦也无法在国际市场上进行竞争。

这便是佩皮斯要着手重组的机构。1676 年，他发起了对船长的考试，这样一来，就将指挥权由仅靠经验便可获得资助和晋升的旧体制转移到专业基础之上。长期以来，佩皮斯还特别关注对海军至关重要的储粮服务所存在的缺陷。从船舶设计到补给方式，整个海军组织已经受到了越来越多的批评；威廉·佩蒂爵士几年前就写过这方面的文章，因为它不仅让皇家学会（佩皮斯是会士）非常感兴趣，对于航海狂热者国王来说亦是如此。[5] 眼下，佩皮斯与他最近任命的海军测量员、朴次茅斯海军造船厂前负责人约翰·蒂佩茨爵士（Sir John Tippetts）共同拟订了一项雄心勃勃的计划——要造出 30 艘相同的护卫舰。这是海军有史以来最持久的建设计划。佩皮斯凭借其高超的劝说技巧，使得下议院同意提供必要经费，每艘船拨款 2 万英镑，共计 60 万英镑。

约翰·蒂佩茨爵士有位门徒是个名叫威廉·凯尔特里奇（William Keltridge）的木匠，曾写过一份手稿，里面包含了海军所需各种船舶的尺寸及详细设计图。随后，技能娴熟的汉普郡（Hampshire）船匠埃德蒙·达默（Edmund Dummer）也加入该项工作，他先前被佩皮斯任命为食物供应账目主管，作为重组和提高效率计划的一部分。在蒂佩茨的指导下，达默根据他们在哈维奇港（Harwich）调查过的船只，起草了理想的船体设计图。由此，他依照各种各样的船体绘制出一本剖面图册，展示了船身线条的理想范围如何随着它们的长度而变化。在写给佩皮斯的一封信中，达默表达了自己对长期以来船舶设计惯例的不满；它是"人传人"，而非"由理性和实验推导出的准则"。[6]

达默、蒂佩茨和佩皮斯对这种新的科学方法如何造福海军有着崇高的想法。但在当时，他们也许野心过大。真正需要的是像凯尔特里奇这样的人提供更为实际的方案，因为在此基础之上就很容易将船造出。然而，选来监督新船建造的并非凯尔特里奇，而是熟练的船舶设计师兼建造师安东尼·迪恩爵士（Sir Anthoy Deane），他也是伍尔维奇海军造船厂的负责人。迪恩以建造速度快、易于操作的船只而闻名；当他还是哈维奇造船厂的一名小伙子时，就已经引起了佩皮斯的注意。在佩皮斯的鼓励下，他曾写过一篇被形容为"18世纪以前关于船体构建的最清晰叙述"的文章。[7]按照佩皮斯的说法，迪恩于1667年推出了配有70门火炮的"决心"号（Resolution），"据报道是世界上最好的一艘船"。[8]

迪恩建造出成功船只的声誉因个人口才和佩皮斯的资助而大大提高。[9]于是，当谈到批量造船时，他便成了首选。佩皮斯任命他为朴次茅斯一家重要船厂的负责人，该船厂有能力造出大量的大型船只。建造大量相同船只需要具备很强的组织能力和造船学知识；不过，它的好处是可以共享桅杆和帆横杆等设计图，而且在备件方面也有着同样的好处。佩皮斯的提议无非是建立一个集中的规划组织和运作方式，它控制一支标准化的舰队，由受过统一训练且具有海上成功作战手段的人进行管理。他的愿景将会在下个世纪得到丰厚的回报，届时英格兰将成为世界海上强国。

音乐天才

随着托马斯·基利格鲁最终失去了对国王剧团的掌控，戏剧界又有了进一步的发展。将演员们拉走的人正是他的儿子威廉，因为后者确信自己在管理剧团方面能比父亲做得更好。

由于规定了基利格鲁和达文南特原来的特许状可世袭，查理几乎不可能干涉一场围绕金钱的家庭口水战。与以前的口水战对手达文南特不同，基利格鲁并未沉浸在剧院运作中。他把它看作火堆里的许多铁块之一，其目的都是为了赚钱，但全无多大用处。大部分时间他都在宫廷里充当国王的非正式弄臣，虽然总是趁着玩笑的间隙寻求恩赐，但几乎没什么实质性的内容；国王只想将他留在身边，却不愿让他在经济上变得富足。

同年，公爵剧团演出的不仅有沙德威尔的热门剧《大师》，还有由乔治·埃瑟里奇创作、托马斯·贝特顿主演的当代最优秀喜剧《摩登人物》（*The Man of Mode*），却都无益于发展基利格鲁的幽默。后者至今仍是风尚喜剧的最佳案例。其复杂的情节围绕一群时尚人物展开；他们试图摆脱不该有的性伴侣（这种情况很大程度上源于自作聪明），且自始至终都在努力保持时尚的冷淡态度。没过两年，基利格鲁以 66 岁之龄去世——比达文南特多活了 10 年。

音乐界，一位名叫亨利·浦塞尔（Henry Purcell）的神童开始在伦敦声名鹊起。1658 年或 1659 年，浦塞尔出生在老皮耶街（Old Pye Street）附近的圣安妮巷（St Anne's Lane），离威斯敏斯特大教堂只有两百码远；他的父亲老亨利是皇家礼拜堂的绅士唱诗班歌手，曾于查理一世的加冕典礼上演唱过。凭借过人的音乐才能，小亨利很早就显示出了天赋。12 岁那年，当他还是皇家礼拜堂学生和唱诗班成员时，便为国王创作了一首合唱曲。后来他被任命为威斯敏斯特大教堂的管风琴手，两年后在皇家礼拜堂又获得类似的职位。除了根据需要创作各种各样的王室圣歌和颂歌之外，浦塞尔还创作了大量的宗教和世俗音乐。

浦塞尔早熟的作曲技巧很快就在戏剧界引起关注。在竞争激烈的伦敦剧院行业中，顾客们开始期待新奇的东西。剧院经理必须迎合他们的需求，定期推出新的舞台效果和歌曲，并通过引入舞蹈和歌曲来改编新旧剧本。在此狂热的漩涡中，浦塞尔相当受欢迎。18 岁那年，他受邀为多产的托马斯·沙德威尔创作两部戏剧的音乐。这便是生动有趣的风尚喜剧——《埃普索姆·威尔斯》（*Epsom Wells*）和《浪子》。他还为德莱顿和阿芙拉·贝恩的戏剧创作音乐。次年，他为沙德威尔的另一部戏剧——改编自莎士比亚的《雅典的泰门》（*Timon of*

Athens）——创作了音乐。在这些所谓紧张刺激的歌剧中，主要演员吟诵各自的台词，而音乐家和歌手则以歌曲和音乐插曲来填充对白。这一形式在当时备受推崇，很大程度上要归功于威廉·达文南特打破旧习，对剧本进行分割和切断——无论原著有多好。

尽管浦塞尔为商业性的剧院工作，可他仍然抽出时间创作歌剧作品，包括《狄多与埃涅阿斯》（Dido and Aeneas）；而这部没有台词的歌剧也成为第一部真正的英格兰歌剧。他的杰作还有光荣的《感恩赞》（Te Deum）和《欢乐颂》（Jubilate）、歌词出自德莱顿的歌剧《亚瑟王》，以及为《仙后》（The Fairy Queen）、达文南特的《仲夏夜之梦》（A Midsummer Night's Dream）改编版和德莱顿的《暴风雨》改编版所配音乐。

银行家放债人

就在年轻的亨利·浦塞尔成名之时，资深诗人安德鲁·马维尔却卷入了一则银行业丑闻。马维尔的两位亲戚——分别是商人罗伯特·汤普森（Robert Thompson）和爱德华·内尔索普（Edward Nelthorpe）——掌管着一家银行合伙企业，从为数众多的商人和富人那里吸收存款。汤普森和内尔索普声称自己"手握东印度航运（即东印度公司）部分股权"，而且这也是他们投资的几个"有利且赚钱的生意"之一。换句话说，他们在拿客户的钱做投机买卖。两人投资于丝绸、葡萄酒、威尔士铅矿开采、俄罗斯贸易和爱尔兰亚麻布，丝毫没有遗漏"在我们聪明才智范围内的任何东西"。当其中某些投机买卖失败时，消息传开了，银行便遭到挤兑。因无法偿还存款人的钱，它很快流失了17.5万英镑。

汤普森和内尔索普已经将自己的业务发展成一种新型生意。他们被称作"银行家放债人"（banker-scriveners），先收取资金，然后开出一张票据（借据），再将存款投资于其他企业的同时，承诺回报率为4%至6%左右。这种新业务的出现是因为金匠银行家跟不上伦敦经济日益增长对投资的需求。随着人口增长，同美洲、百慕大、牙买加和巴巴多斯新殖民地的各种贸易增长，再加上波罗的海和地中海的现有贸易以及同印度和东方日益增长的贸易，白银或铸币太少了，根本无法应对需求。放债人便以书面承诺来填补这一差额。

经济增长和新大陆黄金迅速涌入欧洲经济体所引发的通货膨胀，共同强化了人们对既稳定又集中的可负担信贷来源的需求。但遗憾的是，它压根就不存在。所有银行业务都是由金匠、放债人、乡村银行和商业银行家来运作的。由于金匠有坚固的保险库来储存自己的黄金，企业家便将个人黄金也托付给他们保管。不久，金匠放贷人开始意识到，除了把存入的钱进行投资，他们还能以收取费用的方式借给别人。于是，现代英格兰银行业由此诞生。①

金匠银行家进行了多种类型的银行交易。他们向客户分发单据或票据，然后这些单据和票据也进入流通，用于买卖金条和国际货币交易。从理论上讲，这些操作都具有自限性，受手头可用作抵押的黄金数量限制。虽然确实有许多金匠实行了所谓部分准备金银行制度的某种变体，且通常发行的单据要比自己可兑换的数量更多，但是债权人对这些单据的信心也有一定限度：它们以一定数量的黄金作为后盾，而这些黄金也许并不能真正结算一纸票据。通过这种方式，汤普森和内尔索普等同于现代银行家，成了一个利用他人资金的投资工具，而这也使两人发现自己所处的困境。

安德鲁·马维尔在圣吉尔斯广场租了一间房子，好让汤普森和内尔索普躲避他们的债主。银行家们出版了一本小册子，告诉债主要有耐心——该公司做的只是其他银行正在做的事情。他们解释说，债主不肯接受己方提出的 6 先令 8 便士每镑很不公平——最近不是另有一家公司以仅仅 18 便士每镑的价格成交吗？正如"大停顿"一样，汤普森－内尔索普事件表明：银行对一个人的钱来说并不总是安全之所。银行业的争端要到下个世纪才能得到解决。

与此同时，马维尔仍继续积极关注政治，特别是王位继承和国王对议会日益警惕的问题。

出于对敌意日益灵敏的警觉，查理命令他的前大臣、如今已是反对派领袖的沙夫茨伯里勋爵离开伦敦。政府界人士注意到，沙夫茨伯里勋爵仍继续挑起反政

---

① 这些由金匠银行家开出的收据或单据通常以信件的形式存在，是英格兰现存最早的支票之一。

府运动，并且还在他位于河岸街的古旧埃克塞特大厦内招待各种反对派人物。起初，沙夫茨伯里勋爵拒绝离开，因为国务大臣约瑟夫·威廉姆森并未签署国王的指令。虽然最终他还是去了乡下，但没多久又返回伦敦，并且在艾德门街的萨尼特宅邸（Thanet House）内安顿下来。他和盟友分发了一本小册子，不仅质疑君主政体的权力，还建议议会可以"限制、约束和管理王室本身的血统和传承"。[10]由于种种动作，沙夫茨伯里勋爵被关入了伦敦塔；一同被关入的还有另外几位反对派人士，包括查理曾经的朋友白金汉公爵等人。[①]

与此同时，马维尔也推出了一本小册子，论述罗马天主教和斯图亚特式专制政府所带来的威胁。[11] 和沙夫茨伯里勋爵的猛烈抨击一样，马维尔的小册子也谴责了 1675 年 11 月至 1677 年 7 月的议会休会；但它更进一步，还暗示了对查理与路易十四之间秘密交易的某些了解或怀疑。

鉴于全城上下情绪高涨，托利党阵营不得不做出回应。在此事件中，给予回复之人正是审查员罗杰·莱斯特兰奇；他出版了一本名为《无赖成长记》（An account of the Growth of Knavery）的小册子。[12] 不过，随着伦敦城被谋杀国王的阴谋传言所震撼，这场口水战很快就会变得更加具体化。

---

① 白金汉公爵和其他人在监禁后不久便得以释放；沙夫茨伯里勋爵则一直被关押至 1678 年初。

第 24 章
阴谋与反阴谋

———◆———

真假阴谋

1678 年夏，查理像平日那样去圣詹姆斯公园散步时，头一次听说有人要谋害自己。克里斯托弗·柯克比（Christopher Kirkby）———一名曾在炼金实验室里协助过国王的实验师———来到这位以平易近人著称的君主面前，提醒他说天主教徒正在密谋行刺。

自然，查理不会受到这种流言的惊扰，毕竟先前的阴谋都已烟消云散。但柯克比坚持认为这次应该引起重视，他还说自己能找到一个对阴谋有切身了解之人。查理同意柯克比将其掌握的证据带到宫里，便继续朝公园走去。

当柯克比来到白厅参加安排好的会议时，他还带着一位名叫伊斯雷尔·汤奇（Israel Tonge）的老牧师。汤奇怀有一种执著的信念，认为耶稣会正在密谋对新教英格兰不利。他告诉查理：耶稣会正密谋杀害他和奥蒙德公爵，然后在英格兰、爱尔兰、苏格兰和威尔士制造叛乱。在法国人的帮助下，他们会把詹姆斯推上王位，或者将王位交给蒙茅斯公爵。

查理无动于衷地听着。当汤奇拿出一份据称能透露一切的文件时，查理便让仆人威廉·奇芬奇安排首席部长丹比伯爵去展开调查。查理似乎认为事情会就此了结。

柯克比和汤奇会认识，是因为他俩曾经同住在沃克斯豪尔（Vauxhall）的一所房子里；那时柯克比还吹嘘他能接近国王。这不禁引起了汤奇的注意，因为他已经参与煽动一起英国历史上最不寻常的阴谋。若干年前，他遇到过一位不得志的牧师；此人名叫提图斯·奥兹（Titus Oates），和他一样对天主教是又恨又怕。

当时，奥兹刚从国外返回英格兰。他是个行骗高手，生命中唯一不变的就是以欺诈来哄骗钱财。遗憾的是，这些伪装技巧经常被其满嘴脏话和不体面的习惯所破坏，就连他那激进的牧师父亲也很讨厌他。可尽管如此，在教会里工作似乎成了自然而然的选择。据说由于又懒又蠢，奥兹并未能从剑桥大学获得学士学位，后来为了被任命为英格兰国教牧师，他又对学位一事撒谎。不过因为无能，他还是被教区开除了；虽然接着靠行骗谋得过几份工作，但最后全部以丑闻告终。走投无路之下，奥兹又成功地在天主教徒诺福克公爵家里找到一份新教徒助理牧师的工作。1677 年，28 岁的他皈依了罗马天主教。

为把个人的精神觉醒转化为世俗利益，奥兹说服耶稣会将他招入国外的两所自办学校；可是这两所学校后来都把他赶了出去。[1] 到 1678 年，奥兹已陷入极度贫困。不过他却在汤奇身上看到一线生机；汤奇是一位偏执的牧师，当时正定期发表反对天主教威胁的讲道词。奥兹假装目睹了耶稣会对英格兰不利的阴谋，让容易受骗的汤奇相信了自己揭露一切的愿望。于是汤奇鼓励他写下自己的经历以及对耶稣会阴谋的了解。

汤奇到底在多大程度上串通一气捏造了证据，而不仅仅是个容易上当受骗的傀儡，目前已无从得知，不过最初他却是此事的主要发动者。[2] 据后来成为讽刺作家的官方审查员罗杰·莱斯特兰奇所言："最初策划的是除掉王后，然后杀死约克公爵。"[3] 奥兹的动机仍然只是一种揣测，因为直到最后他都坚称其虚构的阴谋证据是真的。

在汤奇的怂恿下，奥兹写了 43 篇关于天主教阴谋的文章。他声称，已经有许多人企图谋害国王，其中一起被挫败只是因为刺客使用的武器没能射出银弹。首席部长丹比伯爵认为最好对这些主张予以重视。在阅读了汤奇提供的文章之后，他意识到，无论是年迈的牧师还是古怪的化学家柯克比，都无法单独编制出多个阴谋和计划的证据。汤奇不情愿地安排提图斯·奥兹从暗处短暂现身，当着地方法官埃德蒙·贝里·戈弗雷爵士（Sir Edmund Berry Godfrey）的面宣誓作证。

奥兹最耸人听闻的指控之一是，约克公爵夫人的前秘书爱德华·科尔曼（Edward Coleman）是同谋。这样一来，他竟在无意间正中靶心。科尔曼于 17 世纪 60 年代初已皈依天主教，据说在约克公爵皈依过程中发挥了一定作用。作为约克公爵夫人的秘书，他还执行过一项私人任务：与亲近法国和西班牙王室的天主教神父建立联系，并通过他们筹集资金。因此，奥兹选择这个名字作为其虚构阴谋中的一员再合适不过。科尔曼曾私下接触到几位天主教神父——就连路易十四和头脑简单的西班牙的查理二世都得听他们的。两年前，丹比伯爵和伦敦主教得知科尔曼的活动后，便解除了他在公爵夫人家的职务。

受理奥兹的证词两周后，戈弗雷就失踪了。过了 5 天，也就是 10 月 17 日，他的尸体在樱草山（Primrose Hill）上被人找到，身上还插着自己的剑。尸检表明戈弗雷整个人被刺穿前已经丧命，死因是窒息。这起谋杀案正中奥兹和汤奇的下怀，让阴谋得到了重视。突然间，伦敦城里议论纷纷。

戈弗雷去世几天后，由于约克公爵敦促哥哥认真对待此事，汤奇和奥兹被传唤到枢密院接受审讯。查理也出席了听证会，并亲自对奥兹的证词提出询问，于是发现许多前后矛盾之处。可奥兹坚持自己的谎话不松口，又添油加醋地补充了更多细节。整个不光彩的编造都是由他在耶稣会期间收集的名字和事件组成，现在又加上了推翻新教英格兰和苏格兰的大阴谋。其密谋者名单包括五百多名耶稣会会士和许多天主教贵族及其同伙。

查理下令以伪证罪逮捕奥兹，他认为奥兹和汤吉编造整个阴谋是心怀"某种诡计，而他对此一个字也不信"。[4] 可是很遗憾，他是唯一看穿阴谋实乃杜撰的人。议会不仅下令将奥兹释放，还全力协助追查密谋者。奥兹每年的收入为1200 英镑，而且在白厅宫里获得一间公寓。查理一定气急败坏了。

沙龙、政治俱乐部和咖啡馆里的谈话都充斥着对詹姆斯的猜测。如果他继承了哥哥的王位，将如何遏制天主教徒？应该让他继位吗？如果不应该，又由谁来代替他呢？因缺乏资金，查理只好重新召集他在18个月前休会的议会；当时他对于议会试图对宗教遵从实施更严格的控制感到愤怒不已。在其正式御前宣言中，他揭露了天主教阴谋，称它是"耶稣会针对我个人的阴谋"。这则消息几乎是随口附加之言，查理只说它关乎"外国人设法在我们中引入罗马天主教"。

正如我们所看到的，查理并不相信这起阴谋，也根本不愿意让议会调查此事。一旦下议院成员开始查探，他们可能会发现"许多尚未加以掩盖之事"。[5] 查理最关心的是要对来自法国路易的秘密款项进行保密。丹比伯爵曾奉命绕过议会，让法官们去追查有关阴谋的指控。他在天主教问题上一贯强硬，为人也最狡诈，居然不服从主公的指令，将指控的细节提供给了下议院。国王虽然对丹比伯爵大为光火，但已别无选择，只能和他一起宣布这起阴谋。

此举产生了立竿见影的效果。用政治家约翰·雷尔斯比爵士（Sir John Reresby）的话说，这个国家被"点燃了"。在回忆录中，雷尔斯比回忆说："无法形容，某人的诡计以及其他人对其阴谋的真正恐惧和信念，使议会两院和全国绝大部分人陷入了怎样的骚动。"在接下来的几周内，即使头脑最冷静之人也开始相信：国王面临来自天主教刺客的威胁已迫在眉睫，而新教的未来也岌岌可危。在伦敦城里，天主教徒为乱民的暴力行为担惊受怕，因为后者高喊着反天主教口号满街巡游。

随着沙夫茨伯里伯爵发挥主要作用，这种公愤演变成了对王位本身的威胁。沙夫茨伯里伯爵大概是当时最有能力的政治家，他曾帮助过查理复位，却由于新国王的专制主义而变得越来越疏远。他也是宪政君主主义者、长老会教徒和激进者所组成的松散团体（后来被称为辉格党）中的主导人物。很少有历史学家认为他相信过奥兹的阴谋，但他觉得这是个有用的武器。他精心策划了一场反天主教运动，这倒使得查理头上的王冠再也无法稳固。

查理演讲一周后，沙夫茨伯里伯爵才表明自己的意图。在下议院，伯爵的盟友拉塞尔勋爵发表演讲，呼吁将约克公爵"从陛下面前"撤走。随后几天里，类似的讲话也要求将王后及其所有随从逐出白厅宫。紧接着又出台了一项禁止天主教徒在议会两院任职的法案。而凭借极其微弱的投票优势，上议院才得以将约克公爵"豁免"。

在局势变糟的时候，这是一种有限的暂缓方式。有人开始奉命逮捕牧师和耶稣会会士。天主教徒先是被赶出宫廷和军队，然后连伦敦城里也不准待。而搜查队则被派去逮捕那些未能出城之人，伦敦监狱里的人数飙升。此次围捕行动共抓获了大约 2000 人，分别关押于新门、舰队和马歇尔希（Marshalsea）及其他监狱内。反天主教清除运动使得国王的首席情妇路易丝·德·克罗亚勒，甚至王后的地位备受质疑——即使并非受到实质性的威胁。

在一片混乱中，伦敦迎来了最壮观的年度盛会——市长就职日。当新任市长、食品杂货商乔治·爱德华兹爵士（Sir George Edwards）前往威斯敏斯特宣誓效忠王室时，所有人都出来观看游行。同往常一样，游行队伍包括来自伦敦各个阶层的代表，从退休人员、学徒一直到高高在上的市议员和治安官。这是伦敦人表达市民自豪感并享受生活的一次机会。每年都有一系列精心设计的露天表演，主要由托马斯·乔丹创作，旨在阐明某个特定主题，并于沿途各个点上呈现。1678 年的主题为海外贸易和东印度公司。主题的选择由赞助公会做出，且每年都在发生变化。今年是杂货商，他们最感兴趣的是对外贸易。充满异域风情的亚洲丰饶景象在老城区随处可见，还有纸板大象（东印度公司的象征）驮着装满美味蔬菜和矿产的篮筐。而外来的印度青年则为这些体现过剩和财富的景象增添了真实感，他们都举着盛满香料的碗。在浮夸的视觉效果背后，演员们身穿戏服，朗读着有关伦敦奇观和美德的长篇颂词。

乔丹的诗句中信息很明确：任何人都不应该干扰伦敦及其古老的权利，因为这座城市是整个国家的财富所在。其附属信息也同样重要：这是一座新教城市，从事新教贸易，效忠于新教王国政府。

舆论反转

到 1679 年春，伦敦仍处于反天主教情绪以及阴谋与反阴谋谣言的阵痛之中，气氛还是充满恶意。4 月，反天主教的敌意开始转向塞缪尔·佩皮斯及其亲密伙伴。佩皮斯被视为约克公爵的手下，即便公爵被解除了海军大臣的职务，佩皮斯仍然受到流言困扰，并成为不服国教的嫌犯。当然，尽管佩皮斯与公爵的关系一直很密切，可他并非天主教徒。不管怎样，他和造船师安东尼·迪恩爵士仍被怀疑在从事间谍活动。5月22日，他们更因向法国泄露机密文件的指控而被送往伦敦塔。

佩皮斯强大的辉格党仇敌想罢免任何与公爵有关联者，而迪恩则因为与国王本人交往而受到怀疑。4年前，奉查理之命，迪恩前往法国为路易十四设计并建造了两艘运动游艇——这足以让他成为怀疑对象。但控方很难对两人中的任何一人揭起诉讼，于是7月9日佩皮斯和迪恩获得保释；不过直到次年6月，指控才最终被撤销。

1679年危机最严重之时，查理得了重病，几个月后才康复。虽然该疾病的性质尚不清楚，但可能是讲究的生活或应对国家重大紧急情况的压力引发了心脏病。[①]9月，查理将蒙茅斯公爵放逐到欧洲大陆，以防止他继续充当辉格党异议的聚焦点；而其支持者则包括那些认为他是新教王位另一继承人的人。到11月，他未经允许又回来了，伦敦和其他地方的人成群结队地出来迎接。

天主教阴谋的狂热还将持续三年。奥兹声名最盛之时，被许多人誉为王国的救星，这种观念一直持续到他生命的尽头。他很喜欢个人声誉，并对自己如何突然从穷光蛋一跃成为丰衣足食的名人进行了大肆渲染：

> 我由伦敦塔卫兵保护着，以免遭到侮辱或暗杀；我的10英镑每周按时支付且毫无扣除；不用派人去取，鹿肉馅饼和威斯特伐利亚火腿就会送上我的餐桌；在阿姆斯特丹咖啡馆和"迪克之家"，我就像一名经过舰队街的外国大使那样受人瞩目。[6]

由于易受骗的汤奇和剥削成性的奥兹所策划的阴谋，最终共有15名无辜者被处死，其中包括不幸的爱德华·科尔曼。在埃德蒙·戈弗雷爵士谋杀案后不久，王后的一名仆人因涉嫌谋杀而被捕；至此，连凯瑟琳本人也与这场阴谋脱不了干系。受到指控的仆人迈尔斯·普兰斯为天主教徒，在新门监狱里受尽酷刑，

[①] 第二年5月他再次病倒。这些发作可能是中风的初期表现，这也导致查理于1685年去世。

便承认了自己的罪行，还指认了另外三人。可接着，他又撤回自己的供词，在承认和否认有罪之间摇摆不定，直至最后基于他的证据，那三个倒霉蛋都被处决。

1679 年夏，随着一系列审判和处决，该阴谋煽动的火焰达到了顶点。审判在伦敦引起轰动，如今又演变成反天主教的狂热。被判有罪之人全都宣称自己是无辜的。查理本人也相信他们确实如此，不过对他而言，让 15 人全部为政治赴死却是权宜之计。

危难当头，有些人认为被国王流放到布鲁塞尔的约克公爵正在策划政变。蒙茅斯公爵原本奉命前往苏格兰镇压盟约派起义，[①] 这时又被召回了伦敦。1680 年 11 月下旬，他果然回来了，市内街道上一片欢腾。由于国王拒绝召集议会讨论日益恶化的局势，伦敦组织了一场大规模请愿活动。包括沙夫茨伯里伯爵在内，大约有 2 万人签名。国王的回应方式是宣布他将再次召集议会，还说自己会听取应对民众担忧的合理建议，同时禁止任何有关王室血统的讨论。换句话说，他只听不做。

最后，人们开始强烈抵制奥兹和天主教阴谋。当奥兹指控王后的医生乔治·韦克曼爵士（Sir George Wakeman）在约克公爵的协助下密谋毒害国王时，转折出现了。这起明显很荒谬的控告闹上了法庭，结果是韦克曼被判无罪。尽管对他的审判使舆论转而反对奥兹，可对密谋者的追捕仍在继续。奥兹捏造的最后一名受害者是毫无过错的阿尔玛天主教大主教奥利弗·普伦基特（Oliver Plunkett），他于 1681 年 7 月因参与密谋的罪名而被绞死。由于最后这一歪曲行径，该国对天主教阴谋已经忍无可忍。奥兹被要求离开白厅宫。而作为回应，他又对国王和约克公爵提出指控。这些指控实在太过分了，于是奥兹受到煽动叛乱的指控，并且被带到伦敦塔。

新的内战？

随着天主教阴谋的荒唐闹剧结束，围绕王位继承且更为重要的政治斗争继续

---

① 盟约派起义是苏格兰长老会运动。

对斯图亚特王朝构成威胁。许多人担心该国可能陷入一场新的内战。

天主教阴谋和随后的"排除危机"（exclusion crisis）——这段时间人们齐心协力让约克公爵的王位继承权遭到禁止——在整个伦敦引起了政治动荡。公众人物发现自己不得不公开表态支持一方或另一方，要么支持王室，要么反对王室，尤其是约克公爵。约翰·德莱顿宣布支持国王，反对辉格党人，而辉格党人主要反对的是约克公爵，因为约克公爵信奉天主教。11月，在国王仇敌的煽动下，人群扛着教皇肖像游行穿过首都，准备烧毁。查理在位的其余时间里，每年11月都会重复类似的示威活动。

国王因其"柔弱气质"在辉格党人圈子里广受批评；这在17世纪可是一种严重的贬损性指控，意味着缺乏"男子气概的"领导能力和性能力。事实证明，王后没能诞下继承人，而国王则更喜欢抚摸（用伊夫林的话来说叫"玩弄"）他的情妇，而非发生关系。[7]尽管对国王的这种行为的诋毁显然毫无根据（他有许多私生子），但它们都反映出一个政治观点：国王在应对已蔓延至国内且可感知的法国天主教威胁时表现得软弱无能。[8]

1679年底出现了一篇恶毒的匿名讽刺文章，攻击对象包括国王、他的法国天主教情妇路易丝、朴次茅斯女公爵以及间断性的宠臣罗彻斯特伯爵等人。谣言开始流传，说作者为约翰·德莱顿，尽管事实上他是桂冠诗人。12月18日晚，当德莱顿从威尔咖啡馆返回索和区（Soho）爵禄街（Gerrard Street）的家中时，遭到了一群手持棍棒的暴徒袭击。袭击者在科芬园玫瑰街"羊羔与旗子酒吧"旁边一条黑暗的小巷里设下埋伏。有传言称，他们都受雇于罗彻斯特伯爵；在一场文学口水战之后，他与诗人德莱顿的友谊已变成了相互嫌恶。其他谣言则把责任归咎于蒙茅斯公爵，或者朴次茅斯女公爵——后者急于保护自己免受公开诽谤。

有人悬赏提供有关袭击者身份的信息，可他们的身份始终未能确定。其实，这部讽刺作品的真正作者并非德莱顿，而是马尔格雷夫伯爵（Earl of Mulgrave）约翰·谢菲尔德（John Sheffield）。对德莱顿发起错误攻击的背后之人确实是其故交罗彻斯特伯爵；罗彻斯特写了一份供状，说自己要将"巧辩之人留给拿着棍棒的邪恶力量来对付"。[9]按照当时扭曲的法典，雇团伙去攻击怠慢或侮辱自己之人被视作相当光荣的行为。不过，尽管袭击很严重，德莱顿还是康复了。

为回应各种促成旨在剥夺詹姆斯王位继承权的《排除法案》（Exclusion Bills）之人，一本在作者去世后才出版的书于 1680 年问世，并阐述了君主政体和国王神权的论据。这便是罗伯特·菲尔默爵士（Sir Robert Filmer）的《父权制》（Patriarcha），它写于 50 年前，当时正处在没有召集议会的查理一世统治时期。[10] 根据菲尔默的观点，正确的政府形式应建立于父亲管理的家庭模式之上。《父权制》成为了备受争议的话题，尤其是它出现于斯图亚特王朝遭到前政府成员、资深政治反对派人士以及越来越直言不讳且躁动不安的伦敦民众攻击之际。

不久之后，约翰·洛克也开始创作《政府论两篇》（Two Treatises of Government）；在书中，他反驳了公民社会最好由神授父权控制的观点，声称唯一合法的政府形式是自愿性顺服。洛克的著作有部分是对菲尔默做出回答，也有部分是对排除危机的反应。因洛克的资助人沙夫茨伯里勋爵以及包括拉塞尔勋爵在内的盟友大力推动，围绕这场危机的政治热潮愈演愈烈。在免除詹姆斯王位继承资格的各种企图之后的政治动荡中，伦敦进一步遭到阴谋和反阴谋谣言的破坏。

毫无疑问，新的阴谋集团都是从某个意想不到的地方冒出来的——他们绝非克伦威尔旧众，而是一群贵族。这并不那么奇怪，因为其攻击对象并非国王本身，而是天主教徒继承英格兰王位的可能性。其目的是改革君主制，而非将它摧毁；正如沙夫茨伯里勋爵所言，他们可不想要什么"民主"。1680 年，一项《排除法案》在下议院获得通过，但在上议院却遭到否决。于是，下议院准备考虑另一种方案，以此限制天主教君主的权力。可查理拒绝了。这时，伦敦暴民正举着约克公爵的肖像在街上游行。

如此紧要关头，政府介入审查剧院也就不足为奇了。在排除危机期间，许多戏剧——无论新旧——都遭到禁演。就连莎士比亚围绕权力和君主制这些陈旧主题的几部历史剧也违反了禁令。辉格党人沙德威尔的戏剧遭到禁演，托利党人德莱顿的作品也是一样。[11]

问题不在于对君主制的批评，而是害怕煽动乌合之众。[12] 有钱人经常光顾的剧院究竟可能迎合下层社会到什么程度，这很难说得清。德莱顿对自己的作品被卷入政府的偏执感到非常愤怒，于是写了一篇公开抨击其行为的文章——这对于桂冠诗人来说可谓大胆之举。德莱顿还有一个感到愤愤不平的理由。最近他创作出了也许是个人最重要的作品——政治诗《押沙龙与阿齐托菲尔》（*Absalom and Achitophel*）；在这首诗中，他不顾查理二世的拈花惹草还为之辩护，并且谴责查理的仇敌——包括辉格党领袖沙夫茨伯里勋爵——没有忠于君主制。[13]

解散议会

1680 年冬，在政治动乱过程中，天空中出现了两颗彗星，而在当时彗星常常被视为某个重大或可怕事件的前兆。正如 15 年前那样，两颗彗星的出现无疑"预示"着一场灾难性的重大事件。这一景象在伦敦引起了恐慌。人们还记得 1664 年和 1665 年出现的彗星，后来据说它们就预示着瘟疫和火灾。于是小册子出现了，里面充满对新天体现象的不祥预感。其中一册题为《最近一颗巨大彗星向欧洲发出的警报》（An Alarm to Europe by a late prodigious Comet），声称对彗星给英格兰、苏格兰、爱尔兰、法国、西班牙、荷兰、德国、意大利"和许多其他地方"造成的一些"悲伤效应"做出了"预测性论述"。[14] 这也是当时利用自然现象牟利的众多尝试之一。占星术依然令许多人——尤其是医生——非常感兴趣，所以预兆的概念绝非寻常。皇家天文学家约翰·弗兰斯蒂德对该学科有着持久的兴趣，不过他往往会设法保密，就很像艾萨克·牛顿从未给皇家学会写信说他毕生对炼金术感兴趣一样。[15]

正当一些人在思考该现象对占星术的意义时，它却重新引起了牛顿对天文学的兴趣。而且，开启他对引力研究的恰恰是彗星，并非传说中坠落的苹果。在格林尼治，弗兰斯蒂德提出：11 月和 12 月出现的彗星并非两颗，而是一个朝着太阳移动的天体，接着它行至太阳背后，最后再远离开来。起初牛顿不赞同弗兰斯蒂德的观点，但后来他意识到皇家天文学家是对的。令弗兰斯蒂德大为光火的是，他的朋友兼前助手埃德蒙·哈雷居然让牛顿获取了自己汇编的测量结果和数据。因此，牛顿才能做出推论：彗星和行星一样，也是沿椭圆轨道绕太阳运行的。这项研究构成了《数学原理》(*Principia Mathematica*)的基础。

　　不过很令人惊讶,没有哪位占星家能利用彗星的出现来预测即将发生之事。1681 年春,为应对排除危机所引发的动乱,在议会反复休会过后,国王决定实行专制统治。承诺的议会会议于 3 月 21 日召开,地点并非威斯敏斯特宫这个古老的落脚点,而是牛津;国王选择的这个场所离伦敦很远,因为仇视约克公爵的人群整个冬天都在伦敦举行示威活动。议会几乎没有开会,直到后来下议院提出另一项《排除法案》,可查理却立刻将其解除。至此,会议已经开始了一个星期。信息很明显,对于那些鄙视自己兄弟或兄弟的信仰之人,或者怀疑国王本人的政治或宗教倾向之人,查理再也不想被他们牵着鼻子走。

　　未来,查理即便不会像法国表兄路易十四那样成为专制国王,但至少不会再召集议会了。《布雷达宣言》中做出的承诺已被遗忘。1679~1681 年这三年内,议会共选出过三届,全都在继承权问题上与国王发生了争执。从此以后,查理治理国家便再没有召集议会。至于沙夫茨伯里伯爵,查理曾试图把这位辉格党领袖拉进政府,让他担任枢密院议长,并以 4000 英镑巨额年俸这种明显的贿赂来抵消其影响力。可如今,他却和其他几名敢于在国内外批评国王政策的政府官员一起被开除。

　　3 月,查理与路易十四达成了一项新的秘密协议。这让他得以永久性地解散议会。作为 4 年内可获取 400 万英镑的回报,查理再次承诺支持法国的扩张政策。但由于英格兰已经与西班牙签订条约,这便导致了外交政策上的混乱。当路易威胁到西属尼德兰和西班牙控制的卢森堡时,西班牙方根据条约中的条款向查理寻求帮助。然而查理一拖再拖,直到最后路易将卢森堡和西属尼德兰一并拿下。伦敦的政治反对派心知肚明:查理和路易又达成了某种新协议。于是,首都的政治局势变得更加紧张。

　　不过国王的财政状况大为改善。随着乔治·唐宁爵士和丹比伯爵在税收方面所实施的改革,来自海关和消费税的资金流大幅增加。但是,有关国王的宗教信仰、他与法国的亲密关系以及王位的未来等恼人问题,仍然是伦敦咖啡馆和政治沙龙里谈论的话题。

剧院对政治形势没有保持沉默。查理现在开始直接干涉伦敦政府的方方面面，并影响着治安官和训练有素的军队官员等任免事宜。戏剧创作既有托利党视角，也有辉格党视角。在《吉斯公爵》（The Duke of Guise）中，德莱顿对蒙茅斯公爵继承父业的愿望给予严厉的批判，并对辉格党人支持公爵的行为做出了谴责：

> 做你在咖啡馆开始之事；
>
> 将主人拉下马，并且陷害那个人。[16]

在《保皇党》（The Royalist）中，托马斯·德厄菲（Thomas D'Urfey）采用了更为尖锐的语气，将辉格党与在查理统治初期逃脱死刑的共和党人相提并论。他宣称，这些人应该被绞死，"20 年前就罪有应得"。[17]

而在《兰开夏郡女巫》（The Lancashire Witches）中，托马斯·沙德威尔则站在辉格党一边，将该剧的发行版本献给了沙夫茨伯里伯爵。约翰·克朗（John Crown）既创作亲托利党剧本，又创作亲辉格党剧本，从而以两边倒的方式维持着生计；但正是此人最贴切地总结出了伦敦政治和公共生活的悲惨状态——当时他在公爵剧院里告诫其上层阶级观众：

> 先生，很高兴看到你们斗争、争吵
>
> 围绕宗教，但实际上完全没有。[18]

第25章
不道德的潜流

———————◆◆◆———————

克雷韦尔夫人

就在伦敦人（从最底层到最高层）继续为天主教阴谋争吵不休时，城里最有趣的人物之一却不得不退休。1681年，伦敦最出名的妓院老板伊丽莎白·克雷斯韦尔被送进监狱，理由是"干了30年的卖淫勾当"。克雷斯韦尔在全市范围内经营了多家妓院，迎合着各种价位和品味的需求。据称，国王本人经常光顾其最佳场所，但并没有证据可证明这一点。伦敦的浪子们当然也会光顾，其中很可能还有查理的宫廷成员。在众多靠性谋生的伦敦人中，克雷斯韦尔可算一名佼佼者。多亏了她的营业场所，该市的痘病（梅毒）医生才会有稳定的生意，许多发汗室里才随时挤满了希望把病毒从布满痘疮的体内排出的顾客。

人们对伊丽莎白·克雷斯韦尔的出身背景知之甚少。据说她出生于肯特郡一个中产阶级家庭，不过同样也没有相关证据。可以肯定的是，她在伦敦兴旺发达是因为很善于经商。她从未结过婚，后来为养活自己而干上了这一行。到了17世纪50年代，她已经在圣保罗大教堂以北几百码处的巴塞洛缪街尾经营着一家妓院。她费尽心思从乡下物色可带到城里来的新女孩，同时招引那些陷入困境的良家妇女。通过保持其经营范围，再加上善于为服务打广告，她维持着一个忠实的客户群体。她过着十分阔绰的生活，也成为讽刺作品、戏剧和抨击文章中的典型人物。偶尔，她的妓院也会遭到攻击（最猛烈的莫过于 1668 年复活节学徒骚乱期间），但总的来说，多亏有人脉宽广的客户群，她的生意还是受到了保护。

在排除危机期间，克雷斯韦尔夫人成为约克公爵支持者的靶子。因对君主政体持有强烈的新教视角，她公开并且从经济上支持辉格党人的观点。在那个时代，克雷斯韦尔很不寻常；她经营着一众妓院，而且公然参加当时最重要的政治辩论，并通过个人努力获得了经济独立。她的职业选择似乎纯粹是从实际出发；正如阿芙拉·贝恩也发现的那样，除了在街上提着篮子卖食物或手套和丝带之外，女性几乎没有更好的就业选择。

有了性执照就会有性传播的疾病。其治疗方法也是多种多样，从排便到草药疗法，且极端情况下还会用到包括汞在内的有毒物质。在 17 世纪的伦敦，通过性传播的疾病十分普遍，被视为爱情的自然危害。从最底层劳动者到伦敦的社会精英，所有阶层都处于危险之中。从某种程度上讲，后者更令人担忧，因为他们既有闲工夫纵情于滥交行为，这会增加人群感染的概率，又有钱去做（可能是）最危险的治疗。

性活跃者最恐惧的灾祸就是梅毒，它被称为痘病，有时则被称为 "the French disease"；之所以得此名，是因为当时的人们认为它来自法国——尽管最初可能是从北美或非洲传到欧洲，或者随着人类出现便已经存在。医生们通常将其称作 "lues venerea"（"lues" 来自新拉丁语中的 "瘟疫" 一词）。它在 16 世纪迅速传遍欧洲，而 17 世纪中期在伦敦已经达到流行病的程度。由于痘病简直无处不在，人们在私人通信和公共新闻报道，以及戏剧、民谣和讽刺文章中经常提及它。"祝你长痘！" 则成了一句常见的辱骂。

治疗既困难又随意。[①] 在当时的医学知识状况下，对该病的根本性质或起因尚未形成正确的理解。另外，让情况变得复杂化的是，淋病和梅毒有时会被混淆，因为两者在初始阶段可能会表现出类似的症状。尽管存在这些障碍，可有些

---

① 梅毒的起因直到 1905 年才为人们所知，当时证明该病是由梅毒螺旋体细菌引起的。

疗法似乎奏效了。伦敦周围，发汗室——也就是人们所说的发汗浴盆（sweating tubs）——十分常见；在那里，一些患有痘病之人可能经受极度的高温，并希望通过流汗来治愈。但具有讽刺意味的是，该疾病本身也可能导致出汗。似乎确实有一种疗法，但也只是徒有其名，因为梅毒最初的症状往往会在 10~40 天内消失，之后这种疾病却仍然潜伏于体内，等着在未来几年造成可怕的伤害。

查理很幸运，毕竟当他和路易丝感染梅毒时，两人有最好的医生为他们治疗。理查德·怀斯曼（Richard Wiseman）是国王的私人医生之一，他经验丰富且思维缜密，曾撰写过一本医生手册。[1] 虽然该书献给了查理，却是他毕生的工作结晶，主要围绕以前当船医的经历，详细讲述了人类所遭受到的各种不可思议且令人震惊的伤害。其中有八篇论文，每篇都是关于一种特殊的疾病。前四篇与自然出现的情况有关，如肿瘤、溃疡、痔疮和瘰病——又叫淋巴结核（国王能被治愈最后一种病的神奇力量得到过仔细确认）。在后四篇中，这位老船医的经验可透过以下主题词得以窥探：刀剑造成的伤口、枪伤、骨折和性病。

怀斯曼将 "lues venerea" 形容为

> 有毒的传染病，通过直接或间接的不洁性交传染……我之所以说直接或间接，是因为很明显，不仅如此交媾的人会受到感染，而且连他们生下的孩子、哺乳孩子的奶妈，以及任何其他由这些奶妈哺乳的孩子，依此类推，都会被感染。

他在这里同时谈及淋病和梅毒，原因是他和当时的其他人一样，也认为前者只是后者的初发表现。那该怎么治疗呢？

> 如今已知的疗法——我们在此治疗中使用的全部或其中一部分——是放血、排便、呕吐、分泌唾液、出汗、镇定和麻醉；在此基础上，我们还可以补充一些饮食指南，尤其是替代饮品。

> 关于静脉切开术，虽然不能治愈该疾病，但在一开始我们通常就会放血，以平息涌动的体液，为排泄而加以处理，并且在之前或之后开出灌肠剂。

排便是通过服用由牛乳酒或乳清组成，再混以番泻叶、大黄、菝葜、酒石、甘露和酸角等物的药剂来实现的。

模仿该疾病症状的可不仅仅是发汗室；出汗也是那些有负担能力之人采用另一种常见疗法——汞疗法——的结果。其实施方法是通过填满汞的敷布让皮肤局部吸收或服用汞丸。而后者无疑是最有害的。汞中毒首先引起流涎症，随后症状开始加重，包括口腔炎症、口腔溃疡、牙齿腐烂、口臭、肠道炎症、心率加快、肾功能衰竭，直至最终死亡。

遇上剧痛的情况，我们会添加一粒或更多的鸦片酊。因此，汞与泻药相混合，我们必定能预料到从中获得的主要成功。毕竟，虽然另一种的排便功能很强，它们本身也没有抑制这种疾病（即使是不那么严重的疾病种类）毒性的功效。

这里我要补充一点，因为有许多无耻的冒牌货在治疗中慷慨激昂地攻击汞的使用，如果这些人所言属实，并遵循自己的判断（而在发言反对的同时则不会做出判断，许多人经常如此），那么他们延长治疗时间将会是徒劳，最后还要遭遇丢脸之事；毫无疑问，没有了它，该疾病的任何种类都无法治愈。

我已经说得很清楚，并且也发现：由于我们学院里一些值得尊敬的已故行医者没有用到汞（其实是有意将其忽略），我们的治疗变得单调乏味又不成功。当溃疡开始扩散并且在某些部位新近暴发时，我们却竭力想在其他部位将其治愈；当疾病在某些部位变得越来越猛烈时，他们的身体却已经被不包含汞的通便药排泄一空。

分泌唾液的方法多种多样，但全靠汞……当我们用甘汞[1]促进唾液分泌时，就会加入 20 到 25 粒，有时是 30 粒，要么在一匙白面包和牛奶中……要么在某种类似甜香酒的饮料中……

与黄金混合的汞确实会令人呕吐并流涎……

体液通过唾液分泌和排泄排出，出汗是必要的……

汞既用于外敷，也用于内服。

---

① 一般指氯化亚汞。——编者注

直到 18 世纪，避孕套才被广泛使用，当时主要以油绸或各种动物的内脏（包括鱼鳔）制成。当时确实存在的简陋避孕套都敷衍了事，并非用于预防痘病，而是为了防止怀孕。

新奇体裁作品

而克雷斯韦尔夫人的好运不再，并非因为痘病，而是因为治安官。也许公众情绪发生了变化，因此她那些颇有影响力的客户再也无法提供保护，或者她在托利党派系内的敌人对当局施加了影响。无论何种原因，她被指控以卖淫为生并判有罪。后来，她被囚禁于布莱德维尔监狱内；该监狱就坐落在舰队街和泰晤士河之间，靠近舰队河河畔。大火灾之后，原址上又重建了一栋巨大的灰色石头建筑，且有两座庭院被环绕在内。

被监禁的两年内，克雷斯韦尔匿名写作了新书《娼妓辞令》（*Whore's Rhetorick*）；该书实为一则伪装成妓女指导手册的淫秽故事集。[2]在这本书中，克雷斯韦尔夫人"教导"破落保皇党家庭出身的女儿如何通过姿色诱骗讨生活；该主题在类似作品中得以开拓，最著名的当属《英格兰无赖》。

后来，克雷斯韦尔夫人死于狱中，可能是得了肺结核。据很可能为杜撰的传言称，她提前为葬礼做好了准备——给某位牧师支付一笔可观的费用，让他在葬礼上发言，但对其职业则只字不提。按照推测，葬礼上牧师会如此提到死者："她生得好，活得好，而且死得也好；因为她生来名叫克雷斯韦尔，住在克勒肯维尔，死于布莱德维尔。"[3]

《娼妓辞令》的作者其实并非匿名，而该作品也并非全新之作。其原作者为费兰特·帕拉维齐奥（Ferrante Pallavicino），本书 40 年前就已经在意大利出版。如今，为面向英格兰读者，它才进行了翻译和修改。[4]在复辟时期的伦敦，情色文学随处可见；除了著名且生动有趣的剧院，这里还有一个更为活跃的地下文学世界，匿名作品也由此传入富有的休闲阶层之中。其需求十分旺盛，足以支撑起外文文学引进市场。

这一时期出现大量类似主题的匿名书籍绝非偶然。1662 年的《出版许可证法案》（The Licensing of the Press Act）已于 1679 年过期，且再未延续。1637 年通过的第一部《许可证法》（Licensing Act）设立了官方审查员，规定出版任何未经官方许可的书籍均为非法，不仅将出版业局限于伦敦、剑桥和牛津，并且对新闻业制定了严格的规则。这意味着在一段时间内，伦敦的唯一官方出版物就是政府公报。多年来，审查员一直是罗杰·莱斯特兰奇；他身为一名恶毒的反议员人士和坚定的保皇党人，认为自己的任务就是抑制对王国政府的批评，同时不惜一切代价支持君主制。然而，即使莱斯特兰奇也无法压制匿名的色情文学贩子。在伦敦的地下市场上，它们和许多别的事物一样蓬勃发展。这些匿名书籍并不像后来在扉页上公布作者姓名的作品一样出名，但它们确实为后者建立了市场，设定了基调，并提供了形式和通常情况下的内容。当《许可证法》失效时，一个小规模却很活跃的地下出版行业才得以浮出水面并蓬勃发展。

如果没有 17 世纪中叶的这些匿名作家，丹尼尔·笛福的《摩尔·弗兰德斯》等后来的作品就不可能问世。笛福笔下那"永久的鸨母"摩尔以第一人称叙述自己的故事，可谓是《英格兰无赖》中角色的真正接班人。在伦敦的社会融合中，这种匿名小说和戏剧同等重要。由于作者有必要隐藏自己的身份，这些书跟某些价值或品位受到质疑的剧本一样，也没能经受住时间的考验。不过，他们以自己的方式讲述了在舞台上很受欢迎的同类故事。如同剧作家，他们从詹姆士一世时期的约翰·弗莱彻和本·琼森那里得到启发，给我们讲述了一些愚蠢男人被聪明女人欺骗，以及无赖男子打败易上当受骗之人的故事。

在伦敦，与性相关的新奇事物不仅仅说明了有钱阶层对替代性刺激的渴望，还表明这里有个健康发展的出版和图书销售行业。由于历史的偶然，印刷业得以在舰队街附近发展起来。15 世纪，卡克斯顿（Caxton）的一名学徒在该区域开了家店铺。为跟上品味的变化，书商成了出版商，而出版商又成了作家。17 世纪 60 年代，伦敦出版业沿着舰队街和与之相连的大街小巷蓬勃发展。戏剧很畅销，讽刺作品和诗歌亦是如此。蹩脚新小说能满足城里人的欲望，其高端镜像则出现在了诗歌作品中，而后者同样也卖得很好。许多受欢迎的作品都厌恶女性，而随着罗伯特·古尔德的长诗《付出的爱，或者针对女性傲慢、欲望和反复无常等提出的讽刺》（*Love given O'er，or a Satyr against the Pride，Lust and Inconstancy Etc of Woman*）问世，这种情感达到了顶峰（或最低点，如果有人喜欢这么说的话）。它的标题就说明了内容和态度，因此无数印刷本迅速售罄。在舰队街，印刷机上的油墨很少带有人情味。

佩奇夫人

除了克雷斯韦尔夫人，另一位社会关系广泛的著名鸨母兼妓院老板也在狱中去世。达默里斯·佩奇（Damaris Page）于 1610 年左右出生，1658 年嫁给了柏孟塞（Bermondsey）的詹姆斯·德里（James Dry）。外界对她的早年生活知之甚少，除了重婚指控——据称，她早在 1640 年就已结婚——但后来却被判无罪。[5] 我们知道佩奇靠妓院赚得不少钱，不仅成为一名产权人，还在"大公路"（The Highway）上开发房地产。"大公路"是一条罗马路，从塔丘向东穿过沙德维尔和沃平，一直延伸到莱姆豪斯。该地区主要居住着水手及其家属，还有其他与伦敦航海业有关之人。佩奇的妓院，如斯特普尼塔楼围墙附近的"三个酒桶"（Three Tuns），经常有水手们光顾。

在领港公会的一次晚宴上，海军上将爱德华·斯普雷格爵士（Sir Edward Spragge）曾表示：只要佩奇夫人活着，"他就敢保证自己不缺水手"。从爱德华爵士无意中吐露的信息来看，佩奇似乎还提供"抓壮丁"的服务；由此，商船海员会被灌醉酒，然后在胁迫之下签字加入海军。有权有势者在这次晚宴上的交谈，让我们得以一窥伦敦码头区的肮脏世界，即海军的需求与城内妓院鸨母的服务结合在了一起。据佩皮斯所言，约翰·伊夫林——这位曾经的道德家——在听说海军上将的话之后感到极为"苦恼"。[6]

佩奇不仅仅是一位臭名昭著的妓院老板，她更成了一种新的"性公共剧院"的化身；这种形象不光出现在舞台上，还出现在报纸和讽刺漫画中。1668 年，她被卷入讽刺作家攻击卡斯尔梅恩女伯爵的一场丑闻。据推测，达默里斯·佩奇和克雷斯韦尔共同写了一篇名为《贫穷妓女的请愿书》(The Poor-Whores Petition)的讽刺文章；同克雷斯韦尔的妓院一样，佩奇的妓院在复活节那一周的学徒暴动中也遭到过袭击。这类骚乱是学徒受挫的传统发泄方式，因为他们不允许结婚，也没钱成为妓院的顾客（如果有此意愿的话）。那年的骚乱特别暴力；城里人认为国王没有兑现承诺的改革，而给予非国教的教派更多自由，这才引发了政治动荡。这篇讽刺文章是写给卡斯尔梅恩女伯爵的，内容非常滑稽。

该请愿书声称出自"一群穷困潦倒的妓女、鸨母、男妓和皮条客"，而对象则是"最出色、最显赫、最安详、最有名望的娼妓——卡斯尔梅恩女伯爵"。请愿者声称，由于"粗鲁无礼且缺乏教养的小子们"干的好事，他们已经失去了"工作之所"。请愿者们恳求尽快摆脱暴乱者，"以便他们来到阁下的宫殿，并且在你对维纳斯（我们所有人都很崇拜的伟大女神）的崇拜遭到蔑视之前就被阻止"。接着，他们又借机抨击芭芭拉的天主教，并且最后承诺作为对她帮助"下等妓女"的回报，他们将会促进其"荣誉、安全和利益"。

在 17 世纪出版的许多讽刺作品（至少是那些幸存下来的部分）中，《贫穷妓女的请愿书》算得上最好的作品之一。也许能与之媲美的滑稽作品就只有另一封伟大的仿请愿书——《妇女反对咖啡请愿书》。《贫穷妓女的请愿书》选择了一起真实且令人不安的动乱事件作为基础；在此期间，不得不靠政府召集的军队来镇压暴力。对斯图亚特统治不满的潜流并未直接提及；相反，请愿书是为国王的情妇所写，而后者又代表着伦敦暴民对天主教的仇恨。这份请愿书以十分邪恶且具有破坏性的方式瞄准卡斯尔梅恩女伯爵，假装站在她这一边，但同时却给了她以及整个君主制和天主教一记有力的打击。

虽然不论是何信仰的伦敦人通常都敬畏"上帝"，并且星期天去教堂做礼拜，但克雷斯韦尔和佩奇却代表着城里一股不道德的潜流；不过这种潜流产生的需求要多于欲望。如果没有一门手艺，在伦敦很容易饿死。生来就没有钱的人为了谋生只好竭尽所能。对广大民众来说，在童年早期能活下来简直是个奇迹；可即便活了下来，战斗也才刚刚开始。大多数伦敦居民过的日子是：他们对明天可能发生之事常常既怀着恐惧，又抱有希望。一套绘有伦敦街头卖家的 17 世纪中期卡片（曾经归塞缪尔·佩皮斯所有）图解了其中的一些伦敦人的生活状况：穿着粗布长裙的女性经常将其商品——鱼、牡蛎、纽扣和布丁等——装在脑袋上顶着的篮筐里，而男性卖的则是烤叉、二手靴子、柴火、肉食或者胡乱演奏的音乐。这便是那些睡在拥挤的房子里、大半生都在街上度过之人的伦敦。

它也是偷窃、暴力、入室盗窃和谋杀等犯罪活动猖獗的伦敦。敲诈勒索和绑架司空见惯，就连运气不佳的退役军人也会被雇去干任何形式的犯罪勾当。在伦敦的监狱中，许多人并非罪犯，而仅仅是债户。因伦敦塔要用于容纳那些被控叛国罪和得罪国王的任性贵族，债户们便被关进了布莱德维尔监狱、路德门监狱或河道以南的一座小监狱中。

成功与失败、自由与债户监狱之间的界线很容易跨越。杰出的内科医生兼瘟疫年代史编者纳撒尼尔·霍奇斯在狱中结束了自己的生命，尽管医疗机构十分认可他在瘟疫期间的工作价值。皇家医师学会曾邀请他发表年度的"哈维演说"（Harveian Oration）——血液循环发现者威廉·哈维（William Harvey）创办的演讲活动。哈维曾规定，演讲目的应该是颂扬该学会的优点，并鼓励其成员通过实验来促进医学。瘟疫期间，霍奇斯就是这么做的——对旧的疗法进行检验。然而，在赢得认可后不久，他便陨落了。随着医学实践的失败，他负债累累，再也没能翻身。1688 年，霍奇斯逝于路德门监狱的一间牢房里，随后葬礼在他的教区教堂——圣斯蒂芬·沃尔布鲁克大教堂内举行。该教堂曾在大火灾中受损严重，后来由雷恩对其进行过改造，根据圣保罗大教堂的样子加了个巨大的穹顶，几乎横跨整座建筑的宽度。对于一名为努力革新医疗实践而甘冒极大人身危险的人士来说，这座创新的教堂倒是致悼词的合适场所。

罪犯迁移

伦敦犯罪阶层的一个主要组成部分为宗教异见者。由于各种各样的法案，那些不遵守英格兰国教仪式之人在查理二世统治期间逐渐被定罪，并受到越来越严厉的制裁。必须强调的是，这些法律是根据议会和圣公会主教的意见而制定的。查理本人在宗教问题上的开放胸襟众所周知，可惜几次放宽法律的尝试都遭到议会否决。在他统治的中期，伦敦有数百名贵格会教徒要么被关进监狱，要么躲藏起来，要么便是逃到美洲殖民地去了。即使在美洲，这些被定罪之人也并不总是能安享太平，因为马萨诸塞早期的清教徒定居者（自称为朝圣者）十分敌视他们不信奉国教的同胞。

1681 年 3 月 4 日，查理向一名贵格会前罪犯赠送 45000 英亩土地的惊人大礼，也使得后者成为西方世界最大的非王室土地所有者。这块土地在美洲，接受者是小威廉·佩恩。鉴于无数人为了兴旺发达或者仅仅为了在 17 世纪英格兰的漩涡中求生存，不得不修整、改变自己的政治立场，又以这样那样的方式迂回曲折，佩恩的情况就显得独一无二且十分奇特。

佩恩从小对不信奉国教的宗教思想很感兴趣，最终选定了贵格会的意识形态。贵格会信仰所有人的精神平等——无论贵贱，无论男女，这与君主政体有些格格不入。然而，佩恩却是王位继承人约克公爵的朋友和心腹。据推测，让这两个人走到一起的是他们在差异方面的统一。[7] 两人都属于因《宣誓法案》而受害之人：约克公爵因天主教徒的身份被迫辞去海军大臣一职；贵格会教徒佩恩则不能以任何形式宣誓，因此也被禁止担任公职。

佩恩由于异端信仰而被先后囚禁在新门监狱和伦敦塔内；约克公爵则看到伦敦街头暴民想要他这颗天主教徒的脑袋。除开个人信仰，他们都有强烈的理由来揭露宗教不宽容。

小威廉·佩恩是伦敦人，1644 年出生于塔丘的宅邸内；塔丘就在堡垒和监狱附近，后来成长的岁月里他逐渐熟悉了这一切。他的母亲名叫玛格丽特·贾斯帕（Margaret Jasper），是一位鹿特丹富商之女；而父亲——海军上将威廉·佩恩爵士——本身则是一位靠见风使舵保持在顶端的典型人物。内战期间，威廉爵士曾担任议会军的海军指挥官；当得知国王即将结束流亡回国时，他又乘坐"皇家查理"号前去迎接。第二次英荷战争中，他更是在约克公爵的指挥下英勇作战。大家都说他是个聪明、勇敢的军官，却又是个狡猾、不值得信赖的同僚。[8] 他后来的邻居、海军办事处同僚塞缪尔·佩皮斯对他的为人评价很低，但对他的智慧也甚为叹服。[9]

在查理二世统治时期，威廉爵士被任命为海军专员。他希望儿子能利用自己无可置疑的智慧和魅力，在王室的庇护下开创事业，就如同他本人一样。可小威廉却有着不同的想法。

从牛津大学开始，小威廉就对不随主流的宗教产生了兴趣，而这也最终导致他被要求离开。父亲对这个年轻儿子的信仰非常恼火，不仅将他赶出家门，还用手杖狠狠地打了他一顿。一段时间过后，小威廉又和父亲和好了；看起来，他和牛津大学之间也达成了和解，却没想到年轻的佩恩晚些时候再次被开除。而造成麻烦的原因是，小威廉已经被贵格会领袖乔治·福克斯那激进的宗教和政治魅力给迷住了。贵格会教徒相信没人能凌驾于"上帝"之上，就连国王也不行；因此他们并不支持君主制。他们还拒绝宣誓；在一个统治阶级坚持认为公职人员应该宣誓效忠，并通过圣公会的圣礼展示其宗教正统的国家里，这使得他们的生活举步维艰。在贵格会教徒看来，任何人都不应该充当另一个人与"上帝"之间的中间人。

佩恩为少数族裔争取宗教权利，还写些小册子，结果被关进伦敦塔一段时间。与其他教派一样，贵格会也被视为异教徒，而且在偏离英格兰国教正统之人日益不被容忍的情况下，加入该教派者还将受到驱逐出境的惩罚。不过佩恩并未被吓倒，反而结交了一群离经叛道的朋友，其中就包括共和党理论家阿尔杰农·西德尼（Algernon Sidney）——此人后来两次在议会选举中为他助选。

1670 年，威廉爵士染上一场致命的疾病，知道自己将不久于人世，便请求国王和约克公爵保护他的儿子。鉴于威廉爵士曾为王室效力，两人都答应了。

在整个王国内，对贵格会教徒的迫害愈演愈烈。现在，许多人觉得唯一出路就是移民美洲。可即使到那里，也并非一切都对他们有利。在新英格兰，清教徒聚居地对贵格会教徒的警惕程度丝毫不亚于英格兰国内的圣公会教徒和宫廷人士。由于佩恩从父亲那里继承了巨额财产，便和一群杰出的贵格会教徒共同买下了西泽西殖民地。尽管在王室成员眼里佩恩犯过许多罪，到了 1681 年，他却获得了非常卓越的地位；查理二世授予他大片土地的所有权，虽然部分原因是为了还清欠威廉爵士的债务（总额为 16000 英镑），但同时也是提供一个防止国内宗教不宽容的安全阀门。通过帮佩恩在新大陆推广宗教自由的概念，查理有可能让自己摆脱该国许多复杂的宗教问题之一。佩恩的想法是建立一个贵格会殖民地，摆脱君主制，实践他们的信仰，并建立一座宗教伊甸园。和佩恩本人一样，第一批前往新殖民地的 150 人都是来自伦敦北部的贵格会教徒，他们强烈地感受到了圣公会的压迫。

向某一个人授予大片殖民地土地，这本身并非不同寻常。通过成为宾西法尼亚（Pennsylvania，刚刚以他父亲的名字命名）所有者，佩恩也加入到殖民地所有者的行列，代表国王管理土地，而国王仍然是最终所有者。先前建立的专有殖民地包括马里兰和纽芬兰，当然殖民地也可以用其他方式管理。例如，弗吉尼亚和马萨诸塞便是由股份公司建立的。一旦其他方法失灵，就可以直接将某个新的定居区域建为皇家殖民地，由一名代表国王的总督进行管理。[①] 佩恩的授权令让他几乎完全控制了堪比一个"国家"的新领地："以上提到的威廉·佩恩及其继承人和受托人拥有、持有、占有并享有以上提到的土地、乡村、小岛、水湾和其他地方，且这些地方的恰当用途和利益永远归属于以上提到的威廉·佩恩及其继承人和受托人。"

作为回报，佩恩要给予国王及其继承人"两张海狸皮，并于每年 1 月 1 日送往我们所说的温莎城堡"。较为实际的是，佩恩要给国王"所有金矿和银矿中的五分之一，而这将会时不时地在上述土地范围内发现"。不过很遗憾，所有相关人士几乎都没发现什么贵重金属。

而更实际的则是管理进出新殖民地贸易权的规则："无论何种情况，正如英格兰王国的其余臣民一样，他们都要向我们、我们的继承人和继任者支付同样的海关税、税款、补贴金和担负相关责任，而且眼下一定得如此，同时遵守航海法案及其他法律。"[10]

---

① 这种制度广泛持续到了 20 世纪中后期，最典型的莫过于总督统治下的印度。现如今，女王名义上拥有包括英属维尔京群岛在内的领土，并且由总督和当地选举产生的代表代为管理。

新土地上的贵格会教徒在许多问题上存在分歧，包括奴隶的所有权问题。佩恩赞成奴隶制，也拥有自己的奴隶，不过他的确说过应该好好对待他们，并且在自己死后将他们释放。如此一来，令人厌恶的伦敦奴隶贸易就为主张平等的宾夕法尼亚提供了自由劳动力。

有些来到宾夕法尼亚的奴隶是由波士顿商人卸下的，因为他们避开了除皇家非洲公司船只以外的所有奴隶贸易禁运。波士顿人为避免与西非附近的英格兰商人接触，一路航行至马达加斯加去购买他们的奴隶。而宾夕法尼亚的其他奴隶则是购自邻近的美洲殖民地或巴巴多斯和牙买加。

尽管这个新殖民地在奴隶制问题上的立场是矛盾的，但佩恩赋予宾西恩尼亚关于政府的激进思想，却有助于奠定美洲宪法的基础。对于一群在国内被归为罪犯和异教徒之个人所建立的殖民地来说，这是个意想不到的结果。可更令人意想不到的是，他们竟得到了一位国王的帮助和教唆。

第 26 章
恐惧与进步

联合剧团

于伦敦舞台上展开的宣传战逐渐变得没那么重要。这并不是说政治形势已经大为改善——实际上远非如此。然而剧院的力量——如果它曾经存在过的话——如今正在衰退。

观众人数没有增加，而是在减少。始于天主教阴谋的动乱仍能令人感觉得到。伦敦人并未通过在剧院里待一两个钟头来暂时抛开恐惧，而是选择有意回避舞台乐趣。自威廉·达文南特爵士于 1668 年去世以来，戏剧作品的质量一直参差不齐，伟大的剧本和制作后面竟跟了些单调乏味的凑数之作。虽然剧院里的起起落落都在意料之中，但近年来作品质量已经大幅下降。为保持新颖和熟悉的制作能稳定地流动，在新剧中穿插莎士比亚和弗莱彻的精练版本，并不断上演激动人心的戏剧性巨变，便成了那些拥有精细的管理技能和戏剧常识之人才能完成的任务。

1682 年，随着上座人数的急剧减少，国王剧团——其管理向来非常松散——终于彻底瓦解。公爵剧团虽然在托马斯·贝特顿的管理下经营较好，但也陷入了财政困难。

两家剧团在公爵剧团管理层的指导下完成合并，而贝特顿则是其中的指明灯。新成立的联合剧团将雷恩的皇家剧院作为总部。鉴于多塞特广场上的公爵剧团剧院一直受困于糟糕的音响效果，人们索性利用这个机会将其废弃。联合剧团在伦敦戏剧界形成了垄断。尽管有贝特顿指导，可标准却进一步下降，委托完成的新剧本也更少，并且开始走下坡路。过去四年中，伦敦共上演了 68 部新剧，相当于每年 17 部。而在联合剧团的头四年里，它只推出了 19 部新作品，一年还不足 5 部。演员的处境和收入都受到了影响。可问题是贝特顿并无绝对的控制权，不断的争吵也使得财务和艺术目标均无法实现。事实上，联合剧团根本就不团结。

钳制伦敦金融城

当剧院在其生存危机里挣扎时，真正生死攸关的阴谋正酝酿于政界之中。在新的辉格党联盟内部，人们正考虑采取极端的宪法措施——与导致查理一世下台的那些措施并无不同。而在威斯敏斯特和伦敦周边各郡那些豪宅的沙龙里，取代政府的阴谋先后被考虑、搁置或选中。包括沙夫茨伯里勋爵在内的资深人士都在琢磨如何永久性地推翻查理二世和斯图亚特王朝，以及如何设置约翰·洛克所设想的代议政府。1682 年，沙夫茨伯里勋爵又卷入了计划推翻国王并让其私生长子蒙茅斯公爵继位的讨论中。

在伦敦，排除辩论的双方依然群情激昂。一年一度的 11 月 5 日篝火之夜示威游行于 11 月 6 日展开，只因 11 月 5 日是星期天。几乎在篝火刚刚点燃的时候，托利党人群就出现了，他们高呼支持约克的口号，并开始扑灭由反约克主义者照看着的火堆。骚乱随即爆发。知名托利党人的家纷纷遭到袭击，罗杰·莱斯特兰奇的宅子更是被洗劫一空。连民兵队都出动了，却仍然无法控制人群。骚乱一直持续到次日早晨。骚乱发生 4 天后，政府只好禁止公众庆祝活动期间有任何烟花或篝火出现。

查理从未忘记伦敦金融城没有资助第二次英荷战争，因此他决定钳制实力强大的市政当局——伦敦金融城的管理机构。该市政当局的历史可追溯至盎格鲁－撒克逊时代，已历经数百年的发展。不同于伦敦金融城——它拥有一份始自征服者威廉时期的皇家授权，其管理机构似乎未曾获颁过皇家特许状：市政当局就是这样——一直以来都这样。查理便利用这一缺乏明确法律基础的弱点，发布了一份质疑市政当局权力的令状。令状（"根据什么行使职权？"）直接抨击了市政当局的权威，并剥夺其授予特许经营权或贸易许可证的能力。这对伦敦金融城而言是个巨大打击，查理的目的是要加强王室的权力、威望和金库。

1683 年，由于王座法院的一项党派裁决，查理可以为所欲为。[①] 通过撤销市政当局的权力，他能更严密地实施对伦敦金融城的制约，并任命一位托利党市长及若干治安官。随着政治反对派中的主要人物遭到镇压，如今他管理的政府公开偏袒某一方，支持保皇党成员或托利党超过所有其他派别。不过令大多数人失望的是，他解散了原本控制海军的委员会，并且让弟弟约克公爵恢复海军大臣之职。

就在查理钳制伦敦金融城的同年，有人揭露了一场反对王室的阴谋，而且它似乎是迄今为止最危险的一次。阴谋是在查理从纽马克特（Newmarket）（他定期去那里赛马）返回伦敦后不久被披露的。据告密者说，在国王和约克公爵返回首都的途中，有人策划了一起暗杀行动。他们的计划是，当国王及其随从接近赫特福德郡（Hertfordshire）霍兹登（Hoddesdon）附近一处古老的"黑麦庄园"（Rye House）狭窄路段时，便在那里进行伏击。

阴谋的规模，甚至它是否确实存在，都引起了激烈的争论。无论如何，这次袭击从未发生，但它却被用作清除查理那许多直言不讳的政敌之借口。这是查理采取主动并粉碎辉格党反对派的绝佳时机。被逮捕之人包括议会主要反对派成员，其中就有拉塞尔勋爵——他在下议院内恶意倡导《排除法案》。围捕开始后，沙夫茨伯里伯爵（也是排除约克公爵之法案的倡导者）受到了叛国罪的指控，却被同情他的伦敦陪审团认定无罪。

① 6 年后的 1689 年，也就是光荣革命之后，该命令被撤销，而市政当局也得以恢复原有权利。

沙夫茨伯里伯爵在有可能被送至伦敦塔且由不那么顺从的陪审团再次审理之前，就逃到了国外。其门徒约翰·洛克感觉自己的地位难以维持，于是也带着未完成的《政府论两篇》（*Two Treatises of Government*）手稿逃走。洛克知道，一旦政府发现了他的著作稿件，那么他将会以谋反罪受审。

7 月 12 日，星期四，杰弗里斯法官在老贝利街上开始对被控同谋者进行审判。被控叛逆罪的 5 人分别是拉塞尔勋爵、约翰·劳斯（John Rouse）、托马斯·沃科特（Thomas Wallcot）上尉、威廉·布莱克（William Blake）上尉和威廉·霍恩（William Hone）。对他们不利的证据是"霍华德勋爵（既是谢泼德上校，也有着康希尔街葡萄酒商等身份）作证说：他一直待在不同的领事馆，就为了挑起叛乱和征税战以及在整个王国范围内的大起义；他已为此目的起草了一份宣言，并且调查了国王在萨沃伊和缪斯（Muse）的护卫队，以便发动奇袭"。[1]

审判持续了三天。除了被判无罪的威廉·布莱克，其余被告人都获罪并处以死刑。7 月 20 日，他们都被绞死在泰伯恩刑场上。其他人遭到围捕和监禁，却并未施以绞刑。这里面就包括埃塞克斯伯爵，他被囚禁于伦敦塔之后自杀了。蒙茅斯公爵原本承认自己参与了反国王的阴谋，但后来又反悔并逃往国外。总共有 12 人因牵涉这样那样的反国王阴谋而被处死。该名单还包括几位贵族，其中就有政治理论家阿尔杰农·西德尼。在西德尼因谋逆罪接受审判时，他听着自己的作品（在他死后才出版，并对美国宪法的诞生产生了深远影响）竟被用作指证的证据；这真是一种独特的经历。[2] 对共谋者的镇压——不管他们是否真的参与了阴谋——暂时限制了反对国王的计划。

最寒冷的冬天

1684 年初的冬天是英格兰有记录以来最寒冷的冬天。像往常一样，在这个时代的严冬期间，所有主要项目的建设工作都会停止，包括圣保罗大教堂。气温连续几周都保持在冰点以下。而低温带来的危险是：进入已经竖立的石墙的雨水，可能会冻结并且使砖石开裂。麻布和稻草被用来保护所有脆弱的墙壁，但霜冻仍然造成了一些破坏。受影响的石料将会在春天被替换掉。

由于泰晤士河完全冻结，在冰面上还举行了展览会。该冰上博览会是 17 世纪举办的活动之一，始于 1608~1609 年的冬天，到 1658~1659 年酷寒期间，因展览会已变得非常受欢迎，据说河面上的人比街上的人还多。1662~1663 年冬，滑冰运动也从荷兰引进。国王虽然在泰晤士河上观看溜冰者，但并没有加入。

1683~1684 年冬天举行的冰上博览会最为盛大，当时泰晤士河连续冻结两个多月。1684 年圣烛节（2 月 2 日），人们在白厅宫附近的河面烤食一整头牛。国王和王后也前去观看，据说查理还品尝了一些。成千上万的伦敦人喜欢上了冰。约翰·伊夫林便是其中之一：

> 马车像在街上一样，从威斯敏斯特赶往圣殿教堂，并且在另外几处阶梯之间来回穿梭；雪橇、穿冰刀滑行、狗斗牛、马车比赛、木偶戏及幕间节目、小吃、小把戏和其他享乐场所，让它变得就像饮酒作乐的狂欢之地，或者水上狂欢节。[3]

在这些新奇玩意儿中，有个名叫克鲁姆的印刷工以每张 6 便士的价格售出纪念卡，那上面印有购买者的姓名、日期以及卡片印刷于泰晤士的信息。国王也买了一张。据说克鲁姆每天能挣 5 英镑，相当于劳工周薪的 10 倍。

正如伊夫林所解释的，寒冷天气不仅是欢乐的源泉，也是苦难的源泉："家禽、鱼和鸟类，以及我们所有外来植物和绿色蔬菜都在大面积死亡。许多鹿园被毁于一旦，各种各样的燃料变得非常昂贵，因此需要大量捐款才能维持穷人的生活。"回到他最钟爱的话题——伦敦那糟糕透顶的空气质量，他继续说道："因为空气过于寒冷，阻碍了烟雾上升，所以伦敦到处是海煤产生的多烟的水汽……让人几乎无法呼吸。"[4]

当伦敦在冰冷空气中僵立时，市民却敏锐地意识到政治世界正处于动荡之中。教会、王国政府和议会之间关系的老问题仍然困扰着首都。随着查理二世步入中年晚期，这座城市也进入了其成熟阶段。火灾留下的伤疤已基本愈合。伦敦实力增强的同时，查理的健康状况却逐渐恶化。在贸易方面，伦敦已经超过阿姆斯特丹和巴黎，成为欧洲——即使不是全世界——首屈一指的城市。当然，法国和西班牙仍然是欧洲大陆的主要强国。但伦敦处于包括远东、印度、非洲、西印度群岛和美洲在内的国际贸易中心。贸易增长带来了新障碍：金融始终供应不足，而金银市场又无法满足投资需求。可没哪个国家可以挑战英格兰的海上力量，因为宿敌西班牙已不再是真正意义上的海军强国，并且荷兰人也吓破了胆（尽管英格兰之前经历过军事灾难）。

规模经济

自从那场大火灾以来，建筑业蓬勃发展，而城市周围的乡村里为商人、银行家和贵族建造的大宅邸亦是如此。多亏有依尼哥·琼斯的带领、托马斯·韦布的专业知识以及克里斯托弗·雷恩和学生尼古拉斯·霍克斯莫尔（Nicholas Hawksmoor）的天赋，伦敦的建筑发生了改变。在新的街道和建筑物中，古典主义成了主旋律。英格兰再也没了以前的样子。从这时起，一旦有人要建造或改造豪宅，立柱、壁柱和门廊便成为标配。最终，就连伦敦本身也被重新设计成类似于其他欧洲帝国城市的样子。该城市人口从 1660 年的 35 万增长到了如今的 50 多万。不断增长的人口被安置于郊区，这在全世界同类城市分散发展中也是首次。

威廉·佩蒂爵士对伦敦经济的加速增长一直很感兴趣。他理解的伦敦为这个大都市的全部，包括城墙内的老城、城墙外的自由区、整个威斯敏斯特、由巴尔邦负责在威斯敏斯特和老城之间修建的新开发区、萨瑟克区和向外延伸至米德尔塞克斯郡和萨里郡部分地区的郊区。佩蒂总共清点了 84000 所房子。按每户 8 人的平均居住率计算，他认为 1682 年伦敦人口已经增长到 67.2 万人。

在《一篇关于人类繁衍的文章》（*An Essay Concerning the Multiplication of Mankind*）中，佩蒂概述了这个数字是如何得来的：一是使用朋友格朗特用到的相同基本信息——教区死亡率报表，二是估算出每年出生人数与死亡人数之间的差额。佩蒂的数据依赖于一系列经不起推敲的假设。如果他是对的，那么自 20 年前格朗特估算出 38.4 万人口数以来，伦敦的面积几乎扩大了一倍。由于其基本数据和假设根本不准确，他估计该城市规模每 40 年就会增加一倍。幸运的是他错了，因为这种增长率会给饮用水和污水等主要公共设施造成巨大的负担。①
无论如何，佩蒂并未预见到人口众多所造成的困难；事实上，他认为在公共和商业生活的若干领域，规模是一大优势："至于司法，如果英格兰所有土地及其他贵重物品的主人都住在这座大城市里，如果其中包括所有商贩以及所有法庭、办公室、记录员、陪审团和证人，那么由此便可断定：伸张正义可以迅速且轻易地完成。"5

佩蒂认为，税收对于良好的社会管治来说是必要的，而且富人和穷人都应按比例承担其责任。像伦敦这种大城市，由于人口众多且又勤奋，对国家财富的贡献更大。这意味着它可以产生更多的税收；由于有限的城市环境，税收还能够以更经济的方式收集。

> 关于平等和轻松征税。毫无疑问，伦敦有时缴纳了英格兰将近一半的消费税；按每个人的比例，伦敦居民所缴纳的壁炉税是乡下居民的三倍；而且，收税的费用只占这些税款的六分之一左右。在这座大城市里，根据现行法律，单独的消费税不仅将是整个王国的两倍，而且更加平等。此外，该城市的壁炉税还将超过整个王国目前的收入。

其他人则持不同看法。对威廉·佩恩来说，他为所有人设想了一片平等和充满机遇的土地，每个居民都在乌托邦式的幻景中发挥着平等作用，而地产开发商尼古拉斯·巴尔邦则将该城市视为个人自由企业的储存库。6 与上面两人不同，佩蒂将社会理解为服务于核心事业——国家本身——的经济有机体。而说到对外贸易，他则看到了劳动力高度集中的巨大优势。

"对外贸易是否会带来更多好处？在我看来，各种情况下，英格兰从铅、煤、船运等方面获得的利润也许是一样的。但随着制造业本身越来越重要，越来越完善，工业品创造的收益将会越来越大。"

其原因是佩蒂所持有的深刻见解，且只有大规模生产常态化时，它才显得最重要。他认识到了劳动分工和规模经济的好处：

---

① 可尽管佩蒂错了，但在某些方面他却走在所处时代的前面。随着卫生和医疗保健的改善，到19世纪，英国人口几乎每50年翻一番。

因为在这么巨大的城市里，旧制造业会产生出新制造业，并且每一种制造业都被尽可能地细分；这样，每名工匠的工作将会变得简单而又轻松。例如，在制作手表时，如果一人做齿轮，一人做弹簧，另一个人刻表盘，还有一人做表壳，那么它就会比所有工作都由一人承担时要完成得更好，且成本也更低。

这种规模经济已经在运作。这也是荷兰人比英格兰人造船更快的原因之一。在荷兰造船厂里，专业工人只负责完成每艘船的特定部分，如船体的龙骨和主肋骨、外板和甲板、桅杆、一般装备，等等。这使得船舶能够以生产线的形式进行制造；而在英格兰，每艘船都由各造船工单独完成，他们要做许多不同的工作。

佩蒂在爱尔兰为克伦威尔做测量师时，就曾把规模经济的优势用于工作中。测量整座岛屿，并记录所有可耕地面积及所有权，是一项艰巨的任务。佩蒂能在很短的时间内完成，这要归功于他雇了一群不需要什么技能的劳动力，因为每人都分配有一项可以快速学会并应用的特定任务。佩蒂的方法论是大火灾后为了重建而测量伦敦的方法之一。

理性和经验观察的世界

伦敦除政治和戏剧之外的几乎所有重要领域，都在蓬勃发展。尽管垄断贸易越来越被视为一种阻碍而非助力，可海外贸易依然很活跃。巴尔邦对一些政治作家（从李维到马基雅维利 ①）做了一番有趣的评价：他们都不曾提到贸易乃是国家事务中的关键因素之一。他说，贸易对"许多国家和王国的支撑及福利产生了……巨大影响"。[7]根据巴尔邦的论点，自由贸易是统治者确保国家稳定的一种手段。②

科学正逐渐摆脱盲目的迷信和魔法，并走向理性和经验观察的世界。受到新

① 提图斯·李维（Titus Livius，公元前 59 年～公元 17 年），古罗马历史学家，思想偏向于共和制。尼可罗·马基雅维利（Niccolò Machiavelli，1469~1527），意大利政治思想家和历史学家，主张国家至上，将国家权力作为法的基础。——编者注

② 事实证明，在 17 世纪看似可靠的主张，到了近代却并非如此。

哲学理性主义者要求证据的冲击，人们对巫术和占星术的信仰日渐式微。随着医学科学在探索和理解人体方面取得长足进步，病人不再服用无效或有害的药剂。甚至在试图了解人类思想本质方面，也采取了试探性的措施。

1684 年 1 月，日后争论不休的三位搭档艾萨克·牛顿、埃德蒙·哈雷和罗伯特·胡克在皇家学会相遇，伦敦也成为一次历史性科学聚会的举办地。这三人在一起很别扭，但科学让他们不得不相聚。他们讨论了一个棘手的问题，即如何用数学方法解释为什么行星绕太阳运转的轨道并非圆形（像哥白尼所说的那样），而是椭圆形。早在 17 世纪，约翰尼斯·开普勒便得出了同样的结论，却一直未能提供令人满意的证据。自 17 世纪 60 年代以来，有关万有引力及行星运动的定律就一直吸引着皇家学会成员和他们所在的圈子。此时，胡克声称自己已得出行星运动以及后来被称为控制重力吸引的平方反比定律的数学证明。但因为胡克没有提出关于此项研究的实质证据，其说法遭到了牛顿的怀疑。哈雷作为一位比胡克更优秀的数学家，已经推导出平方反比定律的偏导数，却又未能证明其普遍适用性。

受到这次谈话的刺激，牛顿之后，竟把另外两人没能做到的事给做成了。这是他完成研究（早在 1665 年便已经开始）的动力，并推出个人代表作《自然哲学的数学原理》（*Philosophiae Naturalis Principia Mathematica*）。他变得痴迷于此，其个人形象也发生了变化；他变得邋里邋遢，经常忘记吃饭，而且在 1684 年 5 月至 1686 年 4 月间，他那长期研究炼金术的记录簿中便再没有写入任何内容。

当牛顿给出自己的证据并准备出版《自然哲学的数学原理》时，胡克却气冲冲地要求牛顿承认他在该领域所做的前期工作。多年来，两人之间的纠纷引起了很多争论和猜测。关于这个问题，也许 18 世纪法国天文学家亚历克西斯·克莱罗（Alexis Clairaut）做出了最准确的评论；他既承认了两人所做的研究，但同时又指出：胡克夸大其词的说法足以"表明瞥见真理和证实真理之间存在着多大差距"。[8]

反对奴隶贸易

就在牛顿开始为《自然哲学的数学原理》做持续性研究的同一年，有人发出批判的声音，反对让伦敦日益富裕的重要机器——奴隶贸易。两本小册子先后问世，质疑奴隶贸易的途径和合法性。其作者兼出版人托马斯·泰伦（Thomas Tryon）是一名伦敦富商，靠自己努力而获得成功。泰伦出生于格洛斯特郡，因家境贫寒，年少时只好在毛纺行业当童工，后来又被雇为牧羊人。在空闲时间里，他学会了阅读和写作。掌握这些基本技能后，他便前往伦敦，并设法给一名制帽师当起了学徒。师傅让泰伦皈依再洗礼派的信仰，可他却阅读了德国神秘主义路德会教徒雅各·伯麦（Jacob Boehme）的作品，成为一名独立思想家，并糅合形成了其个人宗教理论。

由此，泰伦开始踏上一条通往精神和道德生活的独特之路。他成为一名狂热的小册子作者，支持素食主义、善待动物，同时对奴隶制持怀疑态度。17 世纪 60 年代，泰伦怀着创办制帽公司的想法造访巴巴多斯，却被眼前的景象击退。于是他又返回伦敦，在时髦且绿树成荫的哈克尼村（Hackney）安家落户。1684 年，他发表了两篇文章，一篇是《黑人对所遭受苦役和残酷对待的抱怨》（The Negro's Complaint of their Hard Servitude and the Cruelties Practised Upon Them），另一篇则是《一名埃塞俄比亚或黑人奴隶与美洲基督徒主人之间的对话》（A Discourse in Way of Dialogue，between an Ethiopean or Negro Slave and a Christian，that was His Master in America）。[9]

当然，泰伦并未说过应该完全禁止奴隶制。他的论点只是奴隶所遭受的苦难不太符合基督教教义而已。鉴于奴隶贸易对伦敦和殖民地经济的重要性，他的抨击几乎没产生任何影响。然而，它们却表明了一种迹象：不光只有贵格会教徒对以进步和贸易之名所做之事的道德性感到怀疑。大约在同一时间，讨论奴隶制问题的另外几本小册子也纷纷问世。有个支持反奴隶制措施的强力发声者是约书亚·柴尔德，这位商业大亨几乎把东印度公司变成了自己的私人领地。

柴尔德从伦敦监视着这个公司帝国的每个角落，对细节极其关注。而他对海外代理人的活动也是严加控制。威廉·朗索恩和斯特雷欣·马斯特爵士（Sir Streynsharn Master）那种随心所欲的日子早已一去不复返。马德拉斯现任代理人威廉·吉福德（William Gifford）完全受控于柴尔德。

在东印度公司的带动下，马德拉斯迅速扩大。到1684年，这里的人口已有300000左右。在如此规模的一座城市中，对奴隶的控制必定会很困难。朗索恩私底下似乎在鼓励奴隶制，而马斯特的任务则是要削弱它，不过没能成功。1684年7月10日，奉柴尔德之命，吉福德颁布了一项由新海事法院支持的法律，以审判那些涉嫌奴役之人。这种严厉的制度不会持续太久，因为还不到一年，马德拉斯便被东印度公司升级为所谓的省（马德拉斯省）；其首任"省督"、出生于波士顿的商人伊利胡·耶鲁（Elihu Yale）①是一名强硬的奴隶制支持者。他坚持认为，每艘开往英格兰的商船应至少携带10名奴隶。

和大多数前任一样，耶鲁也是通过私人交易致富的，并且后来也因腐败而被撤职。或许是为了暗指他那腐败的私人交易和对奴隶贸易的参与，其墓碑上刻有一首包含以下几行内容的诗：

> 他做过许多好事，也做过一些坏事；所以希望一切扯平
>
> 其灵魂因仁慈而升入天堂[10]

直到1693年，第一本明确反对"蓄奴"的印刷版小册子才终于问世。它在纽约以匿名方式出版，目标直指持有奴隶的宾夕法尼亚贵格会。[11]在布里斯托尔，皇家非洲公司享有的垄断权一直不受欢迎，因为大部分跨大西洋贸易都要在那里进行。经过长时间的游说，该市的商人和船主们才终于解除了禁令；尽管正如我们所看到的，在那之前很久，这种垄断便越来越遭到忽视。虽然17世纪结束时伦敦会失去大部分奴隶贸易，但其金融影响力却随着东印度公司（最终统治了印度）实力和财富的增长而继续增长。

在伦敦兴旺发达的同时，国王却并不好过。旧疾仍继续折磨着他。他也许患有痛风，也许一直感觉到肺病症状，或者是10年前感染的梅毒——这些诊断中

① 那所著名美国大学便是以他的名字命名。

的任何一种都有可能。有一点是肯定的：查理已经对伦敦心生厌倦。他不仅曾经压倒议会，眼看着辉格党势力被摧毁，重申了自己和继承人约克公爵的合法性，剥夺了伦敦金融城的权力，而且还撤销了市政当局的特许状，并将其皇家意志强加于所有官员（从市长到市议员）的任命事宜。时常有人密谋取其性命，其中至少一次还牵涉到他溺爱的长子。虽然这些困难并非由伦敦造成——很多情况下是由于王国政府无法按照民众的意愿进行统治——但现在他觉得自己应该远离麻烦现场。

公元 26 年，因厌倦了政治纷争，又害怕被暗杀，罗马皇帝提比略[①]就从罗马搬往卡布里岛（island of Capri）。在岛上，他修建了坚固的朱庇特别墅（Villa Jovis）；不过苏埃托尼乌斯（Suetonius）告诉我们，此行宫实为一处放荡之所。[12]如今，查理也打算离开伦敦，去温彻斯特（韦塞克斯国王那古老的大本营）实行统治。他委托克里斯托弗·雷恩建造一座能与凡尔赛宫相媲美的巴洛克风格大宫殿；在那里，他将主宰一个法国化的宫廷，陪伴左右的是天主教徒王后、其法国情妇和天主教徒弟弟，从此完全远离下议院和伦敦金融城那些烦人的新教徒。宫殿将会坐落于古城堡旁的一座小山上，围绕着一系列庭院而设计，并配有一路往下延伸至伊钦河的规则式园林。查理告知雷恩，此建筑必须尽快完工。

雷恩之所以能跟上温彻斯特的建筑工程以及伦敦的其他项目，多亏了他办公室里一位名叫尼古拉斯·霍克斯莫尔的年轻职员。雷恩提拔霍克斯莫尔为温彻斯特的副测量师，并让他负责监督拿给建筑工人们的图纸。新宫殿的施工速度非常惊人。

与此同时，查理不得不继续住在杂乱如迷宫般的白厅宫内，而他对这个地方的憎恨程度已丝毫不亚于伦敦本身。

---

① 提比略·凯撒·奥古都斯（Tiberius Caesar Augustus，公元前 42 年~公元 37 年），罗马帝国第二位皇帝，公元 14~37 年在位。——编者注

第 27 章
查理二世的遗产

————◆◆————

国王去世

1685 年 2 月 6 日，英格兰、苏格兰和爱尔兰国王查理·斯图亚特去世，终年 54 岁，地点却并非在温彻斯特的新宫殿，而是在他讨厌的白厅宫。5 天前，也就是 2 月 1 日凌晨，他和正式情妇朴次茅斯女公爵以及两位前情人——卡斯尔梅恩女伯爵芭芭拉和霍顿斯·曼奇尼（Hortense Mancini）——共度了一晚之后，突然昏倒。这次晚会在女公爵位于白厅宫的豪华公寓里举行。银质花瓶和茶水壶装点着法式镶嵌家具，华丽的挂毯（来自法王路易十四的礼物，它呈现出田园般的梦幻场景，其中矗立着庄严的法国宫殿）铺满了墙壁。大房间里聚集的人可以想象自己生活在塞纳河旁一个热情洋溢的金色世界，而不是一座老旧的宫殿里——附近就是漂着油污的泰晤士河浪将伦敦城的污水冲进冲出。伦敦的肮脏街道及阴谋似乎远在天边。据在场的人说，国王从未有过如此高的兴致。

随后几天里，查理一直在清醒和昏迷之间徘徊，最后终于放弃父亲和民众的信仰，接受了罗马天主教会的临终圣礼。其死因无人知晓，不过症状表明他曾多次中风。他的离世给王位和教会的命运留下了一个尚未解决的难题。由于没有合法的子嗣可继任，王位传给了公开信仰天主教的弟弟詹姆斯。毕竟，查理之前已拒绝离婚和再婚的要求，也不肯宣布新教徒长子蒙茅斯公爵詹姆斯的合法身份。人们只能猜测他对王国的愿望，因为他没有留下任何指示。然而，他拒绝让圣公会牧师服侍，却选择了天主教会的临终圣礼。他是否希望该国皈依天主教，这个问题还有待讨论，正如在詹姆斯的领导下，面对激烈的反对，如何实现这一目标的问题。

两个世界

身为自封的狂欢大师，查理引领了伦敦市民在行为上的深刻变化，尽管最初只有少数人。在他统治期间，人们对性自由和个人言论自由的态度开始发生改变。在伦敦文学及戏剧界的知识分子与罗彻斯特伯爵和贝恩等新的享乐主义者之间，个人思想开始比整个社会的思想更加光辉灿烂。从伦敦西区这些细小的起步开始，生活再也不会是原来的样子。几年后，托马斯·霍布斯曾写到，人类必须在暴政保护下才能免受伤害；而这一切都暗示着，个人的时代已近在眼前。

政治上，查理的统治处于两个世界之间的临界点。在文化和宗教方面他是个自由主义者，而在政治方面他则是个独裁主义者。由于他统治期间所形成的政治和社会分裂，有些伦敦市民创作出了极其重要的作品。约翰·弥尔顿身为土生土长的伦敦人，几乎一辈子都生活在这座城市里；他的《失乐园》是有史以来为失去自由而作的最优秀哀歌之一，也是查理登上王位的直接结果。虽然作品中从未提及国王的名字，但它却是对其统治最重大的修正或控诉。弥尔顿把查理和斯图亚特家族所有成员都视为社会的威胁。

另一位伦敦居民约翰·德莱顿则创作了讽刺诗《押沙龙与阿齐托菲尔》，赞扬查理是个好国王、好男人。弥尔顿和德莱顿的作品可看作伦敦人看待其统治者的相反两极。

查理曾以一系列对伦敦及伦敦人来说都是好兆头的行动开启了自己的时代。他宣布宗教宽容，这意味着长老会教徒和不信奉国教者（这种人有许多）将能够遵循个人的意愿进行选择。事实上，修订版《英格兰国教祈祷书》（Anglican

Book of Common Prayer）的引入（这是查理无法控制的）在许多圣公会教派之间制造了不和，并导致一直延续至今的分裂。然而，对于把不参加圣公会圣餐之人排除在公职之外的一系列《议会法案》，查理并未能加以控制。这对伦敦许多公共机构的构成产生了重大影响，并导致数名伦敦人失去公职。由于王位继承和天主教阴谋的问题，该城与君主之间最初的融洽关系也逐渐变得敌对。最后，查理独断专行地控制着伦敦，解散了古老的市政当局，并安插自己的人选担任伦敦市长和治安官。从某种程度上讲，查理和这座城市一样都是客观环境的牺牲品，尽管想效仿法国国王统治的愿望是他与首都关系破裂的决定性因素。

在其他领域，查理与伦敦的关系则更有好处和成效。当一群品格高尚之人前来请求成立皇家学会的许可时，他欣然答应。不仅如此，查理还积极鼓励生产助航设备的实验，包括艰难探索一种能确定海上经度的表。他更在自己捐赠的土地上命人建造了一座天文台，以鼓励绘制天空的样貌。多亏查理二世，零度经线才在格林尼治被测量到，并形成正午平均太阳时的基础（尽管格林尼治标准时间现在已被协调世界时所取代）。虽然查理热心倡导新实证科学，但他对任何事业的支持都很少体现在财政方面。他挥霍无度，从来没有足够的资金来资助家人，更不用说任何机构了。再有个事实就是，议会低估了为王室提供的必要资金。

某个企业倒确实获得过查理提供的资金，那便是皇家探险者非洲贸易公司，后来改名为皇家非洲公司。国王、他的弟弟詹姆斯及其表亲鲁珀特亲王是这家股份公司的主要发起人，该公司成立的目的就是把商人派往西非，先带回黄金，然后再带回奴隶。说到将伦敦变为欧洲首屈一指的奴隶贸易城市，查理及其家族的重要性不容小觑。查理在位期间，王室和伦敦金融城的许多重要人物都从奴隶贸易带入伦敦的财富中获益匪浅。在查理生命的最后五年里，由伦敦商船运出非洲的奴隶数量增长到了37854人，是前五年的两倍。如果我们估计每艘贩奴船平均运载略少于200名奴隶，那么便可算出几乎每周都有一艘船离开伦敦，踏上寂寞的三角形航程前往非洲，然后又再次穿越大西洋并返回英格兰。

矛盾的是，查理对此类企业的支持也阻碍了它们的发展。由于查理坚持向垄断公司颁发皇家特许状，导致其他有进取心的商人无法加入这一行业。直至威廉三世即位并解除这些垄断，奴隶贸易才发展到让英格兰各地投资者和从业者富裕起来的惊人水平，并为大英帝国的崛起提供了动力。

按照某个不那么有争议的观点，查理还以其他方式丰富了伦敦。通过恢复剧院，他再次给那些消费得起的人带来乐趣和消遣。反过来，剧院则像一面镜子般折射出放荡且无道德的宫廷，并让复辟时期的花花公子或才子形象成为英格兰原型。通过准许女性在公共舞台露面，查理将性和描述人类情感的新可能性都搬上了舞台。而通过让剧院特许证持有人自由发挥，他更使得伦敦舞台赶上欧洲大陆的制作实践，甚至还完成了超越。对于那些没钱看戏的人来说，再次引入公众庆祝活动无疑又将欢乐带回伦敦：五朔节庆祝活动、展览会、市长就职日以及圣诞节庆祝活动等，都有助于让困难重重、不健康且短命的伦敦人重拾活力。

查理在推广新建筑方面所发挥的作用也值得一提。假如没有一位能欣赏新古典主义魅力的国王（就像他的父亲那样），如今伦敦看起来也许大不相同。虽然查理在身后留下一系列未完工的皇家建筑，但出于带有突发灵感的赞助，他却推动了年轻人克里斯托弗·雷恩的工作，将后者从其他可能的职业引向建筑业。对于如今伦敦大部分地区的形状和外观，我们得感谢查理和雷恩，还包括雷恩的朋友兼合作者罗伯特·胡克及其他一些建筑师和规划师。

在流行赞助的时期，查理可能和旁人一样精明，也可能一样盲目。说到选择明智的几个关键领域，支持塞缪尔·佩皮斯重组皇家海军这件事必将成为他给英国未来留下的最重要遗产。多亏这位伦敦最伟大的日记作家，皇家海军被重组成一个高效、训练有素的战斗组织。在查理的支持下，该新建组织还取代了后来战胜拿破仑海军的那股势力。由此，英格兰成为海上霸主，并极大地促进了伦敦的发展；而伦敦作为该国的重要贸易中心，到工业革命之前一直是国家财富和动乱的发动机。现代英国终于在伦敦诞生。

鉴于不可能施加控制，查理偶尔表现得不错；可随着问题缠身，他又恢复了对自己并无多大好处的独裁统治。在整个过程中，作为该国金融、经济和政治中心，伦敦挺过了大火和瘟疫，并最终成为欧洲最大的城市。复辟时期的伦敦为英国现代生活提供了基本构成要素。可以说，通过为现代政治的、性别的、科学的、经济的思想和自由等多方面奠定基础，并且为启蒙时代做好准备，查理二世时期的伦敦已经造就了英国所有人。

◆ 后 记 ◆

那么，查理在位时期让伦敦变得伟大的人物怎么样了呢？查理去世之后，他们过得如何？他们本人及其作品和思想又留下了什么遗产？

克里斯托弗·雷恩一直活到91岁，得以目睹他的大教堂于1710年完工。可惜他那欢快的巴洛克风格并未兴盛起来，而是输给了一种更为内敛，或许更为英格兰式的对帕拉第奥主义的热爱，直至后者发展成帝国的风格。不过，雷恩却是英国现代最早把建筑视为民族性格代表手段的人之一。对于他来说，建筑不仅仅事关风格，更是民族理想的最佳体现。

雷恩算得上是建筑新时代的缩影。建筑设计曾是手工建筑师或泥瓦匠干的活，后来却面向受过良好教育的绅士。在此过程中，主要过渡人物包括依尼哥·琼斯和雷恩；前者将新古典主义带入英格兰，而后者则让建筑富有诗意——虽然晚年他后悔将个人才华用在了建筑上，还说希望自己能做一名医生。[1]

在中世纪，英格兰建筑理念主要受教会控制。由于17世纪的宗教和政治动乱，旧的信仰遭到了质疑。面对一种不太确定的信仰，古典主义似乎引领人们回归某种形式的真实，回归可用以恢复平衡感的公民及精神知识之古老根源。凭借这种认识，受过教育的阶层便接管了建筑师的建筑实践，由此也让建筑艺术成为受过教育之人可以具有的属性之一。新一代的建筑师不一定要靠它谋生（尽管雷恩确实如此），但需要证明对其形式和规则的理解。这种变化导致詹姆斯·吉布斯、伯灵顿伯爵和约翰·凡布鲁（John Vanbrugh）等实践者的崛起。而英格兰和整个英国的面貌也发生永久改变。

多亏雷恩、霍克斯莫尔和受他们热情感染之人，伦敦才涌现出了许多新的建筑理念。古典主义确保建筑师的主顾不仅显得资本雄厚，而且还是个有品位之人。建造一栋帕拉第奥式的新宅子，便可以将任何乡村地主或城里商人由质朴绅士或城市滑头变成既开明又前卫的文化缩影。于是，新古典主义之风在全国范围内兴起，并且以伦敦南部达利奇（Dulwich）的"巴勒特之家"（Barratt home）为顶点。这是一幢位于郊区的红砖别墅，其正面有个仿古典风格的门廊，被玛格丽特和丹尼斯·撒切尔（Denis Thatcher）买下。

在查理二世时期，伦敦街道发生了彻底变化。大火灾之前，典型的伦敦街景是由一排排不同高度的中世纪房屋组成，且每栋都有各自的木梁模式，中间穿插着形状不同的灰泥区域。而火灾发生后，典型的新街道呈现出具有一致性的景象：一排排相同的连栋房屋，每栋宽度通常都是 15 英尺，连细节和高度也一样。这种统一性部分归因于 1667 年的《重建法案》以及开发商尼古拉斯·巴尔邦在旧城以西实施的大规模重建计划。重新安置无家可归者的需要，再加上为增长人口提供住房的需要，导致了我们今天所知的 18 世纪和 19 世纪街道发展。乔治王朝时代和维多利亚时代的城市风貌已然形成。

值得称道的是，查理委托才华横溢的亨利·浦塞尔（Henry Purcell）创作了宗教音乐。《狄多与埃涅阿斯》（*Dido and Aeneas*）创作于 1680 年左右，但直到 1688 年或 1689 年才开始演出，而且当时地点只在切尔西的一所女子寄宿学校；它是首部以连续音乐为特色的英格兰歌剧。在那之前，尽管威廉·达文南特爵士尽了最大的努力，可所有英格兰歌剧都是由对白和配有音乐的点缀性歌词组成。《狄多与埃涅阿斯》这部歌剧与我们今天对歌剧的理解一样，而且仍然多次上演。毫不夸张地说，它是英格兰音乐中的一大闪光点。

查理去世后，浦塞尔又为詹姆斯二世的加冕典礼创作了音乐。他继续大量创作，包括为玛丽二世女王 ① 葬礼演奏的音乐等；其中一些以德莱顿的诗句填词，还曾在浦塞尔自己的葬礼上演奏过。浦塞尔可谓英国音乐生活中第一位毫无疑问的天才。他的音乐激励了包括迈克尔·尼曼（Michael Nyman）和本杰明·布里顿（Benjamin Britten）在内的一众作曲家，或者由他们进行了改编。他的音乐在超过一百部电影里被当作插曲，并赋予众多乐队和歌手史汀以灵感。这最后一点应该不会让我们太惊讶，因为浦塞尔的音乐既是巴洛克风格的精髓，也是现代流行音乐充满魅力的精神核心。

浦塞尔在三十多岁、正值能力的巅峰时期去世，然后被安葬于威斯敏斯特教堂内。到他去世时（可能死于肺结核），他已经改变了音乐的进程。他的栖身之所主要被风琴台占据；在那里，他度过了职业生涯的大部分时光。

在文学领域，约翰·德莱顿于 1697 年继续出版维吉尔诗歌的重要译作；这是一项伟大的社会成就，而他也因此获得了 1400 英镑的报酬。德莱顿的翻译让普通读者第一次可以接触到许多拉丁经典。如果德莱顿没有将英雄双韵体（用五步抑扬格押韵的对句）变成英格兰诗歌的标准形式，今天的说唱或嘻哈艺术家又会在哪里呢？

若无德莱顿的引领，我们就不会欣赏到他那最重要的弟子威廉·康格里夫（William Congreve）创作的戏剧。并且康格里夫也是首批能因写作收益而早早退休的作家之一。康格里夫抵达伦敦就是为了成名。他很快设法来到了科芬园威尔咖啡馆的路——那里有德莱顿坐镇——并成为一名信徒。眼看伦敦戏剧复兴遭遇严重失败，前来救援之人正是 25 岁的康格里夫。作为伦敦首屈一指的剧院，联合剧团所面临的形势变得非常不稳定；而这也导致剧团内部四分五裂，比较有才华的演员都急于脱身，想趁城里戏剧界的心脏还在跳动之时给它注入活力。托马

---

① 玛丽二世（1662~1694），英格兰女王，1689~1694 年在位。她是英王詹姆斯二世的长女，荷兰执政兼英格兰国王威廉三世的妻子和共治者（在英格兰）。——编者注

斯·贝特顿、巴里夫人和其他人还成立了自己的剧团。他们以康格里夫的《为爱而爱》（Love for love）开场，结果大获成功。康格里夫创作的剧本具有高雅的情色风尚喜剧风格，正是学自德莱顿。对于穿上精美复辟外衣的低俗喜剧来说，这是它迎来的最后一次大声欢呼。

康格里夫掌握了诀窍，总能创造出经久不衰的短语。在《为爱而爱》中，"哦，别，小姐，你不能揭发内幕"这句描述了小报新闻的一种日常主题。而他后来的剧作《悼亡的新娘》（The Mourning Bride）则向所有厌世者提供了这样一句："地狱烈焰不及被拒女人之怒火"。若不是"音乐有着抚慰粗野胸怀的魅力"，那么到处的浪漫主义者会做些什么？

康格里夫既是一名辉格党人，也是半身画像俱乐部（Kit-Kat Club，某个政治及文学联谊会）成员，经常混迹于上流社会。据推测，他还是亨丽埃塔·戈多尔芬［Henrietta Godolphin，第一任马尔堡公爵约翰·丘吉尔（John Churchill）之女］某个孩子的生父，并且放弃了剧院事业，仅靠版税为生。他开始从政，但成效甚微。他所有的戏剧创作都完成于1695~1700年这6年间。那之后，人们的口味发生了变化，但如今康格里夫似乎象征着一种高雅喜剧风格，且我们会将其与查理二世统治下关乎性的宫廷生活联系在一起。

对许多人来说，查理在位期间所形成的戏剧风格不过是伊丽莎白时期和詹姆斯一世时期戏剧品质的降低。无论一个人的品味如何，毫无疑问，查理时期的戏剧缺乏早期戏剧的深度和诗意。到了1698年，有些人认为复辟阶段不道德的过分行为需要时间来解决。对德莱顿、威彻利、凡布鲁、康格里夫等人风格最猛烈的抨击来自一位名叫杰瑞米·柯里尔（Jeremy Collier）的圣公会叛教牧师。不同于以前抨击异见者的颂词，柯里尔费了很大力气才从有争议的作品中举出例子。其论据的要旨是，在复辟时期喜剧中，道德上应受谴责之人不会因为他们的放荡行为而受到惩罚。他说话也不拐弯抹角："由于深信，"他写道，"再没什么能比舞台诗人和剧场更败坏时代风气，我觉得打发时间的最好方式就是以创作来与之对抗。"[2]随后是280页的辩论。柯里尔说，女性在舞台上受到粗暴的对待，亵渎神明没有受到惩罚，而且人们缺乏谦逊的习性，连说话语气也普遍粗俗不堪。

柯里尔还斥责剧作家们既怀有激情，又回报恶习。他提醒自己的批评对象：在古代，喜剧并非好笑之事；作家"除了笑什么都不在乎的话，他自己才很可笑"。最后，他说剧作家"是所有活着的人当中最需要悔悟的"。

约翰·凡布鲁对柯里尔的抨击一笑置之。德莱顿能从罗彻斯特伯爵雇的暴徒手下死里逃生，对一名叛教牧师的话更没什么好怕的。[①] 但康格里夫则无法接受这些批评。柯里尔的谴责可能是他决定放弃为剧院创作的原因之一，尽管这无疑让他和同时代的人感到很担忧：公众口味正由复辟时代那脆弱且心照不宣的机智转向对逝去场景的温和评论。查理本人也会对柯里尔的长篇大论付之一笑；毕竟，他曾回应伯内特主教的斥责，说"上帝"不会因为某个人寻欢作乐而施以惩罚。

牛顿的《自然哲学的数学原理》（通常简称为《原理》）于 1687 年出版，是数年研究的精华。作为科学史上最重要的著作之一，《原理》阐明了牛顿的万有引力定律及运动定律，也为现代力学奠定了基础。1696 年，牛顿离开剑桥，来到伦敦担任皇家铸币厂厂长。1703 年，他又成为皇家学会会长。两年后，他被安妮女王（1702~1714 年在位）封为爵士。牛顿的国际声望有助于重新点燃人们对该学会的兴趣，而它也在 18 世纪成为研究人员高水平实验能力的焦点。

关于罗伯特·胡克声称自己才是《原理》中某些观点的早期作者，争论从未得到解决。但如果说有个人代表了皇家学会的早期目标和心愿，那一定是胡克。人们给予他许多盛赞之辞，包括断言他是英格兰的莱昂纳多，等等。1703 年胡克去世后，牛顿开始报复以前经常互骂的对手；据说他曾毁掉了唯一一幅已知的胡克画像。[②] 1712 年，他和埃德蒙·哈雷又从两人所谓的朋友约翰·弗兰斯蒂德那里偷取更多作品，并推出其盗版的星图手册；这进一步显示了他的冷酷无情。弗兰斯蒂德只能怪自己，因为按照任命，其任务是制作对航海有用的星图，然而他拖延了多年，却并未交付任何有实际价值的成果。

① 柯里尔虽被任命为牧师，却拒绝承认威廉和玛丽，因此并未获得圣公会的许可。

② 直到 2005 年，莉莎·贾丁教授出版她的胡克传记，并重现了一幅她声称长期被张冠李戴的肖像，胡克的形象才为世人所知。然而，安德烈亚斯·佩赫特尔（Andreas Pechtl）和威廉·詹森（William Jensen）后来却分别辩称，这实际上是佛兰德化学家 J.-P. 范·海尔蒙特（J.-P. van Helmont）的画像。

在科学界，伦敦还有另一个重要优势：德国流亡者海因里希·亨利·奥尔登堡。很大程度上多亏了奥尔登堡，许多科学、政治和哲学等著作都以英语印刷，这也是当时欧洲最伟大的创新之一。他是否曾鼓励罗伯特·胡克用英语撰写《显微术》，目前尚且不清楚，但他很有可能这么做过。就在几十年前，所有类似著作都是以拉丁语出版，而拉丁语也是西学的通用语言。查理二世在位期间，英语更是成了国际知识活动的主要语言。这是少数人深思熟虑的政策结果。首先，奥尔登堡用英语出版他的科学通讯，接着又资助了一本后来成为《皇家学会会刊》（*Transactions of the Royal Society*）的刊物；该刊至今仍以英语出版。其次，皇家学会内部的一个小团队，以约翰·威尔金斯为核心，试图找到一种足够精确的语言形式来表达新机械科学的技术严谨性。[3] 经过几番努力，他们放弃了这些尝试。由于比拉丁语更有弹性（事实证明，拉丁语不适合科学辩论），而且能顺应发展以迎接表达中的新挑战，英语便成为默认的科学语言。

在此期间，由于有太多新的观察结果，大量单词被创造或首次出现于出版物中，这也就不足为奇了。尽管威廉·莎士比亚在 1582 年保持着新造英语单词数的最高纪录（或至少因其首次于出版物中出现），可约翰·伊夫林创造的新词不少于 491 个，罗伯特·波义耳有 360 个，植物学家约翰·雷（John Ray）有 342 个，而胡克也有 68 个。[4] 英语语言那多变的适应性和反应的流动性，几乎与培根哲学的还原调查启示一样，有助于推动科学发展。

查理二世在位期间，皇家学会的重要性先是上升，然后开始逐渐下降。经历最初的一阵兴奋之后，该学会在某种程度上迷失了方向；许多创始人已丧失兴趣，不再缴纳会费，或者根本不具备实验才能。业余爱好者和绅士倒是很多，而像胡克这样具备完全从事实验工作的能力和意向的人却不够。

当代对早期机械实验的批评之一是，它们几乎没有任何实用价值。至于人们指望胡克几乎靠单打独斗完成的试验，有相当一部分建议是很可笑的、毫无必要的，或者因太过于雄心勃勃而几乎不可能实现。有一次，他被要求"研制一台捕杀鲸鱼的发动机"。[5] 胡克这个城里人对于安置于船头（整艘船在亚速尔群岛附近鲸鱼种群丰富的海域里劈风斩浪）的捕鲸炮样机不遗余力，其想法是难以抗拒的。

尽管存在许多不利条件，但人们还是取得了一些具有重大实用价值的显著进步。其中最重要的是艾萨克·牛顿对运动、引力和光的研究，以及胡克的弹簧定律、万向接头、锚形擒纵器[1] 和游丝表 [由胡克和荷兰科学家克里斯蒂安·惠更斯（Christiaan Huygens）分别独立开发]。另一项意义重大、由各种不同人员进行的研究是关于蒸汽的。罗伯特·波义耳雇用了法国实验员丹尼斯·帕潘（Denis Papin），后者基于波义耳和胡克的真空泵开发出他所谓的蒸汽蒸煮器，让蒸汽的压力在里面可以调节。查理去世后的若干年内，蒸汽实验工作取得成效。1698年，托马斯·萨瓦里（Thomas Savary）获得第一台蒸汽机专利。胡克继续与托马斯·纽科门（Thomas Newcomen）保持通信；后者建造了第一台蒸汽动力水泵，这对深井煤炭工业的发展至关重要，而深井煤炭工业又转而推动了工业革命。

1689年，随着专制主义者斯图亚特兄弟不再掌权，以及立宪主义者威廉三世登上王位，约翰·洛克才得以出版《政府论两篇》，并驳斥了罗伯特·菲尔默在1680年颇具影响力的《父权制》中提出的关于专制主义和君主制的主张。洛克阐述了人在"生命、健康、自由或财产"方面的自然权利。这些观点将会引起塞缪尔·亚当斯（Samuel Adams）和托马斯·杰斐逊（Thomas Jefferson）的讨论，并且在《美国独立宣言》中以"生命、自由和追求幸福"的形式重新出现。

几个月后，洛克又发表一篇影响深远的《人类理解论》（*An Essay Concerning Human Understanding*），经验主义哲学学派便由此诞生。1671年刚抵达伦敦后不久，他与托马斯·西德纳姆在沙夫茨伯里勋爵家中会面时就萌生了创作的想法。对于伯克利、休谟、康德和卢梭等启蒙哲学家来说，此文具有极其重要的意义。

查理二世时代的伦敦也给我们带来了统计学。尽管名声恶劣，但统计分析的发展却是头等重要的。由于约翰·格朗特和威廉·佩蒂的开创性工作，一门新科学得以发展起来，也为其他重大变革创造了条件。如果没有一种方法能准确地测量社会及物理事件并对其进行分析，那么有多种职业就不可能存在。事实证明，统计分析是运行经济、监督开支和通过税收估算收入的关键。它也是需要仔细比

---

[1] 有人将其归功于胡克，也有人归功于威廉·克莱门特（William Clement）。胡克似乎较早一些。

较结果组或信息包的科学工作之关键。同样，测量方面也取得了巨大进步；这对于火灾后的伦敦重建以及未来的新城镇规划都有很大的用处。假如没有精确的测量，就无法建造出维特鲁威风格的完美城市。

1685 年初，随着查理因病去世，全国陷入了一种不确定状态，但伦敦本身却很安全。尽管王国政府的强力掌控早已夺走古老的自由和特权，可这种状况不会持续太久。大火灾已经被伦敦市民的活力克服，开始给这座未来的乔治王朝时期大都市——大英帝国辉煌时期的缩影——让路。查理在位期间，贸易、税制和收入方面的新思路纷纷实现，从而使伦敦成为当时占主导地位的贸易城市。时至今日，伦敦金融城仍然是贸易中心而非工业金融中心。以这种相当奇怪的方式，金融城不仅没有参与，还稍微远离了工业革命。在复辟时期的伦敦，利用债务为贸易融资的体系得到根本性的发展，而这也让伦敦得以迅速扩大其海外贸易。当时国债司空见惯，可如今则令英国政界人士心悸不已。创办国家银行的想法越来越临近。尽管各方都心存疑虑，但在查理去世的前一年，成立这样一家银行的法案还是提交给了下议院筹款委员会。它获得 12 票通过，然后事情就此了结——它从来没有被提交给下议院。当然，争论并未就此打住，不过国家银行真正问世还另需 10 年的时间。①

1685 年，其他重要制度和政策已经到位；这将有助于伦敦和英格兰成为最强势的国际资本主义力量。该过程十分缓慢，但商业资本主义最终于 17 世纪中期在伦敦到达了顶峰。16 世纪，国际资本主义从新大陆新供应的金条银条中发展起来，意大利小城邦热那亚成为第一个为发展商业活动而使用金银的国家。6 霸权的接力棒由热那亚人传给荷兰人，然后又传到东印度公司。查理二世在位期间，在塞缪尔·佩皮斯的引导下，自第三次英荷战争开始，发展一支庞大且装备精良的海军确保了英格兰在国际贸易中的主导地位。7

查理在位期间，英格兰在跨大西洋奴隶贸易中的地位也有了很大提升。皇家非洲公司成立的头十年里，该国在此贸易中的份额由三分之一增至四分之三。8 随着威廉三世即位，非洲公司的垄断地位曾一度被议会打破，贩奴航程数量开始

---

① 有关如何实现这一目标的简短说明，请参看附录五。

大幅增加。[9] 在 1685~1689 年间，输出奴隶数量增至 9 万人。[10] 即便如此，因需求实在太大，伦敦对贩奴的垄断已明显阻碍了奴隶劳动力产业的发展。但直到 1720 年，布里斯托尔运自非洲的奴隶数量才开始接近首都，然后在 18 世纪 30 年代开始将其蚕食——5 年的时间里，布里斯托尔交易商运出的奴隶多达 106532 人，而伦敦仅为 64905 人。到了 18 世纪 50 年代，利物浦已经超过伦敦和布里斯托尔，在这十年内共运走 129984 名非洲人。[11] 从 1672 年成立到 18 世纪 20 年代的 50 年间，皇家非洲公司运送的非洲奴隶数量超过了跨大西洋奴隶贸易这段可怕历史中的任何一个组织。

令伦敦在世界贸易和金融中占据主导地位的海上路线并非跨大西洋航线，而是由伦敦向东至孟买的航线。葡萄牙人将孟买作为凯瑟琳王后嫁妆的一部分送出时，它只是印度西部沿海一处小小的贸易站。随着时间的推移，东印度公司利用这个据点扩大了在印度等地区的贸易。十年间，孟买人口从 1 万增至 6 万，并且此后还在继续增长。① 与皇家非洲公司一样，东印度公司也被授予参战和武力侵取外国土地的权利。截至 17 世纪末，该公司已强大到能够就贸易协定对个别印度统治者采取军事行动。这就为东印度公司变成一股超国家力量奠定了基础；它不仅拥有自己的军队和作战能力，而且最终还建立起对印度大部分地区的统治。通过这种方式，英国将继续积累剩余资本并增加其国内生产。由此便出现了工业革命和大英帝国。多亏查理统治时期在伦敦制造或开发出的大量器械，英国才成为世界上最重要的资本主义强国，直至 19 世纪被美国超越。

如今，我们也可能拥有与 17 世纪充满求知欲的伦敦人近似的体验。要做到这一点，我们必须先乘坐地铁去赞善里。等出现在高霍尔本（High Holbom）时，"时光倒流之旅"便正式开始。在高霍尔本南面矗立着斯特普尔旅馆，它是伦敦仅存的都铎式建筑之一。由于地处大火摧毁的区域以外，该旅馆很好地重现了伦敦在大火前的样貌。

从这里往东走一小段路，就到了巴纳德旅馆（Barnard's Inn）；它是一栋 18

---

① 到 1947 年印度独立时，孟买人口已多达 230 万。

世纪的律师办公大楼。再沿着一条通往大楼后面的小巷，我们则会来到一座 15 世纪砖木结构的礼堂。这便是格雷沙姆礼堂，如今也是同名学院（很久以前就从主教门原址迁移过来了）的发源地。学院仍像在雷恩、胡克和佩蒂等人的时代一样，每周都会举办免费讲座。不过，如果我们懒得出门，也可以在网上观看。约瑟夫·格兰威尔对"弥漫在以太中的电磁波"的想象立刻会浮现于脑海中。皇家学会的最初成员该有多喜欢这样啊！

罗伯特·波义耳的论文之中有一份手写的"愿望清单"，列出了他希望能亲眼看到实现的 24 项发展。其中包括"延长寿命"——得益于卫生、饮食和现代医学的改善，人的寿命确实延长了。他希望"返老还童，或至少出现一些迹象，如新长的牙齿、新长的头发颜色跟年轻时一样"；得益于牙种植、染发和毛囊植入，他的这一愿望也已经实现。他还希望"远距离或至少通过移植来治疗疾病"；通过器官移植的方式，这也已经部分实现。波义耳希望"用强效药来改变或增强想象力……以及帮助人缓解疼痛，辅助睡眠，做一些无害处的梦，等等"；得益于制药学的进步，这些也全都实现了。[12]

尽管有这样的智力火花，但要总结 17 世纪中后期伦敦人的探索精神，我们就必须转向罗伯特·胡克，尤其是他的《显微术》中那片不起眼的叶子的版画。这幅图像可能代表了伦敦在查理二世那段喧闹而又动荡的统治时期内的所有非凡事件和发现。在观察了一块软木塞的结构之后，胡克便将注意力转向一片叶子，并且注意到规模较小却相同的排列方式。叶子由微小、重复的相互连接结构组成。他把这些结构称为"细胞"（来自拉丁语"cella"，意思是小房间）。直到 1847 年，细胞理论才发展起来，但胡克却为细胞生物学创造了路径。他和其他 17 世纪的研究人员利用显微镜抛砖引玉，才有了 DNA 双螺旋结构——如今我们所谓的"生命的基本构成要素"……

THE
KING'S · 附录一 ·
CITY 托马斯·芒及《英格兰财富》

托马斯·芒就如何成为一名合格商人给予儿子约翰的指导写于 1628 年，并于 1664 年以《英格兰财富》为题出版：

孩子，在之前的论述中，我按自己的方式尽量简要地教会你两件事：第一是虔诚，即如何遵照《圣经》教义，恰当地敬畏上帝；第二是政策，即如何爱国并为之效力。凭借各种职业的责任和行动给予你指引，这能对联邦事务做出安排或产生影响；其中有些内容确实很适合保留，而另一些则同样更倾向于详述。我现在也要谈谈金钱，它对这两种幸福结局都起着无所谓的（无意识的）作用。在此，我将遵循以下顺序：先指出可以让王国富裕起来的一般手段，然后才是那些让君王们习惯了财富供应的特殊做法。不过，首先我要说一下商人，因为他必定是这桩大买卖的主要代理人。

有些品质是一名优秀的海外贸易商人所必备的。

我们热爱祖国并为之效劳，不仅要了解别人应尽的职责，更在于熟练地实践自己的职责；因此（孩子），现在我该说点商人的事了，希望适当的时候它能成为你的职业。虽然我把你看得非常重要，但我的思想却没有丝毫野心。凭借与别国通商，商人被誉为"王国血统的斯图亚特"；这是一项声誉与信任并重的事业，应该以无与伦比的技巧和良知来完成，好让个人收益永远与公共利益相伴。由于这一职业的崇高性有利于激发你的欲望和努力，让你具备发挥其应有效果的那些能力，我将简要列出一名出色商人所需的优秀品质。

1. 他得擅长抄录、算术和会计，按照仅适用于商人的债务人和债权人的高尚规程行事；他还得精通租船合同、提单、发票、合同、汇票和保险单的规则和格式。

2. 他应该知道外国所有的度量衡及货币，特别是与我们有贸易往来的外币，不仅要了解它们的几种面额，同时还要了解它们在重量和纯度方面的固有价值（与我们王国的标准相比），否则就无法很好地管理个人事务。

3. 对于从外国进出口商品的事宜，他得熟知关税、通行费、税收、税款、管理方式以及其他费用。

4. 他得清楚每个国家盛产哪几种商品，它们需要（缺乏）什么物品，这些物品是如何以及从哪里来的。

5. 他得了解并且用心观察各国之间的汇票兑换率，以便更好地管理个人事务，同时最大限度地把钱汇回国去。

6. 他得熟知在上述外国禁止进出口的货物有哪些，否则，他在安排个人事务时就会招致巨大的危险和损失。

7. 他得熟知给其船只装货的费率和条件，确保从一国到另一国的买卖是安全的，同时非常熟悉海内外保险机构的法律、秩序和关税，因为在许多事故中可能出现船只、货物受损或丢失，又或者两种情况兼而有之。

8. 他得熟知建造和修理船只所需几种材料的优点和价格、造船的各种工艺，以及包括桅杆、滑车索具、绳索、军械、补给品、军需品和各种各样的供应；另外还有指挥官、军官和水手的正常薪资，所有这一切都与商人有关，因为他也是船主之一。

9. 他得（在某种商品或另一种商品的买卖过程中，各种情况都会出现）熟悉各种各样的商品或产品——即使并非完全熟悉，也要做到相差无几；可以说他需要深谙各行各业之道。

10. 他得凭借自己的海上航行经历来熟练掌握航海技术。

11. 身为一名旅行者，甚至有时住在外国，他得学会说不同的语言，用心观察外国君王们的一般收入和开支情况，以及他们在海陆上的势力，他们的法律、关税、政策、礼仪、宗教和艺术等；由此在任何环境下都能谋求本国的利益。

12. 最后，虽然没必要让这样一位商人成为伟大的学者，但（至少）需要他在年轻时学会拉丁语，这将使他在往后的所有事业中具备更强的能力。

下面是 1660 年《航海法案》的第一项条款，规定了其广泛且具有限制性的权力［完整的法案可参见《鼓励和增加航运及航海的法案》（An Act for the Encourageing and increasing of Shipping and Navigation），载于《王国法令集》（*Statutes of the Realm*）第 5 卷，1628–80，约翰·莱思比（John Raithby），1819 年］：

> 不得从亚洲、非洲或美洲进出口货物，除非使用的是英格兰船只，且船主和四分之三的水手均为英格兰人；罚款；海军上将等人有权夺取并带回一切违规船只作为战利品；定罪的诉讼程序。

> 为增加运输并鼓励本国航海事业，在上帝的眷顾和保护下，该王国财富、安全和实力都受到了极大的关注国王陛下还是当前议会两院颁布，随着议会集合，其权限将从 12 月 1 日开始。当时有多达 1660 件货物，但从此再无货物或商品由任何国家、岛屿、种植园或领地进出口，以归属国王陛下或供其支配，或者此后让亚洲、非洲或美洲的任何船货归属国王陛下、他的继承人及继任者。在这些船只上，它千真万确只属

于英格兰、爱尔兰的威尔士领土或贝里克和特威德范围内的人民，或者构成并属于任何上述国家、岛屿、种植园和领土，因为按照没收并损失所有货物和商品（一旦通过任何其他船只从上述地方进出口的话）的处罚，业主和权利所有者、船主以及至少四分之三的水手是英格兰人。至于船只及其所有设备、用具、弹药和船具，三分之一归属国王陛下、他的继承人及继任者，三分之一归属这些国家、种植园、岛屿或领地上的管理者，且如果上述船舶或货物在各处被截获，则应追究违约责任。又或者剩余三分之一也归属国王陛下、他的继承人及继任者，而另外三分之一则归属那些在记录法庭上以法案、诉状或别的行为同样进行没收、检举或诉讼之人，且任何缺席允准保护措施或宣誓断讼法都不会被容许。同时，对于一切到目前为止有违反行为的船只，战船或其他船上受国王陛下、他的继承人及继任者委托的所有舰队司令等海上指挥官都有权严格按要求予以扣押、收为战利品并将其送往海事法院，然后在那里提起诉讼。被定罪的话，一半没收财物将会为这些舰队司令或指挥官及其同伴所用，他们根据有关战利品船只的海上规则和秩序进行平分或按比例分配，而另一半则会供国王陛下、他的继承人及继任者享用。

波义耳希望在未来能看到的 24 项发展清单。

1. 延长寿命。

2. 返老还童，或至少出现一些迹象，如新长的牙齿、新长的头发颜色跟年轻时一样。

3. 飞行的技艺。

4. 长时间持续待在水下的技艺，以及水下的自由运动机能。

5. 远距离治愈伤口。

6. 远距离或至少通过移植来治疗疾病。

7. 掌控变巨大的技术。

8. 无需引擎，仅靠习惯和训练便可模仿鱼类。

9. 加速种子发芽以获得更好收成的技术。

10. 实现金属之间的转变。

11. 使玻璃具有延展性。

12. 矿物、动物和蔬菜中的不同种类转化。

13. 液状烷类及其他溶剂。

14. 制作具有抛物面镜和双曲面镜的望远镜。

15. 制造轻巧且硬度极佳的盔甲。

16. 找到一种具有可行又可靠的经度确定方式。

17. 将摆锤运用于航海及旅行中，并且运用于钟表制作。

18. 用强效药来改变或增强想象力、觉醒、记忆力等其他功能，以及帮助人们缓解疼痛，辅助睡眠，做一些无害的梦，等等。

19. 可以在任何风向条件下航行的船，能够永不沉没的船。

20. 正如喝茶所引起的作用以及像疯子那样，无需太多睡眠。

21. 如同埃及药糖剂和法国作家提到的真菌例证，梦境及体育锻炼中会获得快感。

22. 发狂的癫痫患者和歇斯底里之人身上体现出的巨大力量和敏捷性。

23. 永恒的光。

24. 经揉搓可散发香味的亮光剂。

· 附录四 ·

关于贸易及货币利息的简评

（约书亚·柴尔德，1668 年）

荷兰人在其国内外贸易、财富和航运量方面的巨大增长令当今之人羡慕不已，对未来几代人来说也堪称奇迹；然而，他们取得这些进步的手段十分明显，并且在很大程度上是其他大多数国家可以仿效的，对于我们英格兰王国之人则更容易；我将在下面的论述中尽力加以说明。

他们促进贸易进而积累财富的一些方法如下：

第一，在其最重要的国家和战争委员会里就包括曾居住于世界大部分地区的贸易商；他们不仅掌握了理论知识，而且富有贸易的实践经验。法律和秩序都由他们来制定，与国外君王的和平相处也由他们策划，这对其贸易大有好处。

第二，他们的"男子均分土地法"；借此，任何孩子在父亲去世后都拥有平等分享产业的权利，所以不会仗着微不足道的财富援助，年纪轻轻便随意与世界抗争——就像我们大多数英格兰绅士之幼子那样，而是必定会给商人当学徒。

第三，他们精心制作本国所有的商品，精心包装鲱鱼、鳕鱼等其他商品，并大量发往国外；其结果是，他们所售商品在国外的声誉一直良好，买方无需开封，仅靠标记便会接受。然而，我们英格兰人在纽芬兰和新英格兰制作的鱼，以及在雅茅斯（Yarmouth）制作的鲱鱼，往往被证明虚假、带有欺骗性，而出自我们西南部各郡的沙丁鱼则存在假包装；很少达到包装上标明的液量单位的量。

在英格兰，我们的祖先为规范产品所做出的尝试，在让某个特定之人执行的过程中，短时间内虽得以解决却变成了商品税，而不必考虑其好处；最臭名昭著的现象出现在毛料规格管理税的业务中，我们的前辈无疑打算以此审查商品的品质；为达到这个目的，有人还发明了印章，表明商品是根据章程制造出来的；据说，这种印章如今成千上万人可以购买，而且买主可以拿来随意印在任何物品上。

第四，对丁新产品发明者、贸易中任何新奥秘的发现者，以及那些首先在其内部使用和实践别国商品之人，他们都给予极大的鼓励和豁免权；为此，创始人从来不会得不到该得的奖励，而这也让他受到公众的指控。

第五，他们设计并建造的大型船只航行费用很低，例如与英格兰相同载重量的船只，其费用还不超过我们目前的三分之一；他们强行让船只（因为动力小）总是以舰队的形式航行，并且在任何危险的时候允许护航。

第六，他们都过着节俭朴素的生活，这很不寻常；一位拥有10万英镑产业的商人，每年的开销几乎还不如仅拥有1500英镑产业的伦敦商人多。

第七，他们孩子的教育，女儿和儿子一样好；所有人，不论其素质或身份如何，他们从小注重培养优秀的手写能力，并掌握算术和商人记账的全部知识和技能；奇怪的是，这种良好的理解和实践使得大多数有此品质之人，无论男女，不仅具备从事各种通商的能力，而且对它形成一种强烈的自然倾向、热爱和快感；至于女性在这方面懂得和男性一样多，它确实能激励丈夫们在其行业中坚持到生命的最后，因为他们知道妻子有能力进入其产业，并在自己死后继续这些交易。然而，一旦某位英格兰商人达到相当可观的产业，他通常会在接近老年之前从贸易中撤回，并认为好像是上帝在其主要产业参与国外贸易期间将他召唤出这个世界；由于妻子缺乏经验，又不善于处理这种事情，他必定会损失三分之一的财产，所以通常会失败。

此外，可以看出的是，算术的本质就像数学其余组成部分一样，不只会提高理性的能力，而且能让那些擅长之人变得勤俭且善于管理；它更可防止丈夫和妻子在某种程度上耗尽其产业，毕竟他们会一直在头脑中盘算开支达到的金额，以及按这种方式的话自己多久会破产。

第八，从表面上看，如果作为该论述主题的话，他们的关税很低，消费税却很高；后者必定是世界上最平等、最中立的税种，且对任何人都没有偏见。

第九，对穷人细心的供养和雇用；这一点很容易证明，相比较而言在英格兰是绝对做不到的，因为国内仅仅让每个教区照顾各自的穷人。

第十，利用银行的做法对他们极为有利，所以有些人不无根据地估计：他们每年公开的收益至少达 100 万英镑。

第十一，他们对宗教问题上不同意见的容忍：因此，其他国家的许多勤劳人民，如果对自己教会确立的政府有异议，就会带着家人和产业求助于他们；经过几年的共居生活，就会形成与之共同的利益。

第十二，至于他们的商法，商人与商人之间的一切争执都是根据这部法律在三四天内裁定，而如果换了我国，这都无法在指控的第四十部分（我可能会说在许多情况下甚至无法在第一百部分）完成。

第十三，他们之间用来将债务票据从一个人转移到另一个人的法律：这对他们的商业活非常有利；通过这种手段，他们可以在贸易中把存货周转两到三次，而我们在英格兰只能做到一次；因为我们已经把外国货卖到这里，所以只有等有了钱才能再次进行有利的购买；而我们需要花 6 个月、9 个月或 12 个月才能收回资金。而且，如果我们销售的商品相当可观，那么追着酒商和店老板们要钱就会成为一年到头忙活之事。不过，如果我们实行的是汇票转让法，那么在出售货物后不久便可处理汇票；接着结清账目。要做到这一点，鉴于它对贸易的好处、便利和适应性是如此之大，除了生活在惯例通用之处的商人外，便再无其他人能给予应有的重视。

第十四，他们对所有已出售或抵押的土地和房屋保持登记公开，从而防止了许多可收费的法律诉讼，并且充当抵押物的土地和房屋确实变成如我们通常所说的"物的担保"。

最后，其货币利息很低，在和平时期每年不超过百分之三；而如今在与英格兰的这场战争中，最高也不超过百分之四。

整个 17 世纪，伦敦都在向阿姆斯特丹寻求管理金融事务的灵感。从荷兰模式来看，国家银行的好处之一是可以保持低利率。早在 1609 年阿姆斯特丹银行成立之时，英格兰人便认为这是一条前进之路，但直到其经济杠杆脱离斯图亚特王朝的铁腕控制，他们才找到了建立本国版本的方法。讽刺的是，伦敦商人最羡慕荷兰人的事情只有在荷兰人成为国王时才可能发生。英格兰银行于 1694 年成立，那已是威廉率领军队抵达 6 年后的事。

在整个世纪里，建立国家银行的计划有很多。约翰·班克斯对塞缪尔·佩皮斯说财政部离交易所太远，这对于一场几乎不曾减弱的辩论而言只能算是题外话。1658 年，伦敦商人塞缪尔·拉姆就国家银行写出一份详细的设计方案，又将其递交给下议院让贸易大委员会（Grand Committee for Trade）审议，并且提出了"管理英格兰经济和贸易状况的建议"。拉姆选择的时机恐怕再不会更糟。由于整个国家一片混乱，他的想法完全被遗忘了。

具有讽刺意味的另一点是，银行没有成立的原因之一是下议院——其成员可能会被认为是伦敦商人阶级的天然盟友——不希望国王将银行作为绕过议会筹集资金的手段。人们还担心，整个银行也许会完全由国王接管，从而剥夺议会可能发挥出的任何财务杠杆作用。毕竟"大停顿"的教训从未远离我们。1683 年，一项建立国家信贷银行的行动无果而终，其原因与此前努力失败的原因大致相同：担心国王将银行据为己有并排挤议会。并非伦敦金融城的所有人都热衷于建立国家银行。金匠纷纷对此表示反对，担心——倒是很合理——它会终结他们对贷款近乎垄断的局面。即使不至于这样，它无疑也会对他们可收取的高利率产生严重影响。

如果说英格兰银行是由一个人创立的，那便是苏格兰人威廉·帕特森（William Patterson）。[1]帕特森在伦敦发家致富，靠的便是与西印度群岛奴隶殖民地之间的买卖。同许多在海外做生意的商人一样，多年来帕特森敏锐地意识到：银行系统需要改革和扩大，以顾及贸易和管辖两方面的扩张。1691 年，他提议"组建一家公司，以 6% 的利率（外加 5000 英镑的"管理费"）借给政府 100 万英镑，同时拥有纸币发行权"。次年，他的提议遭到了议会委员会的拒绝，因为该委员会成立的明确目的是考虑如何筹集资金来支付与法国战争的开销。用英格兰银行历史学家哈雷·古德曼（Halley Goodman）的话说，其原因在于议会两派之中弥漫着的残余恐惧：

> 反对的主要政治团体是被废国王詹姆斯的支持者和拥有土地的托利党人。两个团体都担心，建立国家银行会加强政府并降低他们自身的影响力。信奉天主教的詹姆斯二世党人认为，创建该银行将削弱法国的君主制。反过来，托利党认为该银行"将直接导致社会主义"或联邦的出现。他们也反对设立该银行，因为它会让国王威廉三世更容易获得资金，从而增强他的权力；这样一来斯图亚特王朝就更不大可能复辟了。

帕特森又提出另一项建议——这次是向政府提供 200 万英镑的贷款，结果也失败了。一年后，也就是 1693 年，财政专员蒙塔古勋爵介入，建议帕特森不妨再试一次。鉴于之前被政敌刺痛过两次，帕特森这回采取了预防措施，以撰写小

---

[1] 有趣的是，1695 年创建苏格兰银行的是一名英格兰人。他名叫约翰·霍兰德（John Holland），是个商人，1658 年出生于伦敦。他的父亲是一位船长，也是塞缪尔·佩皮斯的朋友。

册子的方式阐述国家银行的益处。尽管招致常见的批评（再加上一个新的，即该银行可能让威廉三世像斯图亚特前任一样成为专制国王），1694 年 4 月 25 日，帕特森的方案总算被纳入《吨税法案》[Tunnage Act，也称为英格兰银行法案（Bank of England Act）]，并获得议会两院通过。该法案是一系列措施的纲要，既要提高关税，又要通过其他方式筹集资金，正如它那奇怪的开头所描述的：

> 法案将船舶吨数以及啤酒、麦芽酒等其他酒类的若干财产税和关税都授予陛下，以确保对于自愿拿出 15 万英镑用于与法国作战之人，上述法案中提及的某些奖赏和好处能够到位。

结果，该法案允许全国性银行——英格兰银行——成立为一家公司。政府借到了一笔 120 万英镑的贷款，让威廉三世得以继续对法国作战；这场战争始于 1690 年，一直持续到 1697 年。事实上，这家银行由私人经营，其唯一客户就是政府。因此，政府与银行家之间建立了长期而奇特的关系，两者不可避免地交织在了一起。该银行一直处于私人手中，直至 1946 年被收归国有。

鉴于银行业务的当前状况，即银行通常会将其资本多次用于放贷，有趣的是：根据英格兰银行成立时的规则，其借贷规模最初是不能超过其资本的。

THE
KING'S · 致 谢 ·
CITY

　　能获准撰写关于人的文章，并表达对他们的看法，包括好的、坏的、了不起的、被误导的和有趣的，这无疑是一种极好的礼赠。如果受到密切关注之人已去世——就像本书的主人公一样，此项任务并不会更轻松，但冒的风险却小得多。然而，以下是写给诸位支持本书撰写的朋友们的；没有他们的话，这本书就不会问世。

　　能受邀撰写此书，是我在小布朗出版公司的发行人蒂姆·怀廷（Tim Whiting）赠予的一份大礼。对此，以及对他不懈的支持和信任，我深表感谢。我要感谢小布朗出版公司的所有人，是他们助我完成了这本书。责任编辑克劳迪娅·康纳（Claudia Connal）的善意和支持始终坚定不移。随着她去别处接受新的挑战，后期阶段由多米尼克·韦克福德（Dominic Wakeford）接手了该项目。鉴于此，他的方向更为清晰。感谢他带领睿智的团队让粗糙的初稿发展成终稿。同时也得感谢高级项目编辑尼斯雅·瑞伊（Nithya Rae），她清醒的头脑一直眷顾着别人；特别是在前任伊恩·亨特（Iain Hunt）另谋高就后，她不得不在最后时刻接手该项目。我还得感谢史蒂夫·戈夫（Steve Gove）一丝不苟地润稿，图片研究经理琳达·西尔弗曼（Linda Silverman）一如既往地提供了精美图片，以及贝基·盖亚特（Bekki Guyatt）将封面设计得引人注目。我更要感谢罗汉普顿大学英国早期现代政治文化教授泰德·瓦兰斯（Ted Vallance），因为他不仅对我的初稿做出了精辟评论，而且还帮我避开了 17 世纪的一些政治流沙，否则我可能会陷入其中。

　　最后，我必须谈谈我的朋友兼长期合作伙伴迈克尔·沃尔什（Michael Walsh）。在接受此书的委托之后不久，因为患上了慢性疾病，迈克尔不得不退出这次原本必定令人愉快的合作。这本来会成为我们合作的第五本书。我们首次见面是在三十多年前，当时都从事于独立电视台（Independent Television）的时事调查系列节目《世界在行动》（World in Action）。陆续离开该系列之后，我们又继续一起制作电视节目。从创作纪录片剧本到写书，这算是个自然而然（尽管令人生畏）的过程。由于迈克尔的英国历史知识非常广博，而且对好故事也非常敏感，和他共事总是令人很愉快。在撰写本书时，我错过了"办公室"里不少的常规编辑会议；说是办公室，其实就是位于西伦敦我们两家之间的一间酒吧。不过迈克尔仍然喜欢喝一品脱酒，而我也仍然很高兴和他在一起。

第 1 章 企望之城

1 John Aubrey, Brief Lives, 1715.

2 Anthony Munday, Mayoral Pagent Book, quoted in Christine Stevenson, The City and the King, 2013.

3 A.E. Wrigley and R.S. Schofield, The Population History of England, 1541–1871: A Reconstruction, 1989.

4 Fernand Braudel, The Perspective of the World, 1985.

5 John Stowe, A Survey of the Cities of London and Westminster, 1720.

6 John Milton, The Readie and Easie Way to Establish a Free Commonwealth, 1660.

7 Ibid.

8 John Downes, Roscius Anglicanus, 1708.

第 2 章 国王归来

1 Declaration of Breda, 1660, http://www.constitution.org/eng/conpur105.htm

2 Middlesex County Records, vol. 3, 1625–1667.

3 Edward Hyde, 1st Earl of Clarendon, History of the Rebellion, 1702–4.

4 Samuel Pepys, Diary.

5 Charles II, Letters, ed. Arthur Bryant, 1968.

6 Thomas Macaulay, The History of England, 1848.

7 Hyde, History of the Rebellion.

8 John Evelyn, Diary, vol. 1, 1901, http://www.gutenberg.org/ files/41218/41218-h/41218-h.htm#tn_png_296a

9 Hyde, History of the Rebellion.

10 Lucy Hutchinson, Memoirs of the Life of Colonel Hutchinson, 1806.

第 3 章　剧场开幕

1 Aubrey, Brief Lives.

2 Ibid.

3 William Davenant, Madagascar with other Poems, 1638.

4 A. Nethercot, Sir William Davenant, 1938.

5 Leslie Hotson, The Commonwealth and Restoration Stage, 1928.

6 Mercurius Fumigosus, 12–19 September 1665.

7 Hotson, The Commonwealth and Restoration Stage.

8 Alison Latham, ed., Oxford Companion to Music, 2002.

9 Evelyn, Diary.

10 Don Jordan and Michael Walsh, The King's Revenge, 2012.

11 Gilbert Burnet, A History of My Own Time, 1715.

12 Proceedings of the Old Bailey, http://www.oldbaileyonline.org

13 The Speeches and Prayers of the Regicides, Thomason Tracts, BL, 1660.

14 Evelyn, Diary.

15 Hyde, History of the Rebellion.

第4章 人人都有份

1 Pepys, Diary.

2 Aristotle, Politics, Book I.

3 Giraldus Cambrensis, Topographia Hibernica, 1187.

4 PRO SP 29/5 74.

5 Ibid.

6 PRO SP 29/5 74.1.

7 John Bold, John Webb, Architectural Theory and Practice in the Seventeenth Century, 1989.

8 Sir William Sanderson, Compleat History of the Life and Raigne of King Charles, 1658.

9 Margaret D. Whinney, 'John Webb's Drawings for Whitehall Palace', Proceedings of the Walpole Society, vol. 31, 1942-3, 1946.

10 Aubrey, Brief Lives.

11 Anthony Wood, Anthenae Oxonienses, 1813.

12 PRO SP 29/5 74.

13 Lisa Jardine, On a Grander Scale: The Outstanding Life of Christopher Wren, 2002.

14 W.H. Kelliher, DNB.

15 BL Add. MS27962, 17 January 1661.

16 Hotson, The Commonwealth and Restoration Stage.

17 Christopher Wren, Parentalia, 1750.

第5章 死对头

1 Geoffrey Smith, 'Long, Dangerous and Expensive Journeys: the Grooms of the Bedchamber at Charles II's Court in Exile', Early Modern Literary Studies 15, 2007; BL, Copy of a Letter Written by Mr Thomas Killigrew, Manuscript 27402, fos. 69r–71v.

2 Venetian State Papers.

3 CSP Dom, 1660–1.

4 G.E. Bentley, The Jacobean and Caroline Stage, 1941; 1968.

5 Downes, Roscius Anglicanus.

6 Edward A. Langhans, 'The Theatres', in The London Theatre World 1600–1800, ed. Hume, 1980.

7 PRO; Admiralty Papers of the Navy Board.

8 George Frederick Zook, The Company of Royal Adventurers, 1919.

9 Pepys, Diary.

10 Richard Ligon, A True and Exact history of the Island of Barbadoes, 1657.

11 Trans-Atlantic Slave Trade Database, Emory University, www.slavevoyages.org

12 Ibid.

第 6 章 国王加冕

1 Peter Earle, The Making of the English Middle Class, 1989.

2 Raphaelle Schwartzberg, Becoming a Goldsmith in the Seventeenth Century, LSE Working Papers 141/10, Department of Economic History, LSE 2010.

3 Richard Grassby, The Business Community of Seventeenth Century England, 1995

4 John Evelyn, Fumifugium, 1661.

5 Mark Jenner, The Politics of London Air: John Evelyn's Fumifugium and the Restoration, 2013.

6 Evelyn, Fumifugium.

7 Stowe, Survey of the Cities of London and Westminster.

8 Ibid.

9 Anon., In Praise of the choice company of philosophers and witts who meete on Wednesdays weekely at Gresham College, Ashmolean MSS, reprinted in Notes and Records of the Royal Society of London, vol. 5, 1948, attrib. William Godolphin.

10 David Scott, Leviathan: The Rise of Britain as a World Power, 2013.

11 John Ogilby, The relation of his Majestie's entertainment passing through the city of London, 1662.

第 7 章　皇家学会

1 John Wallis, Account of Some Passages of his Life, 1700.

2 John Evelyn, letters on 3 and 29 September 1659, in Diary.

3 J.A. Bennett, The Mathematical Science of Christopher Wren, 1982.

4 Ibid.

5 Jardine, On a Grander Scale.

6 Ibid.

7 Ibid.

8 Francis Bacon, New Atlantis, 1627.

9 Robert Hooke, Folio, MSS Royal Society, www.livesandletters.ac.uk/cell/Hooke/Hooke.html

10 Robert Boyle, Collected Works, 1772.

11 Henry Power, Experimental Philosophy, 1663.

12 Robert Boyle, New Experiments Physico-Mechanicall, touching the Spring of the Air, and its effects, made in the most part using a New Pneumatical Engine, 1660.

13 Anon., In Praise of the Choyce Company of Philosophers and Witts.

14 Hooke, Folio.

15 House of Lords Journal, 5 September 1660.

第 8 章　海外探险

1 Pepys, Diary.

2 Figures extrapolated from The Trans-Atlantic Slave Trade Database.

3 CSP Dom, quoted in Liza Picard, Restoration London, 1997.

4 Pierre Mignard, Louise de Kérouaille, Duchess of Portsmouth, National Portrait Gallery, London, NPG497.

5 Mercurius Publicus, 30 May 1662.

6 Charter of Carolina, 1663, http://avalon.law.yale.edu/17th_century/nc01.asp

7 Wren Society Papers, Oxford, vol. 13, 1924–43.

第9章 贸易战

1 Figures extracted from the Trans-Atlantic Slave Trade Database.

2 http://higherpraise.com/outlines/text_misc_cs/article4056.html

3 Trans-Atlantic Slave Trade Database.

4 William Davenant, Macbeth, 1674; Christopher Spencer, ed., Five Restoration Adaptations of Shakespeare, 1965.

5 Thomas Mun, England's Treasure by Foreign Trade, written 1628, pub. 1664.

6 Edward Misselden, Free Trade, or The Meanes to Make Trade Flourish, 1622.

7 Thomas Mun, A Discourse of Trade from England Unto the EastIndies, 1621.

8 Mun, England's Treasure.

9 Evelyn, Diary.

10 G.F. Steckley, ed., The Letters of John Paige, London Merchant, 1648–58, London Record Society 21, 1984.

11 An Act for Increase of Shipping, and Encouragement of the Navigation of this Kingdom, October 1651.

12 An Act for Confirming an Act Entituled an Act for Encouraging and Increasing of Shipping and Navigation, etc., 1661.

13 Burnet, A History of My Own Time.

14 Calendar of Manuscripts of Marquis of Bath, HMSO 1980, https://archive.org/stream/calendarofmanusc05bath/calendarofmanusc05bath_djvu.txt

第 10 章　科学新世界

1 J.G. Marcus, A Naval History of England, vol. 1, 1961.

2 Evelyn, Fumifugium.

3 Robert Hooke, Micrographia, 1665, BL C.175.e.8.

4 Ibid.

5 Joseph Glanvill, Plus Ultra, 1668.

6 Francis Bacon, Instauratio Magna, The Oxford Francis Bacon, 2000.

7 Philosophical Transactions of the Royal Society, vol. 1, 1665.

8 Ibid.

第 11 章　跳蚤年

1 Jardine, On a Grander Scale.

2 National Archives, Rules and Orders to be observed by all justices of the Peace, Mayors, Bayliffs and other Officers for the Prevention of the Spreading of the Infection of the Plague, SP29/155 f102, 1666.

3 Daniel Defoe, A Journal of the Plague Year, 1722.

4 Ibid.

5 John Graunt, London's Dreadful Visitation, 1665.

6 Nathaniel Hodges, Loimologia, 1720

7 Ibid.

8 Hugh G. Dick, Students of Physic and Astrology, quoted in Michael MacDonald, 'The Career of Astrological Medicine in England', in Ole Peter Grell and Andrew Cunningham, eds, Religio Medici, 1996.

9 Peter Levens, The Pathway to Health, 1587–1664.

10 Grell and Cunningham, eds, Religio Medici.

11 Mark Jenner, 'Quackery and Enthusiasm', in Grell and Cunningham, eds, Religio Medici.

12 Thomas Gale, quoted in Jenner, 'Quackery and Enthusiasm', in Grell and Cunningham, eds, Religio Medici.

13 Thomas Sydenham, Observationes Medicae circa Morborum acutorum historiam et curationem, 1676.

14 Nicholas Culpeper, Herbal, 1649.

15 Evelyn, Diary.

16 Ibid.

17 Hodges, Loimologia.

18 Evelyn, Diary.

19 Ibid.

20 Pepys, Diary.

21 Hodges, Loimologia.

22 Defoe, A Journal of the Plague Year.

23 Ibid.

24 Quoted in Hans Fantel, William Penn: Apostle of Dissent, 1974.

25 Ian Mortimer, Dying and the Doctors, 2009.

26 Bart K. Holland, 'Treatments for Bubonic Plague, Reports from seventeenth century British epidemics', Journal of the Royal Society of Medicine, vol. 93, June 2000.

第 12 章　战争与火灾

1 John Evelyn, letter to Wren, Wren Society Papers, Vol. 13.

2 Wren, Parentalia.

3 Wren Society Papers, Vol 13.

4 Ibid.

5 Sir John Banks to Pepys, Diary.

6 National Archives, E179 database; Hearth Tax Online, hearthtax.org.uk

7 Pepys, Diary.

8 London Gazette, 2 September 1666.

9 Ibid., 10 September 1666.

10 Leo Hollis, The Phoenix, 2008.

第13章 余波

1 Venetian State Papers.

2 Trans-Atlantic Slave Trade Database.

3 John Dryden, Annus Mirabilis, 1667.

4 Jardine, On a Grander Scale.

5 Evelyn, Diary.

6 Quoted in David Hughson, London, An Accurate History and Description of the British Metropolis, 1805.

7 Ibid.

8 Proceedings of the Royal Society.

9 Robert Hooke, Diaries, ed. Richard Nichols, 1994.

10 Emma Wilkins, 'Margaret Cavendish and the Royal Society', Notes and Records of the Royal Society, May 2014.

11 Robert Boyle, A Free Enquiry into the Vulgarly Received Notion of Nature, 1686.

12 Margaret Cavendish, Observations upon Experimental Philosophy, 1666.

13 John Locke, Anatomie, written with Thomas Sydenham, 1668, quoted in Wilkins, 'Margaret Cavendish and the Royal Society'.

14 Pepys, Diary.

15 Margaret Cavendish, The Description of a New World, called the Blazing World, 1666.

16 Hooke, Folio.

17 Joseph Glanvill, written 13 October 1667, published in Letters and Poems in Praise of the Incomparable Princess, Margaret, Duchess of Newcastle, 1676.

18 Thomas Hobbes, Considerations upon the Reputation …, 1680.

19 Joseph Glanvill, Sadducismus Triumphatus, 1681.

20 Hollis, The Phoenix.

第14章 明星诞生

1 John Dryden, Works, ed. Sir Walter Scott, 1808.

2 Charles Beauclerk, Nell Gwyn.

3 Ibid.

4 Katherine Eisaman Maus, 'Playhouse Flesh and Blood', English Literary History, vol. 46, no. 4, 1979.

5 Covent Garden Drollery, 1672, text read by Mrs Reeves.

6 Pepys, Diary, 22 August 1667.

7 Geoffrey Smith, in Thomas Killigrew and the Seventeenth Century English Stage, ed. Philip Major, 2013.

8 John Dryden, Secret Love, or The Maiden Queen, 1669.

9 John Spurr, England in the 1670s: This Masquerading Urge, 2000.

10 Burnet, A History of My Own Time.

第15章 海外威胁

1 Stowe, A Survey of the Cities of London and Westminster.

2 Pepys, Diary.

3 C.D. Chandaman, The English Public Revenue, 1660–1688, 1975.

4 See Jenny Uglow, A Gambling Man, Charles II and the Restoration, 2010.

5 Andrew Marvell, Last Instructions to a Painter, 1667.

6 Ibid.

7 Ibid.

8 Brian Lavery, Empire of the Seas, 2009.

9 See Ronald Hutton, Charles the Second, 1989.

10 Burnet, A History of My Own Time.

11 J. Douglas Cranfield, Heroes and States, 1999.

第16章 新属地

1 Peter (Pierre) Esprit Radisson, Voyages of, Being an account of his travels and experiences among the North American Indians, from 1652 to 1684, 1885.

2 Richard Hakluyt, The Principal Navigations, Voyages, Traffiques and Discoveries of the English Nation, ed. E. Goldsmid, 1884–1890.

3 Robert Filmer, Observations Upon the Original of Government, 1652; Patriarcha, 1680.

4 John Locke, Two Treatises on Government, pub. anonymously 1689.

5 Ibid.

6 Quoted in Alfred O'Rahilly, 'Aquinas versus Marx, Part I', Studies, vol. 31, no. 124, 1942.

7 William Petty, Treatise on Taxes, 1662.

8 William Petty, Economic Writings, reprint 1963.

9 John Evelyn, Tyrannus, or The Mode, 1661.

10 Josiah Child, Brief Observations Concerning Trade and Interest of Money, 1668.

第17章 法律与秩序

1 Don Jordan and Michael Walsh, White Cargo, 2007.

2 Ibid.

3 Abbot Emerson Smith, Colonists in Bondage: White Servitude and Convict Labor in America, 1607–1776, 1947.

4 BL, Miscellaneous Sheets 74/515 L2.

5 Ned Ward, A Trip to Jamaica, 1698.

6 Jordan and Walsh, White Cargo.

7 Ibid.

8 Pepys, Diary.

9 John Dryden, Upon the Three Dukes Killing a Beadle.

10 CSP Dom., April 1671.

11 Survey of London, vol. 36, 1970: http://www.british-history.ac.uk/survey-london/vol36/pp185-192#fnn7

12 Pepys, Diary.

13 William Winstanley, Lives of the Most Famous English Poets, 1687

14 Daniel Defoe, The Fortunes and Misfortunes of the Famous Moll Flanders, 1722.

15 Richard Head, The English Rogue Described in the Life of Meriton Latroon; a Witty Extravagant; Comprehending the Most Eminent Cheats of Both Sexes, 1661; 1672.

16 Richard Head (attrib.), The French Rogue, 1672.

17 John Graunt, Natural and Political Observations Made upon the Bills of Mortality, 1662.

18 Old Bailey records: http://www.oldbaileyonline.org/browse.jsp?id=t16740429-5&div=t16740429-5#highlight

第18章　间谍

1 Don Jordan and Michael Walsh, The King's Bed, 2015.

2 Mary Ann O'Donnell, The Cambridge Companion to Aphra Behn, 2004.

3 Ibid.

4 CSP Dom, vol. CLXXII, 1666.

5 Aphra Behn, Works, ed. Montague Summers, 1915.

6 Ibid.

7 Ibid.

8 Colley Cibber, An Apology for the Life of, 1740.

9 Ibid.

10 Evelyn, Diary.

11 Pepys, Diary.

12 Robert Gould, Love Given Over, or a Satyr against the Pride, Lust and Inconstancy, Etc, of Woman, 1683.

13 Evelyn, Diary.

14 Montague Summers, The History of Witchcraft, 1926.

第 19 章　人口和金钱交易

1 Beckles Willson, The Great Company, vol. 1, 1900.

2 Scott, Leviathan.

3 G.E. Aylmer, 'Sir Martin Noell', DNB, 2004.

4 Ligon, A True and Exact History of the Island of Barbadoes.

5 Pepys, Diary, various entries.

6 Jordan and Walsh, The King's Bed.

7 National Archives: British History Online–http://www.british-history.ac.uk/no-series/london-aldermen/hen3-1912/pp168-195

8 Pepys, Diary.

9 Halley Goodman, 'The Formation of the Bank of England', Penn History Review, vol. 17, 2009.

10 Pepys, Diary

11 David Cuthbert Coleman, Sir John Banks, Baronet and Businessman, 1963.

第 20 章　战争与霸权

1 East India Company Court Minutes, 11 September 1672.

2 John Fryer, A New Account of East India and Persia, 1698.

3 Ibid.

4 Thomas Seccombe, DNB, 2004.

5 Abraham Eraly, The Mughal World: Life in India's last Golden Age, 2007.

6 Makrand Mehta, Indian Merchants and Entrepreneurs in Historical Perspective, 1991.

7 Ibid.

8 Slingsby Bethel, The Principal Interest of England Stated, 1671.

第 21 章　城市气氛

1 Nicholas Barbon, Apology for the Builder, 1685.

2 Thomas Jordan, The Goldsmiths Jubilee, or, Londons Triumphs … performed October 29, 1674.

3 Janet Jarvis, Christopher Wren's Cotswold Masons, 1980.

4 Jardine, On a Grander Scale, 2002; Kerry Downes, The Architecture of Wren, 1988.

5 Harold F. Hutchinson, Sir Christopher Wren, 1976.

6 Isaac Newton, Hypothesis explaining the properties of light, in Thomas Birch, The History of the Royal Society, 1757.

7 Hooke, Diaries.

8 Mary Beale, Portrait of Charles II, Inverness Art Gallery.

9 Mary Beale, Portrait of Frances Hay, Marchioness of Tweeddale, Moyse's Hall Museum, Bury St Edmunds.

10 Mary Beale, Self-Portrait, c. 1665, National Portrait Gallery, NPG1687.

11 Artemisia Gentileschi, Self-Portrait as the Allegory of Painting, Royal Collection, Hampton Court Palace: https://www.royalcollection.org.uk/collection/405551/self-portrait-as-the-allegory-of-painting-la-pittura

12 Pierre Dumonstier II, Right Hand of Artemisia Gentileschi, British Museum, Drawing Collection, Nn,7.51.3.

13 Kim Sloan, in The History of British Art 1600–1870, ed. David Bindman, 2009

第 22 章 咖啡战

1 Anon, quoted in Wolfgang Schivelbusch, Tastes of Paradise, 1992.

2 Sir George Sandys, Robert Hooper ed., The Poetical Works of Sir George Sandys, ed. Robert Hooper, 1872.

3 John Tatham, attrib., Knavery in All Trades, or, The Coffee-House, 1664.

4 David Scott, Leviathan, The Rise of Britain as a World Power, 2013.

5 Robert Beverley, The History and Present State of Virginia, 1947.

6 Quoted in Charles A. Goodrich, A History of the United States of America, 1825.

7 Jordan and Walsh, White Cargo, 2007.

8 Ibid.

第 23 章 城市生活

1 See Albert Borgman, Thomas Shadwell, His Life and Comedies, 1928; Thomas Mayo, Epicurus in England, 1934; Joseph Glide, 'Shadwell and the Royal Society', Studies in English Literature 1500–1800, vol., no. 3, 1970; Marjorie Hope Nicolson and David Stuart Rhodes, eds, The Virtuoso by Thomas Shadwell, 1976; 1992, and others.

2 Anon., A True Narrative of the Great and Terrible Fire in Southwark on Fryday, 26th May, 1676, 1676.

3 For this illustration and its development, see www.4physics.com/phy_demo/HookesLaw/HookesLawLab.html

4 Hooke, Diaries.

5 William Petty, Treatise on Naval Philosophy, Royal Society, Classified Papers, vol. 20, March 1685.

6 Celina Fox, 'The Ingenious Mr Dummer', British Library Journal, 2007.

7 Brian Lavery, 'Charles Anthony Deane', Oxford Dictionary of National Biography, 2004.

8 Pepys, Diary.

9 Brian Lavery, Empire of the Seas, 2010.

10 Anthony Ashley Cooper et al., Some Considerations on the Question …, 1676.

11 Andrew Marvell, An Account of the Growth of Popery and Arbitrary Government in England, 1677.

12 Roger L'Estrange, The Parallel, or an Account of the Growth of Knavery, under the Pretext of Arbitary Government and Popery. With some Observations on a Pamphlet (of A Marvell) entitled An Account of the Growth of Popery, etc., 1678.

第 24 章 阴谋与反阴谋

1 Roger L'Estrange, Titus Oates, his Case, Character, Person and Plot, 1685.

2 Roger L'Estrange, History of the Times, 1687.

3 L'Estrange, Titus Oates.

4 Sir John Reresby, Memoirs, 1734; 1821.

5 Grey's Debates, 21 October 1678.

6 Titus Oates, A sermon preached at an Anabaptist meeting in Wapping on Sunday the 9th of February by the Rev T.O., 1699.

7 Thomas Povey to Samuel Pepys, quoted in Pepys, Diary.

8 Susan J. Owen, Restoration Theatre and Crisis, 1996.

9 John Wilmot, 2nd Earl of Rochester, Letters, 1981.

10 Filmer, Patriarcha.

11 Owen, Restoration Theatre and Crisis.

12 John Dryden, The Vindication, 1679.

13 John Dryden, Absalom and Achitophel, 1681.

14 John Hall, An Alarm to Europe, 1681.

15 Lesley Murdin, Under Newton's Shadow, 1985

16 John Dryden, prologue to The Duke of Guise, 1682.

17 Thomas D'Urfey, prologue to The Royalist, 1682.

18 John Crown, The Misery of Civil War, 1680.

第 25 章　不道德的潜流

1 Richard Wiseman, Eight Chirurgical Treatises, 1776.

2 Anon., The Whore's Rhetorick, 1683.

3 J. Granger, A Biographical History of England, 1775.

4 Ferrante Pallavicino, La Rhetorica delle Puttane, 1642.

5 Faramerz Dabhoiwala, 'Damaris Page', DNB, 2004.

6 Samuel Pepys, Pepys's Navy White Book and Brooke House Papers, 2004., ed. R Latham, 1995.

7 Vincent Buranelli, 'William Penn and James II', Proceedings of the American Philosophical Society, vol. 104, no. 1, 1960.

8 David Hannay, Empire of the Seas, 1911.

9 Pepys, Diary.

10 Pennsylvania State Archives, www.phmc.state.pa.us

第 26 章　恐惧与进步

1 Proceedings of the Old Bailey, http://www.oldbaileyonline.org/browse. jsp?id=t16830712-3&div=t16830712-3#highlight

2 Algernon Sidney, Discourses Concerning Government, 1698.

3 Evelyn, Diary.

4 Ibid.

5 William Petty, Essays on Mankind and Political Arithmatic, ed. Henry Morlcy, 2014.

6 Nicholas Barbon, A Discourse of Trade, 1690.

7 Ibid.

8 Alexis Clairaut, translated in W.W. Rouse Ball, An Essay on Newton's Principia, 1893.

9 Thomas Tryon, Friendly Advice to the Gentlemen-Planters of the East and West Indies, parts 2 and 3, 1684.

10 Benjamin Trumbull, A Complete History of Connecticut, Civil and Ecclesiastical, 1818.

11 Anon., An exhortation and caution to Friends concerning buying or keeping of Negroes, 1693.

12 Suetonius, De Vita Caesarum.

后记

1 Christopher Wren, Parentalia, 1750.

2 Jeremy Collier, A Short View of the Immorality and Profaneness of the English Stage, ed. Yuji Kaneko, 1996, first published 1698.

3 John Wilkins, Essay Towards a Real Character, and Philosophical Language, 1668.

4 For a list of new words see the website Robert Hooke's London: http://hookeslondon. com/2014/03/29/hooke-and-english/#more-185

5 Hooke, Diaries.

6 Joseph A. Schumpeter, Capitalism, Socialism and Democracy, 2008.

7 Giovanni Arrighi, The Long Twentieth Century: Money, Power and the Origins of Our Times, 2010.

8 William Pettigrew, Freedom's Debt, The Royal African Company and the Politics of the Atlantic Slave Trade, 1672–1752, 2013.

9 Ibid.

10 Figures extrapolated from the Trans-Atlantic Slave Trade Database.

11 Ibid.

12 Boyle, Collected Works. For a photograph of the handwritten list, go to the Royal Society's online Boyle papers: http://blogs.royalsociety.org/history-of-science/2010/08/27/robert-boyle-list/

附录

1 Samuel Lambe, The humble representation of Samuel Lambe of London, merchant, 1659.

2 Quoted in Halley Goodman, 'The Formation of the Bank of England', Penn History Review, vol. 17, 2009.

3 Ibid.

An Act for Confirming an Act Entituled an Act for Encouraging and Increasing of Shipping and Navigation, etc., 1661

An Act for Increase of Shipping, and Encouragement of the Navigation of this Kingdom, October 1651

Anon., An Exhortation and Caution to Friends Concerning Buying or Keeping of Negroes, 1693

Anon., A True Narrative of the Great and Terrible Fire in Southwark on Fryday, 26th May, 1676

Anon., Character and Qualifications of an Honest, Loyal Merchant, 1686

Anon., The Life of Titus Oates, 1685

Anon., The London Jilt, or The Politick Whore, 1683, ed. Charles H. Hinnant, 2007

Anon., The Whore's Rhetorick, 1683

Anon., The Women's Petition Against Coffee, 1674

Aristotle, Politics, Book I

Arrighi, Giovanni, The Long Twentieth Century: Money, Power and the Origins of Our Times, 2010

Ashley Cooper, Anthony, et al., ome Considerations upon the Question, Whether the Parliament is Dissolved, by its Prorogation for 15 Months?, 1676

Aubrey, John, Brief Lives, 1715, ed. Andrew Clark, 1898

Aylmer, G.E., The Struggle for the Constitution 1603–89, 1963

Bacon, Francis, New Atlantis, 1627

—Instauratio Magna, The Oxford Francis Bacon, 2000

Ball, W.W. Rouse, An Essay on Newton's Principia, 1893

Barbon, Nicholas, Apology for the Builder, 1685

—A Discourse of Trade, 1690

Beauclerk, Charles, Nell Gwyn, 2005

Beer, G.I., The Origins of the British Colonial System, 1908

Behn, Aphra, Works, ed. Montague Summers, 1915

Bennett, J. A, The Mathematical Science of Christopher Wren, 1982

Bentley, G.E., The Jacobean and Caroline Stage, 1941; 1968

Bethel, Slingsby, The Principal Interest of England Stated, 1671

Beverley, Robert, The History and Present State of Virginia, 1947

Bold, John, John Webb, Architectural Theory and Practice in the Seventeenth Century, 1989

Borgman, Albert, Thomas Shadwell, His Life and Comedies, 1928

Boulton, Jeremy, 'Wage Labour in Seventeenth Century London', The Economic History Review, New Series, vol. 49 no. 2, May 1996

—Neighbourhood and Society: A London Suburb in the 17th Century, 2005

Boyle, Robert, New Experiments Physico-Mechanicall, Touching the Spring of the Air, and its Effects, Made in the Most Part Using a New Pneumatical Engine, 1660

—A Free Enquiry into the Vulgarly Received Notion of Nature, 1686

—Collected Works, 1772

—photograph of the handwritten list of hoped-forinventions: www.bbk.ac.uk/boyle/boyle_papers_index.htm

Braudel, Fernand, The Perspective of the World, 1985

Bucholz, Robert, and Ward, Joseph, London: A Social and Cultural History 1550–1750, 2012

Buranelli, Vincent, 'William Penn and James II', Proceedings of the American Philosophical Society, vol. 104 no. 1, 1960

Burnet, Gilbert, A History of My Own Time, 1674–85, 1617

Calendar of Manuscripts of Marquis of Bath, HMSO 1980, https://archive.org/stream/calendarofmanusc05bath/calendarofmanusc05bath_djvu.txt

Cambrensis, Giraldus, Topographia Hibernica, 1187, PRO SP 29/5 74

Cary, John, An Essay on the State of England in Relation to its Trade, 1695

Cavendish, Margaret, Observations upon Experimental Philosophy, 1666

—The Description of a New World, called the Blazing World, 1666

Chandaman, C.D., The English Public Revenue, 1660–1688, 1975

Charles II, Letters, ed. Arthur Bryant, 1968

Charter of Carolina, 1663

Child, Josiah, Brief Observations Concerning Trade and Interest of Money, 1668

—A New Discourse on Trade, 1692

Cibber, Colley, An Apology for the Life of, 1740

Coleman, David Cuthbert, Sir John Banks, Baronet and Businessman, 1963

Collier, Jeremy, ed. Yuji Kaneko, A Short View of the Immorality and Profaneness of the English Stage, 1996, first published 1600

Cranfield, J. Douglas, Heroes and States, 1999

Crouch, John, Mercurius Fumigosus, 12–19 September 1665

Crown, John, The Misery of Civil War, 1680

Culpeper, Nicholas, Herbal, 1649

Davenant, William, Madagascar with Other Poems, 1638

—Macbeth, 1674

—Five Restoration Adaptations of Shakespeare, ed. Christopher Spencer, 1965

Davies, J.D., Pepys's Navy: Ships, Men and Warfare, 2008

Davies, Kenneth Gordon, The Royal African Company, 1957

Davis, Ralph, The Rise of the English Shipping Industry in the Seventeenth and Eighteenth Centuries, 1962

Declaration of Breda, 1660, http://www.constitution.org/eng/conpur105.htm

Defoe, Daniel, A Journal of the Plague Year, 1722

—The Fortunes and Misfortunes of the Famous Moll Flanders, 1722

Dick, Hugh G., 'Students of Physic and Astrology', Journal of the History of Medicine, vol. 1 no. 3, 1946

Dowdell, E.G., A Hundred Years of Quarter Sessions, 1932

Downes, John, Roscius Anglicanus, 1708

Downes, Kerry, The Architecture of Wren, 1988

Dryden, John, Annus Mirabilis, 1667

—Secret Love, or The Maiden Queen, 1669

—Prologue and Epilogue to Marriage a-la-Mode, pub. in Covent Garden Drollery, 1672

—The Vindication, 1679

—Absalom and Achitophel, 1681

—Prologue to The Duke of Guise, 1682

—The Works of John Dryden, ed. Walter Scott, 18 vols, 1808

D'Urfey, Thomas, prologue to The Royalist, 1682

Earle, Peter, The Making of the English Middle Class, 1989

—A City Full of People: Men and Women of London 1650–1750, 1994

East India Company Court Minutes, 1672

Eraly, Abraham, The Mughal World: Life in India's last Golden Age, 2007

Evelyn, John, Fumifugium, 1661

—Tyrannus, or The Mode, 1661

—Sylva, or a Discourse of Forest Trees, 1662

—Diary, ed. Bray, 1901

Fantel, Hans, William Penn: Apostle of Dissent, 1974

Filmer, Robert, Observations Upon the Original of Government, 1652

—Patriarcha, 1680

Fox, Celina, 'The Ingenious Mr Dummer', British Library Journal, 2007, Article 10

French, Roger, and Wear, Andrew, The Medical Revolution of the Seventeenth Century,

2008

Fryer, John, A New Account of East India and Persia, 1698

Garfield, John, The Wandering Whore, in five parts, 1660–1664

Glanvill, Joseph, Plus Ultra, 1668

—Letters and Poems in Praise of the Incomparable Princess, Margaret, Duchess of Newcastle, 1676

—Sadducismus Triumphatus, 1681

Glide, Joseph, 'Shadwell and the Royal Society', Studies in English Literature 1500–1800, vol. 10, no. 3, 1970

Godolphin, William, attributed, In Praise of the Choice Company of Philosophers and Witts Who Meete on Wednesdays Weekely at Gresham College, Ashmolean MSS, reprinted in Notes and Records of the Royal Society of London, vol. 5, 1948

Goodman, Halley, 'The Formation of the Bank of England', Penn History Review, vol. 17, 2009

Goodrich, Charles A., A History of the United States of America, 1825

Gould, Robert, Love Given Over, or a Satyr against the Pride, Lust and Inconstancy, Etc, of Woman, 1683

Granger, J., A Biographical History of England, 1775

Grassby, Richard, The Business Community of Seventeenth Century England, 1995

Graunt, John, Natural and Political Observations made upon the Bills of Mortality, 1662 etc.

—London's Dreadful Visitation, 1665

Grell, Ole Peter, and Cunningham, Andrew, eds, Religio Medici, 1996

Grey's Debates, 21 October 1678

Hakluyt, Richard, The Principal Navigations, Voyages, Traffiques and Discoveries of the English Nation, ed. E. Goldsmid,1884–1890

Hall, John, An Alarm to Europe, 1681

Halsbury's Statutes of England and Wales, 3rd edn, 1985

Hannay, David, A Short History of the Royal Navy, 2 vols., 1898, 1911

—Empire of the Seas, 1911

Harper, L.A., The English Navigation Laws, 1939

Harris, Tim, London Crowds in the Reign of Charles II, 1987

Hatcher, John, The History of the British Coal Industry, 1993

Head, Richard, and Kirkman, Francis, The English Rogue Described in the Life of Meriton Latroon; a Witty Extravagant; Comprehending the Most Eminent Cheats of Both Sexes, 1661 (1672)

Head, Richard (attrib.), The French Rogue, 1672

Hearth Tax Online, hearthtax.org.uk

Hobbes, Thomas, Leviathan, 1651

—Considerations Upon the Reputation, Loyalty, Manners, & Religion of Thomas Hobbes of Malmsbury, 1680

Hodges, Nathaniel, Loimologia, 1720

Holland, Bart K., 'Treatments for Bubonic Plague, Reports from seventeenth century British epidemics', Journal of the Royal Society of Medicine, vol. 93, June 2000

Hollis, Leo, The Phoenix, 2008

Hooke, Robert, Folio, MSS Royal Society: www.livesandletters.ac.uk/cell/Hooke/Hooke.html

—Micrographia, 1665, BL C.175.e.8

—Diaries, ed. Richard Nichols, 1994

Hooper, Robert, ed., The Poetical Works of Sir George Sandys, 1872

Hotson, Leslie, The Commonwealth and Restoration Stage, 1928

Howe, Elizabeth, The First English Actresses, 1992

Howell, James, Londonopolis, 1657

Hubbard, Eleanor, City Women: Money, Sex and the Social Order in Early Modern London, 2012

Hughson, David, London, An Accurate History and Description of the British Metropolis, 1805

Hunter, L., and Hutton, S, Sisters of the Royal Society, 1997

Hutchinson, Harold F., Sir Christopher Wren, 1976

Hutchinson, Lucy, Memoirs of the Life of Colonel Hutchinson, 1806

Hutton, Ronald, The Restoration, 1985

—Charles the Second, 1989

Hyde, Edward, 1st Earl of Clarendon, History of the Rebellion, 1702–4

Inwood, Stephen, The Man Who Knew Too Much: The Inventive Life of Robert Hooke, 2003

Jardine, Lisa, On a Grander Scale: The Outstanding Life of Sir Christopher Wren, 2002

—The Curious Life of Robert Hooke, 2003

Jarvis, Janet, Christopher Wren's Cotswold Masons, 1980

Jenner, Mark, 'Quackery and Enthusiasm' in Grell and Cunningham, eds, Religio Medici, 1996

—The Politics of London Air: John Evelyn's Fumifugium and the Restoration, 2013

Jordan, Don, and Walsh, Michael, White Cargo, 2007

—The King's Revenge, 2012

—The King's Bed, 2015

Jordan, Thomas, The Goldsmiths Jubilee, or, Londons Triumphs … performed October 29, 1674

Lambe, Samuel, The humble representation of Samuel Lambe of London, merchant, 1659

Langhans, Edward A., 'The Theatres', in The London Theatre World 1600–1800, ed. Hume, 1980

Lavery, Brian, The Arming and Fitting of English Ships of War 1600–1815, 1987

—Empire of the Seas, 2010

L'Estrange, Roger, The Parallel, or an Account of the Growth of Knavery, under the Pretext of Arbitrary Government and Popery. With some Observations on a Pamphlet (of A Marvell) entitled An Account of the Growth of Popery, etc., 1678

—Titus Oates, his Case, Person, Character and Plot, 1685

—History of the Times, 1687

Levens, Peter, The Pathway to Health, 1587, etc., to 1664

Ligon, Richard, A True and Exact history of the Island of Barbadoes, 1657

Lillywhite, Bryant, London Coffee Houses, 1963

Locke, John, Anatomie, written with Thomas Sydenham, 1668

—Two Treatises on Government, 1689

MacDonald, Michael, 'The Career of Astrological Medicine in England', in Grell and Cunningham, eds, Religio Medici, 1996

Marcus, J.G., A Naval History of England, vol. 1, 1961

Marvell, Andrew, Last Instructions to a Painter, 1667

—An Account of the Growth of Popery and Arbitrary Government in England, 1677

Masson, D., The Life of John Milton, 7 vols, 1859–94

Maus, Katherine Eisaman, 'Playhouse Flesh and Blood', English Literary History, vol. 46 no. 4, 1979

Mayo, Thomas, Epicurus in England, 1934

Mehta, Makrand, Indian Merchants and Entrepreneurs in Historical Perspective, 1991

Mercurius Publicus, published and written by Henry Muddiman, 1659–1662

Middlesex County Records, 1625–1667, 1638–1751

Milton, John, The Readie and Easie Way to Establish a Free Commonwealth, 1660

—Paradise Lost, 1667 etc.

Milton, Philip, 'John Locke and the Rye House Plot', The Historical Journal, vol. 43 no. 3, 2000

Misselden, Edward, Free Trade, or The Meanes to Make Trade Flourish, 1622

Mortimer, Ian, Dying and the Doctors, 2009

Miyoshi, R., 'Recent Studies on Sir William Davenant', Restoration and Eighteenth Century Theatre Research, vol. 28 no. 1, 2013

Mowry, Melissa M., The Bawdy Politic in Stuart England, 1660–1714, 2004

Munday, Anthony, Anthony Munday's Mayoral Pagent Book, 1605

Mun, Thomas, A Discourse of Trade from England Unto the East-Indies, 1621

—England's Treasure by Foreign Trade, written 1628, pub. 1664

Murdin, Lesley, Under Newton's Shadow, 1985

Nethercot, A., Sir William Davenant, 1938

Newton, Isaac, Hypothesis explaining the properties of light, in Thomas Birch, The History of the Royal Society, 1757

Oates, Titus, A sermon preached at an Anabaptist meeting in Wapping on Sunday the 9th of February by the Rev T.O., 1699

O'Donnell, Mary Ann, The Cambridge Companion to Aphra Behn, 2004

Ogilby, John, The relation of his Majestie's entertainment passing through the city of London, 1662

Old Bailey records: http://www.oldbaileyonline.org

O'Rahilly, Alfred, 'Aquinas versus Marx, Part I', Studies, vol. 31, no. 124, 1942

Owen, Susan J., Restoration Theatre and Crisis, 1996

Oxford Dictionary of National Biography, 2005

Pallavicino, Ferrante, La Rhetorica delle Puttane, 1642

Pepys, Samuel, Diary, ed. Robert Latham and William Matthews, 1970–83

—Samuel Pepys's Navy White Book and Brooke House Papers, ed. Robert Latham, 1995

Pennsylvania State Archives, www.phmc.state.pa.us

Pettigrew, William, Freedom's Debt, The Royal African Company and the Politics of the Atlantic Slave Trade, 1672–1752, 2013

Petty, William, Treatise on Taxes, 1662

—Treatise on Naval Philosophy, Royal Society, Classified Papers, vol. 20, March 1685

—The Economic Writings of Sir William Petty, reprint of his collected works, 1963

—Essays on Mankind and Political Arithmatic, ed. Henry Morley, 2014

Philosophical Transactions of the Royal Society, vol. 1, 1665

Picard, Lisa, Restoration London, 1997

Porter, Roy, London: A Social History, 1994

Power, Henry, Experimental Philosophy, 1663

Proceedings of the Old Bailey, www.oldbaileyonline.org

Radisson, Peter (Pierre) Esprit, Voyages of, Being an account of his travels and experiences among the North American Indians, from 1652 to 1684, 1885

Records of the Navy Board and the Board of Admiralty, PRO ADM 106

Reresby, Sir John, Memoirs, 1734, 1821, etc.

Rifkin, Benjamin A., Human Anatomy, Five Centuries of Art and Science, 2005

Rodger, N.A.M., The Wooden World, 1998

Rules and Orders to be observed by all justices of the Peace, Mayors, Bayliffs and other Officers for the Prevention of the Spreading of the Infection of the Plague, PRO SP29/155 f102, 1666

Sanderson, Sir William, Compleat History of the Life and Raigne of King Charles, 1658

Schivelbusch, Wolfgang, Tastes of Paradise, 1992

Schumpeter, Joseph A., Capitalism, Socialism and Democracy, 2008

Schwartzberg, Rafaelle, Becoming a Goldsmith in the Seventeenth Century, LSE Working Papers, 141/10, Department of Economic History, LSE, 2010

Scott, David, Leviathan, The Rise of Britain as a World Power, 2013

Shadwell, Thomas, The Virtuoso, ed. Marjorie Hope Nicolson and David Stuart Rhodes, 1992

Shoemaker, R., Prosecution and Punishment: Petty Crime and the Law in London and Rural Middlesex 1660–1725,Cambridge Studies in Early Modern British History, 2008

Sidney, Algernon, Discourses Concerning Government, 1698

Sloan, Kim, in The History of British Art 1600–1870, ed. David Bindman, 2009

Smith, Abbot Emerson, Colonists in Bondage: White Servitude and Convict Labor in America, 1607–1776, 1947

Smith, Geoffrey, Long, Dangerous and Expensive Journeys: the Grooms of the Bedchamber at Charles II's Court in Exile, Early Modern Literary Studies, Issue 15, 2007; British Library, Copy of a Letter Written by Mr Thomas Killigrew, Manuscript 27402, ff. 69r-71v

—in Thomas Killigrew and the Seventeenth Century English Stage, ed. Philip Major,

2013

Speeches and Prayers of the Regicides, Thomason Tracts, BL, 1660

Spence, Craig, London in the 1690s: A Social Atlas, 2000

Sprat, Thomas, The History of the Royal Society of London, 1667

Spurr, John, England in the 1670s: This Masquerading Urge, 2000

Steckley, G.F., ed., The Letters of John Paige, London Merchant, 1648–58, London Record Society 21, 1984

Stevenson, Christine, The City and the King, 2013

Stone, Laurence, Family, Sex and Marriage in England 1500–1800, 1977

Stowe, John, A Survey of the Cities of London and Westminster, 1633, 1720

Suetonius, De Vita Caesarum

Summers, Montague, The History of Witchcraft, 1926

Sydenham, Thomas, Observationes Medicae circa Morborum acutorum historiam et curationem, 1676

Syfret, R.H., 'The Origins of the Royal Society, January 1696/7', Notes and Records of the Royal Society, vol. 5 no. 2, April 1948

Tatham, John, attrib., Knavery in All Trades, or, The CoffeeHouse, 1664

Thomas, Keith, Religion and the Decline of Magic, 1971

—The Ends of Life: Roads to Fulfilment in Early Modern England, 2009

Thompson, Roger, 'The London Jilt', Harvard Literary Bulletin 23, 1975

Trans-Atlantic Slave Voyages, Emory University, slavevoyages.org

Trumbull, Benjamin, A Complete History of Connecticut, Civil and Ecclesiastical, 1818

Tryon, Thomas, Friendly Advice to the Gentlemen-Planters of the East and West Indies, parts 2 and 3, 1684

Tumbleson, R.D., 'The Triumph of London, Lord Mayor's Day Pageants and the Rise of the City', in The Witness of Times, ed. Keller and Schiffhorst, 1993

Uglow, Jenny, A Gambling Man, Charles II and the Restoration, 2010

Venetian State Papers: CSP Dom, 1660–1

Wallis, John, Account of Some Passages of his Life, 1700

—Letter to Dr Thomas Smith, in Transcripts of Writings of Dr John Wallis (1616–1703), Mathematician, c. 1830

Ward, Joseph, Metropolitan Communities: Trade Guilds, Identity and Change in Early Modern London, 1997

Ward, Ned, A Trip to Jamaica, 1698

Whinney, Margaret D., 'John Webb's Drawings for Whitehall Palace', Proceedings of the Walpole Society, vol. 31, 1942–1943, 1946

Wilkins, Emma, 'Margaret Cavendish and the Royal Society', Notes and Records of the Royal Society, May 2014

Wilkins, John, Essay Towards a Real Character, and Philosophical Language, 1668

Willson, Beckles, The Great Company, Vol. 1, 1900

Wilmot, John, 2nd Earl of Rochester, Letters, 1981

Winstanley, William, Lives of the Most Famous English Poets, 1687

Wiseman, Richard, Eight Chirurgical Treatises, 1776

Wood, Anthony, Athenae Oxonienses, 1813

Wren, Christopher, Parentalia, 1750

Wren Society Papers, Oxford, 1924–43

Wrigley, A.E., and Schofield, R.S., The Population History of England, 1541–1871: A Reconstruction, 1989

Zahedieh, Nuala, Making Mercantilism Work, Transactions of the Royal Society, 6th series, vol. 9, 1999

Zook, George Frederick, The Company of Royal Adventurers, 1919